编委会
主 编：陈 淳
编 委：（按照姓名拼音排序）
蔡达峰　陈　淳　陈　刚　陈红京
杜晓帆　高蒙河　刘朝晖　陆建松
吕　静　朱顺龙
编辑助理：俞　蕙

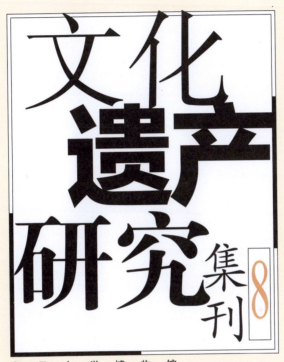

文化遗产研究集刊 8

复旦大学博物馆
复旦大学文物与博物馆学系 编

复旦大学出版社

目　录

·思想与方法·

考古学文化与族属
　　——希安·琼斯《族属的考古——构建古今的
　　认同》概览 ………………………………… 陈　淳　1

·艺术史与文物学·

谈莲龟纹瓷枕
　　——以南越王博物馆两件藏品为例 ……… 赵　琳　17
韩国钟路出土青花铭文器盖研究 ……………… 成高韵　29
荷兰东印度公司与中国瓷器贸易 ……………… 李雅淳　41
汉画像石"羽人献绶凤鸟"纹略考 …………… 杨小语　57
从明代消费社会的形成看文人文化的传播 …… 曹小燕　73
略谈宋代花鸟画对瓷器装饰的影响
　　——以定窑为中心 ………………………… 邱宁斌　89

·博物馆研究·

图书馆、档案馆和博物馆数字资源融合
　　——史密森研究院的实践 ………… 姚一青　王敬献　103
上海市历史文化风貌区保护整治试点项目实施评估与

对策研究……………………………………………周婧景 112
英国博物馆的国际交流与合作及其对中国博物馆的
　启示……………………………………………………孔 达 134
浅析我国的体育博物馆发展：现状、问题与策略……周广瑞 145
将博物馆纳入青少年教育体系的制度设计研究………朱 峤 155
我国高校博物馆学课程结构演变及成因分析…………朱 懿 168
六类观众在自然博物馆中的行为研究
　………………… 顾洁燕　赵　鸿　赵雯君　邓　卓 181
上海自然博物馆图文说明系统的规划与实施
　……………………………………………鲍其泂　徐 蕾 203
"学会借力"
　——突破高校博物馆发展困境……………………胡 盈 220

·探索与发现·

我国田野考古信息化的现状与前景……………………潘碧华 230
良渚文化台形刻符新考………………………高蒙河　杨凤玉 248
上海出土石范考略……………………………高蒙河　王太一 255
复旦大学博物馆甲骨入藏情况探讨……………………刘守柔 260
公众考古传播的微博使用现状浅析……………………吴 双 266

·遗产论坛·

文化景观视野下乡村地区规划方法研究
　——以都江堰市林盘地带为例……………………石 鼎 281
建筑遗产社会文化价值的评估策略研究
　——以北京市古建筑类全国重点文物保护单位
　为例………………………………………………赵晓梅 302

从人类学的观点浅谈传统台湾民居建筑……………李志勇 317
意大利在沪人文景观变迁(1863—1941)
………………………………………罗　婧　韩　锋 327

・科技与保护・

东亚古代墓室壁画的保护与修复
……………………杜晓帆　泽田正昭　肥塚隆保 351
手工造纸工艺 GIS 数据库软件 DGHP 的研发
………………………………………………陈　刚　董　择 369
竹木质文物的常见病害及保护处理初探
——以复旦大学博物馆为例…………俞　蕙　黄　艳 389

・域外采英・

考古学中的石器微痕分析
　　　　　　　约翰・J・谢伊(John J. Shea) 著
………………………………汪　俊译　陈　虹校 404

博物馆报告01
——用感动培养孩子们的科学素养……………叶睿隽译 419
博物馆报告02
——博物馆：思想碰撞的圣地……………叶睿隽译 429

·思想与方法·

考古学文化与族属
——希安·琼斯《族属的考古——构建古今的认同》概览*

陈 淳

一、前 言

在我国的考古研究的范式中,考古学文化仍然是一个关键分析单位。它被用来分辨史前期和古史阶段物质遗存的时空分布,考古学文化区系类型就是这一范式的典型代表。文化也被看作某特定人群的物质装备,在欧洲诸如史前期几个主要族群如日耳曼人、斯拉夫人和凯尔特人都是以特定的考古学文化来对应。在中国,考古学文化基本上也被视为某族群的物质遗存。这种范式就是用分类和类型学来处理大量的材料,用考古学文化来组织这些材料,将其看作是民族学文化一样的研究单位,以便能与史前和历史时期的族群单位相对应,从而构建一种类似编年史学的区域文化发展年表。从积极方面而言,这种范式能将海量的出土文物从时空上安排得井然有序,但

---

* 复旦大学国家社科基金重大项目《外国考古学研究译丛》,项目编号:12&ZD152。

是其最大的问题在于会将类型学建构的图像与具体的经验事实混为一谈；也即认为考古学家今天根据器物整理和分辨的分析单位如考古学文化等同于史前人类的社会或生活单位。其危险在于将历史事实大体等同于一种类型学构建，因为这很容易将用类型学方法漠视和排除大量差异而抽取的共性，看作是远古族群和文化的共性[①]。

伦福儒（C. Renfrew）和巴恩（P. Bahen）指出，用考古学文化来重建古代的人群和族属有点危险[②]。现在人们已经认识到，采用少数几种代表性器物的分布来确定文化单位的界线是极其困难的，不同的器物类型在时空分布上往往界线模糊、混杂并呈渐变趋势。因此，定义某分界和单一的同质性文化单位并指认其为某族群的遗存在某种程度上只是学者主观的判断而已。而且用静态分类所构建的文化单位难以探究社会与文化变迁的原因，并会囿于传播论的单一思维来重建文化历史。英国学者希安·琼斯（S. Jones）《族属的考古——构建古今的身份》一书以现代人文科学的族属理论全面梳理了文化与族群的概念与关系，对考古学分辨过去族群的方法做了全面的评估，为考古学和其他人文学科的学者提供极具价值的见地。本文择其精要做了简单的介绍，以期为这本书的内容提供一份导读。虽然在当下的欧美考古学界，考古学文化只是一种材料处理和分析的方法，不再是考古学研究的关键概念。但是在我国，文化仍然是史前研究的核心单位。因此，了解本学科关键概念的发展以及国际学界对认识论和方法论的反思，对我们提高自身的研究能力无疑助益良多。

二、概念与范式的回顾

从考古学史而言，这门学科就是在欧洲民族主义大背景下诞生的。布鲁斯·特里格（B.G. Trigger）指出，考古学最主要的优势，就是能够为直接与过去相联系的意识提供物质材料。欧洲考古学的初衷就是要将历史从所知的文献记载追溯到更加遥远的过去。19世纪初,英国摧毁了丹麦的海军,使得丹麦的民族主义情绪高涨,激起丹麦人对他们伟大过去记忆的渴求。为了策划丹麦国家博物馆中的文物陈列,促使汤姆森发明了三期论的相对断代方法,从而成为科学考古学诞生的标志。19世纪末,欧洲对民族身份日益增长的兴趣,使得考古学越来越多地采用考古学文化这一概念。因此,将特定器物或纪念物赋予某种民族身份,自考古学诞生以来一直是这门学科探究的核心③。

考古学文化作为这门学科方法论的核心概念是在德国最初创立的。德国语言学家和史前学家古斯塔夫·科西纳(G. Kossinna)采用器物类型来分辨文化,而将清晰可辨的文化区看作是过去部落和族群分布的反映。他还建立了一种所谓的直接谱系学法(direct genealogical technique),以便将见之于史的人群追溯到其史前的源头。科西纳在其1911年出版的著作《日耳曼人的起源》一书中,定义了考古学文化的概念,即分布在一定区域和一定时间里与各遗址相伴的物质文化特征。在一本通俗著作中,他声称德国考古学是"一门最具民族性的学科"。科西纳利用考古学来为纳粹德国的种族主义和民族主义服务,以支持雅利安人是杰出人种的神话。战后,科西纳的种族主义观点受到批判,他所倡导的谱系学方法也大体上被摒弃。但是德国考古学家仍沿袭了基本的族群范式,将物质文化用考古学文化来进行人群的分类④。

考古学文化概念由英国考古学家家柴尔德(V.G. Childe)的努力而在20世纪20年代发扬光大,影响遍及全球。他的《欧洲文明的曙光》被认为是文化历史考古学的开山之作,书中他首次利用文化概念整合考古材料,对欧洲史前史做出了全面的历史综述。他对考古学做出的最伟大的创造性贡献,就是用器物类型来建立物质文化的时空关系,并分辨考古记录中特定族群的历史。通过这本书,考古学文化成为所有欧洲考古学家的一个研究工具,并被格林·丹尼尔(G. Denial)誉为"史前考古学的一个新起点"⑤。柴尔德在其1929年的《史前期的多瑙河》一书的序言中,将考古学文化定义为"总是反复共生的某些遗存的类型——陶器、工具、装饰品、葬俗、房屋式样"⑥。20世纪30年代,柴尔德对考古学文化的性质进行了优化,并将其对应于人群的做法做出了明确的定义:"文化是一种社会遗产;它对应于享有共同传统、共同社会机构以及共同生活方式的一个社群。这群人可以顺理成章地被称为某人群(people)……于是,考古学家能够将一种文化对应于那个人群。如果用族群来形容这群人,那么我们可以这样说,史前考古学完全可望建立起一部欧洲的民族史。"⑦不过,柴尔德虽然强调在考古学文化的描述中所有物质遗存都很重要,但在实际操作中,大多数文化都是根据少数几种典型器物来定义的。我国的考古研究基本承袭了柴尔德的方法,以建立区域考古学的文化年表和关系为鹄的,这便有了中国特色的"文化区系类型"的提出,甚至还被有的学者认为是中国考古学研究的终极目标。

20世纪60年代欧美兴起的新考古学对文化历史考古学偏好描述和经验主义的范式发起了挑战。新考古学主要关注对经济和生计策略、交换系统和社会结构的分析,设法运用人类学、文化生态学和新进化论等理论,对社会变迁提出普遍性的阐释。新考古学并不关心文化与族群的关系,并拒绝承认文化能够简单地等同族群,并将这种研究看作是一种过时范式的产物。

20世纪末,后过程考古学对政治、社会和个人关注,开始重拾对族属和多元文化的兴趣。世界考古学大会(World Archaeological Congress)成为探讨族属、民族主义和第三世界考古学伸张自身诉求的主要论坛,聚集了一大批代表不同背景、兴趣和理论视角的学者。世界各国的考古学与当今族群身份认同的交织也非常复杂,考古证据常被原住民用来提出土地和文化遗产归属的诉求,牵涉面广,常常明显带有政治性质。然而,由此产生的潜在问题该如何解决,也成为考古学学科内的争论之源。面对相互矛盾的历史解释,考古学家往往需要充当纷繁和对立的历史阐释仲裁者⑧。于是,考古学家不但面临分辨古代族属的难题,而且身不由己地卷入为当今民族身份和利益诉求提供历史证据的困境之中。由此可见，今天考古学并非仅仅重建历史。这门学科所探索的物质文化与古代民族，对今天多民族国家的历史重建和政治利益显然具有潜在的重大意义。

三、文化概念的原理

早在考古学文化概念形成之前，欧美的人文与社会科学中就有对文化概念的探讨。18世纪下半叶，英国人类学家爱德华·泰勒（E.B. Tylor）将文化定义为"包括知识、信仰、艺术、道德、法律、习俗和其他作为社会成员中个人所获得的能力与习惯的一种复杂综合体"[9]。法国社会学家涂尔干（E. Durkheim）也认为，文化是一批共同和独特规范的集合体[10]。特里格指出，将时空分布有限而形式上相似的考古材料组合起来标以各种文化或文明，对于许多考古学家来说是独立产生的。这一发展最初大体发生在北欧和中欧，在那里一直有持续的兴趣用考古材料来追溯族群的身份，但是当时这种取向并未成为考古学的范式[11]。

将考古学文化概念作为研究的核心与科西纳和柴尔德的工作相连。这两位学者与一些早期考古学家如蒙特柳斯和莫尔蒂耶出身地质学背景不同，他们有很深厚的语言学功底。而语言的谱系研究往往和族群密不可分，因此他们两位将考古遗存看作是语言一样的文化表现，用物质文化异同来进行族属分析是很自然的推演。

将考古学文化与某特定族群相对应是基于文化的一种标准化观念，好比同一族群的成员讲的是同一种方言。该范式基于这样的预设：在某特定人群中，文化实践和信仰惯于遵从统一的观念准则或行为规范。于是，文化是由一套共享的思想与信仰所组成，并通过社会化的过程世代传承，结果就形成了传承与累进的文化传统。柴尔德指出："代复一代，人们遵循社会的规训，他们成千上万次生产并复制社会认可的标准类型。一种考古学类型指的就是它。"[12]克里斯多弗·霍克斯（C. F. C. Hawkes）精到地概括了文化概念的原理："将考古学所能理解的人类活动与一系列规范相对应,这些规范能够在文化的名称下整合起来。"他还指出:"在标准的幅度内,分类的界线无论怎样精细地对应差异,类型的概念必须是一致的。而从一种规范到另一种规范的变化必须遵循类型的变化,以及能够推断规范产品标准幅度的变化。"[13]

考古学概念在应用时有几项特点:一是考古学文化是分界或地理上不连续的实体,也即文化区的思想,它们具有由特征随机形成的独一无二的特点,因此,不同的考古学文化彼此独立或分离,能够从时空上分辨它们的存在与分布;二是考古学文化内部是同质性的实体,共享同一文化的人群会在物质文化上表现出同一性或相似性,因此可以从文化特征定义各种考古学文化;三是物质文化的同质性被认为是历史传承或传播接触的产物,而物质文化分布的不连续则是由于社会或自然条件疏远之故。于是,过去人群之间的时空距离就能通过考古学组合的相似程度来进行"衡量"。考古类型学的操作原理就是"相似即相近",即不同的器物群要么反映了社会和地理上的距离,要么是不同人群或不同时代的产物,而相似的器物和器物组合是某同一群人在某特定时期的产物。在历史学和类型学的断代中,这些观念都被认为是理所当然的[14]。

虽然考古学文化是用物质遗存定义的静态实体,可以罗列具体特点和比较它们的亲疏,但是它们也被看作是流淌的实体,即所谓的"文化的液态观"。文化特征被认为从其起源地——某处文化中心——像涟漪一般扩散开去。用朱利安·斯图尔特(J. Steward)的话来说,考古学的"目的是要表现不同文化源流的发展、互动和融合"[15]。从在文化历史考古学理论和实践而言,就是力图构建一个个彼此分离和同质性的考古学文化单位,并用传播迁移论来追溯它们的源流。分辨考古学文化的要义在于确定"典型遗址",这类典型遗址被认为含有某特定"考古学文化"的主要特征。在分析中,学者们往往只关注某特定区域内"典型遗址"与其他遗址之间的共性和连续性,而无视它们之间的差异与断裂。在较宽泛的历史重建上,基本是关注各个文化在时空上的分布和它们之间的相互关系[16]。

四、分辨族属的原理与途径

在人文学科中,分辨族属存在两个核心问题。一是研究视角是主观还是客观或主位(emic)或客位(etic)的问题。"主观派"采取主位优先,认为族群是文化上的构建,根据被研究人群主观的自我认定来定义族群。而"客观派"倾向于采用客位的视角,根据分析者对社会和文化异同的观察来定义族群。过去几十年里,客观性的理想在人文科学中一直饱受批评,认为无论主位和客位的视角都掺杂着主观因素。二是究竟是采用一般性视角还是特殊性视角来分辨族属的问题。换言之,我们分辨族属究竟是采用普遍性也即统一的标准,还是特殊性或具体的标准的问题。这两种标准各有其道理和优点,但也有缺陷,即普遍性标准会因过于宽泛而难以解决具体问题,而特殊性标准因过于狭窄而只能用于描述。

采用"客观"还是"主观"方法而造成的抵牾,在纳罗尔(R. Narroll)和摩尔曼(M. Moerman)对泰国北部泐族(Lue)定义的争论中表现得十分明显。纳罗尔采用语言、文化、政体和领地等多项特征来定义一种文化单元(cultunit),他的文化单位是建立在传统人类学跨文化比较的基础之上,建立的是可供比较的文化单位。与此相反,摩尔曼声称,泐族不能根据这类客观和相同的界线来定义,根据民族志的情形,这种界线难以识别。摩尔曼认为,族属定义必须考虑族属的自我认定,或泐族人的自我归属。摩尔曼的主观方法开启了族群后续研究的重要方向。

巴斯(F. Barth)为族属的主观派方法建立了一套纲领性理论模型。他认为,文化差异对于分辨族群并不具备决定性作用。尽管分辨族群需要考虑文化差异因素,但是族群单位与文化单位并非对等的关系。比如,阿富汗和巴基斯坦的帕坦人(Pathans)自认为同属一族,但是彼此的社会和文化差异很大。于是,族属作为一种"自我定义系统"开始集中在族群的认知范围。比如,沃尔曼(S. Wallman)指出,族属是对差异的认知,族群差异就是对"你们"与"我们"之间差别的认识[17]。

尽管"主观派"占主流,但有学者仍按照文化和历史的具体特征,坚持一种客观的族属界定标准。这些学者认为,尽管自我认定十分重要,但是某族群的本质是由真实的文化和语言要素所组成,自我认同也包含了长年累月形成的许多共同"客观"特征,如语言、信仰和价值观等。近几十年来,将族属定义为一种自我界定系统的主位方法十分流行,将族属看作是一种非吾族类的认同意识,一种"他们"与"我们"之间的对立。

对于分析族属的成因也有两种不同的途径,并对如何界定族属具有很大的影响。一种途径叫做"原生论",由希尔斯(E.A. Shils)提出,目的是为了分析亲缘关系内在的特质[18]。这种"原生观"采取主位途径,将族群的认同意识归咎于与生俱来的依附感,由血缘、语言、宗教、地域和文化等纽带所造就和维系。这种原生依附感并非个人自愿,而是外来强加的。这种强大的依附感源自所有人都有一种归属和自尊的要求,是一种人性之本。因此,族群的身份认同具有强大的生命力,可以长久不衰。原生论也得到了心理学和生物学研究的支持,认为群体内成员有一种友善的共同情感,而对异族则有一种敌意。这种族群间的竞争具有一种生物学的基础,并是种族主义、民族主义、部落性和民族中心论的由来。

原生论的优点在于关注民族依附感的感情功效以及文化的象征作用,而从这种视角看待考古学文化,两者有十分契合之处,就是族属的原生论有助于解释物质文化的独特性、稳定性和持续性。但是,原生论也存在一些缺陷。其一,它将族群认同变成了一种神秘的心理倾向,具有朦胧和返祖的特点。其二,原生论无法解释个人层次上的族属游移性,也即个人会在不同情况下利用其族属的不同表现,甚至改变自己的身份认同。其三,从人性来解释族属,使它变成了一种抽象的自然现象。其四,原生论漠视族属的社会和历史基础,将血缘关系看作是民族性的根本[19]。

分辨族属成因的另一种途径叫"工具论",将族属看作是随社会制度和社会行为而变的一种动态群体认同,并采取客位视角,关注族属在协调社会关系和协商获取资源中的作用。科恩(A. Cohen)强调族群是保护经济和政治利益的一种集体性组织策略,并利用文化使社会行为系统化,追求经济和政治利益是族属形成的基础[20]。工具论将族属看作是一种可变物,其主要特点随不同背景而变化,并取决它在构建社会互动中是否是一个重要的因素。这种视角克服了原生论的局限,为了解族群的形成和族群政治化的过程做出了贡献。

但是,工具论也有其缺陷。其一,它将族属的实质简约为利益群体的文化与政治策略。其二,强调族属的经济和政治关系,漠视它的文化方面。其三,漠视族属自我认同的心理学基础。其四,将族属的利益观看得过分简单。其实,同一族群内的成员在利益和认同方面未必完全一样,并会以不同方式行事。其五,从利益和政治来定义族群,会难以与其他的利益群体相区分。

原生论和工具论在族属成因阐释上处于对立的地位,但是又具有互补的方面。麦凯(J. Mckay)试图糅合两种观点,将它们纳入统一的阐释模型。这一模型构建了一个行为类型学,其中包含了一定原生论和工具论因素。比如,他认为犹太人对原生性的关注远胜于对物质的关注;美国白人的"假族群"对原生性和物质都不在乎;还有"族群好战分子"如巴斯克民兵组织和现在的"伊斯兰国",他们对族属原生性和工具性的关注都很强烈。麦凯指出,他的模型主要是描述性和经验性的,并不想解释群体的出现、延续或消亡,或为什么原生性和工具性的特点各有千秋[21]。

克服主位与客位、原生论与工具论两难境地的桥梁,是布迪厄(P. Bourdieu)实践理论中的习性(*habitus*)概念。他认为,习性是由某些观念和实践的持久积淀所构成(比如劳动的性别分工、伦理、品味等),它从小就成为一个人自我意识的一部分,并能在不同背景中变换。习性包含了一种社会化的过程,其中新经验会按照老经验产生的结构来构建,而早期经验仍占有特别的比重。以这种方式体现的力量,导致了某种积淀(认知和行为方式的结构)会潜意识地影响实践。用布迪厄习性概念开发一种族属理论,提供了一种手段来将族属的原生论和工具论整合到人类能动性的一种连贯理论之中。因为认识到族属从某种程度上源自共同的习性,因此可以这样说,常与族群认同和族群象征相伴的强烈的心理依附感是由这样一种关键作用产生的,即习性塑造了个人的社会自我意识和行为方式[22]。

五、物质文化与族群的关系

对考古学文化与过去族群相对应的反思主要来自三个方面:其一是考古学文化是否能对应特定的族群;其二是考古材料分布的性质与考古学文化作为分析单位的地位;其三是分界和同质性的族群和文化实体是否真实存在。

对第一方面的思考是认识到,考古学文化用类型学"相似即相近"的单一参照框架所做的阐释是不够的。除了规范性原理之外,还要考虑考古材料的分布的异同还可能反映了过去人群的不同活动或行为。因此,考古材料的异同不能简单地用来分辨或衡量族群的关系。这一反思突出表现在博尔德与宾福德对莫斯特文化的争论上。博尔德根据类型学差异分辨的四类莫斯特文化群体,在宾福德看来只不过是同一群体从事不同活动留下的不同工具套而已。

除了质疑考古学文化与族群的关系外,考古学文化本身是否真的存在也受到了质疑。正如戴维·克拉克(D. Clarke)所言,实际上并不存在铁板一块的考古学文化,因为"没有一种考古学文化的文化组合能够包括所有的文化器物"[23]。柴尔德很早也意识到了这个问题,觉得每个考古组合不可能包含某特定文化的所有类型,因此他强调用反复共生的类型来定义一个文化。在具体操作上,柴尔德将并不重复出现的类型从典型器物的级别上降格,以此来清除凌乱的数据和材料,以求保证文化典型特征的相似性[24]。于是,就如戴维·克拉克所言,这种方法出现了两套系统,"在阐释的理论层面上主张严格的一致性归组,而在操作层面上则根据直觉评估从较为宽泛的近似度和相似性来归组"[25]。还有学者批评,考古学文化的确立是根据漠视一些差异而将某些现象归到一起,如果用其他分类方法归组的话,这些现象之间是无关的。还有人指出,考古学文化并非界线分明的实体,而是处于一种渐变状态。在许多情况下,这种文化实体纯粹是考古学家自己想象的东西[26]。

还有就是对是否真的存在分界族群的质疑。自20世纪60年代以来,学界逐渐接受族群是动态和因势而变的看法。物质文化可以被积极操纵来维持群体关系,而族群认同和物质文化在经济和政治压力下也分别会发生强弱和不同的变化。希安·琼斯指出,物质文化是多义的,它的意义因时而变,取决于它特定的社会历史、特定社会参与者的立场,以及它所直接使用的社会背景。而且,物质文化不只是含义累加的仓储,带有它在不同社会背景里的生产与用途和因势而异的参与者的印迹。她指出,考古学家不应认为,物质文化的异同可以提供一种族群亲疏关系的直接证据[27]。

用考古学文化代表民族学意义上的具体族群或他们的物质文化表现,是建立在文化规范理论上的固有想法。像民族学研究一样,考古学根据少数几种代表性特征的分布来分辨这类文化和族群单位的界线是极其困难的。因为不同器物类型的分布界线存在模糊、混杂、重合、交融以及式样渐变的情况,因此人们意识到,过去被解释为行为上的(交流或入侵),谱系上的(历史传承)和沉积上的(混杂)文化现象,其实是采样和类型学分析存在偏颇的结果。而且,在方法论上仅采用少数几种代表性类型(如标准化石、关键类型和标志性类型)来定义考古学文化单位,并在区分文化单位时偏好有或无的质量标准,而非数量统计,使得文化的异同其实只是人为的一种错觉而已。比如福特(J.A. Ford)指出,当用来定义考古学文化的选择样本范围较小的时候,类型和文化性质看上去会十分真实和自然,但是当样本覆盖面扩大时，它们会开始重叠和模糊，类型的规范或平均值会发生变化，归于同一文化的各种组合和亚类型也会变得面目全非[28]。

六、结　　语

考古学文化概念是19世纪末随着对民族身份日益增长的兴趣而产生的，并在德国种族主义和民族主义的社会环境中成型，最后由柴尔德在《欧洲文明的曙光》一书中奠定了作为文化历史考古学的范式。随后，柴尔德自己也对考古学文化是否能够等同于过去族群表示怀疑。随20世纪60年代新考古学的兴起，这一范式的概念和类型学方法持续受到质疑，转而从文化功能的动态视角来研究文化的运转系统。于是，考古学文化概念退出了范式的核心概念。虽然在操作中这一术语仍然会被作为某种时空分析单位来应用和某种人群的物质表现来指称，然而分辨和确立考古学文化不再被看作学科的终极目的，而是处理材料的一种途径以及需要做出解释的现象。希安·琼斯撰写的《族属的考古》是在20世纪末族属与民族主义再次成为考古学热门话题的背景中撰写的，目的是希望考古学家采取一种逻辑步骤来反省考古学是如何解释群体身份认同的，对文化与族属的关系做一番彻底的清理，并为考古学为当今族群的争议做出贡献。

根据人类学的观察和学界的反思，没有单一类型的社会单位可以对应于一种考古学文化。用文化来定义社群，犹如用语言来建立族群认同一样，是一种高度主观的构建。无论语言和器物类型，与族群或人们共同体的分类并没有一对一的相伴关系。英国考古学家伊恩·霍德（I. Hodder）的一个研究案例显示，社会群体所使用的不同器物有着不同的生产背景和分布范围，它们并不重合。他在对肯尼亚巴林戈湖地区三个不同部落妇女耳环的研究中发现，尽管耳环在一定程度上能反映部落群体之间的界限，但是它和其他器物比如陶器的分布范围却不重合[29]。其他研究也显示，陶器的分布在不同社会中有着不同的原因和机制,它并不一定和民族群体的范畴相合。比如,美国亚利桑那霍比印第安人的陶器形制随居住点地形的不同而异,并不与聚落、血缘群或宗族关系相对应。墨西哥塔拉斯坎陶器的形制分布则和陶工的交往有关,并不反映群体之间的界限。于是,考古学界不再认为事情有那么简单,可以根据标志性特征或相同器物组合把一批遗址归入不同的考古学文化之中,然后认定,每个"文化"代表了某一社会群体或人们共同体㉚。

现在我们意识到,物质文化的多样性是有各种原因造成的。除了族群差异之外,它们有的可能反映了时间上的差异,有的则是环境背景、可获资源、当地手工业生产和装饰传统、贸易方式、地位竞争、性别身份、群体间通婚方式以及宗教信仰的不同。因此在考古学研究中仍拘泥于考古学文化概念的运用,只注意类型的异同,文化的差别,并试图以此来重建已逝的历史,解释纷繁的历史现象,几乎成为难以企及的目标。根据特征罗列描述而不知其所以然的文化定义和解释,无疑是考古学者本人的一厢情愿和一己之见,即便是考古学界的共识也未必就是真理。目前,文化单位只不过是考古研究的一种概念和分析工具,它必然会随着学科的发展而变化。目前,考古学文化概念在国际上已经被文化系统和聚落考古学等新概念所取代或涵盖,这表明半个多世纪来的考古学发展已经从物质文化表面的分析转向更深层次的人类行为和社会结构的探讨。虽然这一术语仍不时见于一些西方的研究报告中,但是它的学术价值和实用意义已经大为淡化。这是因为学术界意识到,用器物类型这种人为确定的单一标准难以衡量和研究由多元变量和复杂因素造成的文化与社会现象。

从社会角度来审视考古学文化概念,有两个主要的缺陷。其一,考古学文化概念比较适合于研究小规模的、相似的、较为定居的史前社会,比如中石器和新石器时代早中期的文化,由于这些社群规模较小和相对独立,所以文化特征具有鲜明的个性和稳定性。对于流动性很大的狩猎采集群,比如我国北方地区的细石器文化和极地的爱斯基摩人,由于高度的流动性和不同群体之间存在频繁接触,使得广阔地理范围内分布的文化遗存看上去十分相似,难以确定和研究群体意义上的考古学文化。其二,考古学文化概念不大适合研究内部分化明显的复杂社会。一方面,社会内部的分化会造成文化差异和多样性,比如玛雅帝国贵族和平民所表现的物质文化完全可以被看作是两种"亚文化"或两类族群。另一方面,随着社会的复杂化,比如从新石器时代晚期开始,不同社群在对外交往上日趋频繁,特别当贸易和交流成为不同社会阶层之间政治和经济活动的重要特点时,不同社会群体之间的界限和差异从文化特征上观察时就会变得十分模糊,比如,族群众多和国家林立的苏美尔从物质文化上观察是同一类考古学文化。特里格指出,商文明、商时期、商民族、商代、商国和商文化是范畴不同的概念,它们之间不能互换。商代国家也要比考古学定义的商文化范围小得多[31]。普罗塞尔(R. Preusel)和霍德指出:"描述某地区考古研究的各个方面,将遗址与器物归入能够比较和断代的文化单位的范畴。对文化特征发展、传播和流动的描述,就能建立起一个时空体系,并成为一个新地区进行研究的基石。"[32]加里·韦伯斯特(G. Webster)指出,文化历史考古学真正想做并仍然在做的事情,是想将主位与客位联系起来,将学者的考古学文化的构建与古代遗存的创造者联系起来。这是困难的,也许是做不到的。它被公认具有双重的难度——双重解释学的问题,即考古学家必须在他们的物质分析框架与对象人群框架之间进行转译[33]。

希安·琼斯的著作,对于长期以来困扰我国学者的有关考古学文化与族群对应关系的问题,提供了较为全面的剖析,并为我国考古学的认识论与方法论带来了某种启示,这就是需要对我们习用的学术概念和范式保持探索精神,不应将范式在实践中看作是深信不疑的公式而进行照章办事的操作,并密切关注国外同行的学术进展。我们只有对习用方法的不足保持理性的头脑,对国际学界的进展保持一种取长补短的态度,我们的研究水平才能精进,我们对过去的认识才能不断提高。

---

① Webster, G., Cultural History: A Culture-Historical Approach, in R. A. Bentley, H. D. G., Maschner and C. Chippindale eds., *Handbook of Archaeological Theories*, Lanham: Altamira Press, 2008: 11-27.

② [英] 科林·伦福儒、保罗·巴恩:《考古学:理论、方法与实践》,陈淳译,上海古籍出版社,2015年。

③ [加] 布鲁斯·特里格:《考古学思想史》,陈淳译,中国人民大学出版社,2010年。

④ Jones, S., *The Archaeology of Ethnicity, Constructing Identities in the Past and Present*, London: Routledge, 1997.

⑤ [英] 格林·丹尼尔:《考古学一百五十年》,黄其煦译,文物出版社,1987年。

⑥ Childe, V. G., *The Danube in Prehistory*, Oxford: Clarendon, 1929.

⑦ Childe, V. G., "Is Prehistory Practical?", *Antiquity*, 1933, 7: 410-418.

⑧ 同④。

⑨ Tylor, E. B., *Primitive Culture*, London: John Murray, 1865.

⑩ Durkheim, E., *The Rules of Sociological Method* (8th edition), Glencoe IL: Free Press, 1938 [1895].

⑪ 同③。

⑫ Childe, V. G., *Piecing Together the Past: The Interpretation of Archaeological Data*, London: Routledge & Kegan Paul, 1956.

⑬ Hawkes, C. F. C., Archaeological Theory and Method: Some Suggestion from the Old World, *American Anthropologist*, 1954, 56: 155-168.

⑭ 同④。

⑮ Steward, J., Review of "Prehistoric Culture Units and Their Relationship in Northern Arizona", by H. S. Colton, *American Antiquity*, 1941, 6: 366-367.

⑯ 同④。

⑰ Wallman, S., Ethnicity Research in Britain. *Current Anthropology*, 1977, 18(3): 531-532.

⑱ Shils, E. A., *Center and Periphery: Essays in Macrosociology. Selected Papers of Edward Shils*, vol.II, Chicago: Chicago University Press, 1957: 111-126.

⑲ 同④。

⑳ Cohen, A., Introduction: The Lesson of Ethnicity, in A. Cohen (ed.) *Urban Ethnicity*, London: Tavistock Publications, 1974: ix-xxiv.

㉑ McKay, J., An Exploratory Synthesis of Primordial and Mobilizationist Approaches to Ethnic Phenomena, *Ethnic and Racial Studies*, 1982, 5(4): 395-420.

㉒ Bourdieu, P., *Outline of A Theory of Practice*, Cambridge: Cambridge University Press, 1977.

㉓ Clarke, D., *Analytical Archaeology*, London: Methuen, 1968.

㉔ 同⑫。

㉕ 同㉔。

㉖ Hodder, I., Simple Correlations Between Material Culture and Society: A Review, in I. Hodder ed., *The Spatial Organisation of Culture*, London: Duckworth, 1978: 3-24.

㉗ 同④。

㉘ Ford, J. A., On the Concept of Type: The Type Concept Revisited, *American Anthropologist*, 1954, 56: 42-53.

㉙ Hodder, I., *Symbol in Action*, Cambridge: Cambridge University Press, 2009.(见②)

㉚ 同②。

㉛ Trigger, B. G., Shang Political Organization: A Comparative Approach, *Journal of East Asian Archaeology*, 1999, 1: 43-62.

㉜ Preusel, R. and Hodder, I. ed., *Contemporary Archaeology in Theory*, Oxford: Blackwell, 1996.

㉝ [美]加里·韦伯斯特：《文化历史考古学述评》，陈淳译，《南方文物》，2012年第2期。

（作者：陈淳，复旦大学文物与博物馆学系　教授）

·艺术史与文物学·

谈莲凫纹瓷枕

——以南越王博物馆两件藏品为例

赵 琳

广州南越王博物馆有一个精彩的"中国古代瓷枕专题陈列",它的捐赠者是香港杨永德伉俪。这个瓷枕展览以收藏丰富、窑口众多、品质上佳而知名。其中有两件莲凫纹瓷枕尤其引人注目;它们都属于北宋磁州窑系,制作精湛,画面优美,流光溢彩。

瓷枕的出现最早见于隋代[1],从唐代开始大量生产,至两宋进入极盛时期;其中以磁州窑系所产的数量最大、品种最多。而考察瓷枕上的装饰纹样,会发现莲凫纹是其中值得重视的一支大宗。因此下文就从南越王博物馆两件莲凫纹瓷枕入手,去探讨莲凫纹的缘起,以及何以这一装饰在瓷枕上如此盛行。

一、南越王博物馆所藏两件莲凫纹瓷枕

(一)北宋勋掌窑三彩划莲凫纹长方形枕

勋掌窑位于今河南济源的勋掌村,在宋代属于庞大的磁州窑系中的一个窑口;其主打产品即是三彩瓷枕(图1)。这件枕呈长方形,

图 1　北宋勋掌窑三彩划莲凫纹长方形枕

枕墙装饰着花叶纹,枕面中间开光,用划、绘并用的手法装饰着莲凫纹。画面中莲荷盛开,迎风浥露,亭亭玉立。水面涟漪滉漾,浮萍点点;两只凫鸭游弋其间,悠闲从容。这件三彩枕的施釉有绿、白、红、黄四色;其中主色调为绿色,次为白色,红、黄二色施加不多,主要作为点缀,却以少胜多;尤其是以红色点染荷花瓣尖,以及凫鸭之眼与喙,起到了"动人春色不需多"的作用,使整个画面生机盎然。

(二) 北宋当阳峪窑三彩刻莲凫纹腰形枕

当阳峪窑位于今河南修武当阳峪村,又名"修武窑",也是磁州窑系的重要窑口之一。在宋代,相对于前面提及的勋掌窑,它是规模更大、品种更为丰富的窑场。瓷枕(图 2)造型呈腰圆形[②],枕面顺应造型亦作腰圆形开光。开光内以刻花、三彩的手法装饰莲凫纹。画面中,以褐黄色釉填饰的卷草纹,宛如锦地一般布满池沼;池沼上莲叶俯仰有致,水草摇曳;洁白的菡萏盈盈盛开。两只凫鸭翩然而至,自在游弋。一只回首欲语,似在呼唤同伴;另一只则遥遥相应,依依相随。瓷枕施加了绿、白、褐黄三种色釉,效果清新悦目。而其上的刻划纹尤见功力,线条流畅,风格洒脱,显示出当阳峪窑工匠既具有纯熟的技法,又具有高超的审美水准与艺术功力。

那么,从工艺美术史来看,莲凫纹究竟是何时出现的?它们在瓷

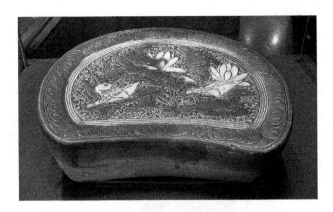

图2　北宋当阳峪窑三彩刻莲凫纹腰形枕

枕上的流行是否具有什么特殊意义呢？下文对此做进一步探讨。

二、莲凫纹溯源

"凫"是雁鸭科的一种动物，《广韵》释为："凫，水鸭也。"在古代文献中它又常被称为"凫雁""凫鸭"等。凫的形象特征，在《尔雅注疏》中是这样描述的："其足蹼〔脚指间有幕蹼属相著〕，其踵企〔飞即伸其脚跟企直〕。"[③] 也就是说，脚趾间有蹼，飞翔时脚向后伸直，是"凫"这种鸟类的基本特征。

工艺器物上以莲凫纹为装饰，最早的记载见于《北史》，其中说到西魏文帝在清徽殿前放置有一"欹器"，它的形貌是："为二荷同处一盘，相去盈尺。中有莲，下垂器上。以水注荷，则出于莲。而盈乎器为凫雁、蟾蜍以饰之，谓之'水芝欹器'。"[④] 可惜这样的器物已湮没在历史的风尘中。在现今存世的文物中，可以看到是从唐代开始，凫纹和莲凫纹装饰盛行了起来。

（一）唐代的凫纹与莲凫纹

在唐代，凫纹广泛出现于金银器、铜镜、唐三彩等各类材质、各种用途的器物上。按照凫的姿态，可大致分为如下两类：

1. 飞翔类

翔凫纹在唐代十分流行,根据纹样的丰富变化,又可细分为四类(表1):

表1 唐代四类飞翔类凫纹

第一类:单飞 (图例:唐代凫雁纹"宣徽酒坊"银碗,陕西历史博物馆藏)		说明:单只凫雁翩然飞翔,在唐代器物装饰中最为普遍。它们或出没于花团锦簇之中,或被流云所环绕,抑或和雀鸟、鸳鸯、仙鹤一起翩飞追逐。
第二类:双飞 (图例:唐代鎏金镂空凫雁球路纹银笼子,法门寺地宫出土)		说明:两两相对、双双翩飞的凫纹在唐代也有出现,不过不如第一类那么普遍。它们往往相互呈顾盼、呼应之姿,生趣宛然。
第三类:口衔花枝 (图例:唐代拨镂象牙围棋子,日本正仓院藏)		说明:口衔花枝的凫纹在唐代十分常见,它们时而作为主要纹饰,时而作为辅助纹饰出现在器物上,花枝或长或短,或写实或图案化。
第四类:口衔绶带 (图例:唐代镶嵌螺钿花鸟葵花镜,铜镜的右上方为凫雁衔绶纹样)	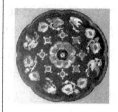	说明:唐代的鸟衔绶带是从汉代朱雀衔绶的装饰传统发展而来;相比之下,唐代禽鸟的姿态更加优美,更富于动感。唐代口衔绶带的禽鸟品种多样,有鸾凤、鸳鸯、飞鹊等,而凫雁也列居其一。

2. 非飞翔类

唐代除了流行翔凫纹以外,也有许多凫纹呈站立、行走、振翅等多种多样的姿态。其中主要包括如下两类(表2):

表2 唐代两类非飞翔类凫纹

第一类：凫纹与莲台的结合 (图例1：唐代莲台凫衔绶纹鎏金银盒，何家村窖藏出土) (图例2：唐蔓草鸳鸯纹银羽觞，何家村窖藏出土；外壁有立于莲台上的凫纹形象)	 	说明：凫纹与莲台纹相结合的图案，在唐代器物上很多。凫鸟或双双站立于莲台之上，口衔绶带，两两相对；或单只立于莲台上，姿态则更加自如：有的回首梳理羽毛，有的拍打双翅，引颈前探……总之丰富多彩、自然生动。
第二类：其他凫纹 (图例：唐代蔓草花鸟纹八棱银杯，西安韩森寨出土；右边靠近指鋬的装饰带中为两只踱步的凫鸟纹)		说明：在这一类图案中，凫鸭不再与莲台结合，它们或隔着团花纹两两相对，或自在地伫立、漫步于各种花草之间。

由上可见，唐代凫纹的姿态、组合，以及与其他纹样结合的形式，是多种多样的。有时，凫纹与莲纹结合在一起；而在更多情况下，它又与其他各种花叶纹、鸟纹相结合。而从现有的资料看，莲纹在工艺器物上的大量出现早于凫纹：在魏晋南北朝时期，受到佛教影响，莲纹就在器物装饰中盛行，主要是以莲瓣纹、正面或侧面的莲花纹形式出现。至唐代，在正面莲花纹的基础上，发展出了更为华丽的宝相花纹，同时莲台纹也很流行，它们都与佛教不无关系。总体而言，从装饰风格上看，这些莲纹都是图案化的，并非自然主义的写实风格。凫纹在唐代大量出现后，又常与莲纹结合，或飞翔于缠枝莲纹、宝相花纹之间，或立于莲台之上。这一类凫纹与莲纹的结合，是否就是宋代瓷枕上莲凫纹的源头呢？是，又不是。

从装饰题材上来说，"是"；但从表现手法与风格上来说，"不是"。——可以发现，唐代的这种凫纹与莲纹的结合，是图案化的，是充满想象力的艺术再创造;比如凫鸟起舞于莲台,又如飞翔、嬉戏于变体莲花——宝相花之间。而真实的、自然环境中的凫与莲的组合,当然与水有关,与池沼有关,与莲荷的迎风浥露、凫鸭的自在游弋有关。所以,从表现手法与风格上来说,南越王博物馆所藏宋代瓷枕上的莲凫纹,与唐代工艺器物上的莲凫纹大异其趣。

(二)宋代自然主义写实风格的莲凫纹

自然主义写实风格的莲纹,在唐代长沙窑的画花上,已有出现(如图3)。与此同时,一些长沙窑瓷器上还出现了单独描绘的水鸟、涉禽,从姿态和表现手法上来看,都属于自然写实的一路。所以,长沙窑器物上写实风格的莲纹、水鸟纹表现,应是宋代瓷器莲凫纹的滥觞。

图3 唐代长沙窑绘莲纹壶

另一方面,宋代瓷枕上流行的莲凫纹,更多地应是受到宋代花鸟画的影响。花鸟画自从五代发展成熟以来,进入宋代后,呈现出更加生机蓬勃的局面;而荷塘凫纹,成为花鸟画中最为常见的题材。在北宋宣和年间官方主持编撰的宫廷藏画著录《宣和画谱》中,存在大量这样的记载。如"卷十六·花鸟二""赵孝颖"条下有:"莲陂戏鹅图一,莲塘水禽图一";"赵士雷"条则有:"莲塘群凫图一……夏塘戏鸭图一,夏溪凫鹭图一"。又如"卷十八·花鸟四""崔白"条载:"(崔白)善画花竹羽毛、芰荷凫雁……之类,尤长于写生,极工于鹅。"其画作有:"荷花家鹅图一,荣荷家鹅图二……秋塘群鹅图三,秋塘双鸭图二,秋荷群鸭图一……秋荷野鸭图四",等等。此外,崔悫、赵令穰等都有荷塘凫纹的画作见载。如图4"南宋冯大有太液荷风"和图5"宋代佚名秋塘双雁"也是类似的作品。这些荷塘水凫题材的作品,无不以自然主义的写实手法,生动描绘出凫鸟在大自然中、在常居的水生环境中的真实情态。

图4 南宋冯大有太液荷风图
（局部，台北故宫博物院藏）

图5 宋代佚名秋塘双雁图
（台北故宫博物院藏）

而宋代艺文兴盛，文化氛围整体崇文尚雅，工艺美术和纯艺术之间呈现出雅俗共赏、雅俗合流的态势。正是在此大环境下，工艺器物积极向绘画汲取灵感——在装饰上吸收花鸟画的创意与表现手法，瓷器上出现大量写实描绘的莲凫纹，就不足为怪了。

不过，如果我们仔细考察宋代各种瓷器上的莲凫纹装饰，会发现它们主要出现在磁州窑、定窑和耀州窑的器物上。又值得注意的是，除了磁州窑以外，定窑和耀州窑的莲凫纹样都相当简单。例如，定窑的莲凫纹通常用刻花表现（如图6），寥寥几下，十分简洁概括；而耀州窑的刻花莲凫纹则更多省笔，并趋于图案化。所以相比之下，在宋代各个窑口中，就数磁州窑上的莲凫纹出现最多，在表现上也最为自然、细腻、写实。

而值得特别指出的是，据笔者考查，大部分莲凫纹正是出现在瓷枕——这一磁州窑的代表产品之一——上，在磁州窑的碗、盘、瓶、壶上莲凫

图6 宋代定窑白瓷盘上的
刻花水鸭纹描绘[5]

纹虽有出现，却远不如瓷枕上那么集中。那么，莲龟纹在瓷枕上的大量出现，纯属巧合，还是有着值得进一步探究的原因？

三、瓷枕上常见莲龟纹的原因

（一）与瓷枕的功能密切相关

古人用枕分为硬质枕和软质枕两种，而硬质枕包括木、石、玉、陶瓷等材质；陶瓷枕在宋代的生产和使用进入繁盛期，主要用于夏季消暑。宋代诗词中对此有相当多的描绘，如李纲《吴亲寄瓷枕、香炉颇佳，以诗答之》："远投瓦枕比琼瑜，方暑清凉惬漫肤。"⑥又如广为人知的张耒《谢黄师是惠碧瓷枕》："巩人作瓷坚且青，故人赠我消炎蒸。持之入室凉风生，脑寒发冷泥丸惊。"不过，为今人提供最为直观、最令人信服的瓷枕使用证据的，还是民国初年河北巨鹿古城的发现，在其民居遗址中，正是在床炕的位置出土了诸多瓷枕。而巨鹿古城是于北宋末年遭遇水患没顶的，其时正是夏末秋初；至此，瓷枕作为时令卧具的功用就不言自明了。与前述两件莲龟纹瓷枕一样收藏于南越王博物馆的，还有一件非常重要的北宋磁州窑"枕赋"长方形枕，其枕面上白底黑字撰写了一篇269字的《枕赋》，可能是目前瓷枕上题字最长的。《枕赋》中有这样一段文字："是时也，火炽九天，时惟三伏……睡快诗人，凉透仙骨。游黑甜之乡而神清，梦黄粱（粱）之境而兴足。恍惚广寒之宫，依稀冰雪之窟。凛然皂发之爽，倏然炎蒸之萧。"这段话，可谓淋漓尽致地咏颂了瓷枕在夏季清凉消暑的作用。

与瓷枕功能相呼应的，就是瓷枕上的图案装饰。菡萏盛开，总让人联想到夏季；而荷塘水波潋滟，清风徐徐，又总让人感受到炎夏中的那一抹清凉。如宋代蔡伸《卜算子》所说："小阁枕清流，一霎莲塘雨。风递幽香入槛来，枕簟全无暑。"⑦因此，莲荷纹以及莲龟纹在瓷枕上成为盛行题材，也就在情理之中了。此外，在磁州窑瓷枕上还常见水波、鱼纹，以及鹈鸪、鹭鸶、鸳鸯、芦鹤等其他水鸟或涉禽描绘,这些装饰的流行,和莲凫纹一样,都与瓷枕的消夏功能密切相关。

(二)莲凫之景在佛教中是美好祥瑞的象征

另一值得注意的情况是,在佛教经典中,举凡描绘庄严喜乐之地,多伴随有莲凫之景的出现。如《方广大庄严经》云:"佛告诸比丘,尔时菩萨住于最胜微妙宫中,一切所须皆悉备具,殿堂楼阁众宝庄严。……有诸池沼其水清冷,时非时华周遍开发。其池之中凫雁、鸳鸯、孔雀、翡翠、迦陵频伽共命之鸟,出和雅音。……人天见者莫不欢喜。"⑧描绘了"兜率微妙天宫"中备极美丽的景色,其中的主景,就是池沼、莲花以及凫雁等各种鸟类。又如《诸法集要经》云:"复有妙宝峰,庄严皆具足。有种种莲华、林木,极可爱。有种种河池,水鸟咸依止……莲蕅悉开敷。"⑨也描绘了池塘中莲花盛开、水鸟游弋的盛景。类似的记载在佛经中比比皆是,又如《正法念处经》《佛说萨罗国经》《佛本行集经》等,都能见到关于"池""莲""凫"的描绘文字。

大自然中的莲凫之景,不论从视觉效果上还是心理感受上,都能带给人美好、喜悦、生命力等感受。因此,佛教用莲凫纹来颂扬佛境的美好,正是在情理之中。而宋代佛教文化发达,佛教装饰对工艺器物的影响广泛而深刻地存在。在佛经中不断被咏颂的莲凫之景,于此背景下,广泛地出现在磁州窑的装饰上,用以寄托人们对美好的希冀、对祥瑞的祈愿,也就不足为怪了。

(三)凫鸟雌雄不相离的特性符合人们对婚姻和美的祈愿

汉代焦赣说:"凫雁哑哑,以水为宅。雌雄相和,常共娱乐。"⑩宋人有诗云:"沙平水澹西江浦,凫雁静立交俦侣。"⑪这种总是两两相伴、雌雄相随的禽鸟,深得人们的喜爱,并自然地将它与人间之夫妇对应起来。在河北巨鹿古城出土的瓷枕上,有书"崇宁二年新婚之庆"的⑫,正可以说明一些瓷枕为新婚而备置,而新婚的枕具上装饰双宿双飞的凫雁纹,则是再合适不过了。

巧合的是,凫雁也是古代婚礼六礼中十分重要的媒介。《仪礼·士昏礼》说:"昏礼有六,五礼用雁,纳采、问名、纳吉、请期、亲迎是也。"也就是说,在六礼中的五个环节都要用到鸟雁;亦即从请婚到订婚到成婚,鸟雁的身影无处不在。而由亲朋好友向新婚夫妇赠送床上用品,是至今留存的民间传统习俗;从前述宋代李纲、张耒的诗作也可以看出,在宋代互赠瓷枕十分风行。因此,大量莲鸟纹的瓷枕,除了嫁娶家庭的自备用品外,还有可能是亲朋好友给新人的贺礼。

于是,这里有必要再来细察一下南越王博物馆藏"三彩划莲鸟纹长方形枕"的图案。枕面所绘之景让人印象深刻(如图7):芙蕖盛开、水波激滟的荷塘,一片宁静、美好;而两只鸟鸟畅游其中,一只回首相顾,一只紧紧相随。二者相依相伴,顾盼生情。这一描绘,难道不是对人间夫妇"琴瑟和谐,岁月静好"的最诗意的祈愿吗?

图7　三彩划莲鸟纹长方形枕枕面局部

四、衍生开去的话题

在宋代瓷枕上另一个常见的题材,是对"持荷叶童子"的描绘。它与莲鸟纹当然不同;不过,二者完全没有关系吗?又未必。笔者在下文试作探讨:

南越王博物馆收藏的这一件,被命名为"持荷娃娃"枕(如图8),其中的童子形象和天津历史博物馆所藏枕(如图9)描绘近似：都衣着单薄，解衣敞怀，露出里面的肚兜，表明了炎夏的环境。南越王馆藏枕的童子正依着坐墩打盹儿，与瓷枕的功用相互呼应；而天津馆藏的童子肩扛荷叶，前面还踯躅着一只凫鸭。莲荷、凫鸭、童子、夏天，在这里被连接在了一起。

图8　北宋磁州窑白地黑花持荷娃娃，腰形枕，南越王博物馆藏　　图9　宋代腰圆形白地黑花婴戏枕，天津历史博物馆藏　　图10　宋代磨喝乐（摩喝罗）

据《东京梦华录》记载，近七夕节之时，"小儿须买新荷叶执之盖，效颦'磨喝乐'"，又说，"七日晚贵家多结彩楼于庭，谓之乞巧。楼铺陈'磨喝乐'、花瓜、酒炙……焚香列拜"[13]。其中两次提及的"磨喝乐"是梵文音译，本为佛教之形象，后来在中国演变为可爱孩童的样子，在宋代民间常被制作成玩偶；估计多有"执荷叶"的形象（如图10[14]），所以《东京梦华录》中才有"小儿……效颦"之说。那么，磁州窑瓷枕上的执荷叶童子，是否就是当时七夕风尚的体现呢？笔者认为这个可能性是存在的。七夕节在大暑之后，正是夏季最为炎热的时候，而瓷枕作为时令用品，上面装饰与七夕相关的题材，正在情理之中。

另一方面，"磨喝乐"在宋代被用作七夕节"乞巧"及供奉牛郎织女，自然也有祝愿家庭美满、多子多福的意义在其中。那么瓷枕上"执荷叶童子"的装饰，从祈愿的喻义上来说，自然是上述两件莲凫纹瓷枕之"后续"——从"夫妻恩爱"到"早生贵子"，作为夏令床上用品的瓷枕，其装饰真实、自然、生动地传达着宋代普通百姓对人间幸福的希冀[15]。

参考文献：

[1] 张子英：《磁州窑瓷枕》，人民美术出版社，2000年。

[2] 范冬青：《陶瓷枕略论》，《上海博物馆集刊》总第4期，上海古籍出版社，1987年。

[3] 王文建主编：《枕梦邯郸：磁州窑精品赏析》，广东人民出版社，2011年。

---

① 《安阳隋张盛墓发掘记》，《考古》1959年第10期。

② 其形状接近椭圆形，但一侧稍内曲；又称为椭圆形枕或者豆形枕。

③ 〔晋〕郭璞注、〔宋〕邢昺疏：《尔雅注疏》卷十《释鸟第十七》，上海古籍出版社，2010年。

④ 〔唐〕李延寿：《北史》卷三十六《列传第二十四》，中华书局，2011年。

⑤ 来自《中国陶瓷大系》之《宋元陶瓷大全》封面，台北艺术家出版社，1988年。

⑥ 〔宋〕李纲《梁溪集》卷九，见《景印文渊阁四库全书》第一一二五册，台北商务印书馆，1986年。

⑦ 《全宋词》，北京：中华书局，1999年。

⑧ 〔唐〕地婆诃罗译：《方广大庄严经》卷五，见《乾隆大藏经》大乘经，宗教文化出版社，2010年。

⑨ 〔宋〕日称等译：《诸法集要经》卷一，见《大正新修大藏经》第十七卷，台北佛陀教育基金会出版部1990年出版。

⑩ 〔汉〕焦赣：《焦氏易林》卷一，中国书店出版社，2014年。

⑪ 〔宋〕葛立方：《韵语阳秋》卷十四，上海古籍出版社，1984年。

⑫ 张子英编著：《磁州窑瓷枕》序，人民美术出版社，2000年。

⑬ 〔宋〕孟元老：《东京梦华录》卷八，中州古籍出版社，2010年。

⑭ 来自无锡博物院惠山泥人展厅图例。

⑮ 古籍文献参阅中国知网《国学宝典数据库》，并经过笔者校阅、比对。

（作者：赵琳，复旦大学文物与博物馆学系　讲师）

韩国钟路出土青花铭文器盖研究

成高韵

一、青花铭文器盖的出土情况

一直以来,在韩国发现的明代青花瓷反复证明了15世纪的朝鲜已经开始同中国进行青花瓷贸易,而且这种贸易一直持续到清代。2010年后,在朝鲜时期的首都"汉城"地区中国青花瓷器的多次被发掘,出土的青花瓷数量已经渐渐增加到500多件(见表)。如此多的发掘数量反映了明清青花瓷在朝鲜时代汉城地区极高的流行程度。

表1 韩国出土明清青花瓷数量表

	发掘地区	发掘年度	青花瓷
1	景福宫	2011	7件
2	军器寺址	2012	14件
3	东大门运动场	2011	81件
4	首尔贯铁洞	2008	1件
5	首尔宽勋洞	2014	2件
6	首尔瑞麟洞	2012	9件
7	世宗路地域2地区	2010	35件

续 表

	发掘地区	发掘年度	青花瓷
8	首尔世宗文化会馆艺术洞	2013	1件
9	首尔新门路遗迹	2011	4件
10	首尔六朝街遗迹	2011	5件
11	钟路敦义洞170号	2014	2件
12	首尔钟路首尔马罗尼埃公园	2014	6件
13	首尔钟路凤翼洞	2014	1件
14	首尔钟路井洞1—45号遗迹	2013	1件
15	首尔钟路清进1地区	2011	32件
16	首尔钟路清进2—3地区	2012	120件
17	首尔钟路清进8地区	2012	84件
18	首尔钟路清进12—16地区	2011	82件
19	宗庙广场	2010	18件
在首尔发掘的中国青花瓷的总数量			505件

出土的文物中有很多具有极高的研究价值。通过研究这些文物，我们可以探讨明清时期青花瓷流入朝鲜的路线、贸易方式以及朝鲜人对青花瓷的消费倾向。

钟路位于韩国首都首尔的中心，即朝鲜王朝的王宫景福宫门口。钟路里面还有集市、商业街、官厅机构以及鳞次栉比的两班贵族住宅地，其中清进12—16地区是位于景福宫入口的东南方向，紧邻宫入口的两条商业街（图1）。在该地区发现的中国瓷器总数达到82件，可知当时的朝鲜流入了中国青花瓷。而且在钟路12—16地区的NA地区第3层发现了一件特别的文物，就是123号出土的带"京都前门内棋盘街路东"铭文（图2）[1]的青花器盖。

韩国钟路出土青花铭文器盖研究 31

图1 [朝鲜]金正浩,首善全图,1840

图2 2556. 青花铭文盖片
高1厘米,周缘部5.5厘米,底径4.2厘米
《钟路清进12~16地区遗址》,Hanwool 文化财研究所,2013

出土青花器盖的文化层是大约18世纪后半叶到19世纪初的[2],而且伴出物也佐证了文化层的年代。这些伴出物中出现了用墨书来标记的瓷器,这些瓷器是朝鲜宫廷使用的,墨书标记经证实属于18世纪的特征[3]。出土青花铭文器盖的第3层上面的第1、2层里出土了日本瓷器,输入时间大约从19世纪开始[4]。其中部分瓷器底部的作坊记号,表明它们是在1870年到1920年之间,从日本肥前地区制造之后流通到朝鲜的带商业铭文的日本瓷器[5]。这是19世纪到20世纪间日本近代瓷业发达的有力证据。

因此,在钟路12—16地区的 NA 地区第3层123号出土的带"京都前门内棋盘街路东"铭文的制造年代应是从18世纪后半叶到19世纪初期。

二、青花铭文器盖的铭文研究

在韩国首尔钟路发现了青花铭文器盖上带着"京都前门内棋盘

街路东"(原文)的铭文⑥。铭文指的是一个地点,考究该铭文所指的具体地点可以为研究这种器物制作的原因、制作地以及流通地点提供一些线索。

首先要理解铭文指的地点是朝鲜还是中国,这是最需要考虑的问题。但是当时朝鲜在白瓷底部做记录时,一般使用"墨书"标记法⑦。铭文上的"盘"字使用繁体,而"门、东"却是使用简体标记,这样繁体和简体混用的情况在韩国几乎没有,因为韩国从朝鲜到现在从未使用过简体字。不过中国的情况却不一样,除了某些固有名词(比如某些特定地点)会出现繁体字以外,一般都是使用简体字。从上述这一点可推知,在钟路发现的青花器盖其铭文所指的地方有可能是中国。

另外的线索是铭文上的"前门"。从朝鲜时期直到现在,韩国一般用"东大门、南大门、西大门"等作为地名,很难找到"前门、后面"的名称。那么在中国使用"前门、后面"的地方是哪里呢?马上就能想到在北京繁荣的商业街前门。特别是前门附近的"棋盘街"其历史也十分悠久,以下证明"京都前门内棋盘街路东"指的地方是位于中国的北京。

(一)棋盘街商号的订制瓷器

棋盘街从明正统七年(1442年)开始成为中央行政机构的所在地⑧。

首先需要了解棋盘街的位置,棋盘街位于大明门外,正阳门(明宫第一个门,即前门)之内,即大明门和正阳门的中间,其面貌是像棋盘一样的正方形,有两侧东西方向的通道可以到达府部门口(图3)。明人记载了当时棋盘街繁荣的状况。

大明门前府部对列,棋盘天街百货云集,乃向离之景也。⑨

棋盘街府部对列街之左右。天下士民工贾各以牒至,云集于斯,肩摩毂击,竟日喧嚣。此亦见国家丰豫之景。⑩

特别是元宵的时候,在棋盘街赏月是一个特别的活动⑪,从文字记载以及图片中可以找到当时棋盘街的面貌:棋盤街闃靜無塵百货初收百戏陈向夜月真似海明叁差宫殿湧全银[12]（原文）。综合上述记载，判断明代棋盘街是非常繁华的一个商业街，特别在元宵时节百货云集。

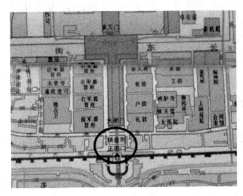

图3　明北京城街巷胡同图，明万历—崇祯年间（1573—1644）

段柄仁，《北京胡同志》，北京出版社，2007

图4　青花仙人纹香炉，清康熙（1662—1722）

通高10.5，口径17.1，底径11厘米
《故宫博物馆藏清代景德镇民窑瓷器》

那么其中韩国钟路出土的"京都前门棋盘街路东"指的是繁荣的棋盘街中具体哪一个商店？当时景德镇民窑瓷业不断发展，产生了像康熙年间的青花仙人纹香炉（图4）一样的订烧瓷器。特别地，一些景德镇民窑厂为了使商店增加回头客，还专门在瓷器上制作铭文，为其打广告。

在韩国钟路出土的青花铭文器盖的情况更加特殊，像现在的广告一样，把销售地点直接铭在器物上作为一种广告手段，使之闻名海外。该瓷器的店铺就是位于"京都前门内棋盘街路东"，拿到该瓷器的客人若还想购买，不用费心去询问购买地点，下次按照铭文记载直接找到店铺就行。

明朝时期开始形成的棋盘商业街的繁荣一直延续到了清代。清代的地图上棋盘街东西两侧的结构没有发生较大变化（图5）。所以

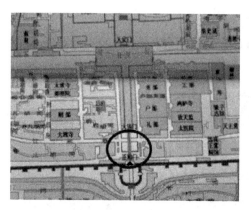

图 5　清北京城街港胡同图，清乾隆十五年（1750）

段柄仁，《北京胡同志》，北京出版社，2007

为了了解清代"京都前门内棋盘街路东"的位置，查看棋盘街形成时，明代《京师五城坊巷胡同集》中关于棋盘街路东有如下记载：东侧有宗人部、使部、户部、礼部、东公生门、兵部、工部、御药库、鸿胪寺、钦天监、太医院、东长安门、东长安街、东朝房、銮驾库、翰林院、东江米巷、白家胡同[13]。从乾隆年间的地图可以看出，青花铭文器盖流通的清代棋盘街的结构与明代没有大的变化。而且笔者认为，集中在清代棋盘街东侧的官厅并不需要宣传自己的所在地。《皇都积胜图卷》有助于我们理解当时的棋盘街，图卷上描述的是大明门外正阳门内的棋盘街上各个商人来赶集的样子（图6-1,2）[14]。这种摆摊的商贩就会通过在器物底部铭文来宣传自己的商店，就像韩国钟路出土的"京都前门棋盘街路东"铭文方式。

图 6-1　《皇都积胜图卷》

中国国家博物馆馆藏文物研究丛书绘画卷（风俗画）

图 6-2　《皇都积胜图卷》

中国国家博物馆馆藏文物研究丛书绘画卷（风俗画）

通过《乾隆南巡图卷》能看到,清代商业发展扩大到正阳门外面的前门大街(图7),观察店面的商号以及牌匾如:"本商自制云贵川广苏杭各省上品杂货发贩""本铺定做时时朝靴锻靴镶袜具全""各色大布、时青大布""绉纱手帕""苏杭绸缎、包头汗巾""各色翠花""靴鞋老店""南酒海菜、风鱼皮蛋、海参燕窝""干鲜果品、川广杂货、金华火腿""酒坊""奶茶""奶干""龙井毛尖、雨前松萝、花香芥片、雀舌口味""武夷六安、通庭普尔、春茗芽茶""石塘名烟""济宁油丝、福建蒲城""烧酒牛烛、名烟茶叶""南纸笺贴、绫绢款扇""纯豪名笔""精裱名人字画""药酒膏药""银局""堆金""积玉""聚宝"[15]。这些宣传语展现了当时前门大街上店铺云集、竞争激烈的场面。因此,可能正阳门外的商店趁着元宵等能进入正阳门(前门)内棋盘街的时间,做订烧器来"打广告"。

图7 《乾隆南巡图卷》
中国国家博物馆馆藏文物研究丛书绘画卷(风俗画)

而且还有些传世品也有相同的铭文(图8),书写结构和地址内容也一模一样,虽然这些瓷片的年代不明,但能够说明在当时的棋盘街上,由于竞争激烈,一些店铺从景德镇订烧了广告铭文瓷器。

图8 "京都前门内棋盘街路东"铭文传世品

因此，在朝鲜钟路发现的器盖上的铭文"京都前门内棋盘街路东"应是订烧景德镇民窑的北京棋盘街中某个商店的广告名之一。

（二）中国瓷器在朝鲜的流通

那么，韩国出土的青花铭文器盖是如何流入朝鲜的，其途径是什么？朝鲜与清朝之间一直没有自由通商时期。虽然在1883年开始了海路上的自由贸易[16]，但是由于1894年清日战争的原因，之前的合约基本上没有效果。而且直到1905年，朝鲜被日本占领，日本人已经在朝鲜里面渗透得很深入，无法实现朝鲜和清朝的贸易。所以除了私下贸易以外，18世纪后半叶到19世纪初期，由北京的物品到朝鲜的机会一年只被允许4次[17]，而且一定要所属为燕行团里的成员才可以。尽管燕行团的正官只有30余名，但包括随从在内的人员一共多达200余名，因此还是具有比较大的规模的[18]。

流传至今的关于燕行团的出使记录，数量多达600余篇。许多《燕行录》里面也可以看到关于清代的瓷器、瓷业技术的记载。朝鲜燕行团对清朝的青花制造技术已有很深入的了解，说明朝鲜燕行团与瓷器有很多接触。

在《燕行录》中亦有关于棋盘街的记载。一开始朝鲜人对北京棋盘街的了解是通过阅读清人的书籍所记录下来的：

（棋盘街——清查嗣瑮）

棋盘街阗静无尘百货初收百戏陈向夜月真似海明参差宫殿涌全银。[19]

之后，通过燕行朝鲜人亲眼所见的棋盘街记录也出现了。

（1）按皇城宫殿。永乐十五年创建。而宣德七年增修。号大明门。外曰棋盘街。府部对列。清康熙间。又建诸宫殿宇。东华，西华门。规制益备。[20]

（2）催进夕饭。与副使及诸人。联车出棋盘街玩月。街在正阳门内。即八景之一也。游人簇拥。殆无着足之地。[21]

（3）随三使由东城根。历棋盘街。街在正阳门内大清门外。周绕石栏。正方如棋盘。即元宵玩月处也。[22]

其中金景善1833年在他的燕行录《燕辕直指》上还留下了《北京全图》(图9),亦解释各个门的说明:

<u>正阳门</u>。俗称前门　即都城正门也。其中门常闭不开。惟皇帝出入时。灌油百斛。始开云。<u>门内通衢</u>。<u>谓之棋盘街</u>。<u>又名天衢</u>。天衢玩月。为燕京十景之一。周绕以石栏。四围列肆长廊。百货云集。又名千步廊。㉓

通过上述记载,再次可以确认"前门内棋盘街"指的是北京正阳门内棋盘街,即当时的商业中心——天街。

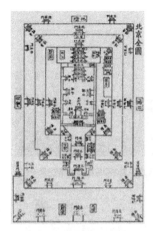

图9　《北京全图》
[朝鲜] 金景善,《燕辕直指》,1833

因此,受棋盘街名声的影响,不难推知,朝鲜人通过燕行团在棋盘街上买带有棋盘街铭文的瓷器并带到朝鲜的可能。

三、器型的功能

图10　北京王府井发掘品,曲永建,《北京出土景德镇瓷器探析》,2002

瓷器的流通可以分两种,一个是瓷器本身的流通,另外一种是作为容器的流通。笔者认为青花铭文器盖的流通方式应该是第二种——作为容器的流通。在北京发现的药瓶(图10)等物品就是瓷器作为容器使用的例证。

一般为了方便,盖罐和壶的盖子上带着钮。这种青花铭文器盖亦是往里凹进去的盘型盖式样,这是为了不易打开、为了密封才选这种盖子。

明宣德喜欢的蟋蟀罐也是为密封

图11 传世品"京都前门内棋盘街路东桂林轩制红阳高粉"铭盒子《元明清古瓷标本图释》,2008

其盖子做成凹进去的式样。蟋蟀罐的盖子虽然比韩国钟路出土青花铭文器盖盖子的深度会浅一点,但是从蟋蟀罐可以得知这样凹进去的式样有为密封不易打开的功能。

马平在《元明清古瓷标本图释》中介绍了一种装珍贵的"粉"的盒子(图11)㉔给我们提示,该传世品的大小和装饰式样以及铭文都与韩国出土品一致。虽然该铭文还多了几个字:"桂林轩制红阳高粉",但是还是不难推断这个盒子和韩国出土的青花铭文器盖是属于同一类订烧器。

如果朝鲜人用在北京的棋盘街上买来的青花瓷作为粉容器的话,这器物具体是从什么店铺买来的呢?考虑当时最珍贵的粉,有如下几种可能。1778年朴齐家写的《北学议》"药篇"中记载中国的药材引进朝鲜,这是给我们提示关于粉的种类。

<u>我国医术,最不可信</u>。<u>贸药于燕者,若患非真……而况异国之产而委至于商卖牟利之手……</u>㉕

通过记载,当时朝鲜的医术不高,只能依靠从清朝流进来的药材和处方单来行医。所以一旦有了燕行团,上述200多名燕行团里的商人就可以进入北京进行贸易。

所以通过传世品可以推测韩国出土青花铭文器盖的器型不论是药瓶上的还是盒子上的,都应是在棋盘街上买来装药物的容器的盖子。

四、结　　语

2010年后在韩国特别活跃的发掘地是朝鲜时期的首都"汉城"

地区。有500多件青花瓷被发现,其中青花铭文器盖表明了清代盘型盖的制造以及流行年代,以及有铭文的景德镇广告订烧瓷流通到韩国的途径和办法。

青花铭文器盖发现于韩国首尔钟路清进NA地区第3层。第3层的地层年代是18世纪后半叶到19世纪初期。青花铭文器盖证明至少于18世纪后半叶到19世纪初期有中国瓷器流通到朝鲜的汉城地区。

而且韩国出土的青花铭文器盖上有"京都前门棋盘街路东"的铭文。铭文指的是北京前门的商业街。所以韩国出土的青花铭文器盖应是在前门内棋盘街上店铺所购买的景德镇民窑订烧瓷。

朝鲜《燕行录》的记载里曾提及棋盘街的信息。而且燕行团是多达200余名的大规模使行团,使行团里面常常会有私下贸易。因此,青花铭文器盖可能是使行团于棋盘街购买了景德镇订烧瓷之后再流通到朝鲜的。

通过对比与青花铭文器盖一样带"京都前门棋盘街路东桂林赶制红阳高粉"铭文的传世品盒子以及药瓶,可以猜测,青花铭文器盖之类的器物可能是作为当时药材贸易中装药物的容器而流通到朝鲜的。

虽然青花铭文器盖所属的完整器型不容易判断,但是从青花铭文器盖可以推知当时的景德镇民窑瓷的活动以及该贸易面貌:第一,确认当时已有器盖上写广告铭文的瓷器;第二,景德镇订烧瓷流入到北京后,再通过朝鲜燕行团流通到朝鲜的贸易路线;第三,证明作为容器形式的瓷器在流通方式中的存在。

---

① HanWool文化财研究院:《钟路清进12~16地区遗迹Ⅳ》,2013。
② 同①,第42页。
③ [韩]金允贞:《朝鲜16世纪 白瓷에 表示된 王室关联 한글铭文의 种类와 意味》,《世宗时代와 东아시아》,高丽大学韩国学研究所,2014。
④ [日]家田淳一:《江戶中・後期伊万里の朝鮮貿易》,《日本海域历史大

系》,2006。

⑤ [韩]韩盛旭、[日]片山まび:《灵岩南海神祀出土日本铭文白瓷》,《博物馆年报》第10,木浦大学博物馆,2001。

⑥ 同①。

⑦ 同③。

⑧ 李蔚:《明清时期北京棋盘街的演变》,《北京城市历史与文化研究(2010年增刊)》,2010。

⑨ 〔明〕于慎行:《谷山笔尘》,中华书局,1984年。

⑩ 〔明〕蒋一葵:《长安客话》,北京古籍出版社,1980年。

⑪ 陈刚:《前门·大栅栏》,北京出版社,2006年。

⑫ 〔清〕查嗣瑮、陈刚:《前门·大栅栏》,北京出版社,2006年。

⑬ 〔明〕张爵:《京师五城坊巷胡同集》。

⑭ 《中国国家博物馆馆藏文物研究丛书·绘画卷》,上海古籍出版社,2007年。

⑮ 同⑭。

⑯ [朝鲜]《王朝实录》,高宗19卷,十九年(1882壬午/清(光绪)八年)10月17日(庚午)"中、韩商民水陆贸易章程成"。

⑰ 定例使行(冬至·正朝·圣节·千秋),不定例使行(王薨·嗣位·册妃·建储·先王追崇)。《通文馆志》卷3《事大》,赴京道路,朝鲜后期。

⑱ [韩]林基中:《朝鲜外交文学集成》燕行录篇,2004。

⑲ [朝鲜]未详:《燕行录》燕行杂录,1822。(燕行录丛刊增补版,2013)

⑳ [朝鲜]徐浩修:《燕行记》,1790。(韩国古典翻译院,1976)

㉑ [朝鲜]金景善:《燕辕直指》,1833。(韩国古典翻译院,1976)

㉒ [朝鲜]徐庆淳:《梦经堂日史》,1855。(韩国古典翻译院,1976)

㉓ 同㉑。

㉔ 马平:《元明清古瓷标本图释》,经济日报出版社,2008年。

㉕ [朝鲜]朴齐家:《北学议》,1778。

(作者:成高韵,复旦大学文物与博物馆学 2013级硕士研究生)

荷兰东印度公司与中国瓷器贸易

李雅淳

17、18世纪中国瓷器大量销往西方世界,造就中国外销瓷贸易空前繁荣盛况,为两个世纪中西商品流通、文化艺术的交流起到很大的作用。然而,这段中西交流史篇章的开启,荷兰东印度公司扮演着不可取代的重要角色。公司的瓷器订购策略与方针是荷兰得以引领17世纪瓷器贸易、并在18世纪其他东印度东司加入时,能持续促使瓷器贸易发展的关键。以往关于荷兰东印度公司与瓷器贸易的研究较少着重其决策或方针的探讨,下文拟对这部分进行初步探索。

一、荷兰东印度公司的瓷器贸易

荷兰东印度公司(Vereenigde Oostindische Compagnie,以下简称VOC)于1602年成立,1798年解散。整个17世纪里,她以巴达维亚(今印度尼西亚首府雅加达)作为主要连接点,布局、交织出中国海与印度洋之间的海上贸易据点网络,成为当时的海上霸权;18世纪随着中国市场的重要性日益增加、广州港口地位的逐渐凸显,以及新的参与者加入中国贸易竞争,1729年荷兰公司也顺势在广州设立商馆处理贸易事务。中国瓷器贸易也在这段期间显著成长,根据Finlay的保守估计,17世纪开始至18世纪末,荷兰借由这样的贸易网络或与广州的贸易运走了约4 300万件中国瓷器;其他竞争对手如英国、法国、瑞典和丹麦等国也从中国买进了至少3 000万件瓷器[①]，如果仔细探究会发现正确的数量恐怕比这还要多[②]。

虽然不少关于明清外销瓷的书籍或文章会提到17世纪初荷兰从意大利商船劫掠而来、在阿姆斯特丹举办的两起中国瓷器拍卖[③]，并将中国青花在西方声名大噪与这两场公开性的拍卖相互连结，然而，真正促使中国瓷器文化由西方少数的上层阶级向下传播、为新兴资产阶级乃至一般大众追求与接受，其关键的运作者之一就是VOC。VOC的成立彻底加快了中国瓷器外销西方的进程[④]，让更早接触中国瓷器的葡萄牙人万万没想到，那些他们经常购买回来使用、收藏或视为礼物赠送友邦邻国的中国瓷器，让脑筋动得快的荷兰人抢先在17世纪初向中国订购所需的器皿，甚至作为"再外销"的商品"行销"整个欧洲。

二、荷兰东印度公司灵活的瓷器订购

（一）收购与订购

西方学者曾对17世纪初期VOC的瓷器购买量进行过分析：1602—1657年间通过公司运往欧洲的中国瓷器保守估计有300多万件；1659—1682年间中国海禁下贸易条件较差时，运往欧洲的日本瓷器约有19万件[⑤]。在初期，光1608年荷兰就已购入108 200件，到1644年增长到355 800件[⑥]。但是这些时间段内并非年年都有固定数量的瓷器进口。Jorg提醒我们，Volker的统计资料并不完善[⑦]；也有学者对这些初期往返东、西两边的VOC船只是否皆购入大量瓷器提出质疑，认为17世纪上半叶并非所有船只都携带大量的瓷器，有时候收据上仅写着"一桶装有8件大瓷盘"[⑧]。1608年沉船Mauritius总共出水的中国瓷器只有215件[⑨]，即使显示载有大量瓷器的1612年Vlissingen，总共有38 641件各种器形的瓷器货品进口荷兰[⑩]，但这些数字与1608年差异甚大[⑪]。除了数量不稳定之外，17世纪初期VOC所带回的中国瓷器也称不上"订购"，特别是在前10

年。Pijl-Ketel 认为 VOC 建立之初不存在瓷器订购的做法,瓷器是由公司商人在东南亚的贸易据点如万丹(Bantam)和后来的巴达维亚市场收购而来[12],尽管她展示出 1601—1603 年荷兰船只 Gelderland 航海日志内四张器皿的草图(图1)[13],但没有证据指出当年购买到了按此草图生产的瓷器。换句话说,"收购"是 VOC 一开始的做法,1608 年 Mauritius 沉船中除了有 165 件万历以来流行的克拉克瓷,也同时包含"7 件漳州窑瓷器"的现象[14],这类瓷器一般更为粗糙,是董事会最不想要的商品,然而,这是收购做法下经常会出现的状况——无法预测能买到什么货色的商品。

图1 1601—1603 年荷兰 Gelderland 航海日志内四张器皿草图之一

同一年,北大年(Patani)的备忘录记载了让商人带回中国的订单样式,"如果他们能够做得出来"[15],至今尚无铁证指出当年中国陶工如期完成这份订单[16],但之中所提到的器皿在往后的船只里出现。例如,1612 年的 Vlissingen 清单中有:牛油盘(butter dishes)、折沿深碗(Klapmutsen)、水果盘(fruit dishes)、油与醋瓶(oil and vinegar jugs)或者白兰地酒杯(brandy/liquor cups)等,这些在后来的清单中也不断重复出现[17],其明确意味着 VOC 已订购起符合西方市场所需要的功能性器皿。而以 Mauritius 沉船中瓷器式样多、数量却有限的情况来推测,它们极可能是要送回荷兰的瓷器样品,作为来年瓷器订购的参考[18]。1634 年荷兰开始订购了大口水罐(ewer)、餐盘(dish)和大口杯/烧酒杯(beaker);1635 年才有木质样品或玻璃器、陶器和金属器做为订购器物的样本,而且很快的,包括带手把的大啤酒杯(tankards)、芥末罐(mustard pots)、烛台、盐碟、水罐等其他西式器皿纷纷成为热门订购项目[19]。这种情况是之前的葡萄牙商人没有做过的新尝试。

然而计划赶不上变化。从 1634 年开始 VOC 透过中国商人稳定建立起的贸易关系似乎只维持到了 1647 年[20]。1640 年中后期瓷器贸易出现了转变。明清政权的更迭与中国各地战火频仍情况下，瓷器商品难以稳定供应，尤其是需要特别订购的西方器形。大约在 1650 年 VOC 已经面临严重的瓷器短缺，1645 年左右的"哈彻沉船"瓷器货物可能是 17 世纪上半叶贸易暂停之前的幸运投资[21]。中国瓷器的大量订制在此后停摆了好长一段时间，直到 17 世纪 80 年代初期中国海禁开放而逐渐恢复。

（二）观察、调整与汰换

VOC 并非只是单向接受中国商船供应的瓷器，除了订购市场需求的西方器形，VOC 也会衡量自身利益考虑，适时调整购买中国样式的瓷器。Volker 指出，公司初期按惯例从中国器形中选择适合自己使用的器形，而且很长一段时间里不干涉装饰部分[22]。但是当 VOC 观察到荷兰人对带有年号款瓷器兴趣浓厚时，便特别挑选这类器皿购买。1605 年 VOC 记录中就提到荷兰人如同前辈葡萄牙人偏好有款式的瓷器，因此 VOC 的印度行政官 Masulipatam 提醒商人购买瓷器时"要记住，上述所有瓷器若在器底带有像是文字的蓝色记号都是最受欢迎的"[23]。另一个例子是，1637 年公司也发现，饰有中国纹饰主题的瓷器似乎在欧洲更受欢迎，公司董事会遂发函给在东方的荷兰商人："近来在欧洲销售瓷器的情况说明，带有荷兰图案的瓷器远不如按中国人的图案风格制造的瓷器畅销，因此……公司决定，今后只能运载带有中国图案的瓷器。"[24]说明 VOC 时刻观察市场偏好。

此外，修改、调整不适用的器皿也是 VOC 的另一种做法。哈彻沉船和头顿号中都出现一种青花盖罐（covered jarlets），虽然哈彻沉船的器皿无耳、盖子无钮，而头顿号的有兽形钮盖且单耳，器形上也不尽相同，但它们鼓腹器身的口沿处都不约而同出现了一个不规整的人工凹槽（图 2 上排）[25]。从凹槽面观察，属于器皿烧好完工后才徒手凿出来的，以致凹孔形状不一。荷兰学者推断，这应该是作为芥末罐使用，口沿处的槽口是为了能放进汤匙，但是，对西方器形陌生的中国陶工可能没有注意到样品上的槽口设计,或者,根本视之为瑕疵品而未理睬,以致商人交货前发现不对劲而自行修改[26]。只是,哈彻沉船年代时这个说法还甚具可能性,但隔了快50年之后,同样的错误依然出现在头顿号中似乎有点难以让人理解(图2下排)[27]。

图2 "covered jarlets"与不规整口沿凹槽
上排:17世纪上半叶哈彻沉船瓷器;下排:17世纪末头顿号沉船瓷器

除了修改,不适用的瓷器可能也会直接遭到汰换。头顿号中出水各式各样跨顶高提把的青花茶壶(图3左)[28],这类是在17世纪的克拉克瓷和转变期外销瓷中经常出现的样式,但是到了18世纪,这器形完全消失在船货组合中,哥德马尔森号的茶壶全成了简单且圆粗状的侧手把(图3右)[29],原因就在于VOC发现这种高提把的水壶在运送过程当中不仅容易毁损,也挺占船舱空间,利润衡量之下,最后选择汰换[30]。1758—1762年间VOC也要求大班别再购买有兔首形状耳把以及镂空皇冠状盖的器形[31],也具同样的考虑,这类器皿可能就经由其他公司或私商继续输入欧洲[32]。

图3 沉船出水茶壶
左：17世纪末头顿号；右：18世纪中哥德马尔森号

三、荷兰东印度公司变通的贸易策略

VOC在17世纪初一开始也曾试图与中国进行直接的贸易，但始终无法取得直接贸易的许可，抑或不能如同对手葡萄牙人那样在中国领土落脚，设立据点。1619年VOC的巴达维亚据点设立以前，荷兰像是"海上的流浪汉"在东南亚间转换据点，或前往万丹（Bantam）获取中国瓷器和其他东方商品，在中国商船未抵达这里之前，没有人能预料会买到什么样的商品[33]。迨VOC在巴达维亚成立贸易总部、1624年又于台湾设立一个重要的中国商品分发站之后，VOC开始以巴达维亚为中心，透过与中国商船的合作，以及自身与亚洲各主要贸易港口之间建立起的贸易网络，进行大规模间接与转口的贸易活动，作为基本商品的瓷器也经由这些渠道抵达，或离开前往下一个终点站。

（一）间接贸易与中国商船共创双赢

《巴达维亚城日志》[34]与当时书信、文件等文献记录已显示，在整个17世纪，荷兰的中国瓷器贸易主要是依赖长期经营东南亚贸易的中国商人及平底帆船。无法到中国进行直接贸易的荷兰人或其他西方商人,只能待在巴达维亚城,让往来中国与东南亚的中国商人向景德镇订购瓷器,偶尔还会一并附上荷兰商人带来的器皿设计草图或样品,待瓷器烧好、包装好开始一连串旅程:河运、苦力翻山越岭搬运以及最后的拖船运输抵广州,再经由中国商船从广州将瓷器送往东南亚沿海的重要港市[⑧]。17世纪三四十年代VOC透过台湾据点经手的瓷器贸易也已经营得不错,有数十万件瓷器被销往东南亚和荷兰,这些瓷器是经由中国商人先运往台湾,再从台湾运往巴达维亚。后面这段旅程,VOC不仅使用自己的船只,也会让获得荷兰许可与保护的中国平底帆船代运[⑨]。17世纪经荷兰销往欧洲的中国瓷器,几乎都是透过上述方式集中到巴达维亚城,供应给当地的荷兰、英国、阿拉伯和印度商人。中国商船还可能提供VOC作为运输服务之用。被认为属于中国平底帆船的17世纪哈彻沉船和头顿号中,发现一些欧洲内陆用品遗存就说明中国商船可能载有西方水手,除了沉船发现,荷兰史学家包乐史的研究能为此推论提供支持[⑩]。

到了1680—1720年间,进出巴达维亚的中国帆船每年平均有12艘的增长,它们提供丰富多样的中国商品,有效促进了巴达维亚作为中国商品交易中心的关键角色。当时的总督Willem Van Outhoorn(1691—1704)认为,中国帆船比公司船只更有效率,不仅能将公司需要的商品从中国带到巴达维亚,还承担所有风险,省掉公司部分管理成本;此外,中国商人更清楚要到哪些地方购买有质量的物品,同时,他们也热切期盼前来巴达维亚交易;更重要的是,这些中国商人会按规定向VOC缴交通行费(保护费)和税金。因此Outhoorn力劝董事会放弃与中国直接贸易的念头,转而将注意力放在印度孟加拉国(Bengal)和苏拉特(Surat)等亚洲间的贸易事业上[⑪]。Van Dyke也同样关注过这个特点,并提供一张中国商船 Maansand 乘载的瓷器提货单(bill of lading),这批瓷器就是要交付给在巴达维亚的荷兰人[⑫]。这种与中国商人的"双边"合作一方面能迎合中国商船在巴城贸易的期待,另一方面,VOC 也能不费精力获得所需的瓷器与利益,与此同时,还能发展其他地区的生意,这样的美事很快获得董事会支持,1694 年决定按照 Outhoorn 的双赢建议,将中国商品留给中国人和巴达维亚当地的华商供应[40]。

(二) 双轨贸易与直接贸易

进入 18 世纪后,VOC 曾在两次的直接贸易(1729—1734 年和 1757—1795 年)期间执行过间接和直接贸易并行的双轨贸易制度,原因与茶叶有关[41]。20 年代末至 30 年代期间,欧洲市场对茶叶的需求与日俱增,供应巴达维亚的茶叶却质量不一,影响销售价格,为了掌握茶叶的质量与价格,董事会决定从荷兰派遣商船前往中国进行直接贸易。1730 年 Coxhorn 从中国离开时带回的大量茶叶、瓷器和各种细货在阿姆斯特丹拍卖后获利高达 100%。后来 VOC 为避免荷中的直接贸易伤及巴城本身赖以生存的转口贸易利益,董事会暂时采取了"双轨制政策"——"一方面支持公司商船前往广州贸易,另一方面仍鼓励中国帆船前来巴城"[42]。1735—1756 年期间包括瓷器在内的中国贸易都经由巴达维亚执行[43],但是,当时的董事会坚持中国茶叶与瓷器贸易对 VOC 的重要性,"这种贸易成功与否,很大程度关系到公司本身的生死"。因此,即便后来取消了荷中的直接贸易,VOC 依然从巴城直接派出自己的商船前往广州,并继多数欧洲商馆之后在此建立商馆。果不其然,1735—1745 年期间,公司商船到中国贸易的利润平均达到了 115%[44]。未料,在欧洲国家竞购茶叶情况下,不到 1755 年茶叶贸易的利润锐减到 10%,造成公司巨幅亏损,公司再度修改政策,于阿姆斯特丹成立了"中国委员会"承办荷中直接贸易事务,直到 18 世纪 90 年代,每年会派出四五艘船前往中国,返航时从中国带回五六十万磅的茶叶之外,也会装上大约 25 万件瓷器[45]。这些情况说明,中国商船乃至于巴达维亚对于 VOC 瓷器贸易之影响在 18 世纪 30 年代后已出现变化,影响力逐渐减弱,荷中瓷器贸易的舞台移至广州[46];而政策上而言,基本上也是基于对茶叶贸易的考虑所一并做出的调整。

（三）名副其实的瓷器经销商

VOC 在转运销网络中拥有过人的经销能力，1619—1682 年间，公司的大小货船共运载 1 200 万件陶瓷器至巴达维亚城这个东方货物集散中心，还有几百万件运至其他地区，如日本平户或阿拉伯的 Mocha，货物中不仅有中国瓷，也夹杂日本、越南（今为河内的东京）和波斯的陶瓷[47]。由于各地所需的瓷器样式不同，质量也不一，商人偶尔因好奇或者尝试心态而挑选一些其他市场的器皿，这也就反映在 17 世纪末头顿号沉船发现物中，有青花水烟筒座（hookah-bases）、军持（Kendis）、水罐（Ewer）以及一些南方粗瓷的混合组成[48]。即使 18 世纪后 VOC 贸易的影响力不再，她仍是供应好望角瓷器需求的经销商，在此地区附近发现的荷兰哥德马尔森号沉船可能就是这么一个例子，沉船发现物就有相当数量的盘、碗和碟等粗瓷出现[49]，从当时记录以及后来当地考古发现都说明它们几乎就是透过 VOC 商船转运销供应给好望角市场的用瓷[50]。VOC 尽可能在贸易过程中将瓷器贸易部分的利益最大化，借由灵活、变通的经销手腕，超越了其他的瓷器供货商（包括中国商人在内），成为两个世纪名副其实的瓷器"经销商"。这个角色与功能也连带影响、反映在 VOC 船只的船货瓷器组成——拥有最多各种样式、质量参差的瓷器货源——以满足不同的市场。

四、荷兰东印度公司的大众市场方针

（一）新样式刺激需求

17 世纪的大部分时间里，VOC 不仅是欧洲最大的中国瓷器"经销商"，笔者认为她还是个出色的"ideas hamster"（点子王）。掌握瓷器贸易的渠道后，VOC 不满足于单向的瓷器供应，对市场还有更大的期待。1634 年巴城给台湾据点的指示中表示希望有更好、更特别的器皿，"和荷兰白镴盘一样的折沿扁平器"、大口杯等敞口器皿

(open-worked pieces),"都彩绘上中国人物"[51]。1635年左右,VOC向中国寄送各种西式器形的木质样品就包括盐碟、啤酒杯、芥末罐或烛台等欧洲样式的器皿[52],这些以前就以玻璃器、白镴器和陶器形式存在欧洲市场中,而同样器形的瓷器在17世纪VOC主导下先后一一实现。但随之而来的中国内战,日本瓷器趁机取代中国瓷器成为荷兰市场的新宠。17世纪80年代中国逐渐开放海禁后,中国以低成本的优势重新取回荷兰市场,然而,生产上却反过来模仿受荷兰市场欢迎的日本伊万里色系风格、结合釉下蓝彩形成中国伊万里风格瓷器以保住瓷器订单。1688年董事会的训令中表明,希望能在荷兰销售"创新以及在此前未曾有过的瓷器,包括装饰品(garniture)和茶具(teaware),但不要餐具(dishes)等这类东西"[53]。因此属于17世纪90年代的头顿号沉船中出现了各式各样过去没见过的青花装饰器皿,主要都是望柱瓶和斛形瓶(或大口瓶)的陈设品组。Jorg认为,这些新样式的瓷器种类,正符合17世纪末荷兰公司对瓷器的要求和想法,显示VOC亟待新型、时髦的瓷器来刺激需求。

(二)Pronk设计创造需求

VOC也曾尝试创造瓷器利润。Cornelis Pronk(1691—1759)的瓷器样式设计可以说是VOC大胆的试验。Pronk是目前所知专为东印度公司瓷器订购绘制设计新式样稿的绘图设计师,最早研究Pronk的J. de Hullu不仅证实特殊订单并非皆透过私人贸易商,也存在于VOC的订购中[54];更重要的是,提供了这类装饰器皿一个可参考的年代断定;此外,也揭露了瓷器作为VOC贸易商品的重要性[55]。身为VOC签约绘图师,董事会明确要求Pronk在三年期间内尽可能提供设计图和样品,并且"都已设定好颜色,不论是蓝色、描金或其他颜色,涵盖各种流行"[56]。直至目前,至少已经有四款图样确认是Pronk设计的样式草图,其中两个知名的图样是"阳伞仕女图"(the parasol lady)和"博士图"(the doctors),另外还有"凉棚图"(the arbour)和"洗手图"(the handwashing)(图4)[57],第四种是"阳伞仕女图"的系列之一,它们都是依照水彩绘制图样彩绘于相应的各种器形上[38]。然而,这些图样、器形设计很快被证明是"过度乐观"的期待。巴城后来回复给董事会的信上说:"我们不敢按照阁下订单所附上的图样大量订购同样质量的瓷器,因为价格实在太昂贵了,因此——我们只订购了一部分。"[39]因为制作成本过高,VOC仅订购了一些,一部分被直接送往荷兰,另外一部分运往巴城,最终这样的试验因为没有利润而于1739年终止[60]。

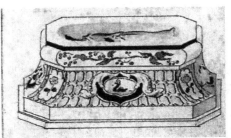

图4 "洗手图"盐碟设计样稿

Cornelis Pronk, c.1734,水彩,阿姆斯特丹国家博物馆藏

(三) 批发贸易保证利润

17世纪末当公司受到私人瓷器贸易的威胁,VOC曾减少甚至不再购入瓷器。1729—1734年期间开始了荷中的直接贸易后,公司从荷兰直接派遣商船经巴达维亚城前往广州,并恢复大宗瓷器贸易。18世纪30年代期间VOC还曾尝试了Pronk设计,之后也试着使用"欧洲绘画""广州商馆"等装饰主题图样的瓷器,希望大量订购这类样式,但多数因成本过高而以失败告终[61]。18世纪50年代沉船哥德马尔森中多数属于生活实用器的搭配组合,不是成套就是成组的餐具,是能成批装入一大箱子的大宗货品,器形装饰上也没有太大变化,整体来看,VOC有意避开需要投入高成本与精力、但市场却相对小的特殊订单瓷器[62]。这也反映一个现象,18世纪当更多欧洲国家加入瓷器贸易市场,VOC便不愿意再冒险,反而乐意将"Chine de Commande"(中国订单)样式特别或属费力的釉上彩瓷器留给其他

的竞争对手。因此，即使在其他地区青花装饰器皿已经退流行、利润也不高，但荷兰市场依旧接受这类型装饰瓷器的情况下[63]，VOC仍决定大量进口一般样式的咖啡茶餐具、餐具以满足大众市场。公司的政策是希望以量取胜，从大众都能接受的商品保证基本利润。这种保证利润的大宗贸易方式，等于是VOC 18世纪瓷器贸易的特色，也不失为一种竞争环境下，为保障瓷器贸易的发展而做出的策略调整。

五、小　　结

综上所述，两个世纪以来荷兰并非仅依赖命运之神的眷顾从葡萄牙手中接过胜利令牌。17世纪初才从西班牙统治下独立出来的荷兰，海上军事实力惊人地成长，VOC的成立使他们从当时人人口中的海盗或"海上叫花子"（beggars of the sea）[64]一举成为引领中国瓷器贸易攀上另一高峰的领头羊。但是，除了相对健全的贸易网络与市场，VOC也是瓷器样式、装饰方面最早的"创新研发师"，即使在17世纪最后的几十年里VOC主管们已察觉瓷器利润不像17世纪初那样好，只将她视作不重要的商品，但由于在欧洲流行程度未减反增的情况下[65]，为了市场的持续，荷兰东印度公司在两个世纪的瓷器贸易中，不断地调整、改变瓷器订购和贸易策略并积极尝试各种可能，最终选择大众市场的瓷器作为18世纪主要的货品，直到18世纪末需求与整体贸易利润不再而倒闭，过去中国瓷器贸易的辉煌纪录也随之结束。

---

① Finlay, R., The Pilgrim Art: The Culture of Porcelain in World History, *Journal of World History*, 1998, 9: 168.

② Howard或其他英国学者就认为，光英国在17、18世纪就进口了3千多万件中国瓷器，因此若加上其他欧洲国家的进口数量，数字还不止如此。参见：Howard, D. S., The British East India Company's Trading to China in Porcelain,

Oriental Art, 1999, 45(1): 45。

③ Sjostrand, S., et al., *The Wanli Shipwreck and Its Ceramic Cargo*, [Kuala Lumpur]: Ministry of Culture, Arts and Heritage Malaysia, 2007: 34.

④ 同①。

⑤ Volker, T., *Porcelain and the Dutch East India Company*, Leiden: E. J. Brill, 1954: 59, 227; McElney, B., *Chinese Ceramics and the Maritime Trade Pre-1700*, Bath: Museum of East Asian Art, c2006: 60.

⑥ Volker, T., *Porcelain and the Dutch East India Company*, Leiden, E. J. Brill, 1954: 23, 50-51.

⑦ Jörg, C. J. A., *Porcelain and the Dutch China Trade*, Hague: M. Nijhoff, 1982: 11.

⑧ Pijl-Ketel, C., van der., Kraak Type Porcelain and Other Ceramic Wares Recovered from the Dutch East Indiaman the "Witte Leeuw", Sunk in 1613, *Transactions of the Oriental Ceramic Society*, 2004, 67: 95.

⑨ L'Hour, M., et al., The Wreck of An "Experimental" Ship of the "Oost-Indische Companie" the Mauritius (1609), *International Journal of Nautical Archaeology*, 1990, 19(1): 67.

⑩ 同⑧。

⑪ Pijl-Ketel 在其文章中(表一)整理了1608—1623年间VOC船只的17笔瓷器船货记录。参见：Pijl-Ketel, C., van der., Chinese Ceramics for the Dutch Market: Porcelain from 17th Century Shipwreck, *Transactions of the Oriental Ceramic Society*, 2009, 72: 45-46。

⑫ Ibid., p.43.

⑬ 同⑧, 第96页图5。

⑭ 同⑨。

⑮ 1608年6月28日在北大年的备忘录见：同⑤, pp.23-24。

⑯ Frelinghuysen, A. C., Le Corbeiller, C., *Chinese Export Porcelain*, The Metropolitan Museum of Art Bulletin, 2003, 60(3): 8.

⑰ 同⑪, 第45—46页(表一)。

⑱ 同⑨。

⑲ 同⑥, 第37—38页。

⑳ Frelinghuysen, A. C., Le Corbeiller, C., Chinese Export Porcelain, The

Metropolitan Museum of Art Bulletin, 2003, 60(3): 8.

㉑ Jörg, C. J. A., *Porcelain from the Vung Tau Wreck: The Hallstrom Excavation*. Singapore, Oriental Art: Sun Tree, 2001: 19.

㉒ 同⑥,第59—60页。

㉓ Ibid., p.66.

㉔ 转引自[荷]包乐史:《中荷交往史: 1601—1989》,庄国土、程绍刚译,路口店出版社,1989年,第90页。

㉕ Sheaf, C., Kilburn, R., *The Hatcher Porcelain Cargoes: The Complete Record*, Oxford: Phaidon, 1988: 63-88.

㉖ Ibid., pp.69-70.

㉗ Ibid., p.60.

㉘ 同㉑,62 Fig.42(局部)。

㉙ Jörg, C. J. A., *The Geldermalsen: History and Porcelain*, Groningen, Kemper Publishers, 1986: 70, No.57.

㉚ 同㉑,第63页。

㉛ 同⑦,第189—190页。

㉜ 乔克(C. J. A. Jorg)撰,香港艺术馆编:《中国外销瓷;布鲁塞尔皇家艺术历史博物馆藏品展》,香港艺术馆分馆茶具文物馆,1989年,页86—87,No.21。

㉝ 同⑧,第91—98页.

㉞ 此日志原为巴达维亚的荷兰总督定期向荷兰母公司所做的每日贸易状况、日常生活或重要事件等营运报告,后集结成《巴达维亚城所保存有关巴达维亚城及荷属东印度各地所发生的事件日志》(Dagh-Register Gehouden int Casteel Batavia: vant Passerende Daer ter Plaetse als over Geheel Nederlandts-India),至1931年止已注释、出版1624—1682年共31册日志。

㉟ [荷]包乐史:《中荷交往史: 1601—1989》,路口店出版社,1989年,第93—94页。

㊱ 同㉑,第18页。

㊲ Blussé, L., *Strange Company: Chinese Settlers, Mestizo Women and the Dutch in Voc Batavia*, Dordrecht-Holland; Riverton-N. J., Foris Publications, 1986: 109.

㊳ 同㉑,第27页。

㊴ Van Dyke, P. A., *The Canton Trade: Life and Enterprise on the China*

Coast, *1700-1845*, Hong Kong: Hong Kong University Press, 2005: pl.8.

㊵ 同㊳。

㊶ 同⑦,第 21—45 页。

㊷ 同㉟,第 95 页。

㊸ 同⑦,第 97 页。

㊹ 同㊷。

㊺ 同㊷。

㊻ 关于巴达维亚、广州等对 VOC 贸易的影响与重要性的消长,详见:[荷]包乐史:《看得见的城市:东亚三商港的盛衰浮沉录》,赖钰匀、彭昉译,浙江大学出版社,2010 年。

㊼ McElney, B., *Chinese Ceramics and the Maritime Trade Pre-1700*, Bath, Museum of East Asian Art, c2006: 60.

㊽ 同㉑,第 72—75 页。

㊾ 同㉙,第 95,94 页,No.88。

㊿ Klose, J., Excavated Oriental Ceramics from the Cape of Good Hope: 1630-1830, *Transactions of the Oriental Ceramic Society*, 1994, 57: 69-81.

(51) 转引自 Jörg, C. J. A., Chinese Porcelain for the Dutch in the Seventeenth Century: Trading Networks and Private Enterprise, in Scott, R. E., ed., *The Porcelains of Jingdezhen*, London, Percival David Foundation of Chinese Art, c1993: 186。

(52) 同㉑,第 17 页。

(53) 转引自 Ibid.,p.34。

(54) De Hullu, J., De Porceleinhandel Der Oost-Indische Compagnie En Cornelis Pronk Als Haar Teekenaar, *Oud Holland — Quarterly for Dutch Art History*, 1915, 33(1): 50-62.

(55) 同⑦。

(56) 转引自 Ibid.,p.98。

(57) Ibid.,100 No.32-3.

(58) Ibid.,pp.99-100.

(59) 当时订购的部分包括:46 件餐具、46 件茶具、42 件盖瓶和净手盆以及 100 组壁炉装饰品,颜色都根据 Pronk 的设计,总共 371 件,中国的中间人就要求了 64 000 荷兰盾。转引自同⑦,第 98 页。

㉠ Ibid.
㉡ Ibid., pp.108,128.
㉢ Jörg, C. J. A., *Chinese Ceramics in the Collection of the Rijksmuseum, Amsterdam: the Ming and Qing Dynasties*, London：Philip Wilson in association with the Rijksmuseum, Amsterdam, c1997, p.253.
㉣ 同⑦,第 194 页。
㉤ Howard, D. S. & Ayers, J., *China for the West*, London, New York：Sotheby Parke Bernet, 1978：18.
㉥ 同⑥,第 225 页。

（作者：李雅淳,复旦大学文物与博物馆学系　2010 级博士研究生）

汉画像石"羽人献绶凤鸟"纹略考

杨小语

山东博物馆中陈列了两件具有"羽人献绶禽鸟"纹样[①]的东汉晚期画像石。一件题为"楼阁人物画像石"（简称一号画像石，图1），1958年出土于滕县东戈，图画可分为上下两层，上层绘楼房、宾客，在其右上部分的大树冠上有一羽人半跪于右侧将绶带呈于凤鸟喙前，绶带两侧下垂，每侧各有两颗似圆珠的突起物，羽人手中的绶带部分还有一珠；下层为车骑出行图案。另一件题亦为"楼阁人物画像石"（简称二号画像石，图2），1985年出土于滕县西户口，画面内容更丰富，亦可分为两层，上层仍为楼房、宾客，右

图1　一号画像石

上树冠上羽人半跪于左侧将绶带呈于凤鸟喙前,绶带一条下垂,下部分叉,上部缀圆珠三颗,分叉两侧末梢各一颗;下层同样描绘了出行的画面。

图2 二号画像石

"羽人献绶禽鸟"纹样中包含了"鸟"与"绶带"两个元素,对于两者结合而成的"鸟衔(系)绶"图案,其在后世唐代颇为流行,唐代的"鸟衔(系)绶"是与西域祆教的传入有关,还是本土发展而成,至今仍有争议;另外,汉代流行的"鸟"与"绶带"相结合的纹饰对后来唐代众多的"鸟衔(系)绶"纹样的影响也值得探讨[②]。"羽人献绶禽鸟"纹样中还加入了"羽人"纹样,关于"羽人"的来源亦有外来与本土之争。这里,"羽人""鸟""绶带"三个元素结合在了一个画面中,而这三个元素是如何相互组合,才逐渐形成了"羽人献绶禽鸟"纹样,则是一个颇值得探讨的问题。本文中,借助前人的探讨与实物资料,首先对汉画像石中出现的羽人、凤鸟、绶带的造型分别进行分析,继而将"羽人""凤鸟""绶带"三个因素两两进行组合探讨,以厘清纹饰成型的脉络,最后结合图文资料说明"羽人献绶凤鸟"纹样的内涵意义。

一、汉画像石中羽人、凤鸟、绶带各自造型分析

（一）羽人

汉以前，羽人的形象便见于不同地区，不同时期。新石器时代浙江良渚玉琮上"神人兽面纹"中"神人"头上便饰有羽冠，商代有新干大洋洲的玉羽人，东周时期楚国出土的"漆凤鸟羽人"颇为精美，其造型和汉画像石中的羽人已有几分神似。此外，云南地区沧源岩画中出现了手臂头部有羽饰的"羽人"和有翅膀的羽人，而云南石寨山型铜鼓上亦大量出现羽人的身影，其造型与云南岩画中的"羽人"形象相似[3]。

汉代羽人，除了在墓室中的壁画、画像石砖上常常出现，于铜镜、器座、塑像、饰品、陶器等器物上亦可得见。画像石中羽人造型以其所占位置和比例可分为主要图像与附属图像两大类。作为主要图像的羽人其代表为四川地区的"日月神羽人"，但这类主要图像的羽人形象较少，在其他地区羽人形象多属附属图像。附属图像中羽人常驭龙、驭鹿、驭凤、饲凤、戏兽、狩猎、持节、持伞、持仙草、持嘉禾、持带、飞翔、奔走、游戏等，他们几乎从不停歇，一直劳作，属于品级不高的仙人[4]。一、二号画像石中的羽人，均位于右上角，服侍于戴胜凤鸟之前，凤鸟身形略大于羽人，足见羽人在其中地位并不高，再结合其在画面中所处的角落位置，当为附属图像一类。羽人于西汉时期便现身于画像石中，但这一时期的羽人以持节、驭龙、饲凤等为主，与绶带的关联不大[5]。

（二）凤鸟

关于凤鸟的讨论已有很多。远古时期，东夷存在鸟崇拜已被多次论证，从红山玉器、良渚玉器中出现的鸟纹饰、鸟造型不胜枚举，近来研究中亦更加注重多地区独立发源的鸟崇拜现象，国内西南地区，非洲的埃及，美洲的印第安，欧洲的古希腊、芬兰、爱尔兰均有各自关

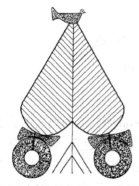

图3　徐州市韩山西汉墓出土画像石画像

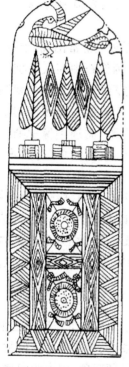

图4　河南永城保安山墓出土二号画像石画像

于鸟与灵魂的原始信仰传说。夏商周青铜器、玉器、漆器等物品上出现凤鸟纹饰更是不计其数[6]。

汉代人对凤的理解从东汉蔡衡辨凤典故中可见，"凤之类有五，其色赤文章凤也，青者鸾也，黄者鹓雏也，白者鸿鹄也，紫者鸑鷟也"[7]。汉人眼中似凤的鸟类很多，但"色赤"是凤的重要特征。春秋，师旷于《禽经》中有言，"赤凤为之鹑"，至少这时凤凰和赤色已经联系一起，其属火已见端倪，可知在汉代四神中属火，造型亦与凤颇为相似的朱雀亦应属广义的凤鸟。画像石中没有颜色可以区分，参考以往研究，文中将"戴胜长尾"的禽鸟（包括朱雀）一并作为凤鸟进行讨论。凤鸟在汉代画像石中地位十分重要，其既在主要纹饰中运用广泛，也是附属纹饰中不可缺少的。画像石中的关于凤鸟的相关题材有，凤鸟与动植物（龙、鸾、四神、其他瑞兽、其他禽鸟、鱼、树等）、凤鸟与人物（西王母、羽人等）、凤鸟与人造物（建筑、辅首衔环、绶带、宝物等）、凤鸟与其他（星座、连珠等）[8]。一、二号画像石上的禽鸟具有戴胜、长尾等特征，故识读为"凤鸟"，而在画面中出现的圆珠、绶带、树等因素，更使其具备了"凤衔连珠""凤衔绶带""凤栖于树"等颇具探讨意义的话题。鸟在西汉早期的画像石中便颇为常见，"鸟栖于树"亦在早期已经形成（图3、图4），早期的鸟造型简单,其经过一段时间才发展出一、二号画像石中戴胜长尾的华美凤鸟形象。

(三)绶带

在画像石研究中单独将绶带作为研究对象加以论述的著作较少,这应与绶带纹在画像石中常常处于一种附属装饰的地位有关。汉代画像石中与绶带相关的基本题材有,被动物(鸟、龙、虎、马等)衔住或系于上,系在器物(玉璧、门环、车等)上,与人物组合(衣饰、羽人手持)等。其本身造型有朴素而具有写实风格的长条状绶带,亦有上缀多种装饰的华丽型绶带。绶带与玉璧的组合在西汉早期画像石中便可得见(图3、图4),其通过与玉璧的组合,与树、鸟一起形成了早期画像石中颇为常见的组合纹饰,绶带应是此时就与凤鸟发生关联。

(四)小结

通过上述各自的造型分析,可见羽人、凤鸟、绶带纹饰造型皆为画像石中的常见纹饰,且早在西汉画像石中就各自存在。其中,羽人与绶带多处于附属纹饰的状态,尤其是绶带,几乎没有以主要纹饰的姿态出现过。羽人与绶带的关联不大,但凤鸟和绶带早期便较常出现于一个画面中,可见凤鸟和绶带的关系更为密切一些。且有早期的西汉画像石中的楼阁人物图显示,凤鸟应该是"羽人献绶凤鸟"纹中出现的第一个因素,这时还没有融入羽人和绶带(图5)。至西汉晚期,早期的造型依然延续(图6),但亦有将羽人纹饰融入其中的创新(图7),但此时羽人与凤鸟的互动形象与东汉晚期一、二号画像石中的"衔绶"造型相去甚远。

综上,凤鸟才是画面中更为主要的因素,画面应是围绕

图5 枣庄小山墓出土二号画像石画像

凤鸟发展而来的,要探寻"羽人献绶凤鸟"纹的形成,特别是绶带作为最后一个融入的因素,来自何处?羽人与凤鸟的互动形象又出自何方?接下来,应着重以凤鸟为中心进行组合纹饰的探索。

图6　山东微山县西汉画像石墓出土　　图7　南阳唐河针织厂西汉墓出土①

二、组合形象分析

(一) 羽人与绶带

羽人与绶带的组合构图,在汉代画像石中并不多见,在河南南阳麒麟岗东汉墓画像(图8)石中蟾蜍右边的羽人,有学者描述为一手持仙草,一手持彩带(比较具有彩带形象的是羽人画面左边的手所持之物),但亦有学者认为这还是持仙草的形象⑩。总之,羽人与绶带的组合比较少见,这一现象也佐证了"画面应是围绕凤鸟发展而来的,凤鸟和绶带的关系更为密切一些"的上述判断,一、二号画像石中的"羽人献绶凤鸟"纹中的"绶带"因素不应来自羽人与绶带的组合。

(二) 鸟与绶带

凤鸟衔(系)绶的造型在汉画像石中颇为常见,但与唐代鸟衔绶来源于西方,或受祆教影响的流行看法不同,汉代时期,在中国还未出现大量的祆教信仰证据,因此学者们对于汉代鸟衔(系)绶纹饰的

汉画像石"羽人献绶凤鸟"纹略考   63

图8　河南南阳麒麟岗东汉墓画像石拓片

看法更倾向是本土自发产生的。为了更好地说明凤鸟衔（系）绶在汉代画像石中的各种形态，和这些造型对于一、二号画像石中的"羽人献绶凤鸟"纹的形成有何裨益，以及对于汉以后出现的凤鸟衔（系）绶造型的影响，现将汉、唐、西方鸟衔（系）绶带的部分造型汇列成表1，以便讨论：

表1　汉、唐、西方鸟衔（系）绶带部分造型汇列表

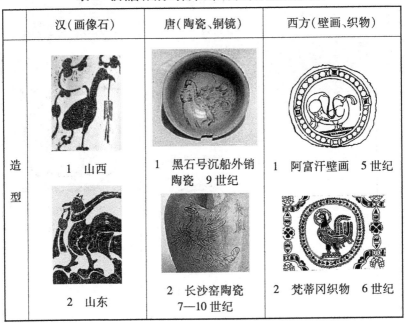

续 表

	汉（画像石）	唐（陶瓷、铜镜）	西方（壁画、织物）
造型	3 江苏 4 山东 5 山东	3 铜镜 8世纪 4 铜镜 8世纪 5 铜镜 8世纪 6 铜镜 8世纪	3 新疆壁画 6世纪 4 西亚织物 6世纪 5 吐蕃织物 7—10世纪

一方面,从年代和地域上看,汉代画像石的"鸟衔(系)绶"图案多见于东汉,在山东地区颇为常见;唐代"鸟衔(系)绶"应流行于盛唐至唐末,其流行的原因与盛唐玄宗千秋节赐镜诗、中唐德宗赐节度和观察使新制时服,以及晚唐文宗诏袍袄之制关系密切,其流行区域广,并用于外销;西方的"鸟衔(系)绶"图案多见于5—10世纪,约等于中国的魏晋南北朝至隋唐时期,地域从欧洲、西亚、中亚直到吐蕃、新疆。无疑,从现有证据来看,汉代的"鸟衔(系)绶"图案时间较早。

另一方面,从禽鸟和绶带造型分析,汉代禽鸟多为戴胜长尾的凤鸟,呈单独或者成双站立状,绶带造型有如汉-3中的简单素面带,亦有汉-1、2、4、5中上系绶带、下与一圈结合呈"又"字状,汉-4、5较之汉-1、2更加繁复,在一条绶带上将"又"字造型重复了两次,关于汉-1、2、4、5中的绶带造型,结合张志春先生和吴佩英先生的论述,可知这种绶带造型来自伏羲女娲交尾或双龙穿璧母题,圈或为璧的简化,象征"天",整体体现了原始的生殖崇拜和道家的升仙思想[①];唐代鸟衔(系)绶的禽鸟种类繁多,有鹦鹉、雁、凤等,除了单独与成双站立,还有飞翔的姿态,绶带造型基本传承了汉代的朴素型(如唐-2),以及"又"字形(唐-3、4、5、6),图唐-1中所展现的是较特殊的"混合型"绶带——结合了汉代造型的绶带和西方造型的项链,说明唐代的"鸟衔(系)绶"有中西混血的成分;西方的禽鸟造型一般无冠,亦呈单独或者成双站立状,脖系的绶带象征胜利,而嘴含的项链分为两种,西方-1、2这样无缀珠的项链象征王权,而西方-3、4、5这样缀三珠的项链代表当时流行于西方祆教中的灵光与福祉。

综上,"鸟衔(系)绶"是汉画像石中的常见主题之一,于山东一带很流行,而一、二号画像石正出土于山东,可知"羽人献绶凤鸟"纹中的"绶带"因素,应来自"鸟衔(系)绶"主题。此外,汉代"鸟衔(系)绶"造型对于唐代的影响是无疑的,且唐代造型有中西混血的成分;而汉代"鸟衔(系)绶"中的造型元素是否通过丝绸之路对于西方纹饰产生过影响呢?需要指出,汉-2就和几百年后出现的西方-2

中的凤鸟造型惊人相似,汉-2处于画像石上,用在墓葬里,而西方-2处于包裹圣物的织物上,皆与仪式相关,大胆推测这会不会是汉代图像对西方的影响?则待更多证据的发现[12]。

(三)羽人与凤鸟

羽人与凤鸟相结合的主题纹饰在西汉已有出现[13],东汉则颇为流行。其结合成的画面有"羽人驭凤""羽人戏凤""羽人饲凤"等。"羽人饲凤"中,有些羽人出现了半跪于凤鸟前、饲食于凤鸟喙前或喙中的造型,这与一、二号画像石中献绶于喙前的造型颇为相似。"羽人饲凤"中羽人所饲之物或为仙草[14],或为普通禽鸟,或为宝珠。其中,羽人饲仙草于凤鸟的纹饰里,还出现了凤鸟系绶带的造型,这是东汉晚期"羽人""凤鸟""绶带"三个元素另一形式的组合(图9-1)。而羽人献宝珠于凤鸟喙中的造型,在同时期的山东地区,亦有与楼阁人物图相结合的形式(图9-2),且与一、二号画像石的"羽人献绶凤鸟"纹的位置相似,均处于楼阁上方,羽人半跪的姿势也颇为相近。因此,一、二号画像石的"羽人献绶凤鸟"纹,其中羽人与凤鸟的互动造型应该是来自于当时颇为流行的"羽人饲凤"主题。

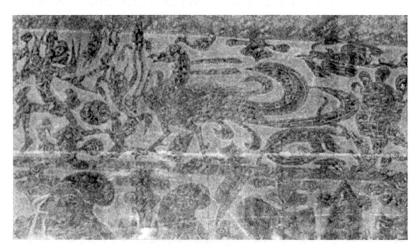

图9-1 徐州睢宁九女墩汉墓出土"侍者献食图"

（四）小结

由上可知，"羽人献绶凤鸟"纹中的绶带元素应来自"凤衔（系）绶带"主题，该主题纹饰对后世唐代纹饰影响深远，抑或远播西域；而"羽人献绶凤鸟"纹中羽人与凤鸟的互动造型则应来自于当时颇为流行的"羽人饲凤"主题。"凤衔（系）绶带"与"羽人饲凤"两大主题在东汉都颇为流行，最后在楼阁人物画的右上方，结合成为一、二号画像石中所见的"羽人献绶凤鸟"纹。

图 9-2　楼阁人物图中的羽人凤鸟

三、寓意探讨

（一）官禄富足

"羽人献绶凤鸟"纹中出现了缀珠绶带，赤色绶带在汉代是身份等级的象征，《续汉书·舆服志》中即有"诸侯王赤绶"之说，除了这一层含义，"羽人献绶凤鸟"纹中绶带所代表的其他含义还可从画像石本身去找寻。

汉画像石中的绶带纹常常被作为一种"象征"的表现手法——张志春先生和吴佩英先生曾指出一种特殊造型的绶带"象征"着交尾的伏羲女娲和穿璧双龙。同样，一、二号画像石中串起圆珠的绶带也有象征作用，但其象征为何，则首先需要探明圆珠为何物。

图 10　铜山县周庄墓室门楣石刻

在徐州铜山县出土的画像石(图10)中右侧凤鸟所衔如勺物,上缀六珠,即"凤衔连珠",这样的连珠常被识读为夜空中的南斗六星,"凤衔南斗"的造型在汉画像石中常可得见,如滕州马王村出土的画像石。南斗除了勺状的造型,还有一种左右各三颗的省略表达形式——在南阳王寨汉墓中出土的"彗星"画像石(图11),左为阳乌负日,右有满月蟾蜍,日月间便为省略表现的南斗六星[15]。这样并列两排、左右各三、中间连线的变形南斗六星应该就是一、二号画像石中串起圆珠的绶带的雏形了。彗星图中六星是下端以直线相连,而一、二号画像石中改为绶带连缀的造型,皆上端相连,由羽人呈上,圆珠缀于绶带而自然摆垂两侧,这里的绶带应是象征了彗星图中连接星星间的假想直线。但一、二号画像石中圆珠皆为五颗,当做何解释?这或是一种省略的表达手法,一号画像石共用羽人手中一颗,则左右各是三颗,恰符合彗星图中左右各为三颗的表达。同样,二号画像石共用绶带上部两颗,左右分叉各一颗,亦符合了彗星图中左右各为三的表达。

图11 南阳王寨汉墓出土画像石"彗星"

在汉代,南斗六星地位重要,汉长安故城的城南即为南斗形[16],南斗被视为太白上公妻子的住所[17],亦被视为丞相太宰之位,"主荐贤良授爵禄,又主兵"[18]。加之绶带本身也有等级身份的象征,结合星斗的寓意,恰表现了逝者在冥界仍对官禄富足的体面生活的向往。

(二)成仙不死

一、二号画像石上皆有凤栖于树的场景,树有何寓意呢?凤栖于树的场景在西汉早期的画像石中已常有出现(图3、图4),亦见于西汉晚期的人物楼阁图中（图6、图7），其中的树呈三角造型，似柏树，一、二号画像石中的树木遒劲弯曲，更似松树，但两者出现的画面主题（人物楼阁、凤栖于树）和位置（鸟下方）都很相似，并考虑后世有"松柏长青"[19]一说，认为可一并视为学者们所称的"常青树"或"不死树"，在《山海经·大荒南经》有载，"甘木，即不死树，食之不老"，《山海经·海外南经》曰，"员丘山，上有不死树，食之乃寿"。

一、二号画像石中的羽人，在汉代为"人得道，身生毛羽也"的"飞仙"[20]，他们"留不死之旧乡"[21]，彰显了时人祈祷画像石所在墓葬的逝者早登极乐、成仙不死的思想。

"常青树"与"羽人"形象的同时出现无疑更加深了纹饰中的成仙不死意味。

（三）日夜更替

在汉代文物中以鸟喻日已不稀奇，最著名的例子当属马王堆帛画中的"金乌"，"彗星"画像石中将圆形鸟腹比作太阳亦颇为形象（图11）。一、二号画像石上的凤鸟栖于常青树上的形象，还可以让人联想到汉代《论衡》中"十日浴沐水中，有大木，九日居下枝，一日居上枝"的描述，一、二号画像石中凤鸟的造型恰似"一日居上枝"[22]，故此，认为"羽人献绶凤鸟"纹中的凤鸟也应有太阳之意，且其处于画面右上侧，象征东方，日在东方，或有朝阳初升之意。而凤鸟喙前有象征星斗的缀珠绶带，星斗出自黑夜，与象征太阳的凤鸟相遇，应是逝者在另一个世界中，享受日夜更替、生生不息的写照。

四、结　　语

山东博物馆所藏"羽人献绶凤鸟"纹画像石造型独特，寓意深长。

"羽人献绶凤鸟"纹的形成较为复杂。将其与楼阁人物主题画结合来看，可知凤鸟是画面中最早出现的因素，其次加入了羽人。后来绶带的融入应与当时的流行纹饰"鸟衔（系）绶"纹有关，这一主题纹饰对唐代,甚至可能对西方的一些纹饰都产生了深远影响。而羽人凤鸟互动造型的最终定型还与当时大量流行的"羽人饲凤"图像有关。

"羽人献绶凤鸟"纹意涵丰富。缀珠绶带中缀珠或为南斗六星,结合绶带一起体现了逝者在冥界仍对官禄富足的体面生活的向往。"常青树"和"羽人"的出现则为画面融入了不死成仙的意味。"凤鸟"根据其所处方位——画面右上、树木上方,或有朝阳之意,喙前由羽人献有出于黑夜的星斗,和"凤鸟"一起象征着日夜更替、生生不息的冥界生活。

由衷感谢赵琳老师对于此次撰文提供的素材和帮助。

图版说明:
  图1 山东博物馆官方网站。
  图2 山东博物馆官方网站。
  图3、4 刘尊志:《徐州地区早期汉画像石的产生及相关问题》,《中原文物》,2008年第4期。
  图5 燕生东等:《苏鲁豫皖交界区西汉石椁墓及其画像石的分期》,《中原文物》,1995年第1期。
  图6、9-1 李鉴昭:《江苏睢宁九女墩汉墓清理简报》,《考古通讯》,1955年第2期。
  图7 罗亚琳:《南阳唐河针织厂汉墓画像石研究》,中央美术学院硕士论文,2007年。
  图8 贺西林:《汉代艺术中的羽人及其象征意义》,《文物》,2010年第7期。
  图9-2 吴萍:《汉代画像石羽人图像研究》,南京师范大学硕士论文,2008年。
  图10、11、汉-3 田丹:《汉画像石中的凤鸟图像研究》,陕西师范大学硕士论文,2009年。
  汉-1、2 吴佩英:《从具象图案到抽象装饰纹样的演变——陕北东汉画像双龙穿璧纹的母题研究》,《民族艺术研究》,2010年第4期。

汉-4、5　摄于山东博物馆。感谢赵琳老师提供图片。

唐-1、2　谢明良：《记黑石号沉船中的中国陶瓷器》，《美术史研究集刊》，2002年第13期。

唐-3、4、5、6　徐殿魁：《唐镜分期的考古学探讨》，《考古学报》，1994年第3期。

西方-1、2、3、5　许新国：《都兰吐蕃墓出土含绶鸟织锦研究》，《中国藏学》，1996年第1期。

西方-4　美国大都会博物馆官方网站。

---

① 笔者对这一纹样的基本描述为，羽人手执绶带献于凤鸟喙前。
② 陈继春：《中国美术中琐罗亚德教因素》，中央美术学院博士论文，2006年。
③ 贺西林：《汉代艺术中的羽人及其象征意义》，《文物》，2010年第7期；周志清：《羽人与羽人舞》，《江汉考古》，2001年第1期；邱钟仑：《也谈沧源岩画的年代和族属》，《云南民族学院学报（哲学社会科学版）》，1995年第1期。
④ 品级不高此点，或许和汉代对于羽人的主流理解有关，不同于《山海经》将羽人直接定义为陆地生物，汉人认为羽人本身是凡人，是通过修炼而达到"中生羽毛，终以飞升"，对于西王母、东王公等角色自然只有顺从服侍。可以看到四川地区对于羽人身份的理解异于其他地区，羽人的身份是"日月神"，因此他们的羽人是重要的，不需要劳作。
⑤ 吴萍：《汉代画像石羽人图像研究》，南京师范大学硕士论文，2008年；黄明兰：《洛阳西汉卜千秋壁画墓发掘简报》，《文物》，1977年第6期。
⑥ 孙荣华：《鸟崇拜与良渚文化神人兽面纹》，《东方博物》，2004年第10期；杨美莉：《浅论江西新干出土的玉羽人》，《南方文物》，1997年第1期。
⑦〔宋〕李昉：《太平广记》卷二百七十七，中华书局，2013年。
⑧ 田丹：《汉画像石中的凤鸟图像研究》，陕西师范大学硕士论文，2009年。
⑨ 此图右上处有似飘带形象的物体曾被识读为蛇。
⑩ 贺西林：《汉代艺术中的羽人及其象征意义》，《文物》，2010年第7期；吴萍：《汉代画像石羽人图像研究》，南京师范大学硕士论文，2008年。
⑪ 吴佩英：《从具象图案到抽象装饰纹样的演变——陕北东汉画像双龙穿

璧纹的母题研究》,《民族艺术研究》,2010年第4期;张志春:《从具象到抽象的演化轨迹——对陕北等地汉画像石一种抽象图纹的文化追溯》,《艺术百家》,2003年第3期。

⑫ 许新国学者将西方"鸟衔(系)绶"图案渊源的讨论已经追溯至公元前5世纪左右,但无直接的图像证据。

⑬ 田丹:《汉画像石中的凤鸟图像研究》,陕西师范大学硕士论文,2009年。

⑭ 还有学者认为不是"饲",而是向凤鸟"讨"仙草。

⑮ 长山、仁华:《试论王寨汉墓中的彗星图》,《中原文物》,1982年第1期。

⑯〔汉〕佚名:《三辅黄图》卷之一,《三辅黄图校释》,中华书局,2012年。

⑰〔汉〕许慎:《说文解字》,中华书局,2013年。

⑱〔汉〕司马迁:《史记》,中华书局,2006年。

⑲〔宋〕释赞宁:《宋高僧传》,中华书局,1987年。

⑳〔汉〕刘向辑:《楚辞》卷五《远游章句第五》,〔汉〕王逸注,上海古籍出版社,2015年。

㉑〔汉〕刘向辑:《楚辞》卷一《离骚经章句第一》,〔汉〕王逸注,上海古籍出版社,2015年。

㉒〔汉〕王充:《论衡》卷第十一,上海人民出版社,1974年。

(作者:杨小语,复旦大学文物与博物馆学系 2014级博士研究生)

从明代消费社会的形成
看文人文化的传播

曹小燕

  文人自古以来就是中国社会的中坚分子,他们在不同的历史时期以不同的面貌和形态参与并推动社会及文化的发展。明代文人在其特定的历史背景之下形成了以不同的生活样态为形式,以各种"长物"为内容的雅文化。然而明代的文人文化却并非其所独创的文化形式,它的诸多理念和内容都可以在中国历史上不同的时期寻见其踪影。狂士品格自古就有,隐逸精神魏晋时最为强调,以文会友唐代就盛极,结社作文宋元便有,情爱的歌颂更是历代都有传奇。这些形式虽非明代文人独创,但是,这诸多要素在明代特定的社会历史背景之下被整合成一套承载了丰富精神内涵,又深具社会意义的文化形式,并在生活中具体实践、不断繁衍、传播且影响深远却是明代所独有的。

  以往国内的学者研究明代文人文化的传播,主要是通过研究它的传播媒介,比如文人的出版物、绘画版画、书院、戏曲等渠道,这方面的研究成果已经很多。然而也可以换一个视角,从社会文化发展的角度出发,将经济学和文化人类学结合在一起来探讨,因为文化和经济从来都是相辅相成的,而明代文人文化落实在具体"长物"之上的物质本性使得它的发展和延伸与经济的关系更加密切,更加互为依托。

一、明代消费社会的形成

(一) 城市及城镇的扩张

随着明代社会的经济发展,江南苏州、松江、杭州、嘉兴、湖州五府,在短时间内发展出二百一十多个市镇,而其中规模较大、功能也齐全的市镇约有一百六十个①。吴江县弘治年间修志时县志仅载二市四镇,嘉靖年间增为十市四镇,明末清初又增为十市七镇;嘉定县市镇由正德年间的十五个,增加到万历时的三市十七镇;松江府在正德、嘉靖年间有市镇四十四个,到崇祯时新增了二十一个达六十五个之多②。这些市镇每个都是商贾林立,铺店密布。

一些地方官员也积极推动发展市政。为吸引百姓参与市集贸易,一些官员会在市集中主动去搬来或鼓励商贩建起一些固定的店铺。这些固定店铺的存在,加强了农民和市集以及市镇之间的联系,也使百姓和商业、商品的关系更为密切,促成了明代商品市场网络的扩展与联结。而且不同于四方流动的商贩,店铺因其稳定性,能对小城镇的商品网络形成起更加积极的推进作用。例如万历年间王士性在河南确山县任职,由于那里贸易、店铺、谷粟皆聚于东门之外,王士性担忧"一燎则城中坐困",而且"县后与学后又皆空地,气象萧索",于是"故移一集于城中空处,使人烟喧闹以招徕"。后来人气渐旺,"场既立,店舍渐兴,则谷粟可以次入城,而北归市之民即守城之众,亦以默寓百年久远之计"③。

渐渐的,很多地方便成了经济发达商业繁荣的大市镇。《吴江县志》里写:"平望镇……明初居民千百家,百货贸易如小邑,然自弘治迄今,居民日增,货物益备,而米及豆麦尤多,千艘万舸远近毕集,俗以小枫桥称之。"④比如吴江的盛泽在万历、天启年间形成为一个丝织业大镇:"那市上两岸绸丝牙行,约有千百余家,远近村坊织成绸匹,俱在此上市。四方商贾来收买,蜂攒蚁集,挨挤不开。"⑤又如嘉定县南翔镇,虽在嘉靖年间屡遭盗匪和战乱之灾,但由于周边环境的影响,很快就衰而复兴,"多徽商侨寓,百货填集,甲于诸镇"⑥,其中粮店、布号、典当等店铺构成了南翔镇的经济生活的各个重要方面。

(二)民众消费观念的改变

S. A. M. Adshead ⑦在他的著作《欧洲和中国的物质文化:1400—1800》⑧中指出,15世纪以后促使物质文化产生巨变的主要动力是一种心态上的巨变,即他所谓的"消费主义"(consumerism)的形成和发展。他强调"消费主义"不只是经济行为,还是一种面对物质世界的特殊心态。

明代中叶以后,人们在观念上对原本被视为异端的奢侈消费以及炫耀、攀比等行为变得持以默认和肯定,甚至将它看作是生活水平提高的正常现象。比如《邵武府志》嘉靖年间民风俭朴:"邵光泰之民,力田树艺,鲜为商贾,商贾亦鲜至。土地小狭,人民众无兴贩贸通之利以侈,大其耳目而荡其心,财源鲜薄,安与食稻茹蔬,故其俗纤俭,穷谷之民,蓬首垢面,终岁不巾帽,无广厦雕楹、冠带衣履之华士。"⑨然而到了雍正年间,在与其相邻的《永安县志》记载的民风就有了很明显的不同,认为某些方面的求新、攀比无伤大雅:"民皆务本力农,谨身节用,间有挟策出游吴越者,即炫其侈丽,不过衣服器用偶传新派,酒食宴饮颇示珍奇,土著之人罕有竞效之者,固无害于奢俭之大防也。"⑩《陈司业集》中描写苏州城:"闻诸故老享宾或二品四品而已,今以陈馈八簋为常供,器加大,味加珍;衣服多布葛,冬寒绝少裘者,今出必重裘以为观美,余时非罗绮不御矣⋯⋯往时非贵显不乘轩,今则肩舆塞路矣;歌酒之画舫日益增,倡优之技日益众,婚娶摄盛之仪日益泰,为土稚桂魄诸哗器之物日益巧,隙地皆构屋,官河为阳沟,而琴川故迹益湮,凡此者岂非人民富庶之效哉?"⑪这就是将当时衣食住行娱乐等方面的消费提升看作是生活水平提高、百姓富庶的反映。

消费观念的改变表现在行为上就是过去的奢侈品如今成了日用品。苏州府《常熟县志》里写有"往时间井间衣服强半布褐","今则夏多纱,东或重裘"。《云间据目抄》里写的"细木家伙,如书棹禅椅之类,余少年曾不一见,民间止用银杏金漆方棹",但是隆庆、万历以后"纨绮豪奢,又以棍木不足贵,凡床厨几棹,皆用花梨、瘿木、乌木、相思木与黄杨木,极其贵巧,动费万钱,亦俗之一靡也"[12]。

消费观念的改变在具体行为上的第二个表现是过去的奢侈行为大多数是限于上层社会和富人,但是明代的奢侈消费风却一直吹到了明代社会的中下层。《上海县志》里写:"市井轻佻,十五为群,家无担石,衣华鲜履。"[13]在杭州则是"毋论富豪贵介,纨绮相望,即贫乏者,强饰华丽,扬扬矜诩,为富贵容"[14]。李渔在《闲情偶寄》里说:"乃近世贫贱之家,往往效颦于富贵。见富贵者偶尚绮罗,则耻布帛为贱,必觅绮罗以肖之;见富贵者单崇珠翠,则鄙金玉为常,而假珠翠以代之。事事皆然,习以成性。"[15]稍有些钱的中产者,除了吃穿,在宅邸的建造上也向上层看齐,到了嘉靖末年,"士大夫家不必言,至于百姓有三间客厅费千金者,金碧辉煌,高耸过倍,往往重檐兽脊如官衙然,园囿僭拟公侯"[16]。连园林的营造也不再是士大夫的专利,"凡家累千金,垣屋稍治,必欲营治一园"[17]。

(三) 消费社会的形成

商品市场的繁荣和消费观念的改变,最终促成了消费社会的形成。西方学者在研究工业革命之前18世纪的英国时,指出消费社会形成的最明显特征是以中等阶层为主体的大众消费的出现。*The Birth of a Consumer Society: The Commercialization of Eighteenth-century England*[18]一书里把消费社会定义为生产和消费都超出了生存必需和生理需求的范围,消费成为社会生活和生产的主导动力和目标的社会发展阶段。可是书中18世纪的英国在财富和购买力提高、对流行服饰的讲究和追求、饮食结构和饮食习惯的改变、家居奢侈品的爱好和收藏、消费场所的激增等这些构成消费社会的因素,与明代社会是何其相似。

彭慕兰先生(Kenneth Pomeranz)在他的《大分流:欧洲中国及现代世界经济的发展》一书中的部分内容,是以日用奢侈品的茶、糖为例做比较,结果发现在15世纪至18世纪的欧洲,茶、糖还不算普及的大众消费,直到1850年以后才真正普及,而同时期的中国在茶、糖的消费量和普及程度都要高过欧洲。他又比较了中、西方非精英阶层在棉织品方面的消费量,结果是中国也并不比西方少。而以奢侈品的拥有取代扈从制度成为身份地位的象征这种现象在中、西两地都出现了相同变化。而欧洲因为对东方物品的崇尚与喜爱,用白银换取东方物品,形成一种快速运转和淘汰的时尚体系及消费文化[19]。

"消费文化"和"消费社会"本是经济史学研究的范畴,但彭慕兰在书中把文化的地位与重要性视为仅次于经济和社会的动力,提出人们消费的需求是起源于社会关系和文化脉络的关系。通过研究消费文化,一方面,可以走实证路线,用诸如遗产清册之类的史料文献来重构当时社会面貌;另一方面,则研究消费品的象征和文化意义,关注物品对使用者个人或群体的象征功能,分析大众文化和精英文化的关系,不再仅把文化看作是社会的反映,而是主张文化更能决定与型构社会。

明中后期以后消费现象的特征、市场行为的增加、过去的奢侈品成为今天的日用品、奢侈消费的普及化、身份等级界线的模糊以及奢侈观念的新思维等,都说明了在明代,这种奢侈的社会风气其实有着更重要的历史意义。之前的古代中国虽然不是没有出现过奢侈的盛世之象,但是都只局限在统治阶级和上层精英阶级,没有任何一个朝代像明代那样,其奢侈之风一直波及社会的下层。中国与18世纪时的英国这种高度的社会相似性,可以说晚明的中国正是"消费社会"的形成时期。

二、明代文人文化的商品化传播

(一) 文人文化的物化特性

儒家历来强调道德修养的重要性,所谓"君子喻于义,小人喻于利"[20],明晓道义的品格是士大夫区别于凡俗世人的标准。到了宋代,儒家学说发展成为"程朱理学",将"道"与"欲"放在水火不容的位置上,"教人明天理,灭人欲"[21]。明朝初年太祖朱元璋开国后,出于"武定祸乱,文致太平"[22]的考虑,将程朱理学思想作为正统思想极力提倡,以此重建秩序、平定人心。

但程朱理学强有力的思想统治只维持到了明朝中叶,随着商品经济的发展,剩余产品的不断丰富,科举制度的腐败和壅塞,文人阶层的兴起,原有的思想其保守与陈腐的弊端亦日渐严重地暴露出来,与社会的现状不断出现矛盾和抵触。文人开始反思与怀疑,探索寻求更能让人信服的新理论体系。在此过程中,王阳明(1472—1529)首度提出了"心学"理论,主张"吾心之良知,即所谓天理也"[23],肯定人心的力量,并将其与天理画上了等号,以"心外无理、心外无事"[24]的学说第一次赋予了人至高无上的地位,主张不要徒劳地克制自己的本心去服从于僵化的天理,而要主动地发挥自己本心的力量来找到良知,与程朱理学分庭抗礼,跨阶层地得到了社会各界的接受和追捧。

在王阳明的心学影响下,之后李贽(1527—1602)的"童心说"至公安三袁的"性灵说",进一步肯定合理的"人欲",并把百姓日用与"道"联系起来,认为"穿衣吃饭即人伦物理,除却穿衣吃饭,无伦物矣"[25]。强调自我性情的真实流露是理的本源,而穿衣吃饭的日用之物是真性、真情的必然条件,并且也是必然结果。这种建立在日用物品之上的对真本性的崇尚与执着,成为明代文人审美的重要标准之一。

明代的文人文化正是在这种美学思想基础之上,营造他们自己的生活艺术空间。虽然他们一心向往的理想世界未必能完全落实于现实生活当中,但这种强调"日用道""真本性"的审美观和生活理念,却被具体化地建构在了如堪称明代文雅生活教科书的《长物志》中所罗列的室庐、花木、水石、禽鱼、书画、几榻、器具、衣饰、香茗等这类的"长物"之上。并将对"物"的喜爱发展到"癖"的养成,将癖好提升为人生必不可缺之物,作为人品的评断标准,对有癖好者持以特别的欣赏态度,因为对物的癖好正是真性情的一种流露。比如张岱(1597—1684)就说:"人无癖不可与交,以其无深情也;人无癖不可与交,以其无真气也。"[26]袁宏道(1568—1610)也说:"嵇康之锻也,武子之马也,陆羽之茶也,米颠之石也,倪云林之洁也,皆以癖而寄其磊傀俊逸之气者也。余观世上语言无味,面目可憎之人,皆无癖之人耳。若真有所癖,将沉湎酖溺,性命死生以之,何暇及钱奴宦贾之事。"[27]在文人眼里,人无癖好就无法显示其生活情趣和真性情,成为面目可憎之人。而将个人的生命灌注、沉湎在某种特定的事物上,将之视为性命生死之上,全然相异与普世价值观的做法,将人心与身外之物紧密结合在一起,以承载生命价值的观点和趋势是明代文人文化的重要特性。

文人沉溺在物中,以物为载体构建出一套文人式的赏玩文化。纵观文人笔下的平生所乐、所好、所求也无不与这些日用之物联系在一起:"净几明窗,一轴画,一囊琴,一只鹤,一瓯茶,一炉香,一部法帖;小园幽径,几丛花,几群鸟,几区亭,几拳石,几池水,几片闲云。"[28]张岱更是在《自为墓志铭》中激烈地宣称自己"极爱繁华,好静舍,好美婢,好娈童,好鲜衣,好骏马,好华灯,好烟火,好梨园,好鼓吹,好古董,好花鸟,兼以茶淫橘虐,书蠹诗魔"[29]。言语之中丝毫不对物质享乐的追求感到羞耻或自责,而是发自本心引以为荣。

随着生活和关注的重心寄托在这些物质文化之上,对物质产品和造物设计的鉴赏、收藏、记述和品评也随之成了文人文化的重要部分。书房斋庐、笔砚炉瓶、琴棋书画、花木园艺、园林山水,乃至衣冠鞋袜无不是文人所评论鉴定其雅俗与时尚的对象,甚至亲身参与其间进行创作设计,成为文人寄予个人情操、展现自我价值的载体。

(二)文人文化的商品化进程

明代文人文化是以"物"为载体构建并展开的,却正是由于物的本性,这些饥不可食、寒不可衣的闲适玩好之物其本身总会被赋予一个相应的价格,成为一种可以用钱买到的商品。随着明代经济的发展,百姓越来越富庶,这些物也不再局限于那些符合拥有文雅物品所需的社会地位和品味学识的文人阶层，只要有足够的钱去便可以购买。社会各阶层的人，尤其是商人阶层，往往刻意地追随和模仿文人的生活方式，试图借此装饰、丰富他们的生活，提高他们的身份地位。

据西方学者统计，在1400年至1800年之间，中国人对室内用具、精致服装、饮食器具以及今天被称为"收藏品"的东西的拥有，其数量和品种在富有的人口中有引人注目的增长[㉚]。并且这种高等的消费模式最终为下层的百姓所模仿，从而不仅是暴富的商人，普通平民甚至穷人也都试图通过适当的物品购买来提高他们的社会地位以及品位。

随着商品经济的发展，身份地位的象征由原先的土地财富转变成了奢侈品的收藏，尤其是文化商品的消费，各种代表文人雅好之物经过商品化以后都成了"优雅的装饰"。当购买收藏古董之风传入富人阶层时，他们纷纷抢购以附庸风雅，从而造成一种求大于供的社会竞赛。而原先作为文人阶层所独有的特殊消费活动，却被商人乃至于平民所模仿，于是他们面临着社会地位认同缺失的极大压力。在这种焦虑之中，《长物志》这类指点雅俗品味与赏鉴的书籍之出现，正是文人试图以其特殊的"雅文化"来对抗和区分其他阶层的表现，用以防止其他人运用财富过于简单地把消费转化为社会地位。这类以只有文人阶级才懂得欣赏的"雅文化"，将其与普遍化的物质消费对立起来的方法，形成文人之间的一种普遍现象。除了系统性的著述，如代表明代文雅生活的典型教材《长物志》《遵生八笺》《考槃余事》《闲情偶寄》等系统性的著述之外，还有更多门类化的专门著述。茶与茶器方面的，如陆树声的《茶寮记》、夏树芳的《茶童》、陈继儒的《茶董补》、田艺蘅的《煮泉小品》、周高起的《阳羡茗壶系》；酒方面的，如袁宏道的《觞政》、陈继儒的《酒颠补》、徐炬的《酒谱》、冯时化的《酒史》；花石方面的，如袁宏道的《瓶史》、王路的《花史左编》、张谦德的《瓶花谱》、林有麟的《素圆石谱》等，不一而足。

然而，在文人掌握了雅俗风尚的定义支配权的情况下，雅俗的区分随着大众传播媒介的发展,再次渐渐从文人阶层扩展到社会其他阶层,尤其已经拥有大量奢侈品的商人阶层,会因流行时尚的风向标转变而感到有更大的压力迫使他们继续购买新的物品。并且不只是古董、珍玩,一般日常的生活用品也出现了这样的趋势。文人用以辨别雅俗区别人群的各类书籍无意之中成了时尚品位的创造者和推动者。以至于曾经的象征才情、品位的文人赏玩之物最终完成向平民阶级消费日用品的转化。展示和炫耀文人文化中的物化形态最终成了一种确立和标榜社会地位以及才学品位的手段。万历时期的世情小说《金瓶梅》以商人为背景,其中对各种饮食、服饰、家具、器用的详尽描写以及商人对其的粗俗消费和使用是对这种文化商品化现象最好的诠释。

另一方面,尽管是出于无奈,文人自身在治生为本的生存需要下,靠贩卖自己的学识才华换取生活资源,以作文润笔获得生活所需的银钱,并且渐渐的,这种鬻文行为中的商业因素也随之增长起来。正统进士叶盛(1420—1474)的《水东日记》载:"三五年前,翰林名人送行文一首,润笔银二三钱可求。事变后文价顿高,非五钱一两不敢请,迄今犹然。"[30]到了成化年间,一篇翰林或者名士的文章,润笔费已需超过二两白银,而到了正德朝之后,润笔费更是高达四五十两白银。润笔费用的飞涨正是文人治生行为中商业因素的体现,是文人的文化商品化的结果。

社会各阶层对诗、书、画的求取行为也屡见不鲜、数量庞大,他们使文人鬻文润笔的行为从谋生出发向商业化、产业化转变,使诗文书画等文艺作品变成了物质面上流动的商品,促成了文化知识商品化的发展,这在以前以文章为大雅事业的传统化生活模式中无疑是难以想象的。李日华在《紫桃轩又缀》中说:"京师杂货铺,每上河图一卷,定价一金,所作大小繁简不同。"[31]如其所载,北京街角的杂货铺就有出售《清明上河图》这样的长卷之作,且常冒以各种名画家的名号,说明一般平民随便皆可在街头路边购得。这一方面反映了民众对这些文化商品的喜爱和追捧,另一方面也反映了书画等文化商品在民众日常生活中的深入。

（三）文人文化的流行与传播

明初礼制建立的"贵贱有等"的秩序，随着商品经济的发展和消费社会的形成，原来的身份等级秩序开始瓦解。社会不同阶层的人尤其是商人，在大量获取财富以后，总是想要得到与其财富等价的社会地位，于是一方面捐官买爵，另一方面则是刻意地去跟随、仿效社会精英的生活文化。许多文献和文人笔记中纷纷出现"僭越"来形容这种现象。嘉靖《吴江县志》里说："习俗奢靡，故多僭越。嘉靖中庶人之妻多用命服，富民之室亦缀兽头，循分者难其不能顿革。万历以后迄天崇，民贫世富，其奢侈乃日甚一日焉。"[33]在这种情况下，明朝政府不断地颁布"禁奢令"。据统计，明代共发布禁奢令119次，其中成化（1465—1487）年以前只有11次，其余都是成化年之后发布的。可见，明代中后期的社会奢侈消费风气之盛，而这些禁令也越来越只是一纸公文难以有实质的成效。

但是，在政府不断下达禁奢令的同时，传统的"崇俭黜奢"的观念在明代的文人阶层中也出现了争议，有一部分文人对禁奢政策的普遍性和必要性提出了质疑。比如嘉靖五年的进士田汝成（1503—1557），在写《西湖游览志》时被人批评助长奢侈之风，而他却认为杭州西湖的游观之盛本就是事实，不如实写就是一种君子不齿的虚伪，他在《西湖游览志叙》里写道："而欲讳游冶之事、歌舞之谈，假借雄观，只益浮伪尔，史家不为也。"同时，他也批评杭州的地方官每遇荒年就要禁游西湖"非通达治体之策"，因为"游湖者多，则经纪小家得以买卖趁逐，博易糊口，亦损有余补不足之意耳"[34]。也即田汝成认为西湖这样的地方就应该是让人来泛游的。

有一些文人还出现了"崇奢"的言论，他们不仅主张要多流通，而且赞成多消费。其中最为系统论述的是陆楫（1515—1552），他明确提倡消费，认为对一人一家而言，节俭是美德，但却不适用于社会整体的经济发展。他在《蒹葭堂杂著摘抄》里说："论治者类欲禁奢，以为财节则民可与富也。……吾未见奢之足以贫天下也。自一人言之,一人俭则一人或可免于贫;自一家言之,一家俭则一家或可免于贫。至于统计天下之势则不然。治天下者,欲使一家一人富乎,抑将欲均天下而富之乎?"㉟即是说个人或家庭崇尚节俭固然有利于个人和家庭的财富积累,但就整个社会而言,奢侈却是有利的,可以使天下人都富起来。同时,他还认为风俗的奢侈可以带来更多的消费,大量的消费有助于百姓生计,"其地奢,则其民必易为生"。富人的奢侈与穷人的说生活之间是一种"彼有所损,则此有所益"的关系,同时将风俗奢侈看作是商品经济得以发展的原因,苏杭和上海等地之所以繁荣发达,"其大要即在俗奢","特以俗甚奢",所以政府不应"因俗而治",更不能一律强制禁止奢侈行为。所谓"俗奢而逐末者重",包括酒肆、青楼、织坊等服务业及各种手工业都仰赖于奢侈的消费风尚为生。

不少文人都持有和陆楫相同的观点。晚于陆楫的王士性不仅主动建立集市,他还认为集市、游观这样的活动能给百姓带来更多的就业机会,他针对当时杭州常见的游观盛事说道:"游观虽非朴俗,然西湖业已为游地,则细民所借为利,日不止千金,有司时禁之,固以易俗,但渔者、舟者、戏者、市者、酤者咸失其本业,反不便于此辈也。"㊱

既有市场经济的推动,又有崇奢思想的引导,文人文化逐步转变成文化性商品,于是随着市场经济的繁荣和市场效应的放大,文人文化愈加普及和流行,亦使他们品好的器物盛名远播四方,如袁宏道所说:"古今好尚不同,薄技小器,皆得著名。……当时文人墨士名公巨卿,煊赫一时者,不知淹没多少。……一时好事家争购之,如恐不及。"㊲江南地区,尤其是苏州文人圈的喜好更成了各种雅好赏玩之物的领军而备受其他阶层追逐:"苏人以为雅者,则四方随而雅之,俗者,则随而俗之,其赏识品第本精,故物莫能违。又如斋头清玩、几案、床榻,近皆以紫檀、花梨为尚,尚古朴不尚雕镂,即物有雕镂,亦皆商、周、秦、汉之式,海内僻远皆效尤之,此亦嘉、隆、万三朝为盛。至于寸竹片石摩弄成物,动辄千文百缗,如陆于匡之玉马,小官之扇,赵良璧之锻,得者竞赛,咸不论钱,几成物妖,亦为俗蠹。"㊳

文人的品位和审美选择在商人的造势之下还开始造就某些"名字号"的形成。例如苏州旧传"文衡山非方扇不书",即是说文徵明爱在"方"家字号的扇子上题书画,不论这传言真假,却也是一时间洛阳纸贵一扇难求。这些"名字号"继而在时间的进程中发展为商标或品牌般的存在。比如南京著名竹匠濮仲谦,因为他名噪一时,落了他款的家具,价格马上水涨船高。于是南京著名的三山街上便"润泽于仲谦之手者数十人焉"㊴,出现了数十家号称得自仲谦之手的家具店。

文人,作为知识精英,拥有诠释和创新文化的主动权;商人,作为经营能手,掌握变抽象文化为畅销商品的手段。这两者都有强大的活动力与穿透力,穿梭往来于不同阶层、不同地区,推动了整个社会文化的更新与发展。随着城市交通的便利,各类产品的商品化和消费市场的成熟,商人在全国范围内构建出一个庞大的商业网络,尤其是在手工业最发达的江南地区,民物繁华,其手工制品被通商天下。一般说来,文人开创新形式,商人则扮演支持者、接纳者和推广者。文人一方面为了治生以自己的才学和知识换取钱财,另一方面为了划清和其他阶层的界线,又更加积极地著述论著开创新形式。商人则将文人文化落实在社会生活层面上,使之形成可以持续发展的产业。

一时间,富也风雅,穷也风雅,风雅是风雅,附庸风雅也是风雅,清赏不再是名士的专利,书房也不再是文人的专宠。可是就文人来说,他们可能缺乏经济资本,不过他们最根本的实力还是文化资本。文人以自己的学识通过传承经典、区分雅俗、厘定正统、品藻人物等方式,行使着知识话语权,从而进行社会区隔、维护文人自身的社会地位。他们常常刻意强调他们才是真正的"赏鉴品玩",仅仅一味以金钱购求而缺乏赏鉴识别能力的,不仅是一介俗子,更是对物的亵渎。《长物志》中就写道:"蓄聚既多,妍蚩混杂,甲乙次第,毫不可讹,若使真赝并陈,新旧错出,如入贾胡肆中,有何趣味?所藏必有晋唐宋元名迹,乃称博古;若徒取近代纸墨,较量真伪,心无真赏,以耳为目,手执卷轴,口论贵贱,真恶道也。"⁴⁰于是文人一方面在实际金钱利益上受益于文人文化的流行,另一方面又更积极地去甄别雅俗的差异,开展出新的文化生活样态。如此,在文化界限的划清和跨越的过程中,雅和俗不断地被重新辩证,文化内容也因此就不断翻新,构成了明代一波波社会文化流行风尚。

三、结　　语

对于明代的文人文化来说,"物"具有突出的意义,"中国历史上,没有一个时期像明代这般如此重视'物',观物、用物、论物到不厌精细的地步"⁴¹。文人恋物癖般地沉浸其中,他们的情趣和性格都与他们身边的物紧密联系,寄托他们的情感和理想,象征他们的才华和修为。

由于其"物"的本质属性,明代的文人文化在其发展过程中,它的种种表现形式,背后都有一个厚实的社会基础。明代商业经济发达、城市生活繁华、物志生活丰富,民众亦将消费行为视作日常之事,且不断地向奢侈化方向发展,这种消费社会和消费体系的形成是以"物"为载体的文人文化能够在社会各阶层流通的关键。

从社会文化发展的角度来看,其他阶层尤其是商人阶层对文人文化的推崇、跟随、模仿使得文人文化落实在实际社会生活层面上向商品化的方向转变。文人在这样世俗力量的刺激下,为了划清雅俗界限确立自己的身份认同,持续推动文化形式的创新、内容的扩充以及相关著述的写作。

由此,文人与商人之间、文艺与市场之间不断交互作用,雅俗不断辩证,使得文人文化在文化与经济的流动中,不断被传播、不断被扩展,文人文化的内涵和形式也日趋丰富。在市场机制的作用下,文人文化不再是属于特定群体或者阶层的精英文化,而最终成为极具广度的、引领社会风尚的流行文化。这种内在意涵和外在形式在社会属性层面上的扩张,正是明代文人文化的独具一格之处,也是明代社会的重要特色。

---

① 据樊树志:《明清江南市镇探微》(复旦大学出版社,1990年)所列市镇统计。
② 金民:《明清江南商业的发展》,南京大学出版社,1998年,第321页。
③〔明〕王士性:《广志绎》卷三,《五岳游草 广志绎》,中华书局,2006年,第229页。
④〔清〕丁元正等修,沈彤等纂:乾隆《吴江县志》卷四《镇市村》,《中国地方志集成 江苏府县志辑19》,江苏古籍出版社,1991年,第373页。
⑤〔明〕冯梦龙:《醒世恒言》,凤凰出版社,2007年,第352页。
⑥〔明〕韩浚、张应武等纂修:万历《嘉定县志》卷一《疆域·市镇》,《四库全书存目丛书》史部第二〇八册,齐鲁书社,1996年,第690页。
⑦ S. A. M.艾兹赫德(S. A. M. Adshead),新西兰坎特伯雷大学历史学资深教授,曾就读于牛津大学、哈佛大学,专攻中国历史,在中国盐政管理研究方面享有世界声誉。
⑧ Adshead S. A. M., *Material Culture in Europe and China, 1400-1800: The Rise of Consumerism*, Macmillan, 1997.
⑨〔明〕邢址、陈让纂修:嘉靖《邵武府志》卷之二《风俗》,《四库全书存目丛书》史部第一九一册,齐鲁书社,1996年,第572页。
⑩〔清〕裘树荣等纂修:雍正《永安县》卷之三《风俗》,《中国地方志集成·福建府县志辑39》,上海书店出版社,2000年,第306页。
⑪〔清〕陈祖范:《司业文集》卷二昭文县志未刻诸小序,《四库全书存目丛书》集部第二七四册,齐鲁书社,1997年,第142页。
⑫〔明〕范濂:《云间据目抄》卷二《记风俗》,收入《笔记小说大观》第13册,广陵古籍刻印社,1983年,第111页。
⑬〔明〕颜洪范修、张之象、黄炎纂:万历《上海县志》卷一风俗,《上海图书馆藏稀见方志丛刊23》,国家图书馆出版社,2011年,第61页。
⑭〔明〕张瀚:《松窗梦语》卷七,中华书局,1985年,第139页。
⑮〔清〕李渔:《闲情偶寄》,中国社会出版社,2005年,第298页。
⑯〔明〕顾起元:《客座赘语》卷五,《庚已编 客座赘语》,中华书局,1987

年,第 170 页。

⑰〔明〕何良俊:《何翰林集》卷十二《西园雅会集序》,《四库全书存目丛书》集部第一四二册,齐鲁书社,1996 年,第 109 页。

⑱ McKendrick N., Brewer J., Plumb J. H., *The Birth of a Consumer Society: The Commercialization of Eighteenth-Century England*, Bloomington: Indiana University Press, 1982.

⑲〔美〕彭慕兰:《大分流:欧洲、中国及现代世界经济的发展》,史建云译,江苏人民出版社,2008 年,第 139—186 页。

⑳ 张燕婴译注:《论语》,中华书局,2007 年,第 47 页。

㉑〔宋〕黎靖德编,王星贤点校:《朱子语类》第一册,中华书局,1986 年,第 207 页。

㉒〔清〕张廷玉等撰:《明史》第一册,中华书局,1974 年,第 56 页。

㉓〔明〕王守仁:《传习录》中,《王阳明全集》(上册),上海古籍出版社,1992 年,第 45 页。

㉔〔明〕王守仁:《传习录》上,《王阳明全集》(上册),上海古籍出版社,1992 年,第 15 页。

㉕〔明〕李贽:《焚书》,《李贽文集》第一卷,社会科学文献出版社,1996 年,第 4 页。

㉖〔明〕张岱著,淮茗评注:《祁止祥癖》,《陶庵梦忆》,上海三联书店,2013 年,第 129 页。

㉗〔明〕袁宏道:《瓶史》,《袁宏道集笺校》卷二十四,上海古籍出版社,1981 年,第 826 页。

㉘〔明〕陈继儒:《小窗幽记》,山西古籍出版社,2006 年,第 125 页。

㉙〔明〕张岱:《琅嬛文集》,岳麓书社,1985 年,第 199 页。

㉚ 同⑲,第 155 页。

㉛〔明〕叶盛:《水东日记》卷一,《景印文渊阁四库丛书》第一〇四一册,台湾商务印书馆,1986 年,第 3 页。

㉜〔明〕李日华:《紫桃轩又缀》卷二,《六言斋笔记 紫桃轩杂缀》,凤凰出版社,2010 年,第 353 页。

㉝〔清〕丁元正等修,沈彤等纂:乾隆《吴江县志》卷三八《崇尚》,《中国地方志集成·江苏府县志辑 20》,江苏古籍出版社,1991 年,第 173 页。

㉞〔明〕田汝成:《西湖游览志叙》,《西湖游览志》,浙江人民出版社,1980

年,第6—7页。

㉟〔明〕陆楫:《蒹葭堂杂著摘抄》,《丛书集成新编》第八八册,新文丰出版公司,1985年,第148页。

㊱〔明〕王士性:《广志绎》卷四,《五岳游草 广志绎》,中华书局,2006年,第265页。

㊲〔明〕袁宏道著,钱伯城笺校:《瓶花斋集之八时尚》,《袁宏道集笺校》,上海古籍出版社,1982年,第730—731页。

㊳〔明〕王士性:《广志绎》卷二,《五岳游草 广志绎》,中华书局,2006年,第219页。

㊴〔明〕张岱著,淮茗评注:《陶庵梦忆》卷一,上海三联书店,2013年,第29页。

㊵〔明〕文震亨:《长物志》,中华书局,2014年,第113页。

㊶毛文芳:《物·性别·观看:明末清初文化书写新探》,台湾学生书局,2001年,第27页。

（作者：曹小燕,复旦大学文物与博物馆学系　2009级博士研究生）

略谈宋代花鸟画对瓷器装饰的影响
——以定窑为中心

邱宁斌

一、引　言

　　自东汉晚期成熟瓷器诞生以来，瓷器的装饰受到人们观念、审美以及其他材质器物装饰等的影响，在不同时期展现其自身的特色。

　　宋以前，瓷器的装饰多以造型和釉色取胜，虽也有贴花、印花、刻划花等装饰手法，但大多都是作为局部的装饰。及至宋代，随着商品经济的迅速发展，各阶层对于陶瓷器的需求和欣赏品逐渐提高，为了适应市场的需求，各地窑场都发展和采用新的工艺技术，这一时期的陶瓷手工业展现出丰富多彩的面貌，是陶瓷史上的黄金时期[1]。

　　以河北曲阳为中心的定窑为例。结合文献和考古材料，定窑始烧于唐，经过晚唐五代北宋初期的发展，在北宋末年、金代烧造达到顶峰。在造型和装饰上，晚唐时期以曲阳涧磁村唐墓出土的凤首壶、茶碾为代表，通体施白釉，基本为素面装饰，造型上也借鉴其他材质的器物[2]。五代北宋初期，定窑瓷器中剔花、刻划花的数量增多，值得注意的是，这一时期，以北方定窑和南方越窑为代表的两大窑口，出现了带有细刻划的瓷器，主题多为双凤、对蝶、鹦鹉、龙纹等,这类产品质量极高,而且多出现在贵族的墓葬和高等级的遗址中,例如河北定州的静志寺塔基(977年)[3]、宋太宗元德李后陵(1000年)[4]及陈国公主墓(1018年)[5]等,这种装饰在当时应有专门的样本,受到了其他材质器物特别是金银器的影响[6]。

定窑的装饰在北宋中晚期发生了极大的转变,装饰图案除了传统的花卉、龙凤纹等吉祥题材外,开始出现一些带有独立画面场景的图案装饰,例如孔雀山石图、莲池鸳鸯图、锦鸡牡丹图等花鸟题材,这种转变在定窑印花瓷器上体现得尤为明显。除了上述的花鸟图像外,定窑装饰中还出现了瑞兽、婴戏、博古等题材。这种装饰风格和内容巨大转变背后的原因值得我们思考,而其中有关花鸟题材的图像,或受到宋代花鸟画和缂丝图案的影响。

二、宋代花鸟画、缂丝与定窑装饰对比

北宋中晚期到金代,是定窑生产的高峰。这一时期定窑的装烧方式发生了比较大的改变,由传统的正烧,改进发展为以支圈覆烧为主[7]。装烧方式的转变一方面使定窑的产量大大增加,另一方面也影响到了定窑的装饰工艺。覆烧的装烧方式要求器物的口径要与窑具支圈的尺寸一致,而在印花的模具上修坯,恰好可以满足这一要求,这样大量提高了定窑瓷器的产量。

伴随着装烧方式、装饰工艺的改变,定窑瓷器装饰内容也趋于丰富和多元化。尤以定窑印花瓷器为代表,装饰的内容除了缠枝花卉,简单的龙、凤、鱼动物等具有格套化和拼图式的传统纹样外,还增加了许多富有新意的、具有画面感的图像装饰,而且这些装饰图案从产生之初就非常的成熟,一些学者认为这与缂丝工艺的影响有关。冯先铭先生认为定窑印花装饰看不出由简到繁,由低级到高级的发展过程,有可能受到定州缂丝图案的影响,制瓷匠师采用缂丝纹样粉本

刻模,因此一开始就显得比较成熟⑧。谢明良先生也持相近的观点,认为定窑纹饰取材丰富,不但有与金银器图案或风格相近似者,而且也有与当时的缂丝纹样相类似的图案⑨。

缂丝是一种古老的丝织工艺,以本色经丝,挣于木机之上,以手工把各色纬线按花纹轮廓,一小块一小块地织成平纹的花样⑩。定州地区自唐以来就是全国重要的丝织品中心,唐天宝元年(742年)博陵郡(定州)常贡达1 575匹,占全国常贡总数的41.8%⑪。南宋洪皓《松漠纪闻》记载:"本朝盛时有入居秦川为熟户者,女真破陕,悉徙之燕山。……织熟锦、熟绫、注丝、线罗等物。又以五色线织成袍,名曰克丝,甚华丽。"⑫另有庄绰《鸡肋编》提到:"定州织刻丝不用大机,以熟色丝经于木挣上,随欲所作花草禽兽状,以小梭织纬时先留其处,方以杂色线缀于经纬之上,合以成文,若不相连,承空视之,如雕镂之像,故名刻丝。"⑬事实上,结合传世和出土的定窑瓷器来看,定窑的装饰与缂丝工艺确实存在着某种联系,上述所提到的诸位学者都有提出类似的观点,但涉及具体的图像之间的流转与对比,还较缺乏更深入的论证⑭。

还需要指出的是,即使存在着缂丝对定窑装饰图案的影响,我们还应进一步考虑到缂丝图案的来源问题,是否存在着一个粉本,对缂丝以及瓷器的装饰都产生了影响?

花鸟画经历了自唐以来的初步发展,到了北宋时期逐步成为一个独立的画科,出现了以黄筌、黄居寀、崔白等为代表的一大批宫廷花鸟画家,并进一步影响到宋徽宗赵佶,对南宋及之后花鸟画也产生了重大影响。与此同时,在以缂丝为代表的手工艺领域,出现了以沈子蕃、朱克柔、吴煦为代表的缂丝名家,他们的作品通过借鉴花鸟画来提高自身的观赏性,展现出极高的艺术水准,并且作品进入历代宫廷。宋代的缂丝技术是缂丝工艺史上的一个分水岭,不仅缂丝的技术得到了发展,而且通过与书画的结合,缂丝工艺的用途发生了彻底的转变,从实用性向欣赏性过度,这个过程与宋代绘画尤其是花鸟画的发展以及人们的审美取向是紧密相连的。⑮那么花鸟画与定窑的图像装饰之间是否也存在着联系？笔者结合图像材料，举例对比花鸟画、缂丝和定窑装饰图案，试图展现三者图像之间的关系。

（一）孔雀山石图

崔白（约1004—1088），字子西，濠梁人，北宋时期著名花鸟画家，生活中北宋仁宗、英宗和神宗三朝。他"好古博雅"，是一位富有学识素养的画家。艺术创作上不受戒律的束缚，勇于创新，创立一种"体制清澹，作用疏通"的画风。《宣和画谱》记载："图画院之较艺者，必以黄筌父子笔法为程式，自白及昊元瑜出，其格遂变。"崔白改革了花鸟画的风格和风气，对北宋中后期乃至南宋的宫廷花鸟画影响极大，称为画史的"熙宁之变"。

台北故宫博物院收藏有一幅崔白的作品《枇杷孔雀图》（图1），主体描绘了一只孔雀立在枇杷树上，树旁立有一座山石，另一只在树下回首相望。类似的构图还出现在台北故宫博物院收藏的《缂丝孔雀图》（图2），同样是两只孔雀，其中一只立在山石旁。在定窑的印花作品中也有类似图像的器物，台北故宫博物院（图3）、大英博物馆都有收藏⑯。

图1　宋　崔白　枇杷孔雀图（局部）
　　　台北故宫博物院藏

图2　宋　缂丝孔雀图（局部）
　　　台北故宫博物院藏

图3　金 定窑印花孔雀蕉石图盘
　　　台北故宫博物院藏

图4　宋 朱克柔 缂丝莲塘乳鸭图
　　　上海博物馆藏

（二）莲池鸳鸯图

莲池鸳鸯图又称"满池娇""池塘小景"，主体纹饰由池塘、荷花、鸭子或鸳鸯等要素构成。宋代缂丝图案中多有此类图案的出现，如上海博物馆藏朱克柔的《缂丝莲塘乳鸭图》（图4）、台北故宫博物院的《缂丝芙蓉戏鹭图》等，扬之水先生认为这类作品直接摹自名人画作，成为观赏性的艺术品[17]。有趣的是，明代大贪官严嵩被抄家时，所没物品编为《天水冰山录》一书，其中有记载："崔白满池娇八轴。"[18]可惜我们现在在崔白的存世作品中并未发现这幅画，但从北京故宫博物院藏宋代张茂《双鸳鸯图册》（图5）中也可以感受到作为"第一观察者"的画家对于这一图像的描绘。

宋代的陶瓷器中有关满池娇的图像出现在很多窑口，而在定窑之中，印花、划花等装饰手法都有对莲池鸳鸯图像的描绘，如台北故宫博物院的印花盘（图6）、上海博物馆的刻花游鹅纹碗。在近期北京大学赛克勒博物馆展览"闲事与雅器"中展示了香港泰华古轩收藏的一件北宋—金耀州窑黑釉金彩鸳鸯莲池纹盏（图7），描绘的图案与绘画、缂丝非常接近。

图 5 宋 张茂 双鸳鸯图页（局部）故宫博物院藏

图 6 金 定窑莲塘鸳鸯菊瓣式碟（局部）台北故宫博物院藏

图 7 北宋—金 耀州窑黑釉金彩鸳鸯莲池纹盏 泰华古轩藏

图 8 （传）赵佶 芙蓉锦鸡图（局部）故宫博物院藏

（三）锦鸡图

现藏北京故宫的传为宋徽宗赵佶所绘《芙蓉锦鸡图》（图 8）描绘了一只锦鸡立于枝干之上，类似的构图见于台北故宫博物院藏宋代《缂丝文石锦鸡图》（图 9），也见于台北故宫博物院印花牡丹雉鸡图盘（图 10）。

宋代画家们注重写生，重视主题与背景间的关系，除有深厚的绘画基础,更仔细观察自然生态,对花卉、鸟类等的特征、习性深入认识的基础上,以精细的用笔勾勒描绘[19]。这种写生观念也影响到了缂丝和陶瓷装饰上。宋代缂丝多从绘画中借鉴灵感,将当代名家如黄荃、崔白等的作品作为模仿的粉本,而作为手工业的陶瓷器也受到一定的影响。

 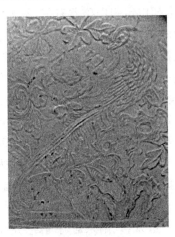

图9 宋 缂丝文石锦鸡图(局部) 　　图10 金 印花牡丹雉鸡图盘(局部)
　　　台北故宫博物院　　　　　　　　　　台北故宫博物院藏

三、花鸟画对定窑装饰的影响

　　传统观点所认为的定窑装饰图案受到了缂丝影响,而缂丝的图像直接来源于宫廷的花鸟画,从前述花鸟画、缂丝、定窑图像三个图像对比的例子中我们不难看出,无论是从图像的内容还是构图,三者具有较强的相似度,不难看出花鸟画对定窑装饰所产生的影响。那么问题也随之而来,缂丝工艺技法复杂精致,多出现在宫廷之中,且以写实生动的绘画作品为稿本创作,使其成为可供观赏、陈列的艺术品,这点不难理解,而定窑瓷器主要为日用器,花鸟画可以从多大程度影响到定窑瓷器上呢?

　　定窑与汝官哥钧四窑并称为宋代五大名窑,虽然五大名窑的说法最早只出现在明代,学界也还存在很多争论,但这一说法已被大多数人所接受,也能从一定程度上体现出定窑的地位。

关于定窑在宫廷中使用最直接、最著名的记载就是宋徽宗政和年间因定窑有芒而下令汝州造青瓷器。顾文荐《负暄杂录》提到:"本朝以定州白磁器有芒,不堪用,遂命汝州造青磁器"[20];另陆游《老学庵笔记》也有"定器不入禁中,唯用汝器,以定器有芒也"[21]的记录。定窑停止贡御,但这也恰恰反映了至少在北宋末年徽宗朝以前,定窑是一直在宫廷中有所使用的[22],例如《宋会要辑稿》食货五二之三七:"瓷器库在建隆坊,掌受明越饶州定州青州白瓷器以给用",就说明了定窑白瓷被纳入官方的瓷器库,供宫廷使用。考古材料也证实了定窑在北宋宫廷的使用情况,2009年河北省文物研究所联合北京大学考古文博学院对曲阳县涧磁村定窑窑址进行了考古发掘,在北宋晚期的底层中出土了带有"尚食局"和"尚药局"款识的器物[23],为北宋宫廷定制的产品。

进入金、南宋对峙时期,定窑为金所属,产品的质量和数量继续提高,而且从考古发现的纪年材料来看,金代定窑的器形和纹饰都延续着北宋末年的风格[24],两者的区分比较困难。《大金集礼》卷九记载:"天眷二年奏定公主礼物。依惠妃公主例,外,成造衣襥器用等物:……定瓷一千事"[25],从这则文献中我们能够看出在金代,定窑产品依然进入宫廷,供皇室贵族使用。

在南宋都城临安出土了大量的定窑瓷器,很多都是发现在官署遗址[26],如南宋太庙遗址[27]、府学遗址[28]、恭经圣仁列皇后宅遗址[29]等。另外在杭州的临安城遗址中还发现了一定数量的带宫殿、机构等名称的有刻款瓷器标本,如"奉华""殿""苑""寿成殿"等,很多都是定窑器,有些还可以与博物馆的传世品相应对[30]。这些定窑瓷器除了一部分可能是靖康之变后宋室南迁从北方带到临安的,其他大部分都应是金代控制下的定窑所生产,应是宋金隆兴和议(1164年)后通过边境贸易进入南宋临安城和宫廷的[31]。

通过文献和考古材料,我们了解了定窑在宋代宫廷的使用情况。

作为日用器的定窑与作为赏玩的花鸟画同处于宫廷之中,给两者的影响与互动提供了可能。那么作为花鸟画的创作者和欣赏者的宋金皇室和上层人士,有没有可能将自己喜爱的花鸟画图像移植到日常生活中所使用的瓷器上呢?抑或说宫廷中所使用的瓷器是否存在着"宫廷制样"?

中国古代社会所使用的器物绝大多数情况下能够反映出使用者的阶层,主要是通过器物的材质和纹饰来展现。就器物的纹饰而言,宋代有专门设计官方纹样的文思院以及掌管"造服用之物"的后苑造作所,都属于官府或宫廷手工业,直接服务于皇帝,而作为手工业的制瓷和缂丝,它们的纹样也都受到文思院、后苑造作所的影响[32]。宋代宫廷画院的花鸟画体现着皇帝的品位与喜好,会影响到官方纹样的设计,前述孔雀山石图、莲池鸳鸯图等图像就是很好的证明。

四、定窑纹样所体现的陶瓷鉴赏观

宋金时期定窑的写实性花鸟题材的装饰受到了当时宫廷花鸟画的影响,同时花鸟题材的装饰也出现在缂丝、墓葬壁画等多种图像载体,而画家是花鸟图像的"第一创造者",其创作的花鸟画作品是影响到其他物质门类图像的源头。宋代以及之后的元代,这种不同艺术形式、图像之间互动与借鉴的现象还有很多,很多学者都做过讨论[33]。就定窑瓷器而言,装饰的内容发生了比较大的转变,这背后除了统治者的喜好之外,还有一些文化因素。

宋代花鸟画表现了一种致力于真实再现自然的倾向,这种再现自然的倾向在徽宗时期达到了高峰。北宋末期的《宣和画谱》共分为十门,收录了绘画作品6 396幅,而"花鸟"一门就占了2 786幅,可见花鸟画在宋代的流行程度[34]。方闻在论述宋代艺术时指出这是当时人们对于自然世界兴趣增长的体现[35]。宋人对于自然界和微观世界的观察能力在我们今天看来是无法企及的。这一点体现在各种物质文化中都有体现，而尤其体现在以花鸟画为代表的绘画作品中，也反映在以定窑为代表的陶瓷器的装饰上。

陶瓷器在宋代不仅作为日常生活使用的器具，也供人们欣赏和把玩。谢明良先生指出："宋人对于生活周遭事物的好奇心和关心，才是其对陶瓷入微观察的要因，而此一生活态度遂使日常生活用器提升成为鉴赏对象一事成为可能，进而促使各地手工艺作坊制品品质的提升，崭露头角者则蔚为全国的时尚而成了众所追逐的名品。"[36]

比如就定窑来说，南宋人周煇《清波杂志》（卷五）提到作者出访金国时，见金地人使用的定窑瓷器，而相比之下流通在南宋市场上的却是南方地区所仿制的定器。《清波杂志》还记载仲概拿出几件大观年间的景德镇窑的红釉窑变瓷，对周辉讲"比之定州红器，色尤鲜明"。苏轼《东坡志林》还提到使用定窑瓷器的芒口来检验玉器的真伪[37]。从上述三条记载我们能够了解到宋人对于定窑有着很深入的了解，不仅能够区分辨别窑口、区分真伪，甚至还可以利用定窑瓷器的物理特性来鉴别玉器。近些年考古发现的北宋时期重要的文人士大夫陕西蓝田吕氏家族墓[38]、河南安阳韩琦家族墓[39]都出土了一定数量的制作精美的定窑瓷器，一方面说明了定瓷使用阶层的多样化，另一方面也印证了宋人对定瓷的重视和了解。

五、结　语

宋代宫廷花鸟画的发展影响到了其他门类的艺术，对宋代缂丝有着直接的影响。同时，北宋末期到金代定窑盛行印花装饰工艺，其图案的母本可能来自宫廷的花鸟画。

在理学观念和博物学思潮的影响下，宋人对自然的观察极为细致，这造就了包括花鸟画、陶瓷器在内的多种艺术形式风格的转变。在陶瓷器的装饰上，吉州窑的木叶纹、梅花纹等纹饰体现了对自然界的细微观察和再造[40]；建窑的油滴、曜变、兔毫装饰也给人"碗中宇宙"之感。定窑的装饰图案中对鸟、兽、鱼、花卉、山石等自然事物的细致描绘,也是宋人通过人工手法再造自然界的"造作的自然"的体现。

---

① 秦大树:《宋元时期北方地区陶瓷手工业装饰工艺的成就及其所反映的问题》,收入北京大学中国传统文化中心编:《文化的馈赠:汉学研究国际会议论文集(考古学卷)》,北京大学出版社,2000年,第315页。

② 申献友、李建丽:《谈晚唐五代定窑白瓷》,收入上海博物馆:《中国古代白瓷国际学术研讨会论文集》,上海书画出版社,2005年。

③ 定县博物馆:《河北定县发现两座宋代塔基》,《文物》,1972年第8期。

④ 河南省文物考古研究所:《北宋皇陵》,中州古籍出版社,1997年。

⑤ 内蒙古自治区文物考古研究所、哲理木盟博物馆:《辽陈国公主墓》,文物出版社,1993年。

⑥ 有关瓷器对金银器的借鉴与模仿,杰西卡·罗森教授提出了有建设性的见解,参见郑善萍译:《中亚银器及其对中国陶瓷器的影响》及《中国银器对瓷器发展的影响》,收入氏著、孙心菲等译《中国古代的艺术与文化》,第241—278页;《中国陶瓷及其形式:十到十四世纪》,收入上海博物馆编《上海博物馆集刊——建馆四十周年特辑(第六辑)》,上海古籍出版社,1992年,第257—272页。

⑦ 李辉炳、毕南海:《论定窑烧瓷工艺的发展与历史分期》,《考古》,1987年第12期;熊海堂:《东亚窑业技术发展与交流史研究》,南京大学出版社,1995年,第190—191页。

⑧ 冯先铭:《中国陶瓷(修订本)》,上海古籍出版社,2001年,第378页。

⑨ 台北故宫博物院编委会(谢明良):《定窑白瓷特展图录》,台北故宫博物院,1987年,第19页。

⑩ 陈娟娟:《缂丝》,《中国织绣服饰论集》,紫禁城出版社,2005年,第139页。

⑪ 河北省社会科学院地方史编写组:《河北简史》,河北人民出版社,1990年,转引自穆青:《定瓷艺术》,河北教育出版社,2002年,第147页,注3。

⑫〔宋〕洪皓:《松漠纪闻》,收入上海师范大学古籍整理研究所编:《全宋

笔记》第三编·七,大象出版社,2008年。

⑬ 庄绰撰,萧鲁阳校:《鸡肋编》,中华书局,1997年,第10页。

⑭ 有关定窑纹饰与缂丝之间关系的研究,最新的研究是王鹤洋:《定窑纹饰及其印花与缂丝相关问题初探》,中国社科院研究生院硕士论文,2014年。

⑮ 台北故宫博物院近年来举办了两次有关丝织品的展览,其中2015年的展览"十指春风:缂绣与绘画的花鸟世界"对丝织品装饰与花鸟画的关系进行了有益探索,但涉及宋代花鸟画与缂丝之间关系的内容并不多,具体参见:童文娥《缂丝风华 宋代缂丝花鸟展图录》(台北故宫博物院,2009年)及《十指春风:缂绣与绘画的花鸟世界》(台北故宫博物院,2015年);另外相关研究还有崔文博:《宋代绘画对传统缂丝工艺的影响》,苏州大学硕士论文,2009年。

⑯ 台北故宫博物院(蔡玫芬):《定州花瓷——院藏定窑系白瓷特展》,台北故宫博物院,2014年,第203页。除公立博物馆的收藏以外,中国嘉德2013春拍也有一件相同构图的定窑印花盘拍卖,参见中国嘉德2013春拍图录。

⑰ 扬之水:《"满池娇"源流》,收录在氏著《古诗文名物新证合编》,天津教育出版社,2012年,第124—139页。

⑱ 转引自同上书,第134页,注2。

⑲ 童文娥:《绘画与缂丝工艺》,收录在台北故宫博物院编:《十指春风:缂丝与绘画的花鸟世界》,台北故宫博物院,2015年,第352—367页。

⑳ 顾文荐:《负暄杂录》,另见于叶寘:《坦斋笔衡》。

㉑ 陆游:《老学庵笔记》卷二,中华书局,1979年。

㉒ 《负暄杂录》和《老学庵笔记》中关于定窑有芒不堪用的记载,台北故宫博物院蔡玫芬提出了质疑,认为在徽宗朝并没有出现这样的情况,应该只是文人的附会,参见蔡玫芬:《论"定州白瓷器有芒,不堪用"句的真实性及十二世纪官方瓷器之诸问题》,《故宫学术季刊》,1998年第15卷第2期,第63—102页。

㉓ 河北省文物研究所、北京大学考古文博学院等:《河北曲阳县涧磁岭定窑遗址A区发掘简报》,《考古》,2014年第2期。

㉔ 有关金代纪年墓葬出土定窑,参考刘涛:《宋辽金元纪年瓷器》,文物出版社,2004年,第9—19页;另外在定窑和井陉窑的窑址还发现有带有金代纪年的印模,其图案纹饰与北宋中晚期基本一致或有风格上的延续,冯先铭等:《中国陶瓷 定窑》,上海人民美术出版社,1983年;孟繁峰:《井陉窑金代印花模子的相关问题》,《文物春秋》,1997年增刊,第140—145页。

㉕ 《大金集礼》卷九,页九;转引自蔡玫芬:《论"定州白瓷器有芒,不堪用"

句的真实性及十二世纪官方瓷器之诸问题》,《故宫学术季刊》,1998年第15卷第2期,第63—102页。

㉖ 马时雍主编:《杭州的考古》,杭州出版社,2004年;唐俊杰、杜正贤:《南宋临安城考古》,杭州出版社,2008年。

㉗ 杭州市文物考古研究所:《临安城遗址考古发掘报告——南宋太庙遗址》,文物出版社,2007年。

㉘ 杭州市文物考古研究所:《南宋临安府治与府学遗址》,文物出版社,2013年。

㉙ 杭州市文物考古研究所:《南宋恭经圣仁列皇后宅遗址》,文物出版社,2008年。

㉚ 胡云法、金志伟:《定窑白瓷铭文与南宋宫廷用瓷之我见》图版一五二至二三三,收入上海博物馆编:《中国古代白瓷国际学术研讨会》,上海书画出版社,2005年,第744—757页;金志伟、胡云法:《南宋官窑刻款瓷器研究浅见》,收入南宋官窑博物馆编:《南宋官窑文集》,文物出版社,2004年,第208—214页。

㉛ 秦大树:《定窑的历史地位及考古工作》,收入北京艺术博物馆编:《中国定窑》,中国华侨出版社,2012年,第257—271页;关于金代定窑大批量进入南宋的年份,蔡玫芬认为应开始于绍兴十一年(1141年)年底的宋金和议之后,参见蔡玫芬:《自然与规范:宋、金定窑白瓷的风格》,收入台北故宫博物院编:《定州花瓷》,台北故宫博物院,2013年,第275页。

㉜ 李民举:《宋代的后苑造作所与文思院》,收入北京大学考古系编:《考古学研究(二)》,北京大学出版社,1994年,第244—248页。

㉝ 例如袁泉:《略论宋元时期手工业的交流与互动现象——以漆器为中心》,《文物》,2013年第11期。

㉞ 统计数字据班宗华所做统计;转引自吴洪斌:《宋代"草木鸟兽"图像研究述评》(未刊稿)。

㉟ 方闻撰,李维译:《宋代宫廷艺术》,《超越再现——8世纪至14世纪中国书画》,浙江大学出版社,2011年,第146页。

㊱ 谢明良:《宋人的陶瓷赏鉴及建盏传世相关问题》,《台湾大学美术史研究集刊》,第二十九期。

㊲ 同㊱。

㊳ 北京大学考古文博学院、陕西考古研究院:《异世同调——陕西蓝田吕

氏家族墓地出土文物》,中华书局,2013年。

㊴ 河南省文物局:《安阳韩琦家族墓地》,科学出版社,2012年。

㊵ 郭学雷:《南宋吉州窑瓷器装饰纹样考实——兼论禅宗思想对南宋吉州窑瓷器的影响》,收录在深圳博物馆等编:《禅风与儒韵:宋元时代的吉州窑瓷器》,文物出版社,2012年,第184—224页;有关吉州窑梅花纹饰的研究,还可参见刘朝晖:《吉州窑梅花纹研究》(未刊稿)。

(作者:邱宁斌,复旦大学文物与博物馆学系　2015级硕士研究生)

·博物馆研究·

图书馆、档案馆和博物馆数字资源融合
——史密森研究院的实践

姚一青　王敬献

一、LAM*数字信息融合研究现状

从历史角度看,图书馆、档案馆和博物馆一直存在着天然的共通性。例如中国古代政府中的"天府""兰台""石渠"等机构一直以来承担着图书、档案和古物收藏的职能。20世纪博物馆学家傅振伦先生在《王重民别传》提道:"有三尝谓:研究图书馆、档案馆、博物馆'三馆学',不仅要通一馆的知识,还要兼通其他两馆的知识。因为三馆资料的采集、鉴定、编目、研究、刊刻,或复制流传、图录、书影的印行,在过程或方法上都是相通的。"[①]随着数字媒介的广泛应用和信息技术的发展,图书馆、档案馆和博物馆作为非正式教育的资源提供方,顺应了网民开放进入理念的需求,成为提供信息的服务机构。正如美国史密森研究院 G.Wayne Clough 所言:"对

---

* LAM 是指图书馆(Library)、档案馆(Archive)、博物馆(Museum)三类机构的总称。

于史密森、以及其他博物馆、档案馆、图书馆而言,技术创造了一个黄金时代。数字化藏品、图像、记录的在线可达,意味着原来对于我们而言数百万难以亲临现场的观众数。"②然而 LAM 三类机构各自为政的资源管理与服务阻碍了公众对文化资源的高效利用和共享。

信息化的推进使得美国和欧洲各国在图书馆、档案馆和博物馆的信息服务方面都做出了各自的尝试③。国内关于图书馆、档案馆和博物馆的探索文献或集中在重要性的探讨和整体架构体系的分析④,或聚焦公共图书馆为主导的数字资源共享案例,诸如"全国文化信息资源共享工程""深圳市文化信息资源共享工程""广州城市记忆工程"等数字资源共享工程;对国外的实践较多瞩目于世界数字图书馆(WDL)、美国国会图书馆美国记忆项目(American Memory)、欧洲数字图书馆(eEuropean 2012)、日本国立国会图书馆检索系统(NDL search)等,呈现出从档案学到图书馆学对 LAM 数字资源融合的探索。然而,由博物馆机构为主导的,从最终用户界面入手,真正实现"为用户提供统一的资源检索接口"⑤的成功范例论述却始终未见。

本文拟选取美国史密森研究院为样本,分析单个机构尝试整合旗下图书馆、档案馆和博物馆的多种异构数据库,提供融合信息服务的案例,仅以服务层面用户导向为考察线索,探索 LAM 数字资源融合的技术路径。

由于 LAM 合作需要统一的管理、共同的利益和类似的价值观⑥,美国史密森研究院是吻合多层次需求的完美分析对象。作为全球最大的博物馆群,史密森研究院共有 19 个博物馆,20 个图书馆,13 个档案馆,一个国家动物园,一个航天实验室以及数个科学研究中心。其涉及的领域涵盖艺术与设计、文化与历史、科学与机械,共 1 亿 3 700 万件藏品。研究院共有数百个专业数据管理系统和在线网站、编目系统。在 LAM 的数字资源融合服务尝试中,其所属机构的多元化包含了不同组织文化和信息管理系统的挑战,也具备了多种元数据标准共存的要求,并且可以规避一般LAM数字资源融合时某个合作伙伴占主导地位的担忧。

二、LAM数字信息融合服务的实践瓶颈——多源异构的数据管理系统

随着博物馆藏品管理中内部藏品信息系统(Collection Information System,简称CIS)的普及,在过去15年中,世界上一些主要博物馆逐渐实现了藏品在线检索和展示[7]。现代博物馆的工作流程也渐变为依托功能强大的计算机硬件设施和高度定制的软件应用相结合,这一切需要严格受训的从业人员以支持传统博物馆管理流程:征集、入藏流程、编目描述、数字摄影、出版到检索中心、与公众和观众资源交互、提高编目数据资源质量。在西方,一些当代博物馆工作流程已经取消了藏品管理体系中传统的纸质媒介为基础的方式,这和图书馆、档案馆在过去二三十年的发展路径类似。最终使得LAM三类机构都被视为教育和公众参与的当代组织机构。

LAM的信息管理一般使用各具行业特点的管理系统,同时他们的信息描述方式也各不相同。这意味着在图书馆、档案馆、博物馆的数字化进程中,各自采取具有行业特点的信息采集指标、信息描述受控词汇,其信息数据管理系统的结构设计也各异,因而形成了某个相同主题的多源异构数字信息存放在不同计算机硬件设备中的情况[8]。研究者和普通观众在使用这些网址进行检索时,不得不重新学习使用不同网址的检索方式。更有甚者,公众需要自行判断何时该上一个博物馆网址检索,而何时可应用档案馆或图书馆的检索系统。某种程度而言,这样的检索限制使得已经基本成形的数字图书馆、数字档案馆、数字博物馆在信息空间中成为一个个信息孤岛。有鉴于此,以用户检索入口形式入手,为公众提供融合形态信息服务,成为数字化实践多年后LAM共同关注的方向。

所谓"融合形态信息服务,是指用户可以通过单一接口,以多种

视角访问参与协作的各方共同提供的数字资源而感受不到资源和服务切换过程中的一体化信息服务环境"[9]。在博物馆界,这种融合曾经出现的尝试,体现在数字博物馆群的建设中,从美国史密森研究院的国家肖像博物馆与国家历史博物馆的资源共享检索,到中国大学数字博物馆的四大类数馆资源共享都是多方数字资源融合的信息服务尝试[10]。真正的 LAM 数字资源融合,基于用户希望在 LAM 网站的某个单一入口,获得全面深入的馆藏及其相关背景、研究信息,远非一眼可看的简单编目内容。当然 LAM 数字资源融合的成功,考量的不仅是在地观众的体验,而且要包含那些不能实地来参观图书馆、档案馆和博物馆的人员,这就要求 LAM 能为远程用户提供融合形态的信息服务,最直观的是史密森研究院的单一检索入口实践。

三、在线单一检索入口的尝试

LAM 通过在行业内分享相关实践和标准各自建立起井然有序的世界,然而当单体的图书馆、档案馆和博物馆知识进行聚合时,这些实践和标准使得这些文化遗产机构在各自数字资源的建立与管理中互相孤立。当这些 LAM 所拥有的碎片化的藏品信息需要真实使用时,潜在用户迫切希望能一站式检索获得所有相关的信息。

世界范围内很多机构面临相同的碎片化信息。比如有的大学拥有一个图书馆、一个档案馆和多个博物馆,又或者一个地方政府运营一个博物馆同时还有一个独立的档案馆。作为文化遗产管理机构,他们的在线检索目录都是孤立运行,和其他的文化遗产机构在线目录没有关联。

美国史密森研究院这个检索中心在 2007 年上线,成为全美首个大规模单一检索中心。该检索中心共有 930 万编目记录、300 多万媒体文件(包括图像、音频和视频),其中包括来自 20 个图书馆的书籍、期刊和贸易记录,以及来自13个档案馆的照片、手稿、书信、明信片、邮票、音频、视频记录,还有来自19个博物馆的绘画、雕塑、邮票、装饰艺术品、陶瓷器、地图、科学标本、岩石和飞机。这个一站式检索中心提供友好的界面,可以进行关键词检索、纵向分类检索、观点检索、幻灯放映、分享选择、博客留言等[11]。

一站式检索的特点在于简单高效。用户只需输入关键词即可开始检索,得到的检索结果按精确程度的相关性排列。表面上看这和使用通用的搜索引擎没有区别,然而因为检索的范围被限定在这个检索中心的数据库中,这样的检索如果再加以名称、器物类型、主题或时间范围、地域范围、文化类型等指标项的限定,观众抵达全面精准的检索信息的过程就得到大幅简化,或者说观众利用检索中心获得有效信息的查全率和查准率提高,而检索的查全率和查准率是最终用户使用满意度调查中最关注的。

一站式检索的高效性最重要反映在多个数据库中的关联信息可一次获得。最终用户在接受服务的过程中并不关心信息服务的提供机构或者其物理存储位置,因此从用户角度出发,检索服务的满意度,体现于信息获取的全面性和准确度,以及在此过程中耗费的检索时间。在此我们采用信息学中常用的检索查准率和查全率来测试一站式检索的实际效果[12]。

比如在检索界面输入"Warren Mackenzi's Pottery"[13],藏品数字信息库开始工作,可以得到以下6条信息(图1):美国艺术博物馆6件陶瓷藏品;图书馆中关于 Warren Mackenzi 和美国制陶工匠的书10本;档案馆中3个面试副本;档案馆中1个口述历史音频记录;档案馆中 Warren Mackenzi 写的3封信;档案馆中相关藏品2件。

从这个信息列表不难看出,一次"一站式检索"已经能使用户获得史密森研究院下辖所有机构中关于这个艺术家的藏品及其相关背景资料、研究成果信息,完美反映了图书馆、档案馆和博物馆各自数字化后信息融合的理想状态。

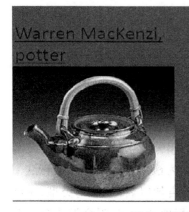

图 1　藏品数字信息库检索范例

四、史密森研究院 LAM 资源整合的成功关键：分步缓进，动态扩充

从历史上看，图书馆、档案馆、博物馆的业务历来存在交叉性，但其所有资源的共享存在一定的法律、技术等壁垒。数字资源的融合不单纯是技术的问题，其推进策略需要和运行的管理机制综合考虑。囿于各国的图书馆、档案馆和博物馆行业不同，对应的管理部门也各不相同，其数字化进程中采用的数据标准和软件架构各不相同。而史密森研究院作为全球最大的博物馆群，其多样化的分支机构和历年来不懈的馆藏资源数字化建设，使其成为具备尝试 LAM 融合条件的公共文化机构。

史密森研究院的首席信息官办公室对旗下多个数字资源通过集成的方式实现服务的融合，从服务前台看，其途径是创建包括旗下所有图书馆、档案馆和博物馆在线藏品的"一站式"检索中心。这种整合包含了数字资源整合的广度和深度，既有元数据为核心的信息联盟方式，也有知识组织体系语义标注方法的知识集成方式。本文仅从 LAM 多源异构数据信息融合的服务前端分析，史密森研究院的一站式检索项目成功的关键在于分步缓进。最核心的在于,面对旗下不同机构信息开放意识不同,采取了小步尝试,逐渐推进的方式,并且确保二次信息抓取不影响各机构原有藏品信息管理系统(CIS)。为了实现尊重各不同图书馆、档案馆和博物馆日常管理使用的系统,"一站式"检索中心设计编制了一万个对应不同数据库的数据挖掘程序。正是这些二次数据挖掘程序确保了各馆原始数据的安全性,并且使得检索中心的数据可以随着各馆数据库的动态更新增加而定期扩充。

目前图书馆、档案馆和博物馆数字资源的融合实践中,正如肖希明先生所言"元数据映射、互操作协议、API 等方式已得到较为广泛应用,而关联数据在资源整合中的应用仍处于探索阶段"[14]。而史密森研究院的一站式检索平台正是关联数据应用的成功范例。

---

① 傅振伦:《王重民别传》,《中国当代社会科学家》第一辑,书目文献出版社,1982 年,第 7—16 页。

② Wayne Clough, G. *Best of Both Worlds: Museums, Libraries and Archives in a Digital Age*, Secretary Published by Smithsonian Institution Washington D.C. 20013-7012 P2.

③ 据李农编译的《欧美图书馆、档案馆、博物馆馆际合作趋势》2008 年,第 59—62 页,《图书馆杂志》内容:2000 年英国成立博物馆、图书馆、档案馆理事会(MLA Resources)推动三类机构间合作;西班牙成立档案学、图书馆学、文献学和博物馆学协会联盟 FESABID 以推动这些机构间的合作;德国于 2001 年成立 EUBAM 组织以推动图书馆、博物馆馆、档案馆、美术馆在文化科学信息领域的合作;加拿大在 2004 年出台《加拿大图书档案馆法令(LAC: Library and Archive of Canada)》实现国家图书馆和档案馆的合并。

④ 赵生辉、朱学芳《图书、档案、博物数字化服务融合策略分析》,郝世博、朱学芳《基噢于信任管理的图书馆、档案馆、博物馆数字化协作可信监督模型构建》,刘小瑛《我国图书馆、档案馆、博物馆数字资源整合面临的主要问题及应对策略》,杨茜茜《档案、图书、博物馆三馆信息资源整合研究》,莫振轩《我国图书

馆、档案馆和博物馆馆际合作的现状和发展策略》等,对三馆数字资源融合的趋势和框架做出分析,建构框架为主。肖希明、田蓉:《国外公共数字文化资源整合的现状与发展趋势》,肖希明、郑燃:《国外图书馆、档案馆和博物馆数字资源整合研究进度》等文献则着眼于全球范围内的项目和技术简介,并没有具体成功个案的探析。

⑤ 肖希明、田蓉:《国外公共数字文化资源整合的现状与发展趋势》,《国家图书馆学刊》,2014年第5期,第51页。

⑥ Günter Waibel ＜Collaboration Contexts：Framing Local，Group and Global Solutions＞［OL］.［2010-09］http：//www.oclc.org/content/dam/research/publications/library/2010/2010-09.pdf. LAM合作五个方面分别是：支持终身学习、优化服务、全民获取社区资源、拓宽参与机构的用户群、满足遗产资料保存需要。

⑦ 美国史密森研究院、美国大都会博物馆、法国卢浮宫、大英博物馆、英国维多利亚和阿尔波特博物馆、荷兰国家博物馆、中国的故宫博物院、上海博物馆等一大批博物馆通过各自网页上的检索入口,为公众提供了查找部分藏品数字信息的途径。

⑧ 例如博物馆馆藏在线目录中,藏品指标项通常包括藏品名称、创作者或制造者(绘画、雕塑、摄影作品)、材质(质地)、工艺、尺寸、所属文化类型、地域、藏品编号及其他信息。

⑨ 赵生辉、朱学芳:《图书、档案、博物数字化服务融合策略探析》,《情报资料工作》,2014年第4期。

⑩ 中国大学数字博物馆建设工程是2001年度中央财政专项现代远程教育网上公共资源建设项目的子项目。总计4千多万元人民币用于全国18家大学博物馆的数字化建设。项目首期就完成了地球科学、生命科学、人文学科与艺术、工程技术四类的数字博物馆群,并在桌面终端实现了不同类型博物馆间数字信息的融合利用。

⑪ 虽然在2010年的OCLC网络研讨会上迈克尔·福克斯艾曼纽等人就提出了一站式检索的内容,但并没形成对实践的专门论述。Single search for library, archive and museum colleciotns［OL］.［2011-08-09］http：//www.oclc.org/research/activities/lamsearch/default.htm。

⑫ 查全率＝检索所得相关信息条目总数/数据库中已有的相关信息条目总数;查准率＝检索所得有效信息条目总数/检索所得所有相关信息条目总数。

⑬ Warren Mackenzi 北美著名陶艺工匠,生于1924年2月16日。以简洁轮制陶器闻名,具日本陶艺风格。

⑭ 肖希明、田蓉:《国外公共数字文化资源整合的现状与发展趋势》,《国家图书馆学刊》,2014年第5期,第55页。

(作者:姚一青,复旦大学文物与博物馆学系 讲师;王敬献,美国史密森尼学会图书馆及档案信息系统管理项目 总监)

上海市历史文化风貌区保护整治试点项目实施评估与对策研究

周婧景

一、问题及研究传承

(一)问题的提出

根据《关于同意本市历史文化风貌区内街区和建筑保护整治试行意见的通知》,为推进历史文化风貌区保护整治,2003年上海市选取黄浦区南京东路外滩段179#地块等历史建筑较为集中的街区或地段作为成片保护整治试点予以推进。目前,黄浦区外滩源、卢湾区思南路47街坊、徐汇区建业里等项目已初见成效,但也遇到保护风貌区与改善居民居住环境难以平衡、保护风貌区与城市化过程中基础设施改造、城市扩容之间存在矛盾等突出瓶颈。因此,需要立足于历史文化风貌区建设面临的新形势和新情况,深入探究如何加强和优化历史文化风貌区保护整治的适应性更新。

(二)相关研究传承

历史文化风貌区,也被称作历史文化街区、历史文化保护区,国外则被叫作"Historic District""Historic Street""Historic Block"等。虽然我国自1986年起才首次提出设立历史文化保护区的概念,但国外有关研究却在20世纪60年代已深入开展,当时以 Lewis Mumford 为代表的学者对大规模"城市更新"运动进行了大量反思。

纵观国内外相关文献,国外历史文化风貌区的相关研究主要聚焦于政策、价值、保护与发展研究三个方面,并具有四个特点:重视动态规划,强调定量分析,关注综合评价,类型学、经济学、地理学等多学科视角交叉渗入。国内相关研究则主要集中于特征价值、保护方法、保护实践、保护与发展四个方面,并呈现三个特点:以物质保护为主,整体研究还处于研究初期,缺乏系统性;多现象描述分析,缺少定量分析;宏观层次的评价研究付诸阙如。

1. 历史文化风貌区的保护政策研究

国际上历史文化风貌区保护思想的形成和完善,主要集中体现在重要的法律文件[①]上,为保护提供了科学、规范的外部保障。以 John、Steven Tidesdell 和 Binney 为代表的学者分别讨论了《莫里斯宣言》中最早涉及历史文化风貌区政策;英国历史城镇在平衡政治和经济上的意义;用目录法来引导历史文化风貌区的保护和复兴;伦敦考文特广场通过开列历史建筑清单使百余栋建筑得以保存。

2. 历史文化风貌区的特征价值研究

以 Tim Health、Reypkema 为代表的学者将历史文化风貌区的价值分别概括为美学、建筑等六个方面和经济价值、社会价值等八个方面。国内学者则更重视探讨其所蕴含的文化价值,以阮仪三、袁昕等为代表的学者分别从江南水乡城镇和北京历史文化保护区的特征价值等展开研究。

3. 历史文化风貌区的保护方法研究

以林林、宋凌、王林和阮仪三等为代表的学者将历史街区的保护规划分别概括为:研究、编制、实施和管理等过程;控制建筑高度和尺度、保护街道建筑和格局、改造基础设施、调整街区功能和性质、调整居住人口和方式等内容;实施保障计划、保护目标定位、保护内容和方法确定等部分;坚持整治、反对大拆大建等方式。

4. 历史文化风貌区的保护实践研究

以李志刚、蔡燕歆、阮仪三等为代表的学者分别通过对湖北省襄樊市谷城县历史街区、杭州大井巷历史文化街巷保护区规划设计等的案例剖析，提出采用类型学、商业开发相结合等科学方法实施保护整治。

5. 历史文化风貌区的保护与发展研究

20世纪60年代开始，国外在历史文化风貌区保护研究上出现指导思想的分流：以Thomas Chastain、Rogers、Richards和Lichfield等为代表的学者认为保护和发展不是孤立的，两者之间存在辩证关系，提出处理好两者关系的关键是把握好变化的规模和程度，制定出保护的控制方法；以Kolb等为代表的学者主张在保护现有历史文化风貌区的前提下，采取插建和渐进的开发策略。受国外两种研究思想的启发，我国学者也愈加关注历史文化风貌区保护和可持续发展的关系研究。以王景慧、张复合、刘先觉、郑光复等为代表的学者分别从保护与合理更新、可持续发展角度提出了尊重历史街区的活态遗产特征、借鉴登录制度、区别对待、空间重塑等对策建议。随着保护和发展深入，以石若明、李娜、朱晓明等为代表的学者从建立应用模糊综合评价模型、AHP模型、评价指标等角度开展历史文化风貌区的评估研究。

6. 上海市历史文化风貌区的研究

针对上海市历史文化风貌区的研究，同样集中在特征价值、保护、发展研究等方面。以罗小未、娄承浩、张松等为代表的学者分别从上海文化对上海建筑的影响，上海西方独院式高级住宅的特点，上海历史风貌的多重价值等角度思考上海市历史文化风貌区存在价值。以常青、周俭、伍江、王林、阮仪三、卢永毅等为代表的学者从石库门改造的四种模式，风貌区四种保护方法，保护和延续历史风貌并重，风貌区分类比较和保护规划，以及通过技术检测理性保护上海老建筑等不同角度来探索如何处理上海地区历史文化风貌区的保护与发展问题。

二、上海历史文化风貌区保护整治试点项目评估与问题发现

对历史文化风貌区保护整治试点项目实施评估属于事后评

估,只有通过掌握保护整治的现实状况和管理现状两个维度,才能检测保护整治现状及其管理之间的内在关联,从中发现管理维度上能加以改善的空间,并通过政策研究来影响管理维度并最终推动保护整治能够实现价值保护和经济开发并重。选择"中心城区"与"郊区及浦东新区"两类历史文化风貌区各一个案例,立足于现状综合评价和管理综合评价两个维度,对其保护整治试点实施状况作出评估。

(一) 评估指标体系构建思路

1. 评估指标体系框架构建

鉴于世界遗产保护评估和中国历史文化名镇评选的研究分析,从上海市历史文化风貌区保护整治自身特点出发,使用层次分析法(AHP)[②],参照层次分析评估模型,构建出上海市历史文化风貌区保护整治试点项目实施综合评估体系(见图1)。

本文提出的综合评估体系(A)共包含四层,首先是风貌区现状综合评估和管理综合评估两方面指标(B);其次是本体价值特色、现状保存情况、环境构成要素和保护开发情况等8项因素评估层(C);再次是历史价值、科学价值、艺术价值等22项因子评估层(D)。

2. 评估指标权重定值

上海市历史文化风貌区保护整治试点项目实施综合评估体系构建完毕后,使用德尔菲法(Delphi)[③],即采用背对背的通信方式征询10位专家小组成员的意见,经过2轮征询,建立判断矩阵,使用计算机软件完成数据整理和一致性检测,从而确定各指标权重。

使用上文中提及的德尔菲法来获取指标的权值[④],风貌区综合评估体系中已经逐层列举出评估指标及评估因子,在检查评估因子内容无遗漏和无重复的前提下,编制权值调查表,用以提供专家征询中使用。以下,将以"历史文化风貌区的现状综合评估B1"中评估指标"现状保存情况C2"为例加以说明(见表1)。

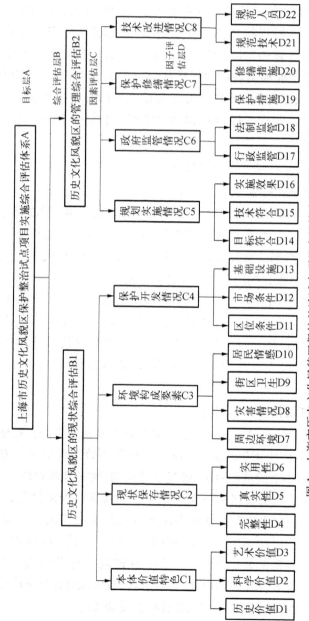

图 1 上海市历史文化风貌区保护整治试点项目实施综合评估体系框架

表 1 综合评估指标中现状保存权重咨询表

综合评估	评估因素	权重	评估因子	指标分解及释义	权重
历史文化风貌区的现状综合评估	本体价值特色		历史价值	1-1 稀缺性 1-2 悠久性 1-3 影响度	
			科学价值	2-1 建造布局 2-2 结构工艺 2-3 科普教育或考察	
			艺术价值	3-1 空间艺术 3-2 建筑艺术 3-3 景观艺术	

从上海历史文化风貌区保护整治专家中邀请 10 人组成评估小组进行事件征询,评估小组成员应兼具多元性和代表性。他们主要为来自同济大学建筑与城市规划学院博士研究生和教师,规划局、房地部门、文管部门等市、区级工作人员等。每位成员需填写《上海市历史文化风貌区保护整治综合评估指标权重咨询表》。每位评估专家根据重要性程度给表内的每个指标以权重赋值。笔者根据评估专家赋值,依据求绝对平均数的方法确定指标的权值。将首次评估结果及时梳理并反馈给评估专家,邀请专家再进行第二次评判。再次回收数据,由于第二次数据中并不存在较大分歧的赋值意见,所以仅仅经过两轮征询,本文获得了较为合理的指标咨询权重(见图 2)。

与此同时,鉴于评估专家服务单位不同,对于历史文化风貌区保护整治的熟悉程序存在亲疏之别,需要使用"熟悉程度系数"来降低评估专家构成不同造成的偏差。具体方法是:首先设定熟悉程度系数。不熟悉=0.25,一般=50,较熟悉=0.75,熟悉=1[⑤]。

每位评估专家给出的权重与专家上一层的熟悉程度系数相乘,再进行累加,然后与每位专家的熟悉程度系数之和相除,最后获得权值。

计算公式如下[⑥]：

$$Q_I = \left(\sum_{i=1}^{n} Q_i \cdot S_i \right) / \sum_{i=1}^{n} S_i$$

其中，n 代表评估人员的数量，QI 代表熟悉程度的权值，Qi 代表评估专家打的权值，S 代表评估专家的熟悉程度系数。

经由评估小组专家择定、两轮征询、调查数据整理和计算，最终得出评估指标权重，详见图2。

(二) 上海市历史文化风貌区[⑦]保护整治试点项目实施评估

截至2015年4月12日，上海市中心城区共包含有外滩、人民广场、老城厢、南京西路、衡山路—复兴路、新华路、愚园路、提篮桥、山阴路、虹桥路、江湾、龙华12处历史文化风貌区，面积约达27平方公里；上海市郊区和浦东新区共存有32处历史文化风貌区，面积约达14平方公里。其中，经国家文物局和国家住建部批准，练塘、朱家角、张堰、新场、金泽、川沙、枫泾、嘉定、高桥、南翔10个古镇被授予为国家历史文化名镇，闵行浦江镇革新村、青浦泗泾镇下塘村2村被公布为国家历史文化名村。首先考虑到中心城区、郊区和浦东新区的类型不一，本文从中心城区、郊区和浦东新区各选取一个案例；其次，根据关键性征差异，中心城区将以衡山路—复兴路历史文化风貌区为例，而郊区和浦东新区则选取闵行区七宝古镇历史文化风貌区。

1. 衡山路—复兴路历史文化风貌区保护整治试点项目实施评估

(1) 衡山路—复兴路历史文化风貌区的历史和现状

衡山路—复兴路历史文化风貌区坐落于原法租界的中心，其形成于20世纪上半叶，是上海中心城区最大的历史文化风貌区，也是12个上海已公布历史文化风貌区中最大一个。该风貌区占地约7.75平方公里，面积约占中心城区风貌区总面积的29%，而建筑数量约为2 000幢，约占上海历史建筑总量的40%。从范围来看，其横跨徐汇、长宁、卢湾和静安四大行政区，主体部分位于徐汇区内。该风貌区主要展现的是旧上海公共活动区域和近代居住风貌，以优秀历

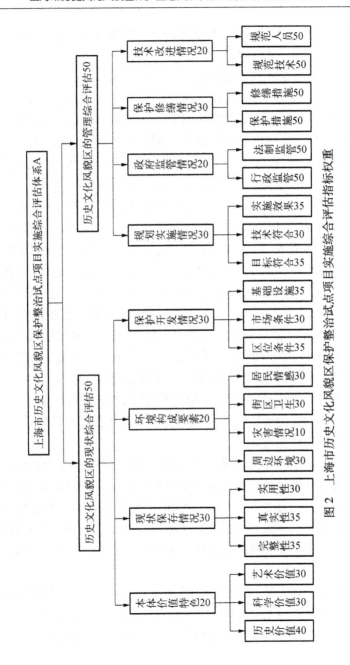

图 2 上海市历史文化风貌区保护整治试点项目实施综合评估指标权重

史建筑著称,有公寓、新式里弄和花园住宅等不同风格建筑。其中,花园住宅约为1 336幢。

(2) 衡山路—复兴路历史文化风貌区的管理

从规划实施、行政监督、保护修缮、技术改进四方面加以实施。第一,规划实施。《上海市衡山路—复兴路历史文化风貌区保护规划》是上海历史文化风貌区首次编制的保护规划,由百名专家历时一年时间完成,通过确认保护要素,划定保护对象类型,保护风貌街道和空间,引导功能和控制建设,绘制分街坊图则等对风貌区进行管理规划,它不仅为衡山路—复兴路历史文化风貌区的保护整治提供了管理依据,也成为其他风貌区规划编制之范本。第二,行政监督,主要从三方面入手。一是《中华人民共和国文物保护法》《中华人民共和国城市规划法》等国家级法律法规和《上海市历史文化风貌区和优秀历史建筑保护条例》等地方性法律法规;二是直接指导文件,主要是指《上海市衡山路—复兴路历史文化风貌区保护规划》(前文已提及,不再赘述)和控制性详细规划[⑧]。同时,规划目标也不再局限于保护风貌区内的各项构成要素,还突出了历史文化环境的延续以及满足城市发展的整体要求。三是保护修缮。风貌区的每一幢建筑都经过严格的鉴定,于此基础上做出拆、改和留的决定[⑨]。四是技术改进。创设分街坊图则和专家特别论证制度,为保护修缮技术的完善创造条件和可能。

(3) 衡山路—复兴路历史文化风貌区保护整治综合评估

通过搜集和分析衡山路—复兴路历史文化风貌区研究性资料,并对风貌区主体建筑执行实地调研,并结合根据德尔菲法确定的上海市历史文化风貌区保护整治试点项目实施综合评估指标权重,本文对衡山路—复兴路历史文化风貌区保护整治实施综合评估,测评结果如下(见表2)。

2. 闵行区七宝古镇历史文化风貌区保护整治试点项目实施评估

(1) 闵行区七宝古镇历史文化风貌区的历史和现状

闵行区七宝古镇历史文化风貌区落座于七宝老镇区,位于七莘

表2 衡山路—复兴路历史文化风貌区综合评估测评

因子评估层	得分	因素评估层	得分	综合评估层	得分	总分
历史价值4	3	本体价值特色	7	历史文化风貌区的现状综合评估	43	84
科学价值3	1					
艺术价值3	3					
完整性5.25	5	现状保存情况	13			
真实性5.25	5					
实用性4.5	3					
周边环境3	2	环境构成要素	9			
灾害情况1	1					
街区卫生3	3					
居民情感3	3					
区位条件5.25	5	保护开发情况	14			
市场条件4.5	4					
基础设施5.25	5					
目标符合5.25	5	规划实施情况	14	历史文化风貌区的管理综合评估	41	
技术符合4.5	4					
实施效果5.25	5					
行政监督5	4	政府监管情况	7			
法制监督5	3					
保护措施7.5	6	保护修缮情况	12			
修缮措施7.5	6					
规范技术5	4	技术改进情况	8			
规范人员5	4					

路以东,漕宝路以南,北横泾以西,农南路以北范围内。该镇始建于北宋,兴盛于明清之际,迄今约有1 000年的历史,风貌区内街巷纵横交错,保存了"三湾九街十八弄"的街河格局和诸多优秀历史建筑,为距离上海市区最近的江南地区传统的古镇。其中,作为风貌区最主要的组成部分七宝老街,占地约为86亩,分为南北两条大街,北大街出售字画、古玩和旅游工艺品,南大街则主要经营特色小吃,街内保留了传统的商业街市和特色民居,标志性设施是七宝中心广场,还有古戏院、蒲溪广场、钟楼广场等群众性活动场所,再现了江南地区城镇风貌。

(2) 闵行区七宝古镇历史文化风貌区的管理

主要通过规划实施、行政监督、保护修缮、技术改进四方面加以管理。其一为规划实施。本区域功能定位是旅游、商业和休闲,同时保护当地地域文化形成的风貌特征。其二为行政监管。同样从三个层面措手。第一是国家层面的法律法规,第二是地方性法律法规,第三是控制性详细规划等直接指导文件。其三为保护修缮。风貌区内依据保护与更新类别,将建筑分为保护建筑、保留历史建筑、一般历史建筑、必须拆除建筑、其他建筑。其中,一般历史建筑是指1975年建造的建筑,又分为甲等和乙等两类。而其他建筑是指1975年建造的建筑,依据实际情况存在保留引导、整治引导和拆除引导之别。关于建筑保护与更新的分类与前文中心城区历史文化风貌区极其相似。其三为技术改进。风貌区内平均容积率必须低于1.2内,而建筑高度、面积、密度则在"街坊规划控制图则"中予以明确规定。指标调整时需遵循风貌区规划管理特别论证制度。此外,针对生活服务设施,也必须根据有关技术规定的标准进行相应配置。

(3) 闵行区七宝古镇历史文化风貌区保护整治综合评估

在对闵行区七宝古镇历史文化风貌区研究性资料进行搜集和内化的基础上,对七宝古镇主要建筑和街巷进行了实地调研,并根据上海市历史文化风貌区保护整治试点项目实施综合评估指标权重,本文对闵行区七宝古镇历史文化风貌区执行综合评估,检测结果如表3所示。

表3　闵行区七宝古镇历史文化风貌区综合评估测评

因子评估层	得分	因素评估层	得分	综合评估层	得分	总分
历史价值4	3	本体价值特色	7	历史文化风貌区的现状综合评估	41	79
科学价值3	1					
艺术价值3	3					
完整性5.25	4	现状保存情况	11			
真实性5.25	3					
实用性4.5	4					
周边环境3	2	环境构成要素	9			
灾害情况1	1					
街区卫生3	3					
居民情感3	3					
区位条件5.25	5	保护开发情况	14			
市场条件4.5	4					
基础设施5.25	5					
目标符合5.25	5	规划实施情况	13	历史文化风貌区的管理综合评估	38	
技术符合4.5	3					
实施效果5.25	5					
行政监督5	4	政府监管情况	7			
法制监督5	3					
保护措施7.5	5	保护修缮情况	10			
修缮措施7.5	5					
规范技术5	4	技术改进情况	8			
规范人员5	4					

（三）上海在历史文化风貌区保护整治上存在的主要问题

尽管上海市历届市委和市政府都高度重视城市文化遗产的保护，并在实际工作中成效初显。但通过第二部分中心城区、浦东新区和郊区各典型案例的深入剖析，得见上海市历史文化风貌区的保护整治仍然存在诸多问题。以下，首先对两个研究案例综合评估的测评结果进行汇总，其次计算因素评估层各指标的最优值和实际案例该项指标的平均值，经由横向比较归结出保护整治面临的主要问题（见图3）。

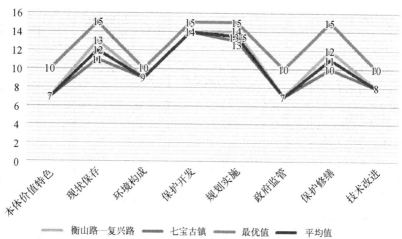

图3　上海市两处历史文化风貌区综合评估测评汇总

从上图3可悉：衡山路—复兴路历史文化风貌区得分较高（84分），闵行区七宝古镇历史文化风貌区则为79分。从因素评估层各指标比较中，两个案例的"环境构成要素情况"和"保护开发情况"指标平均值距最优值最为接近（差1分），其后分别为"规划实施情况"（差1.5分），"技术改进情况"（差2分），"现状保存情况""本体价值特色"和"政府监督情况"（差3分），"保护修缮情况"（差4分）。可见，上海市历史文化风貌区保护修缮情况问题最为严重，环境构成要素情况则相对较好，将数据统计结果，与因子评估层的各因子进行关联,根据现存问题的严重和普遍程度,主要问题呈现如下:一是保护历史建筑的同时改善居民居住环境存在困难;二是出现商业开发冲;三是未培育起保护和改造的市场;四是规划控制等制度建设不健全;五是市民参与未纳入常态化机制;六是旅游品质参差不弃;七是修缮的技术规程需要改进;八是改造手法和开发模式不够多元。

三、国外城市历史文化风貌区保护整治科学化的经验及其对上海的借鉴

分析日本古川町、法国巴黎等城市历史文化风貌区在保护整治更新方面的举措,探究这些地区保护整治的思路,及在历史建筑、城市肌理、城市尺度、城市密度和公共空间等方面的举措,为上海适应性更新带来启示。

(一) 日本古川町历史街区

古川町,建成于1589年,位于日本岐阜县飞驒市。20世纪50—70年代,日本大城市蓬勃发展,大量农村人口外流,传统村落濒临崩溃。70年后,随着"发现日本"和"故乡再造"的热潮汹涌而至,古川町开始了环境改造与社区营造的探索之路,并成为保护整治成功的代表之一。

该历史街区保护整治包含三方面内容:第一,制定《景观保护条例》。1996年,经由79名居民代表参与讨论,制定了《景观保护条例》。规定古川町建筑的高度一般不能超出古川町三座寺庙,但凡街灯、招牌和建筑物不可采用高彩度的原色,在装饰上要尽量节制,尤其是历史性街区,必须维持优雅的基调。第二,尊重老规矩与老传统。古川町诸多条例并不具备法律效力,只是源自居民大家的想法,它之所以能够产生监督作用,是因为在居民眼里,老规矩和老传统事实上比法律更有效力。第三,建造文化馆。为将古川町特色文化提炼与传承,当地约67%的工匠共同倡导并创建"飞驒之匠文化馆",此外还相继建造了飞驒山樵馆、飞驒古川庆典会馆和"驹"玻璃美术

馆等，有效地提升本土文化品质和传播效应。第四，举办特色文化节庆。特色文化节庆，主要表现为传统祭奠，包括"飞騨古川祭""三寺参拜""神冈祭"。这些祭奠仪式举办过程中，年轻人需返乡共同完成仪式策划，通过年轻人共建社区文化，促使了社区意识的萌芽和社区文化的延续。

日本古川町历史街区给予我们的启示是：应走以居民共同参与为主体，政府政策扶持，规划师科学规划，企业财政支持之路。

（二）法国巴黎马莱保护区

马莱（le Marais）是位于塞纳河右侧的著名历史街区，该区遍布历史古迹[⑩]。自12世纪后，其历经了贵族故乡、犹太区、同性恋区等嬗变，直至1960年，文化部长马尔罗认为马莱区历史价值巨大，巴黎市政府决定重建市区，将其划归为古迹，由此马莱区历史建筑得以保留。

继《马尔罗法》颁布后，1964年马莱成为法国首个保护区，保护举措包括五方面：一为《保护与价值重现规划》（以下简称《规划》）编制和调整。《规划》整体思路是保护遗产的同时，反对博物馆式的保护，同时考虑到社会经济平衡发展问题，对历史建筑采取"有条件剔除"。二为鼓励保护修缮。为督促产权人的保护修缮，政府就历史建筑的保护修缮制定了明确的补贴政策。如列级建筑在得到国家维修许可的前提下，可获得工程费用50%的补贴，同时依据开放程度，余下费用的50%—75%可获得税收优惠。三为着手人口干预。为缓解马莱区人口的高密度和改变人口结构，政府采取了疏解人口、财政补贴、减少税收和低息贷款等举措。四为保护文化生活。一方面大量文化建筑被改造成为文化场所，如马尔勒府邸成为瑞典文化中心。一方面举办大量文化活动，如马莱节。文化生活为街区复苏注入重要的活力。五为保护经济活动。通过容积率控制、补助等手段，传统手工业在该区域得到鼓励和保留。

巴黎马莱保护区案例类似于上海中心城区的历史文化风貌区，

其从整体规划、鼓励保护修缮、人口干预、保护文化生活、经济生活等多方面入手,有效避免了简单粗暴的商业开发,从公共利益着眼,较好地平衡了经济和文化的发展。

四、上海城市历史文化风貌区保护整治更新科学化的思路和举措

在文献研究和实地调研基础上,针对上海市文化风貌区保护整治的问题和目标,借鉴国外成功经验,结合未来30年上海城市在环境维度(高密度的生态城市)、人文维度(更具魅力、亲和力的人文城市)、经济维度(更具资源配置力的全球城市)发展战略以及上海城市总体规划(1999—2020),提出本文拟解决问题的基本思路与举措。

（一）适度调整控制性详细规划,制定目标责任清单

根据控制性详细规划的实施结果,对规划内容进行调整。同时依据调整后的规划和风貌区的不同类型,编制不同的绩效目标责任清单及其细化指标体系。通过绩效目标责任的内部、外部评估(见图4),实现评估结果与问责机制相挂钩。

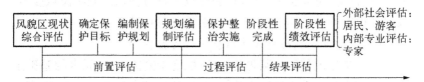

图4 绩效目标责任内外部评估示意图

首先,在历史文化风貌区和历史建筑保护委员会内部成立专门的绩效评估机构或评估委员会,建立内部专业评估专家库。其次,编制绩效目标责任清单并适时进行调整。再次,通过立法推动评估与问责机制的关联。最后,建设常态化保护整治绩效评估数据库,并制定公开透明的绩效评估公示制度。

(二)实施民主决策,倡导社区深度参与

上海历史文化风貌区改革整治过程中,呈现出多种利益主体间的冲突,主要表现为民众参与程度不高[11]。本文的日本古川町案例已说明民众参与对于文化遗产保护的重要性。同时,美国第九街山改造,也建立了咨询委员会,开展了广泛民意调查、接受了上访和咨询。此外,德国埃斯林根市历史街区改造无论是目标设定还是方案诞生,都始终鼓励观众参与其中[12]。这种民众参与[13]的方式,为方案制定指引方向,并且在实施、维护、更新的过程中不断地纠偏,以保持民众较高的满意度。

相较于以政府为主导的传统风貌区保护规划编制[14],未来的保护规划编制应建立在政府、公众和规划师三者互动基础上[15]。规划师在编制规划前,应向民众开展实证调查,掌握历史文化街区现况和存在的问题。这与传统的从政府目标出发存在本质的区别,但这并不代表对政府观点视而不见,规划师应主动与政府保持会话,了解政府保护历史文化的未来规划。于此基础上,着手各方面利益的权衡[16],提出保护内容和方式,形成规划的初步方案。方案初拟后,规划师召集公众和政府进行协商,促使公众参与规划编制的调整。

综之,风貌区保护整治适应性更新中文物古迹保护、历史建筑保护、环境营造、整体保护、基础设施建设等各方面都应鼓励民众参与,以保证保护整治工作的前置性、透明性和可持续性。

(三)深度挖掘历史文化风貌区的时空内涵

历史文化风貌区从某种程度来说,是在挖掘时空元素的基础上进行时空重构。重构过程中传播信息,这种信息包含生活方式、审美方式和社会信息。而信息的重构素材主要有物质空间元素与非空间物质感受。物质空间元素涵盖历史建筑和基础设施等。非物质空间包含邻里关系、文化生活、经济运作和社会网络。在时空重构中,首先,要提取时空组成内容。如街道组织社区、科室座谈,执行居民入户访谈。其次,确定时空重构的主题和目标。针对历史文化风貌区的整体特征,提炼时空独具特色的主题,并确定历史文化与现代文明

相衔接,最终有效服务公众的目标。最后,完成时空重构的结构安排。采用的表现手段有蒙太奇、有机拼贴等。以有机拼贴为例,即将历史文化风貌区的不同场景串联起来,构成不同情境的对话,以形成独树一帜的物质空间与非物质空间感受。比如北京果子巷室内步行街,其在空间重构上完成三方面拼贴。一是建筑新旧样式上的拼贴;二是建筑构件上的拼贴;三是胡同空间和商业空间的拼贴。

(四)完善保障系统,形成一体化服务

历史文化风貌区的保护整治是一个复杂的多元系统,需要各类主体共同参与。为此,我们需建立一个"民众—专家—政府"一体化服务网络,并借由宣传、制度、资金、法规建立有效的服务性保障系统。这个系统可通过五方面实现。其一,建立风貌区的分众化管理,针对不同种类的文化遗产,建立相应的专家服务团队和不同的管理办法[⑫]。其二,建立专家评审制度。筹建咨询委员会、独立委员会、保护评审会、专家参与方的听证会等,通过各层面推动专家评审会的制度化建设。这里存在一个问题,即目前的专家评审其邀请方主要是政府,专家发挥空间有限,因此随着社会组织的发育成熟,成立评估公司,由社会组织来邀请专家形成社会外部力量的监督,相对于体制内监督能发挥更大作用。其三,健全法律法规。现有法律法规仍存有多处不协调。一是历史文化风貌区道路问题,法规规定应当保留和延续具备历史风貌特色的道路,但是根据对上海未来30年形势的预判,保持原有风貌和拓宽道路之间的矛盾日益突出,为此需要制定相应法规。二是激励市场介入问题。运用市场机制进行适应性更新是未来历史文化风貌区保护整治的一项新内容。如在保证修缮的情况下进行土地性质的变更是保护整治的一种手段,部分开发商或许愿意承担保护性开发,但是在招投标过程中,会因为风险过高而退缩。如何对这部分愿意承担保护性开发的开发商进行利益保护,相关法律法规应当进行研究,换言之,要制定有助于激励市场介入的法规。三是技术规范问题。开展建筑项目时,应按技术规划执行,但是某些风貌区的技术规定明显不合理。因此,在技术规定时也应根据风貌区类型和实际情况具备调整的可能性。其四,积极促成国际交流和合作。为迅速地提升管理水平,获取国际优秀经验,应当在更大范围内加强学术交流和合作,以此来提高决策者、管理者和实施者保护整治水平,促成短期内上海市历史文化风貌区保护整治工作的焕然一新,实现适应性更新。其五,拓宽资金来源渠道。长期以来,上海历史文化风貌区保护整治工作推进,主要资金来源为各级政府的财政拨款。但是这种单一的资金来源渠道较易造成管理上政府的一方独大,忽视或者难以较好地表达其他多元主体的利益。同时,这种财政拨款方式难以吸纳多方主体共同参与投入。因此,上海市历史文化风貌区实现社会化离不开资金来源渠道转变。政府应将风貌区的保护整治推向市场,首先推动多渠道投入。比如鼓励采取经营性保护,实现容积率转移和密度奖励。综之,应当在政府支持下,通过资金渠道多元化改革来推动市场和政府共赢,吸纳社会多方力量广泛参与。

上海自1843年开埠以来,孕育出丰富多彩的城市风貌,琳琅满目的历史建筑得以保存,与现代建筑交相呼应,构成了一副美轮美奂的都市风景。本文在文献梳理与实证调查的基础上,对上海市历史文化风貌区保护整治试点项目实施评估,并提出加强和优化历史文化风貌区保护整治的对策措施。一方面有助于梳理上海历史文化风貌区保护整治的成效,客观揭示存在的问题,并对保护整治面临的新形势和新情况进行预判;另一方面建立科学、规范的绩效责任评价体系及规范评估流程,有助于促使历史文化风貌区保护整治的权责边界清晰,选择合理的保护整治更新方式,有效克服经验主义和主观主义,进而使得上海历史文化风貌区保护整治的程序和模式进一步科学化,以更好地延续上海城市文脉,弘扬城市精神及其特色。正如格迪斯和布兰福德所言"城市积累着、包蕴着本地区的人文遗产,同时又以某种形式、某种程度融汇了更大范围内的文化遗产——包括一个地域、一个国度、一个种族,一种宗教,乃至全人类的文化遗产"[18]。正是优秀的城市文化遗产,见证了城市的发展历程,构成了富有个性的具体城市,后来者也因之可怀旧地回望它的过去。

---

① 国际相关著名宪章文件分析表。

年份	名称	论述范围	主题思想
1933	《雅典宪章》	有历史价值的建筑和地区	建筑区域整体保护
1964	《威尼斯宪章》	文物古迹的环境整体	保护文物建筑及环境
1967	《城市文明法令》	保护区	规定保护区划定标准和位置
1975	《文化财产保存》	历史建筑群落	由单体向群体建筑保护
1976	《内罗毕建议》	历史街区的社会、历史和实用价值	将街区保护扩大到社会、经济范畴
1977	《马丘比宪章》	历史街区的文化传统	注重文化的保护
1987	《华盛顿宪章》	历史地段	从历史街区的保护转到城市规划的领域

② 所谓层次分析法(Analytic Hierarchy Proces,简称 AHP),是美国运筹学家 T. L. Saaty 教授在 20 世纪 70 年代初期提出,指将一个复杂的多目标决策问题作为一个系统,将目标分解为多个目标或准则,进而分解为多指标(或准则、约束)的若干层次,通过定性指标模糊量化方法算出层次单排序(权数)和总排序,以作为目标(多指标)、多方案优化决策的系统方法。

③ 德尔菲法又称专家调查法,起源于 20 世纪 40 年代,最早于 1964 年由美国兰德公司应用于技术预测,其后被广泛应用至各大领域。该方法的特点是以专家主观判断为主,并同时使用数理统计分析的方法,该方法操作性强,简单易行。

④ 权值,指的是某项指标在整个评估指标中所占的比重,其反映的是该指标的重要程度。引自张智:《居住区环境质量评价方法及管理系统研究》,重庆

大学博士论文,2003年,第106—110页。

⑤ 陶琳:《哈尔滨花园街历史文化街区综合评价与保护更新策略研究》,哈尔滨工业大学硕士论文,2010年,第54页。

⑥ 徐蔼婷:《德尔菲法的应用及其难点》,《统计科普》,2006年第9期,第45页。

⑦ 根据《上海市历史文化风貌区和优秀历史建筑保护条例》,上海历史文化风貌区是指"历史建筑集中成片,建筑样式、空间格局和街区景观较为完整体现上海某一历史时期地域文化特点的地区"。引自上海热线:《沪风貌区首次"扩容"优秀历史建筑数量有望破千》,http://news.online.sh.cn/news/gb/content/2015-04/12/content_7355545.htm,2015年4月12日。

⑧ 控制性详细规划,不但包含常规控制规划的内容,如绿化景观、道路交通、基础设施、市政设施等,还强调了保护要求,如划分保护对象、认定保护要素、保护街道和空间等。

⑨ 具体而言,"保护建筑""保留历史建筑"要求进行保留,不可拆除;"一般历史建筑"可以拆除重建,但是必须维持原高度、原面积,并且与整体风貌相协调;与整体风貌不协调的违章建筑为"应当拆除建筑",需要及时予以拆除;"其他建筑"多为高层或多层建筑,尽管与整体风貌不相协调,但是目前仍不具备拆除的条件。

⑩ 邵甬:《城市中心历史街区的保护与价值重现——以巴黎马莱保护区为例》,《北京规划建设》,2013年第3期,第32页。

⑪ 陈濛、吴一洲、吴次芳:《历史街区商业化改造绩效评估与优化策略》,《规划师》,2013年第10期,第90页。

⑫ 黄鹤:《西方国家文化规划简介:运用文化资源的城市发展途径》,《国外城市规划》,第2005年第1期,第36—42页。

⑬ 熊侠仙:《历史文化街区保护规划中的公众参与——以常州青果巷历史文化街区为例》,《江苏城市规划》,2012年第9期,第30页。

⑭ 钱前、甄峰、王波等:《基于公众参与的城市产业规划编制思路与方法研究——以〈南京中央门产业发展规划〉为例》,《城市发展研究》,2013年第11期,第49—56页。

⑮ 王兆芳:《基于公众参与的历史文化街区保护规划研究》,河北师范大学硕士论文,2014年,第38页。

⑯ 张秀华:《基于公众参与的历史街区保护规划——以泰兴市黄桥镇东片

历史文化街区保护规划为例》,《江苏城市规划》,2011 年第 7 期,第 35 页。

⑰ 王林、张亦佳:《海纳百川,兼收并蓄——上海市历史文化风貌区与优秀历史建筑保护国际研讨会综述》,《上海城市规划》,2004 年第 6 期,第 8 页。

⑱ [美] 刘易斯·芒福德:《城市文化》,宋俊岭等译,中国建筑工业出版社,2013 年,第 7 页。

(作者:周婧景,复旦大学文物与博物馆学系　讲师)

英国博物馆的国际交流与合作及其对中国博物馆的启示

孔 达

近些年,来自英国的展览在国内博物馆界屡见不鲜,如 2007 年故宫博物院的"英国与世界——1714—1830"展,2012—2013 年在中华世纪坛世界艺术馆等六家博物馆巡展的"走向近代——英国美术 300 年"展等。一方面,这是中国博物馆积极参与国际合作、引进世界文明、更好地服务于国内观众文化需求的体现;另一方面,这也与英国博物馆近 10 年来积极拓展国际合作的努力密不可分。事实上,国际合作对于英国博物馆来说并不陌生。历史上,英国的学者、收藏家、外交官等借殖民之机,大量收集了世界各个文明的奇珍异宝,成为许多英国博物馆的藏品基础,形成了英国博物馆的世界藏品体系。这为英国博物馆的国际合作奠定了坚实的基础。另外,欧洲内部、欧美国家之间的历史和文化联系也使得这一地区的博物馆之间交往十分密切。但过去 10 多年间,英国博物馆国际合作的动因、规模等方方面面都发生了一些变化。博物馆的国际合作不再是偶发的个体行为,而是逐渐形成了一个国家博物馆、地方博物馆、相关政府部门的联动机制。探讨英国博物馆的国际工作,有助于更好地理解中、英两国之间的博物馆交流与合作。同时对于启发中国博物馆走向国际舞台、探讨中国博物馆在国家"文化走出去"战略中的价值也有着重要的意义。

一、现状与发展趋势

（一）国家博物馆纷纷开始建立或完善其国际发展战略

这些博物馆或制定单独的国际发展战略，或是在博物馆整体发展战略中突出强调国际交流合作的重要性和战略地位。举例来说，维多利亚和阿尔伯特博物馆（Victoria & Albert Museum, V&A）于2004—2005年前后着手制定其国际发展战略，并于2006年正式发布，2010年又设置了博物馆国家和国际战略主任一职。其制定国际战略的主要目的就是希望以此推动博物馆更加系统、全面的国际合作，进而提升博物馆的国际影响力，并且为博物馆赢得更多的国际收入[1]。该发展战略将中国、印度和中东地区列为未来一段时间内的重点合作对象；2013年前后，拉丁美洲和俄罗斯也被列入其中[2]。印度曾是英国的殖民地国家，这种历史联系使得许多英国博物馆都有着丰富的印度文化藏品，维多利亚和阿尔伯特博物馆更是其中的佼佼者。除此之外，大多数重点合作对象都不在英国博物馆国际合作的传统国家之列，而且多为新兴发展中国家，或是与英国国家战略利益密切相关的国家。当然，一方面，随着亚、非、拉美等新兴国家经济的崛起，其艺术文化也蓬勃发展，自然会吸引V&A这个标榜"世界最大的艺术和设计博物馆"的目光。但另一方面，这也反映出英国国家博物馆的国际战略与英国政府的外交格局和文化战略有着某种联系。此外，大英博物馆（British Museum）在过去10年里也相继制定或完善了其东亚、南亚、中东和非洲发展战略；在与传统北美和西欧国家博物馆、美术馆合作的基础上，泰特美术馆（Tate）也于2012年1月通过了其国际发展战略，强调与亚洲、拉美、中东和非洲地区的交流与合作，其中的工作重点之一就是加强对这些地区的艺术品征集和研究[3]。

政策的制定保障了博物馆对国际合作长期、稳定地投入，国际合作不再仅仅是个体的偶发行为。这些发展战略共同显示了英国博物馆打破传统、放眼全球的战略眼光。其结果，一方面，大大丰富了博物馆现有的藏品体系和活动内容,有助于提高博物馆的国际知名度和影响力;另一方面,这种战略扩张也配合着政府的文化外交布局,有助于提升国家的文化软实力和影响力,这就为博物馆获得政府的支持增添了砝码。

(二)国际合作不再局限于国家博物馆,一些中小型地方博物馆也纷纷开展国际合作

2013年3月4日,在国际博物馆协会英国国家委员会(ICOM UK)、英国国家博物馆馆长委员会(National Museum Directors' Council, NMDC)以及大英博物馆的联合组织下,博物馆"国际工作"一日会议(Work Internationally Conference)在大英博物馆召开。2014年2月27日,这一会议在维多利亚和阿尔博特博物馆再次举行。该主题会议被确定下来,之后每年都会定期召开。其主旨就是为英国博物馆提供一个国际合作方面的交流平台,并且提供一些实际性的操作指南和相应支持。2014年会议后不久,在英国艺术委员会(Arts Council England)的资助下,"博物馆国际合作地区项目"(Work Internationally Regional Project)开始运行,由国际博物馆协会英国国家委员会、英国国家博物馆馆长委员会、英国独立博物馆协会(Association of Independent Museums)、英国文化协会(British Council)和无国界文化遗产组织(Heritage Without Borders)等联合领导,意在培训和指导英国地区性博物馆开展国际合作并提供相关支持。这一系列举动已充分反映了英国博物馆的国际合作已不再局限于国家博物馆。地方博物馆有国际合作的渴望,政府相关部门也乐于鼓励和支持这种需求。

早在伦敦奥运会期间,英国的中小型博物馆就已经开始在国际合作领域中崭露头角。配合2012年伦敦奥运会,伦敦奥组委和英国艺术委员会资助了一场为期四年(2008—2012)的"文化奥林匹亚"(Cultural Olympiad)盛事。其中,博物馆最主要的贡献就是一系列名为"世界故事"(Stories of the World)的主题文化活动。该系列活动的核心就是吸引年轻人参与博物馆,帮助他们了解世界不同文化。

地方博物馆更是该主题活动的主力军,仅2009—2011年间,就有36家地方博物馆参与其中④。以科尔切斯特城堡博物馆(Colchester Castle Museum)与南京博物院的合作为例。城堡博物馆选派了10名当地学生,在南京博物院专家的指导下,每人挑选一件展品,并完成展品说明,再由中方添加辅助展品,最终呈现出一个"中国珍宝展"(Treasure of China)。根据双方协议,在此展览之后,英方也会送展到南京博物院。在该展览之前,城堡博物馆就已借由科尔切斯特所在的埃塞克斯郡(Essex County)与江苏省的友好省份建立20周年之机,在2008年展出了40多件来自徐州博物馆的陶俑。科尔切斯特城堡博物馆只是英国一家普普通通的地方博物馆,既无中国藏品,以前也从未与中国博物馆有过任何交往。但却在短时间内迅速与中国博物馆建立联系,接连举办中国展览,并计划长期与中国博物馆进行合作。除此之外,在"世界故事"项目下,许多地方博物馆都参与到了不同形式的国际合作中。由此可见,英国地方博物馆也已开始放眼国际了。

另外,经济收入也日渐成为英国博物馆开展国际合作的主要动因之一。以2012—2013年在中华世纪坛世界艺术馆等国内六家博物馆巡展的"走向近代——英国美术300年"展览为例。这个展览由英国贝里艺术博物馆(Bury Art Museum)发起。贝里艺术博物馆隶属于贝里区政府,为了解决财政赤字,贝里区政府在2005年以1 250 000英镑的价格出售了其收藏的一幅英国画家洛瑞(L. S. Lowry)的作品,因此被当时的英国博物馆、图书馆、档案馆委员会(Museums, Libraries and Archives Council)取消了认证注册资格⑤。这使得博物馆很难从所在的大曼彻斯特区,甚至是一些私人基金会手中申请到经济支持,博物馆不得不开始寻求其他收入来源。这种国内经济困境使得贝里艺术博物馆将视野放到国际市场,期望通过海外巡展获得一定的收入。最终,这一吸引了超过300万观众的巡回展览不仅为贝里艺术博物馆带来了丰厚的经济收益,与中国博物馆的成功合作也为贝里艺术博物馆重新赢得了声誉,这一案例也被英国博物馆界广泛讨论,成为英国博物馆、特别是中小型博物馆国际合作的成功范例。

2013年4月24日,前英国文化大臣玛利亚·弥勒(Maria Miller)在大英博物馆发表演讲,重点强调了文化艺术对于英国经济的重要价值,包括提升英国旅游吸引力、推动地方经济发展以及推动英国文化和创意产业出口等方面,倡导英国文化行业在财政困难时期要努力发挥自身的经济价值⑥。这一观点虽然在英国文化圈引起了广泛的争议,但是事实上却也反映了这几年英国博物馆行业发展的一个趋势,即通过国际合作来增加收入,例如维多利亚和阿尔伯特博物馆制定的国际发展战略就明确地将提高博物馆收入作为主要目标之一。而这在欧美博物馆传统对外交流中并不是主流形态。近几年随着英国财政的不断紧缩,文化行业首当其冲,博物馆经费日以缩减,许多博物馆不得不关门收场。可以预见,通过国际合作来提高博物馆收入、支持博物馆的正常运营也会成为博物馆发展的趋势之一。特别值得注意的是,英国贸易投资署(UK Trade and Investment)也开始为英国博物馆的文化创意产品输出提供指导意见和咨询服务,这无疑为英国博物馆通过国际合作来获得经济收入提供了有力支持。同时也显示出,博物馆也越来越成为英国文化"走出去"、经济"走出去"整体布局中的一环。

二、国家博物馆、地方博物馆、政府相关部门的联动机制

在上述大背景下,国家博物馆、地方博物馆、政府相关部门之间相互支持、相互配合,形成了一个有效的博物馆国际合作——国家文化输出联动机制。

(一)国家博物馆对地方中小型博物馆的支持

像大英博物馆、维多利亚和阿尔伯特博物馆等世界级博物馆,有着丰富的国际工作经验和资源,在对外交流中可以掌握充分的主动

权。以维多利亚和阿尔伯特博物馆为例。该馆从20世纪90年代中期开始对外输出展览,博物馆现有专门负责国内外巡展的部门,负责从展览主题选择、内容策划、形式设计、宣传推广、国际协商、文创输出等各个环节,国际巡展已经形成了一个成熟的链条。"V&A"已经不再仅仅是一个博物馆的名字,更是一个文化品牌。贴上"V&A"这一标签,许多创意产品已经脱离了博物馆主体,开始进入国际主流卖场。

但对于一些中小型、地区性博物馆来说,资源则相对有限,国内同行机构的支持在他们走向国际的道路上就显得十分关键。2009—2012年间,英国的东安吉利亚生活博物馆(Museum of East Anglian Life)与肯尼亚的梅鲁博物馆(Meru Museum)进行了人员的交流与合作。两家博物馆所在地都是农业中心,博物馆都有当地农业及社会生活的相关藏品。前者有自己的园艺基地,为当地弱势群体提供园艺技能培训,提高他们的动手能力,帮助他们实现自力更生。后者也被当地的园艺家用作医疗中心。在大英博物馆"非洲项目"的牵线和资助下,两家博物馆开始进行人员交流和经验分享,共同探索如何利用地方文化资源更好地服务社区群众[7]。

从2008年开始,在英国文化传媒与体育部(Department for Culture Media & Sports)的资助下,在大英博物馆馆长的主持下,大英博物馆、大英图书馆、英国自然历史博物馆、皇家植物园、泰特美术馆、维多利亚和阿尔伯特博物馆六家机构联合启动"世界藏品项目"(World Collections Programme),共同推动英国博物馆与亚洲、非洲国家,特别是中国、印度、中东等国家和地区博物馆的双向合作。上面提到的大英博物馆"非洲项目"就是该项目下的一个子项目。这一项目充分体现了英国政府文化部门已经充分意识到了博物馆在国家对外文化战略中的价值。它集合了六家享有世界声誉的博物馆的力量,共同推动英国对外文化交流。而且更重要的是,它也为英国国内许多中小型博物馆寻求国际合作机会提供了一个很好的平台。

这种大馆带小馆的模式在英国博物馆走向国际的道路上已然发挥了重要的作用。另一个典型范例就是"科学博物馆群"(Science

Museum Group)。它以伦敦的科学博物馆(The Science Museum)为首,包括曼彻斯特的科学与工业博物馆(Museum of Science and Industry)、约克的国家铁路博物馆(National Railway Museum)、布拉德福德的国家传媒博物馆(National Media Museum)和谢尔登的国家铁路博物馆(National Railway Museum)。五馆联合,共同提供对外咨询服务。事实上,提供专业培训和咨询服务已经成为英国博物馆寻求对外合作的一个重要领域。英国博物馆的经营管理水平在世界上享有盛誉。近几年,许多新兴发展中国家大力兴建博物馆,他们很乐于向英国的博物馆学习经验,英国博物馆也看到并抓住了这一"商机"。在这种背景下,"科学博物馆群"向马耳他科学中心展示如何运用多元化的手段吸引观众;在沙特阿拉伯,帮助博物馆设计多元化展览、确定目标观众、设计观众学习项目;在伊斯坦布尔,帮助学校设计科学教育项目;在韩国,提供相关的培训课程,帮助博物馆提高科学教育的创造性[⑧]。

在某种程度上可以说,没有"大馆"的帮扶,一些"小馆"基本不可能走上国际舞台。反过来,"小馆"的个性化资源也使得"大馆"的国际合作更加多元化,也大大巩固了它们在国内博物馆界的领军地位。

(二)政府相关机构对博物馆的支持

英国文化委员会是推动英国博物馆国际交流与合作的重要力量。2014年10月11日到11月30日,"引领潮流:中国新瓷器"(Ahead of the Curve: New China from China)展览在英国切尔滕纳姆博物馆(Cheltenham Museum and Art Gallery)展出,之后陆续到布里斯托尔博物馆(Bristol Museum & Art Gallery)和斯托克地区的瓷器博物馆(The Potteries Museum and Art Gallery)巡回展出。这一展览主要展示了以景德镇为主的中国当代陶瓷艺术,由以上三家博物馆和上海的双城现代手工艺术馆联合举办。斯托克是英国瓷都,该地的瓷器博物馆则以拥有世界上最好的英国斯塔福德郡瓷器藏品著称。据瓷器博物馆的策展人Claire Blakey介绍,该馆从2007年开始对已有藏品进行研究,挖掘与中国瓷器的连接点,并积极寻找与中国博物馆合作的机会。在英国文化委员会的资助下,她随着英国博物馆代表团来到中国,对中国博物馆进行考察,其中一站就是景德镇。在此次行程中结识了其他两家英国博物馆的相关人员,之后才渐渐促成了此次巡展①。上文提到的"走向近代——英国美术300年"展览,贝里艺术博物馆在策划展览之初就开始咨询英国文化委员会,在了解中国观众喜好、挑选合作对象等方方面面,得到了该委员会的大力支持与帮助,为确保展览成功奠定了坚实的基础。近几年,在"中英文化连线"项目下,英国文化委员会和中国国家文物局每年定期组织博物馆代表团互访,英国文化委员会也会为英国博物馆提供小额差旅资助。这为一些中小型博物馆开阔眼界、结识国外同行提供了机会。事实上,许多中英博物馆之前的交流合作也确实受惠于此。特别值得注意的是,国际合作不仅可以促进不同国家的博物馆之间的交流与合作,同样也可以推动本国博物馆间的重新认识与发现。

友好城市、友好省份等地方政府之间的官方通道也为地方博物馆开展国际合作提供了平台和支持。例如上文提到的科尔切斯特城堡博物馆与徐州博物馆、南京博物院之间的合作。此外,威尔士国家博物馆(National Museums Wales)与重庆三峡博物馆、大足石刻之间的合作也直接受益于威尔士与重庆之间的友好城市关系。合作举办的"崖壁上的瑰宝:中国重庆大足石刻展""威尔士——红龙的故土展"也是双城文化交流的重要内容之一,在各自的"文化周"中发挥了巨大的影响。

除此之外,英国贸易投资署、英国艺术委员会、英国文化媒体与体育部等相关政府部门都为英国博物馆的国际交流与合作提供各种支持和服务。在国际舞台上,博物馆不再是孤军奋战,有了强大的政府部门做支撑,其结果也是可想而知。

(三)博物馆与国家文化战略的配合

重大国际事件、外交事件往往是各国政府组织开展大规模文化活动的风向标,英国也不例外。一方面,政府需要博物馆的配合,扩大整体宣传效果;另一方面,这也为博物馆寻求对外合作提供重要契机。这种博物馆与国家文化战略的互动关系在过去几年中尤为活跃。上面已经提到了与2012年伦敦奥运会相伴相生的"文化奥运",以及博物馆在其中的出色表现。2014年是第一次世界大战开始100周年,英国文化媒体与体育部策划了一场四年(2014—2018)之久的大规模纪念活动,目的之一就是宣传英国在"一战"中的重要地位,并加强与参战国及英联邦国家的联系。这一系列活动为英国博物馆寻求国际合作提供了有利平台和资金等各方面的支持。英国帝国战争博物馆(Imperial War Museums)是英国文化媒体与体育部直属的国家博物馆。在此次"一战"纪念活动中,帝国战争博物馆启动了一项重大国际项目,主要内容包括建立网上平台,整合世界各地博物馆开展的"一战"纪念活动及相关电子资源,并对合作方提供相应的咨询服务和技术支持。这种国际合作已经不再局限于展览、人员和学术等传统的博物馆国际交流,而是博物馆信息化、博物馆咨询服务输出的典型代表。借助2014年巴西世界杯与2016年里约奥运会契机,英国文化委员会也积极为包括博物馆在内的英国文化机构提供与巴西文化机构合作的各项支持。从2012年1月开始,英国文化委员会又开始实施了一项为期5年、意在加强与印度文化合作的项目。2017年是印度独立70周年,英国文化委员会希望通过这一重要历史契机重新审视英国与印度在历史上的密切联系,推动两国关系的进一步发展。这一项目为许多英国博物馆与印度博物馆的合作提供资金、咨询和中介服务。以伦敦的威廉·莫里斯艺廊(William Morris Gallery)为例,该馆原本没有任何国际合作经验,尽管威廉·莫里斯本人的艺术设计作品深受印度丝织品风格的影响。借助英国文化委员会拓展与印度合作之际,艺廊也得到了资助,到印度博物馆进行考察,开始寻求合作可能[⑪]。

值得注意的是,英国博物馆与国家文化战略的互动关系,并不是简单的政府将任务指派给哪一个博物馆,而是政府为博物馆等文化机构提供了机会和平台,而博物馆抓住机会,申请资源。这是一种双赢的互动关系,双方彼此需要,相互配合,将文化输出的效果最大化。

三、小　结

总而言之,英国博物馆走向世界,积极开展国际合作,既有历史原因,也受现实因素的推动。他们抓住机遇,既提高了博物馆自身的国际知名度、影响力,收获了名声和经济效益,更多专业层面的收获也有待分析;在客观上,也极大地推动了英国文化的输出,提高了英国文化的国际影响力,因此也得到了政府的大力支持。在国内财政日益紧缩的情况下,走向国际不失为一条双赢之路。而在走向国际的道路上,国内的大馆、小馆和政府相关机构相互配合,也极大地增进了彼此之间的了解和信任,有力推动了国内博物馆和文化事业的发展。

近几年,我国大力强调"文化软实力""文化走出去",在这一过程中,绝对不能轻视博物馆的重要作用。从20世纪70年代开始,文物展览就已经成为中国的一张"文化名片"和"亲善大使",对增进世界对中国文化的了解、提升中国的国际形象起到了不可替代的作用。但如今,我们的合作对象在变化,中国博物馆自身就必须有所发展。博物馆不能被动地等待对方找上门来,必须有目的、有策略的主动"走出去"。而在这一过程中,需要博物馆之间的相互扶持与配合,也需要政府部门提供强有力的保障与支持。如何调动博物馆的积极性,如何为中国博物馆创造一个良好的国际合作氛围,使中国博物馆的国际合作更加常规化、深入化、多元化,这是我国博物馆事业面临的重要问题。

---

① Victoria and Albert Museum, *Annual Report and Accounts 2005 – 2006*, London, 2006.

② Victoria and Albert Museum, *Annual Report and Accounts 2013 – 2014*,

London, 2014.

③ Tate, International Partnerships, http://www.tate.org.uk/about/our-work/international-partnerships.

④ Arts Council England, Stories of the World, http://www.artscouncil.org.uk/what-we-do/our-priorities-2011-15/london-2012/stories-world/.

⑤ "Lowry Sale Council Loses Status", *BBC News*, 12 December 2006, http://news.bbc.co.uk/2/hi/uk_news/england/manchester/6183547.stm.

⑥ Miller, M., Testing Times: Fighting Culture's Corner in An Age of Austerity, 24 April 2013, https://www.gov.uk/government/speeches/testing-times-fighting-cultures-corner-in-an-age-of-austerity.

⑦ Weeks, J., *Success Guides: Successfully Work Internationally*, Ludlow: Association of Independent Museums, 2013.

⑧ Frampton, L., Work Internationally Regional Project Workshop, 21 October 2014, London.

⑨ Blakey, C., Starting with the Collection, Work Internationally Conference, 27 February 2014, London.

⑩ Jacobs, R., Working in India, Work Internationally Conference, 27 February 2014, London.

(作者：孔达,复旦大学文物与博物馆学系　讲师)

浅析我国的体育博物馆发展：
现状、问题与策略

周广瑞

体育博物馆作为一个陈列、研究、保藏体育文化实物,兼具文物收藏、科学研究和社会教育三种基本属性的文化教育场所,是展现体育文化发展水平以及社会发展和谐程度的重要窗口[①]。它的普及与发展不仅对体育文化的积累与弘扬有着极为重要的现实意义,而且还对于国民整体素质的提升、社会和谐氛围的营造有着重要的理论价值[②]。体育博物馆在我国出现以来,在种类、数量和质量上均有了突飞猛进的增长。本文初步梳理了我国体育博物馆的发展缘起、现状,对存在的问题进行了归纳总结,最后提出新时期我国体育博物馆发展的策略。

一、我国体育博物馆的发展现状

（一）20世纪世界范围内的体育博物馆发展为我国体育博物馆的出现奠定了基础

在20世纪,博物馆的发展变化是空前的。就全世界而言,博物馆领域经历三次影响巨大的革命,使博物馆作为一门专业完成了从无到有,从粗糙笼统到精细专门的历史进程[③]。体育博物馆的出现就始于对体育文物的收藏。早在公元前776年的古希腊奥林匹克运动会曾规定,夺冠一次者可在运动场墙壁上刻下自己的名字;三次夺冠者，则可在宙斯神庙旁塑像留念，与众神一起接受后人的供奉。可见，古希腊奥运会运动场的墙壁及宙斯神庙已经成为古代早期展示体育竞赛中优胜者的荣誉、保存体育艺术品的场所，而这些场所就可以看成是体育博物馆的原始形态。

18世纪下半叶，欧洲经历了文艺复兴，政治、经济、文化发生了巨大变化，体育运动也随之兴起，德国、瑞典的体操、英国的户外运动得到广泛推广，体育竞赛日益频繁。同时相应建立了一些体育组织和单项协会，这不但为组织大规模体育竞赛提供了保障，也创造和保存了大量与体育活动有关的物品和资料。尤其是1896年恢复奥运会后，现代体育运动得到了迅速发展，并需要有一个场所保存和陈列体育运动中遗留下的文物资料，来反映体育文化这种承前启后的动态发展过程，并向大众普及体育知识。

20世纪，随着世界上出现建立科技博物馆的高潮，体育博物馆也应运而生了。1915年国际奥委会在洛桑总部建立了世界上第一座奥林匹克博物馆，其物品基本上是"奥林匹克之父"顾拜旦收藏的奥运会初创时的文件、资料、邮票、体育活动用具。1923年挪威建立了霍尔曼——科伦滑雪博物馆，收藏有2 500年以前的滑雪板和滑雪用具，以及反映极地探险的文物、用具等。1925年德国体育博物馆建立，展示德国体操的演变历史和当时的体育成就。1936年，体育博物馆在美国出现。1953年，英国的洛德板球中心内设立了名人堂，悬挂着板球俱乐部成立以来不同时期出现的优秀运动员照片和简介，收藏有200多年历史的板球用具以及体育艺术品。1959年日本棒球博物馆开幕，展示了棒球运动在日本的发展状况。"二战"结束后，体育博物馆和名人堂在北美大量涌现，出现了区域性集中发展的态势，美国90多个体育博物馆大部分是这一时期集中发展起来的，并且种类繁多。1971年在美国建立的国际体育博物馆和名人堂协会（International Association of Sports Museums and Hall of Fame，简称IASMHF）是目前世界上唯一的国际体育博物馆组织。

20世纪80年代初萨马兰奇先生继任国际奥委会主席，向各个国家奥委会发出建立奥林匹克博物馆的倡议。体育博物馆迅速从欧美向世界各地扩展。1990年中国体育博物馆在北京建立。1993年，国际奥委会所属的奥林匹克博物馆新馆在洛桑落成，是收藏奥林匹克文物最完整、最具活力的博物馆。萨马兰奇称奥林匹克博物馆"是国际奥委会文化政策的旗舰"。截止到目前，共有近70个国家和地区拥有奥林匹克和体育博物馆，数量超过500个[④]。这些博物馆有的称体育博物馆，有的称奥林匹克博物馆，有的称体育名人堂，也有的称为体育艺术馆；在类型上，有综合性的，也有专项性的，还有体育纪念馆；在博物馆职能上，从单一的文物收藏向具有研究、教育、休闲等多样化的职能发展。

（二）我国体育博物馆的快速发展

我国的体育博物馆发展是在两股时代潮流的驱动下而逐步正规起来。一是当今世界体育博物馆建设不可遏制的发展趋势，二是我国市场经济的发展以及人民大众体育文化需求的不断增长[⑤]。1990年，我国第一座国家级的体育博物馆——中国体育博物馆在北京建成，标志着我国体育博物馆的发展正式拉开序幕。近年来，随着社会的发展、人们思想观念的进步，我国的体育博物馆建设在党和政府的关怀帮助下，在广大人民群众的踊跃支持下，无论在建馆的数量与质量上、在体育博物馆的管理上、在体育博物馆专业人才的培养上，还是在体育博物馆的对外交流等方面都取得了长足的进步与快速发展[⑥]。

随着大众体育的广泛开展以及国家对体育文化的重视日益加强，各类体育博物和体育名人堂如雨后春笋般相继建成。首先，体育博物馆在数量和类型上有了很大的增长。经调查，我国的体育博物馆已超过20家，在类型上包括：体育博物馆，如中国体育博物馆、四川省体育博物馆、陕西省体育博物馆、泰山体育博物馆、中国红色体育博物馆等；体育纪念馆，如李小龙纪念馆等；体育专项博物馆，如中国武术博物馆、蹴鞠博物馆、中国乒乓球博物馆（筹建）等；综合性体育博物馆，如厦门奥林匹克博物馆、天津奥林匹克博物馆等；体育文物保管所，如中国国家体委训练局的荣誉室等。其次，在体育博物馆的经济扶持层面上，政府的事业拨款额有了较大的增长，而且呈逐年增长的趋势。如体育博物馆的建设经费有了一定程度的提高、体育博物馆专业人员的配置有了一定程度的改善以及开始注重并积极参与国际体育博物馆的交流与合作等⑦。再次，随着社会团体及人民群众社会责任意识的日趋浓厚，对体育博物馆等公益性事业的投入支持力度有了较大程度的改善，政府扶持、社会支持与群众参与三元一体的发展格局已见雏形⑧。

二、我国体育博物馆发展存在的困境

（一）藏品数量不足，征集渠道局限

博物馆藏品是博物馆存在的基础。我国的体育博物馆发展时间较短，普遍存在藏品不足的窘境。如作为国家级的中国体育博物馆体育文物数量仅4 700件，上海体育学院中国武术博物馆作为全国首家武术主题的博物馆馆藏文物仅2 000余件，这相较于社会公共博物馆有着很大的差距。这也导致体育博物馆社会功能的发挥受到很大的局限。

博物馆文物藏品的征集是博物馆的基本业务工作，但由于各种因素的制约，我国体育博物馆的文物征集缺乏正常畅通的渠道。古代体育文物征集的主要渠道包括考古发掘、野外采集、收购、接受捐赠、交换与调拨以及接收移交等。考古发掘和野外采集，目前博物馆根本不具备条件；而交换与调拨、接收移交，由于缺少专业管理人员以及与各文博单位、国家文物管理部门、公安、海关、法院、工商等系统缺少畅通的联系渠道，也很难实现；至于接受捐赠，由于体育博物馆建馆时间短，宣传不够，缺乏影响力，因而效果不佳。那么主要渠道就是收购了，但由于文物的盗掘、走私非常严重，贸然收购就会出现违反法规、法律的问题；从文物商店收购又苦于经费拮据。近代体育文物征集也基本如此。至于现代体育文物,在以往计划经济体制下,通过一定的行政手段,可以征集部分奖杯、奖牌、纪念品、体育用品以及体育礼品等。但在目前市场经济条件下,这样的行政手段难以奏效,一般只能对一些重要文物进行复制。

(二)资金严重不足,缺乏"造血"能力

我国的体育博物馆作为公益性的社会事业机构,大多是由政府部门设立,经费来源主要依靠政府拨款和体育局划拨。然而随着社会的发展,体育博物馆的开支(如职工工资奖金的增加、物价的上涨以及维修与更新等)日渐增长,这也在很大程度上造成了财政的入不敷出,严重影响了体育博物馆的建设与发展。如中国体育博物馆1990年为100万元,1991年为80万元,1992年至1994年度为98.5万元,国家投入呈逐年减少趋势。中国武术博物馆身处高校之中,每年学校下拨的经费仅5万元,远不够日常支出费用,更不用说开展其他社会服务活动。我国的体育博物馆普遍缺乏自身造血能力,致使很多体育博物馆现在处于一种"看门、守摊"式的局面,造成体育资源的严重浪费。

(三)专业人才匮乏,限制博物馆发展

博物馆工作要求专业人员既有扎实的专业知识与技术,又要具备较广博的知识,即专博结合的所谓"T"型结构,否则就不能使博物馆真正发挥社会教育、科研和其他功能。"T"中的竖笔表示体育文博知识的纵向结构,即对体育专业知识的掌握要达到一定的深度。"T"的横笔则表示体育文博知识的横向结构,即对博物馆包括文物的研究要有比较广博的知识。既要懂体育,又要懂文博,就是要具备一定的专业人才。然而,我国体育博物馆的人才状况十分严峻,如中国体育博物馆在职职工的54人中,仅有一名为博物馆专业本科生,但也没有从事博物馆的具体工作。而其他国内的很多体育博物馆甚至没有博物馆学背景的工作人员,在人员配置基本上都是体育专业(特别是体育史专业)的人员,有的体育博物馆甚至没有专职工作人员,更不要说既懂体育又懂文博的复合型人才了。这与国际上一些体育博物馆相比有较大差距,而体育文博专业人员的不足将会造成博物馆整体知识结构的失调,更重要的是难以及时掌握国内外文博信息、难以协调与文博界的关系,更难以在体育文博领域做出具有前沿性的研究。

(四) 展陈观念落后,缺乏体育文化特色

当代世界博物馆发展的实践表明,现代博物馆不再仅仅是历史文物和标本的收藏研究机构,而更应该是具有广泛意义、反映社会并为社会服务的文化教育机构,娱乐休闲场所,关注的不仅仅是过去的历史文化,更应该关注当代人的现实生活乃至于将来的社会生活[9]。当前我国体育博物馆的展陈并没有凸显体育文化的特点,展示内容主要围绕体育(项目)的历史沿革进行布展,很大程度上是将体育史书本上的知识搬到展厅中,展示内容枯燥乏味,不能给人以启迪。在展示形式上,主要是"实物+图文"的组合陈列,音视频及多媒体手段使用较少,不足以展示体育是一种"身体文化"的内涵。如中国武术博物馆作为武术专题性展馆,其展厅布局主要以展示武术历史脉络为主,其内容设计基本上是按照《中国武术史》的章节顺利安排的,凸显了武术的历史性,但不能展示武术的文化性。

三、我国体育博物馆的发展策略

(一) 突破传统发展理念,努力构建"政府支持、社会参与"的发展模式

作为社会公益性博物馆,目前在我国主要还是依靠政府拨款,但政府拨款只能是杯水车薪,远远无法满足博物馆事业的发展。那种"等、靠、要"和所谓"安于清贫"的认识与现代博物馆事业的发展是极不相符的。我国体育博物馆应该解放思想,转换思路,采取政府拨款与自筹相结合的办法,用好政策,依靠社会力量,动员社会参与,争取多方面支持。一方面,争取政府部门的政策支持,确保资金及时、准确到位。另一方面,积极探索依靠社会力量筹集资金建设博物馆

的途径,积极主动与知名企业、媒体等部门联合,向社会各界宣传、动员组织、单位、个人赞助、募捐的方法筹措资金,利用政策优势,依靠社会力量参与,争取多方面支持。比如:与企业联合开展活动,既达到宣传效果又得到资金目的,扩大宣传范围,筹措资金,通过国内外主流媒体,开通宣传平台,包括网络、媒体推介体育文化价值,吸引海内外资金投入建设,在扩大中国体育文化影响力的同时又获得了资金的支持。

(二)加强社会宣传力度,拓宽藏品征集渠道

要想让更多人熟悉和认识,必须加强对体育博物馆的宣传,引导大众积极关注体育文化,并从中感悟凝聚在体育中的无穷魅力,从而能够积极走进博物馆,所以当前相关政府应积极开展体育博物馆的宣传工作。一是由国家相关政府部门(如国家体育总局、文化部、中宣部、财政部以及相关主流媒体和专家学者等)召开会议制定文件,并形成宣传机制,全面宣传体育博物馆的功能发展。二是充分利用现代媒体、网络、报纸、杂志、广告、教材等,全面宣传体育博物馆主要功能,引导人们了解、认识体育历史文化的价值。三是加强与社会各界的联系,注重体育博物馆自身形象的宣传和特色展览的推介,提高市场意识、竞争意识、包装意识,积极把文化功能产品推向社会各类人群,宣传、推销自己,结合自身资源适当借鉴、运用市场推广手段,展示体育文化功能的特色与品位,使博物馆主要功能全面体现[10]。四是积极开展"进学校、进社区"活动,扩大社会影响力。

创新展品的征集方式。一是通过"走出去,请进来"的方式,加强与社会的沟通与联系,建立"博物馆之友"制度,鼓励社会大众提供藏品信息,接收社会捐赠并给予一定的反馈机制。二是加强与其他博物馆之间的联系与合作,可以通过借调、交换等方式征集展品。三是设法与相关文物保管部门建立沟通机制,及时了解相关体育文物的信息,等待时机成熟再开展征集工作。

(三)重视专业人才引进和培养

人才是我国博物馆事业发展和兴旺的基本保障和强大支撑,是

博物馆事业发展和进步的重要推动力量[11]。诚如2009年11月李长春同志在河南博物院考察时的讲话中指出:"人才是推动博物馆事业发展繁荣的强大支撑……要把人才培养、队伍建设作为博物馆改革和发展的大事来抓,着力培育多层次、多元化人才。"[12]然而,人才问题却一直是困扰我国体育博物馆的"老大难"问题,随着体育博物馆的快速发展,人才队伍越来越成为制约我国体育博物馆事业发展的瓶颈。因此,为了适应体育博物馆快速发展对专业人才的需求,我国的体育博物馆应该重视专业人才队伍的建设。一是在引进人才时,应重点考虑引进有文物与博物馆学专业背景的人才,不断提升体育博物馆的专业化水平。二是应注重对现有的工作人员进行再培训,不断强化人才"体育+文博"的专业融合,培养具有"T"型知识结构的复合型人才。三是邀请专家来馆传授知识,进行学术讲演,或聘请馆外专家担任学术顾问,定期到馆指导业务工作,不断提升工作的专业化水平。四是组织工作人员"走出去"到先进博物馆进行学习交流,甚至选派和组织工作人员到国外进行考察,开阔眼界,学习先进的工作方法。总之,我国体育博物馆应该利用一切可以调用的资源,着重培养一批能够适应新时期博物馆发展的专业人才队伍。

(四)"互联网+"发展战略的启示

在2015年3月5日十二届全国人大三次会议上,李克强总理在政府工作报告中首次提出"互联网+"行动计划,指出"制定'互联网+'行动计划,推动移动互联网、云计算、大数据、物联网等与现代制造业结合,促进电子商务、工业互联网和互联网金融健康发展,引导互联网企业拓展国际市场"。"互联网+"是创新2.0下互联网发展的新形态、新业态,是知识社会创新2.0推动下的互联网形态演进。"互联网+"不仅仅是互联网移动了、泛在了、应用于某个传统行业了,更加入了无所不在的计算、数据、知识,造就了无所不在的创新,推动了知识社会以用户创新、开放创新、大众创新、协同创新为特点的创新2.0,改变了我们的生产、工作、生活方式,也引领了创新驱动发展的"新常态"[13]。

"互联网+"的理念为博物馆的发展提供能广阔的空间,这也是博物馆学界亟须深入研究的课题。早在1984年上海博物馆已经率先开始电脑应用在博物馆工作,发展至今天,将信息技术应用于博物馆事业发展,已成为博物馆界的共识。我国的体育博物馆应该克服困难,着手开展博物馆互联网信息化的建设工作。一是可以有效地实现资源共享,发挥馆藏藏品的最大利用。一般来讲,体育博物馆中展示的藏品都是从馆藏藏品中遴选出来的精品,大多数的藏品因为展厅空间和布局限制,只能被搁置在库房之中,造成馆藏资源的浪费。数字化博物馆就是要将展厅和藏品进行数字化表达,通过互联网空间用户通过检索快速定位想要查看的展品,实现藏品的充分利用。二是打破时空限制。数字化博物馆能够打破时间和空间限制,让观众可以不用走进博物馆也可以随时随地通过网络实景浏览博物馆展厅,观看陈列展览。三是可以实现藏品资源的馆际共享。数字化博物馆可以将不同场馆的相同或者相近内容进行整合,观众在观看时可以突破馆际界限,同时浏览其他场馆的相同或相近内容和展品,使得参观由单线参观变为一个面或者网络化。这不但能够拓展博物馆的展示空间,又能大大增加馆藏资源的利用率,让常年存放在库房的藏品重新展现在观众面前。作为面对公众提供公共文化服务和研究的博物馆如何能够适应社会的发展,已经成为当下各大博物馆的重要议题。

---

① 范汝强、王军:《体育博物馆的含义、类型及其发展》,《中国博物馆》,1997年第1期。

② 李尚滨、王沂、刘文娟:《体育博物馆的文化定位及其社会文化价值》,《山东体育学院学报》,2008年第5期。

③ 安来顺:《二十世纪博物馆的回顾与展望》,《中国博物馆》,2001年第1期。

④ 林淑英、王军:《国际体育博物馆和名人堂组织的现状、问题与改革》,

《中国博物馆》,2002年第1期。

⑤ 雷敏、刘洋、黄巨朋：《体育博物馆在体育文化传播与传承中的正能量探析》,《福建体育科技》,2013年第6期。

⑥ 王军：《中外体育博物馆发展现状的比较研究》,《中国博物馆》,1997年第4期。

⑦ 崔乐泉：《关于中国体育博物馆发展的几点思考》,《体育文史》,2000年第6期。

⑧ 王沂、李尚滨：《我国体育博物馆产业开发分析》,《体育文化导刊》,2008年第4期。

⑨ 陆建松：《上海市行业博物馆建设：意义、现状及其存在问题思考》,《复旦学报（社会科学版）》,2003年第4期。

⑩ 肖泽民：《新时期我国体育博物馆功能释放的路径选择》,《西安体育学院学报》,2012年第1期。

⑪ 陆建松：《论新时期博物馆专业人才培养及其学科建设》,《东南文化》,2013年第5期。

⑫ 李长春：《在河南博物院考察时的讲话》,《中国文物报》,2009年12月16日。

⑬ 申继平：《基于互联网+的博物馆公共服务数字化建设》,《软件产业与工程》,2015年第4期。

（作者：周广瑞,复旦大学文物与博物馆学系　2014级博士研究生）

将博物馆纳入青少年教育体系的制度设计研究

朱 娇

一、将博物馆纳入青少年教育体系的理论依据和现实意义

建构主义和人本主义教育理论是支持学校利用博物馆资源开展教育活动的主要理论依据。当代建构主义者认为知识不是"死"的,而是具有动态性的。因此学习的过程并不是简单的知识传递的过程,而是学习者主动构建自己知识和经验的过程。换句话说,学习者不是信息的被动吸收者而是主动构建者。建构主义的教学观认为教学不再是传递客观、现成知识的过程,而是激发学生原有的相关知识经验和自身潜能,并促进学生的知识经验重组、转换和改造的过程。这要求学校在教学过程中要为学生创设理想的学习情境,激发学生的理性思考,同时还要为学生提供丰富的学习资源、学习工具以及专业援助,以促进知识的建构和培养解决问题的能力。从建构主义教育观还衍生出情境教学、实践学习、合作学习等教学或学习模式。这种强调以"学生为中心"的教育教学理念后来也被称为人本主义教学观。人本主义的理想教育目标就是要培养"躯体、心智、情感、精神、心力融汇一体"的人,罗杰斯[1]称之为"全人"(whole person)或"功能完善者"(fully function person)[2]。建构主

义教育理论和人本主义思想对传统的学校教育模式进行了批判,并支持学校去寻找和利用校外教育资源来弥补传统学校教育模式的沟壑。

从现实意义上讲,学校利用博物馆等校外资源开展教育活动是符合未来教育趋势的。从发达国家的博物馆教育实践中可以了解到,博物馆已经成了现代国民教育体系的重要组成部分,将博物馆资源融入学校教育是博物馆实现青少年教育功能的重要方式。长期以来,以学校为代表的正规教育遵循的是以学习知识为目的的传统教育观念。然而随着时代的变化,传统教育模式的弊端日益显现。从20世纪80年代开始,英国、美国、日本等许多重视基础教育的国家纷纷开始进行基础教育改革,希望为以学校为代表的正规教育能探索新的践行模式,以适应新的社会发展需要。从各国教育改革的内容来看,"利用博物馆等社会教育资源为学校教育服务"是各国的共识。事实上对学校而言,博物馆资源是十分优质的校外教育资源。其丰富、直观的实物资料以及注重体验和实践的教育活动都能成为学校教育的补充和延伸。同时,新世纪对人才的需求也决定了博物馆必须承担起青少年教育的责任。美国博物馆联盟(AAM)于2014年出版的一份名为《构建教育的未来——博物馆和学习生态系统》的报告中提道:"下一个时代的教育将是以自主、体验、社会化和分散化为特征的,这有助于培养批判性思考、综合分析、创造革新、团队合作等新时代所必需的技能。未来教育的趋势是构建一个充满活力的学习网络。"③ 随着时代的发展,越来越多的教育者意识到只有身心健全、具有综合生存力的人才能适应未来的需求。在美国博物馆和图书馆服务协会出版的一份报告中指出,21世纪人们所需的技能可以概括为四个C:创造能力(creativity)、合作能力(collaboration)、交际能力(communication)和批判性思考(critical thinking)的能力。显然,传统的学校教育并不能满足这样的人才培养需求,为学习者拓展学校之外的优质学习资源,并将这些学习资源融入学校教育中才是当务之急。

综上所述，无论是从理论依据还是现实意义上讲，将博物馆纳入青少年教育体系都是符合社会发展趋势的，也是未来博物馆的努力目标之一。尽管在今天，我国的博物馆、学校和相关部门都逐渐认识到博物馆对青少年教育的重要意义，并在实践中取得了一些成绩。然而与美国、日本等重视博物馆教育的国家相比，尚存在不小的差距。事实上，我国的中小学生远未达到将"博物馆视作学习场所"的地步，而博物馆在青少年教育领域的实践也往往停留在浅层，尚未真正地承担起青少年教育的重责。从我国文化行政的特点上讲，政府及相关部门出台的政策法规对相关领域的发展影响巨大。从根本上讲，我国博物馆未能真正地融入青少年教育体系，究其原因是因为我国尚未能从制度层面形成推力，以促进和保障博物馆资源与学校教育的衔接融合。

二、日本和美国在将博物馆资源融入学校教育方面的制度经验

日本和美国都是十分重视博物馆青少年教育功能的国家，并一直致力于促进博物馆资源和学校教育的衔接融合。从文化行政学的角度而言，日本在文化行政上属于"政府主导的符合模式"。这种模式的特点是政府在文化事业的发展中起主导作用，利用自身拥有的权力及合法有效的手段进行主动引导和协调，同时也积极借助社会力量，使文化发展在国家的许可范围内。美国在文化行政上采用的是"政府引导的符合模式"。这种模式的特点是文化发展主要依靠社会力量调节，政府通过制定法律法规、经济政策并利用官方、半官方或非官方的文化机构来间接管理文化事务。尽管两国在国家的文化行政职能模式上存在很大差别，但是他们在将博物馆资源融入学校教育的制度设计方面有着丰富经验，涉及公共政策、经费制度、组织领导、机构协作、监督和评估等方面。

（一）日本

博物馆教育在日本属于社会教育范畴。日本在社会教育领域拥有健全的法律体系。日本于1951年颁布的《博物馆法》就是根据《社会教育法》的精神发展来的，因此十分强调博物馆的"教育性"。在《博物馆法》总则中就明确提到立法是以"以谋求其健全地发展及贡献国民教育、学术及文化发展"为目的，明确了博物馆是国民教育体系的重要组成部分。在该《博物馆法》中将"与学校、图书馆、研究所、民众教育厅等教育、学术或文化各有关机构协作，对其活动进行促进"[④]列入博物馆的基本职能中。此外，日本《博物馆法》还在专业人员资格、政府经费、评估等方面做了规定，为博物馆教育活动的开展提供法律保障。

日本通过基础教育改革推动博物馆资源与学校教育的衔接融合。2002年，日本开始在全国中小学中推行"综合学习时间"，引导和促进了中小学生利用博物馆资源学习。"综合学习时间"是日本新一轮基础教育改革的重要措施，它要求各学校根据社区和学校的实际情况，开展有特色的教育活动，实施超越学科范围的"横向的、综合的"教育，以达到培养学生在21世纪的"生存力"之目的[⑤]。从内容上看，"综合学习时间"是一项兼具指导性和操作性的政策。它不仅规定了政策的总体目标，还对相关的学习内容、学习方式上给出了建议，并在学习时长和评价方式上给予了明确规定。为了方便学校利用博物馆等校外教育资源，日本文部科学省的网页为"综合学习时间课程"提供了具体服务项目的介绍，包括机构的联系方式、网址、是否提供资料、是否派遣讲师等内容[⑥]。

日本的博物馆属于社会教育机构，博物馆经费由地方社会教育经费中划拨，因此博物馆经费的使用都应当以发挥其教育功能为目的。从总量上看，日本在社会教育方面的经费投入十分巨大。1995年，因受终身教育思潮的影响，日本政府的社会教育经费大幅提升达到2 802 456 391 000日元，其中博物馆经费为274 863 350 000日元[⑦]，约占社会教育总经费的9.8%，人均博物馆经费高达2 189日元，为近20年来的峰值。1999年，日本政府对博物馆进行了独立行政法人化的运营制度改革，这意味着日本博物馆经费主要依靠中央和地方政府的固定拨款的情况将有所改变。尽管如此，政府资金依然是博物馆的重要经费来源。从近10年来的数据得知，政府对博物馆经费的投入占社会教育经费投入的比例始终维持在9%左右，人均约为1 128日元。对博物馆而言，自筹经费无疑是巨大的压力，但这也能促使博物馆为了吸引社会经费而更好地实践包括青少年教育在内的公众服务职能。

在行政管理上，日本的博物馆属于文部科学省下的生涯学习政策局社会教育课管辖。过去，由于政府对博物馆运营方面的干涉权力较大，导致一些博物馆公众服务的效率和积极性低下。在日本政府对博物馆进行独立行政法人化改革后，政府将事前管理权威降低，更强调博物馆在具体工作中的自主性，并将对博物馆的监管重心则放在运营评估上。2005年，日本文部科学省委托日本博物馆协会制定的《博物馆运行评估指标》中体现了"博物馆应成为学校教育利用的重要资源"这一观点，并将博物馆是否"致力于促进学校对博物馆的利用与合作"纳入运行评估指标。评估要点包括：有无学校合作方针，有无学校利用促进计划，学校利用件数的变化，儿童、学生职场体验的接收件数以及人数的变化，面向教师的讲座的实施情况，面向教师的讲座的参加人数，接收教师研修的人数等。各博物馆在以此为依据制定本馆绩效评估指标时，都会将"博物馆是否服务学校教育"作为重要的考量标准。

综上所述，从法律和政策层面讲，日本通过相关法律明确了博物馆的社会教育职能，并通过基础教育改革为博物馆资源融入学校教育创造有利的政策环境。从经费制度上讲，无论是早年的政府高额拨款还是近年来鼓励博物馆吸纳社会资金，从本质是都是为了敦促博物馆更好地践行社会教育职能。从行政管理上讲，博物馆与中小学校同属文部科学省管辖，为博物馆资源融入学校教育提供了组织上的便利。独立行政法人制度改革后，日本政府对博物馆事务采取

"轻事前管制,重事后评价"的管理方式保证了博物馆开展各类教育活动的有效性。将馆校合作完成状况作为博物馆运行评估的重要指标,更是为博物馆资源融入学校学校教育的提供重要的制度保障。

(二) 美国

在美国,"教育是博物馆公共服务的核心"这一概念却早已深入人心。在数十年来的实践中,博物馆也已经在事实上成了学校教育最好的伙伴。和日本相比,美国的馆校合作更多地依赖于博物馆和学校的自主性。因此馆校合作虽然普遍,但质量参差不齐。近年来,美国联邦政府希望能从国家层面为各地馆校合作事业提供支持,并为此出台了一系列政策。在2010年的《博物馆和图书馆服务法案》中明确提到"(博物馆、图书馆的)馆长应当确保相关的政策与行动与《基础教育法案》保持协调"[⑧]。2015年的众议院在一份关于在《2016年对劳动、卫生、人类服务、教育等相关机构拨款议案》中要求教育部加强与博物馆与图书馆服务协会之间的机构合作,让学校得以充分利用博物馆和图书馆资源帮助学生学习。此外,美国政府还通过基础教育改革来鼓励学校利用博物馆资源。2015年12月通过的新基础教育法案(ESSA)赋予各州在制定学习标准和监管学校教育方面更多的自由。就目前各州的实践情况而言,鼓励学校利用博物馆等社区学习资源已经成为趋势。可以说新教育法案的推行也成为将博物馆资源融入学校教育的推力之一。

尽管政府资金并不是美国博物馆的主要经费来源,但联邦政府仍然会通过各种手段向博物馆拨款以支持其开展公众服务。在联邦资金中,其中约44%是通过设立国会专项经费的方式拨付给博物馆,其他部分则是委托博物馆和图书馆服务协会(IMLS)、国家艺术基金会(NEA)、国家人文基金会(NEH)、国家科学基金会(NSF)这四个独立的联邦机构以设立各种资助项目和奖励项目的方式进行分配,博物馆可以通过项目申请获得资助。对经费的供给方(联邦机构)而言,与K-12(中小学)教育相关的项目是政府经费资助的重要方向。2015年,IMLS向博物馆发放了30 131 000美金的联邦经费,其中50%使用在了公众教育项目中。对博物馆而言，支持学校教育也是教育经费开支的主要方向。在2009年AAM对博物馆财务状况做的调查中显示，大部分博物馆的教育预算中约有75%是用在和K-12教育相关的活动中的。

由于美国大部分的博物馆实行理事会制度，决策权相对独立，联邦政府并无太多权威干涉其日常事务。因此，美国政府成立了美国图书馆与博物馆服务协会（简称IMLS）这一独立的联邦机构，通过学术研究、政策指导和经费资助的方式对全国范围内35 000所博物馆实现领导和支援。在支持学校利用博物馆资源方面，IMLS分别于1996年和2001年对全国范围内的馆校合作情况的进行调查和研究，并出版了调查报告。此外，IMLS每年为馆校合作项目提供大量的政府经费，同时也代表博物馆向总统和国会呼吁更多的经费支持。

此外，IMLS也通过机构协作的形式来支持馆校合作。2010年重新修订的《博物馆与图书馆服务法案》要求IMLS与其他相关的联邦政府部门和机构通力合作，以支持公众在教育方面的需求。2015年，IMLS已经在联邦政府范围内与多个部门和机构建立了合作伙伴关系，参与多项与促进K-12教育相关的项目：

● IMLS和NASA、国家公园管理局一起参与了又美国教育部发起的"21世纪社区学习中心项目"。这是美国规模最大的校外学习项目，旨在为教育服务水平落后地区的学生提供更多的学习机会。

● IMLS参与的一项名为"非正式科学教育论坛的"跨机构合作项目。该项目的目的是将与科学教育相关的联邦机构召集起来，共同分享信息和资源以促进聚焦于STEM教育相关的项目合作。

目前，IMLS正计划联合教育部和其他相关部门和机构开展一项帮助学校教师和学生利用"开放式教育资源"（open educational resources）的项目。项目旨在指导博物馆帮助学生和教师学会选择和利用开放的学习资源。

IMLS也肩负着对资助项目进行监督和评估的职责。本着对国会和纳税人负责的精神，IMLS会要求被资助人（博物馆）每年提交项目评估报告，以考察项目是否达到预期目标。通常，博物馆会委托第三方评估机构为教育项目做评估，并将相关的数据公开在年度报告中。美国史密森尼协会作为半官方机构，在教育评估方面拥有丰富经验。在评估馆校合作项目时，评估人员会将学校教师列为访谈对象，有时还专门设立教师咨询委员会。通过教育项目评估，博物馆能从外界获取相应的反馈，了解学校对博物馆资源的需求和建议，并以此来制定接下来的教育活动计划。在重视青少年教育的政策驱使下，这样的经费制度能够使教育经费在总量上得到保障。此外，借助四大联邦机构的专业力量对教育经费的使用和效果进行监督，也能保障经费使用的有效性。

综上所述，美国政府尽管在博物馆的实际事务上没有直接的管理权威，但通过相关的议案、法案为博物馆资源融入学校教育提供政策指导。IMLS作为美国政府与博物馆之间的纽带，利用自身的专业性为馆校合作提供调查研究、政策指导和经费方面的援助。IMLS与各个联邦机构间的合作，为馆校合作提供了更广泛的资源和机会。完善的监督和评估机制为馆校合作的长期有效进行提供了保障。

三、我国将博物馆资源融入学校教育的制度供给现状和问题

近年来，随着社会各界对博物馆公众教育服务的日益肯定和重视，我国陆续出台了一系列政策文件，为中小学利用博物馆资源提供政策支持。在政策的实施建议层面，2010年《国家中长期教育改革和发展规划纲要》中提出中小学校应"充分利用社会教育资源，开展各种课外及校外活动"[⑨]。2011年，教育部颁发《关于联合相关部委利用社会资源开展中小学生社会实践的通知》，明确要求"教育部门要联合各方力量，开发各类社会资源，推动中小学开展社会实践活动。各级教育部门要利用博物馆开展学习活动纳入中小学课程"等。2015年1月共中央办公厅、国务院办公厅印发了《关于加快构

建现代公共文化服务体系的意见》中提到"小学生定期参观博物馆、美术馆、纪念馆、科技馆纳入中小学教育教学活动计划"。这些文件从学校领域的视角出发，将博物馆视作为优质的校外教育资源，并提出了"将博物馆资源课程化""将参观博物馆列入教学计划"等具体要求。2015年11月，国家文物局和教育部联合出台了《关于加强文教结合、完善博物馆青少年教育功能的指导意见》，该文件主要从博物馆领域的视角出发，以实现博物馆青少年教育资源与学校教育的有效衔接为目的，对博物馆的工作提出指导意见。

在法律层面，2015年3月出台了《博物馆条例》，其中第三十五条从鼓励学校利用博物馆资源的角度出发，对教育行政部门、文物主管部门和博物馆提出了具体的工作要求，并未在行政协作、经费投入、项目监管、评估等方面提出具体的保障条款[⑩]。截至目前，我国尚未有出台专门用于保障博物馆教育活动的法律文件。2015年4月，由全国人大教科文卫委员会牵头组织起草的《公共文化服务保障法草案（稿）》开始向社会公开征求意见，该草案旨在为博物馆、图书馆等公共文化设施开展公众文化服务提供法律保障。但遗憾的是，《草案》也并未明确地将"博物馆辅助学校开展青少年教育活动"列入为公共文化服务的范围内，也未有提出相关的保障性条款。

在组织协作层面，我国相关政府机构尝试以行政协作的方式推动博物馆资源和学校教育的融合。2000年，我国教育部开始试行青少年校外教育活动工作联席会议制度，用以统筹协调和指导全国青少年学生校外教育工作以及青少年学生校外活动场所建设和管理工作。随后，各地也参照该组织形式设立了相应的协调机构。此外，一些地方政府为了更好地促进文教结合工作，还设立文教结合工作协调小组。如上海市于2014年成立的上海市文教协调工作小组，该小组挂靠教育局，成员由分管宣传、教育、文广、新闻等相关部分负责人组成。然而，从美国制度经验来看，相关联邦机构间的合作关系是建立在具体项目的基础上的，同时受到联邦法律条款的保障。在"博物馆促进 K-12 教育"的项目中,代表博物馆的联邦机构——IMLS往往起到主导作用。在我国,无论是校外教育活动联席会议还是文教结合协调小组,均是以教育行政部门为主导的协作。博物馆主管部门在指导工作中缺乏存在感,导致在具体实践中博物馆难以在教育领域发挥专业优势。

在经费层面,我国中央和地方财政通过固定拨款和专项经费的方式来支持博物馆各项事业。财政拨款落实到博物馆后,一般通过"部门申报—全馆平衡—最终确定"的模式进行分配。尽管近年来,许多博物馆在青少年教育方面的预算逐年提升,但并没有在制度上对博物馆教育经费的总量和使用效果形成保障。

此外,我国政府层面对博物馆青少年教育活动缺乏相应的监督和评估制度,造成博物馆缺乏服务学校教育的积极性、博物馆青少年教育活动完成情况不透明、馆校合作流于表面甚至沦为政绩等问题。在现有评估标准中,我国仅在《博物馆暂行评估标准》和《国家一级博物馆运行评估指标》中就"博物馆应服务学校教育"的评估要点做了简单的描述,此外并无更有效的手段对"博物馆服务学校教育"的具体情况进行监管和评估。

四、将博物馆纳入青少年教育体系的制度设计建议

综上所述,我国虽然在政策法规、经费投入、组织协作等层面出台了一系列措施,以促进博物馆资源和学校教育的衔接融合。但与日本、美国相比,在相关制度体系方面尚存在差距。因此,建议应从政策法规、机构协作、经费保障、监督评估四个层面进行系统的制度设计,以期从制度上促成馆校合作的深入和长效。

（一）政策法规层面

完善相关的法律体系。各级政府及相关部门应当制定用于保障博物馆青少年教育活动的法律、法规、条例等,在经费投入、组织

准备和监督评估等方面提出具体要求，从法律上保障博物馆青少年教育活动的长期有效进行。此外，国家还应当完善《教育法》《税法》《公共文化服务保障法》等相关法律，从社会教育、税收制度和公共文化服务等角度促进和保障博物馆与学校教育的衔接融合。

制定扶持政策和措施。国家文物局、教育部应联合其他相关部门制定以"将博物馆纳入青少年教育"为总体目标的政策文件。地方文化部门和教育局应当在贯彻国家政策的基础上，结合当地情况，探索博物馆资源与学校教育结合的长效机制，如将中小学生定期参观博物馆纳入教学大纲、鼓励博物馆结合中小学课程标准开发博物馆教育资源、鼓励博物馆为中小学教师提供职业拓展培训等，并在组织领导、经费补贴等方面制定政策措施。

（二）机构协作层面

中央和地方的相关行政部门应加强配合，建立协作机制。应借鉴青少年校外教育联席会议制度和文教结合工作协调小组制度，成立"博物馆纳入青少年教育体系联席会议"。"博物馆纳入青少年教育体系联席会议"应当联合文物、科技、教育等相关部门的力量，协调指导博物馆资源和学校教育衔接融合的相关工作。在具体工作中，文物、科技等博物馆主管部门应当凸显自身的专业优势，在协调指导中起到引领的作用。具体建议包括：要支持建设或主动开发整合博物馆青少年教育资源的平台，为中小学利用博物馆资源提供便利；要定期调查、研究全国范围内的中小学对博物馆教育资源的利用情况，为博物馆青少年教育活动的开展提供客观的数据支持；要协助维护博物馆与学校之间的沟通和联系，促进馆校合作的长期有效进行。

（三）经费保障层面

中央和地方财政应进一步改革和完善拨款制度，从制度上保障博物馆青少年教育经费的分配和落实。在经费分配中可仿效美国经验加以创新，即政府通过设立具有官方背景的青少年教育基金会，以

"项目申请"的方式将经费落实到博物馆教育项目中。还应争取各级财政设立博物馆青少年教育专项资金,用以扶持和奖励博物馆青少年教育活动。经费可用于馆校合作项目、博物馆课程资源开发、教师培训项目、整合博物馆教育资源等方面。此外,还应当配合博物馆理事会制度改革,研究税收优惠政策,鼓励社会资金支持博物馆青少年教育。

(四) 监督评估层面

各级博物馆和教育主管部门应当完善监督和评估机制。在博物馆层面,应将馆校合作情况纳入博物馆运行评估、定级评估、免费开放、绩效考评等体体系中,并制定细则。在学校层面,应将中小学生利用博物馆资源学习的情况纳入学校督导范围,定期开展评估工作。此外,博物馆主管部门还应当对那些通过"项目申请"获取政府经费的教育项目进行定期评估并向公众反馈。

---

① 卡尔·R. 罗杰斯(1902—1987):美国心理学家,人本主义心理学的主要代表人物之一。

② 陈琦、刘儒德主编:《当代教育心理学(第二版)》,北京师范大学出版社,2007年,第205页。

③ AAM, Center for the Future of Museums: Building the Future of Education-Museums and the Ecosystem, *American Alliance of Museums*, 2014, p.10.

④ 中国国家文物局、中国博物馆协会编:《博物馆法规文件选编》,科学出版社,2010年,第179页。

⑤ 黄贞燕:《由行政主导日本博物馆发展概况及现状》,http://www.cam.org.tw/5-newsletter/24.htm。

⑥ 孟令红:《日本中小学的综合学习时间课程》,《北京教育(普教版)》,2010年第9期,第64页。

⑦ 原始数据来自世界银行网站:http://data.worldbank.org/和日本文部科学省网站:http://www.mext.go.jp/b_menu/toukei/001/index05.htm。

⑧ *MUSEUM AND LIBRARY SERVICES ACT OF 2010*。

⑨ 中华人民共和国教育部：《国家中长期教育改革和发展规划纲要（2010—2020）》，http：//www.moe.edu.cn/publicfiles/business/htmlfiles/moe/moe_838/201008/93704.html。

⑩ 国家文物局编著：《博物馆条例释义》，中国法制出版社，2015年，第137页。

（作者：朱娇，文物与博物馆学系　2012级博士研究生）

我国高校博物馆学课程结构演变及成因分析

朱 懿

高等院校博物馆专业人才培养能够为我国博物馆事业发展提供后备力量。其中,博物馆学课程教学是必不可少的环节。我国的博物馆学教育肇始于20世纪30年代,此后,博物馆学教育在我国高等教育中地位逐步提高,标志着博物馆工作专业化程度提升及"博物馆职业"逐渐获得认可。博物馆学课程结构的演变反映了博物馆学理论研究的深化,以及博物馆事业对专业人才更高的知识、技能、素质要求。

一、博物馆学课程结构辨析

"课程结构"是指"课程各部分的组织和配合,即探讨课程各组成部分如何有机地联系在一起的问题"[1]。"博物馆学课程结构"是从"博物馆学"学科本身出发,探讨博物馆学课程所涵盖的课程目标、课程内容、课程形态等要素应当如何配置、协调和优化,实现课程功能的发挥。博物馆学课程的功能分为对学习者的功能和对于社会的功能。前者是指通过课程提升学习者对博物馆现象的认识,完善其关于博物馆的知识结构,掌握博物馆工作原理和技能,培育对于博物馆职业的认同感。后者是指博物馆学课程能够培育满足博物馆需求的人才,由人才实现博物馆的教育、研究、娱乐等功能。

随着博物馆人员培训体系、从业标准、职业伦理规范的建立，"博物馆职业"逐渐获得认可，博物馆专业人员的地位逐步提高。国际博物馆协会章程（ICOM Statutes 2007）将博物馆专业人员的定义从博物馆内部从业人员，扩展到博物馆领域研究和教学人员，以及博物馆外部、为博物馆事业服务的独立专业人员[②]。能够被称为博物馆专业人员的不再仅仅是能够维系博物馆内外部运作的从业者，也包括理解博物馆现象、认同博物馆价值、服务于博物馆事业的个人。这意味着，博物馆学课程的"育人"目标内涵和外延发生拓展，势必对于课程结构提出新的要求。博物馆学课程结构的演变也正是在与学习者以及博物馆事业大环境相互作用的过程中发生的。

二、我国高校博物馆学课程结构的历史演变

（一）旧中国：高校博物馆学课程结构的生成

20世纪30年代是中国博物馆事业的第一个兴盛期。在博物馆学正式进入高等院校之前，博物馆学家陈端志先生就在其《博物馆学通论》"工作人员的养成"章节中，提出博物馆人员的专门训练方法。其中包括基本训练和专业训练，基本训练即普通学识如社会科学、自然科学以及教育知识；专业训练即有关博物馆的知识、技能和理想。

（1）知识：包括博物馆的筹备和组织，各项设施和活动，事务方面的管理，文字方面的利用，以及博物馆实际应用的专门知识，如考古发掘、艺术等。

（2）技能：收集法、陈列法、保管法、修理法、说明法、绘图、制表、摄影、制模等。

（3）理想：即博物馆工作人员的人生观[③]。

这三类课程分别承担不同功能，知识课程旨在建立学习者对博物馆工作的认识和判断，技能课程旨在训练实际业务能力，理想课程

旨在树立学习者的博物馆职业观。尽管当时我国高校还未普遍设立博物馆学科系，但是陈端志先生提出的人才训练课程，已经初步形成以西方博物馆学理论为基础的课程结构，为当时博物馆开展人员培训提供依据。

博物馆学课程正式走进高校是在1935年中国博物馆协会成立后。博协考虑到国内新馆的增加"需要人才孔亟，而国内尚无养成专才之机关"，便"委托香港华侨工商学院开设博物馆学专修科"[④]。其他高校比如武昌文华图书专科学校也曾于1937年聘请从美国来校的谢福德先生，"于每周为学生讲授博物馆学两次"，"为学生实习起见，爰在华德楼举行展览两次"[⑤]。这些实践为国内高校设置博物馆学科系提供了经验。

1936年中国博物馆协会第一次年会和中华图书协会第三届年会在青岛联合召开，两协会形成合力，致力于现代文化教育，从而奠定了"图博系"在高等院校正式设立。1941年国立社会教育学院设立了我国以第一个本科学制的图书博物馆学系，分图书馆组和博物馆组。"该系以培养图书馆博物馆高级行政及实施人员并研究高深图书博物馆学为宗旨，其课程学理与实际并重"[⑥]，明确表述了课程的目标和原则。博物馆组的课程分为：

（1）全院必修课程：三民主义、伦理学、国文、外国文、中国通史、社会学、经济学、理则学、哲学概论、政治学、教育概论、普通心理、教育心理学、世界通史、社会教育概论、普通教学法、物理等；

（2）共同必修课程：博物馆学通论、图书馆学通论、图书编目法、检字法、各科名著介绍、图书馆学课题研究方法、毕业实习、毕业论文等；

（3）博物馆组必修课程：博物馆经营法、博物馆史、博物馆行政、各种标本讲述、标本制作术、博物馆问题讨论、博物馆学专著研究、中国古代器物学、考古学、金石学；

（4）本系选修课程：博物馆教育、特种博物馆学、物品鉴别法、教育博物馆学、文史博物馆学、科学博物馆学、美术博物馆学、文化人类学等⑦。

图博系的博物馆学课程较之于陈端志先生的"知识、技能、理想"框架在内容上有了明显的深化,如果根据 Neustupny 的博物馆学结构⑧来对课程作内容上的分类,博物馆学通论、博物馆史属于一般博物馆学(general museology),另有特种博物馆学、教育博物馆学、文史博物馆学、科学博物馆学、美术博物馆学等专门博物馆学(special museology)课程,以及博物馆经营法、博物馆行政、博物馆教育、标本模型讲述、标本制作术等应用博物馆学(applied museology)课程。从课程的形态上来看,既包括知识讲授,也包含了实践活动、讨论交流、自主研究等。博物馆组的课程从形式结构上来说已经基本完善,课程目标、课程类型、课程形态、课程内容相统一,这是博物馆学教育在高校的一次尝试,也是作为一门学科的博物馆学正式走进我国高等教育领域。

图书馆学和博物馆学在国立社会教育学院图博系是两门相互关联的学科,因此博物馆组的必修课又包含了图书馆学的内容。正如北平研究院院长李石曾所述"图书是文字的博物,博物是实物的图书"⑨,两种学科联合设系,并且在专业教育过程中相互融合,是新中国成立前博物馆学科系设置和课程教学的特点。

(二)新中国成立后至"文革"前:高校博物馆学课程结构的转向

新中国成立后,随着我国博物馆事业和教育事业的战后复苏,在高校设立博物馆学科系被提上议程,1951 年,教育部曾召开座谈会讨论博物馆学系设置问题⑩。新中国成立后至"文革"前有部分院校开设博物馆学科系,包括:1949 年北京大学博物馆开办的博物馆学专修科;1951 年西南师范学院开办的图书博物馆专修科;1960 年南开大学历史系开设博物馆学专门组;河北省文化艺术专科学校开办文物、博物馆专科;1960 年文化学院开办文物、博物馆系;1962 年,中央美术学院开设博物馆学课程等⑪。这一时期高校博物馆学课程结构呈现了与新中国成立前不同的特点。

以北京大学博物馆学专修科为例,其课程分为公共必修课、专业必修、专门博物馆学必修课和选修课。公共必修课包括政治、体育、英文、俄文、国文等;专业必修课包括博物馆学、编目与陈列(附实习)、博物馆管理法、博物馆技术等。北大专修科的特色在于,分设历史博物馆、美术博物馆及科学博物馆三组,每一组有各自的必修课程。历史博物馆组必修中国通史、中国社会发展史等史学课程;美术博物馆组设中国古代美术、现代美术、中国近代书画、中国考古美术文选、中国雕刻史、中国建筑史等课程[12];科学博物馆组则有生物保存法、普通地质学、普通矿物学、普通动物学、普通植物学等自然科学课程[13]。北大博物馆学专修科还十分重视实践课程,"经常参观京市的博物馆和展览会,并时常举行关于博物馆方面的专题演讲","为了理论联系实际,积极到校外服务"[14]。

与北大博物馆学专修科一样,这一时期其他高校的博物馆学专业课程,也兼具文物学、考古学、博物馆学,但是博物馆学课程数量比较少。从当时一些院校使用的教材,如1961年文化学院文物博物馆干部学习班编纂的《博物馆工作概论》[15]的内容也可以看出,博物馆学课程是以博物馆内部岗位分工为依据,侧重实际业务知识。新中国成立前以西方博物馆学体系为指导的课程结构,到了新中国成立后转变为由博物馆实际工作需求主导的课程结构,强调藏品相关学科基础知识和博物馆实务技术。这一课程结构注重人才对藏品的科学研究能力,符合当时新建博物馆对人才的需求,但却弱化了对博物馆学学科的批判性思考。

(三)改革开放:高校博物馆学课程结构的重新确立

改革开放后,学界呼吁尽快在高校设置博物馆学专业。1980年2月,南开大学率先在历史学系下设博物馆专业,之后,相继有复旦大学分校、杭州大学、北京大学、吉林大学、西北大学等开设博物馆学专业。1993年经过教育部修订颁布的《普通高等学校本科专业目录》[16],将博物馆学归属到历史学门类下的二级学科。在研究生层次,1991年《授予博士、硕士学位和培养研究生的学科、专业目录》[17]

也将博物馆学归为历史学下二级学科，其中包含文物学和古器物学。这一系列高等教育专业结构调整和规范文件的颁布，进一步确立了博物馆学在高等教育学科体系中的地位。博物馆学与历史学、考古学的关系也进一步被固定下来，成为高校院系专业和课程设置的依据。

近年来，我国开设考古、文博类专业的高校数量越来越多，2011年起，部分高校开始实施"文物与博物馆"专业硕士人才培养，进一步扩大文博专业招生。博物馆学专业建立起了从本科到博士的人才培养体系。在课程设置上，本科阶段博物馆学、考古学、文物学、历史学四大类相结合的课程体系是大多数高校采用的模式，也有部分高校设有民族学、人类学、艺术史等相关课程。研究生阶段则着眼于博物馆领域具体问题研究。以博物馆学课程体系相对完善的复旦大学文物与博物馆学系为例，从本科阶段起开设的博物馆学类课程包括博物馆学基础、博物馆陈列设计、博物馆藏品管理和信息化、博物馆教育、世界博物馆概论、博物馆经营管理、文物保护与修复、博物馆学理论与实践、博物馆策展实践、博物馆学专业英语、博物馆实习等。复旦大学文博系的课程注重课程实质结构的合理性，在传授知识的同时，通过校内外策展实践、藏品管理实践、文物修复和实验、博物馆参观考察和实习、研究型科研项目、馆校合作活动等来丰富技能性、创意性和情意性的课程，培养学生学以致用的能力和创造性思维。

三、我国高校博物馆学课程结构演变的成因分析

博物馆学学科自20世纪30年代进入我国高等院校，至今已有近百年发展历史。高校博物馆学课程结构是由其功能所决定的，而课程功能受到外部环境因素的控制。影响我国高校博物馆学课程结构变化的外部因素，包括博物馆学学科的发展，以及博物馆事业发展对人才的需求。

（一）博物馆学学科发展

学界通常将中国博物馆学学科发展分为三个阶段：即从洋务运动时期到新中国成立前向西方博物馆学理论学习阶段；新中国成立后到文革前模仿和照搬苏联博物馆学理论阶段；十一届三中全会后探索中国博物馆学理论体系阶段[18]。我国高校博物馆学课程结构，正随着博物馆学学科在中国的移植、模仿和本土化过程而呈现出不同的面貌。

20世纪30年代，是我国博物馆学研究萌芽时期。一批重要的博物馆学论著问世，当时的学者主要引介日本和欧美的博物馆学理论。在国立社会教育学院图书博物馆学系教授博物馆学课程的荆三林先生曾发表《民俗博物馆在现代中国之重要性》[19]《科学博物馆之功用及其组织问题》[20]等论文，其中广泛参考欧美、日本博物馆成功经验，在此基础上提出对于中国博物馆事业建设的思考。可以想见，荆三林先生在图博系讲授博物馆学课程时必会以西方、日本博物馆学理论为蓝本，传播博物馆理念。博物馆学课程以相对完整的形态出现在高等院校，表明我国学术界已经意识到了博物馆工作专业化的重要意义。尽管当时中国博物馆学体系尚未成型，但是东西方博物馆学理论的指导对现代博物馆这一新兴事物在中国的扎根和发展起到关键作用，在此理论基础上设置的高校博物馆学课程是我国博物馆专业人才培养的早期尝试。

新中国成立后，中国博物馆事业亟须整顿、恢复，博物馆专业人才也亟须补充。尽管新中国成立初曾探讨过博物馆的"三性二务"等问题，但是整体来说，新中国成立后至文革前这一时期我国博物馆学研究深受苏联影响，对于苏联博物馆学采取全盘接受的态度，其理论和实践成为唯一的工作指南。我国高校博物馆学教育也受此影响。具体表现在，教材的编写翻版苏联博物馆学著作，对于欧美博物馆学采取拒斥态度，课程内容注重讲授博物馆实务经验，缺少对博物馆学学理的探讨，"博物馆学作为一门学科并没有在整个博物馆界得到应有的重视"[21]。尽管这一时期的文博人员培训得到了博物馆界的大力支持,馆校合作广泛开展,在实际工作经验传播方面成果显著,培养了一批人才。但是,一方面,因对博物馆学理论探讨的缺失,造成高校博物馆学课程结构不完整,基本上是以传授文物、考古知识,以及博物馆工作经验为目的的岗位培训;另一方面,因"文革"十年内乱的到来,人才培养的工作不久就停止了。对于苏联博物馆学的照搬,使这一时期高校博物馆学课程内容有僵化、教条化的弊端,并且夹杂着政治意识形态的影响,对博物馆人员的创造力以及批判性思维的养成造成不利影响。

十一届三中全会之后,我国博物馆学学科建设走上正轨,博物馆学作为正式学科被纳入高等教育体系,开设博物馆学专业的高校数量增加,学术科研成果也有了一定的积累。20世纪80年代之后,学界对于中国博物馆学理论体系建设问题展开了讨论,普遍的观点认为博物馆学的研究应当基于中国博物馆工作实践,而不只限于对外国经验的移植和介绍[②]。因此,高校开设博物馆学课程强调对我国博物馆历史、博物馆事业现状等内容的传播。但是,90年代之后,偏重于实务研究的趋势越来越明显,博物馆学学科基础理论研究依然没有受到重视。高校博物馆学课程在学术史、方法论知识的传播方面依然缺失,这也是因理论博物馆学不被重视而产生的问题。

(二)博物馆事业发展对人才的需求变化

与博物馆学学科发展历程类似,博物馆自鸦片战争之后被西方殖民者传播到中国,在我国的发展历程从民国时期的模仿借鉴、到新中国成立初的社会主义改造、再到十一届三中全会后制度化建设。在此过程中,学界对博物馆的性质和任务定位发生过变化,博物馆的功能不断拓展,对于人才的需求也相应发生变化。高校博物馆学课程结构为适应博物馆人才需求而渐趋合理和完善,博物馆学教育为博物馆事业源源不断地输送专业人才。

鸦片战争之后,西方列强殖民入侵中国,同时带来了西方科学技术和新兴事物,博物馆成为殖民者掠夺所得自然资源及文化遗产的储存所。一批有识之士在变革图强的过程中意识到了博物馆的社会教育作用,大力提倡利用博物馆开启民智、传播科学、重塑民族精神。国民政府定都南京后,在教育部下设立社会教育司,将博物馆和图书馆纳入社会教育司第一科,成为社会教育机构,博物馆工作者便成为社会教育人员。从国立社会教育学院的课程设置看,除了博物馆学学科知识外,教育学、心理学的理论和方法是整个学院的必修课,是成为社会教育人员必不可少的知识储备。实际上,民国时期我国的社会教育制度深受日本影响,经历了模仿、借鉴和不断学习深化的过程[23]。我国移植日本的做法将博物馆纳入社会教育设施,高校博物馆学教育正是为了培养社会教育专业人才,使他们能够利用博物馆开展国民社会教育。我国高校博物馆学课程借鉴了日本的博物馆学体系,而日本的博物馆学理论则直接来源于西方博物馆学。

新中国成立后,中国共产党接管了帝国主义和国民党政府所办的博物馆,并对其进行改造,同时兴建了一批国家博物馆、各省市涌现出地志博物馆或综合博物馆。因新馆建设和运作的需求,这一时期人才培养工作进一步展开,除了高等院校设置博物馆学专修科、专门组、干部培训班等,国家及地方文物部门也积极筹办培训班,主要目的是进行博物馆工作业务培训,强化专业人员对于工作流程和技能的掌握。宋向光指出,这一时期的中国博物馆建设,"其背景是社会主义计划经济,其经验是大馆的工作实践,其技术背景是手工操作,其管理背景是自上而下的集中管理体制,其目的是业务需要",这一时期的博物馆工作"强调岗位责任和业务标准"[24]。因此,高校博物馆学课程体系的应用取向十分明显,教材内容参照苏联博物馆学理论体系,课程内容以介绍岗位职责和技能为主。又由于20世纪50年代提出的"向科学进军"口号,使博物馆的科研功能得到强化、博物馆文物保护和保存的机构性质得到强调,因此,高校博物馆学专业在课程设置上也相应地将考古学理论和技术、文物学基础知识作为重要的板块,博物馆学理论方面的内容被淡化。

"十年动乱"中,中国博物馆事业遭到破坏,直至十一届三中全会以后,才逐渐恢复。20世纪80年代以来,中国博物馆建设逐渐走上制度化轨道,一系列的规章制度出台,使博物馆工作专业化程度显著提高,各种类型博物馆的出现使我国博物馆体系更加完善,社会教育服务的功能更加突出。博物馆数量的增加和规模的扩大,对于人才需求变得更加迫切。为了满足全国各地文博事业单位的人才需求,各省市高校相继开设文博专业,国家文物局也积极开展各个层次的人员培训。因博物馆学被正式纳入高等教育学科目录,高校博物馆学专业从本科至研究生各个层次的教学计划、课程设置、师资配备都更加完善。博物馆学课程结构方面,课程内容更加丰富,出现了博物馆教育、博物馆观众研究等课程,迎合博物馆对于教育服务型人才的需求;高校硬件条件的改善,使文物保护、藏品数字化等课程内容能够有理论结合实践学习的可能;馆校合作进一步深化,使实践、实习课程常规化,加深了学生对于博物馆事业的认识,提高了学生综合素质,为他们进入博物馆工作奠定基础。高校博物馆学专业为博物馆培养了一大批优秀人才,特别是人才的创意创新能力有了显著提高。

四、结论与思考

当前,我国博物馆数量增多、类型增加、规模扩大、岗位分工加剧,各种学科背景的人才源源不断地走进博物馆领域。与此同时,博物馆工作也面临着条块分割的危险。尽管博物馆事务内部包涵着各种学科知识,但是要使专业人才在掌握不同学科知识和技能的基础上,能够依据博物馆的原则和宗旨开展工作,不仅完成既定的任务,也能不断探索新的工作路径和方法,拓展博物馆的功能、发挥博物馆的价值,这应当是博物馆学教育培养专业人才的目标。

目前,一方面,我国高校博物馆学课程结构侧重历史学、考古学、文化遗产学的基础知识,能够成体系开设博物馆学课程的高校数量依然很少,尤其是研究生阶段的课程,内容深度和广度不够,有关博物馆学理论和方法、博物馆职业及伦理、博物馆设施和建设的课程内容缺乏。另一方面,博物馆类型增加、规模扩大也催生了许多新的博物馆学研究领域,传统博物馆学的内容滞后现象比较严重,亟须培养研究型人才对相关问题开展进一步研究,比如行业博物馆、自然科学类博物馆的管理、运作、人才培养、法规制定等。如果说高等教育本科阶段的博物馆学专业教育旨在培养对于博物馆工作有所了解、具有进入博物馆工作基本技能和相关学科知识的专业人才,那么,到了硕士、博士研究生阶段的培养,应当使博物馆学人才有一定的知识产出,能够对博物馆事业现实问题进行思考,应以培养具备理论素养的学术科研型人才为目标。

尽管20世纪80年代以后的20年间,博物馆学界在构建中国博物馆学理论体系方面做了极大的努力,但是"博物馆学仍然不是一个成熟的学科",无论是在学科理论、分支学科建设、学科知识标准、研究方法、学科制度建设方面,都有待进一步提升[25]。国内外学术界曾经对于博物馆学是否能成为一门独立学科进行过激烈讨论,其中不乏有反对之声。但需要认识到的是,知识的分化和整合是一个动态的过程,知识并不是客观存在的,系统性的知识是在实践活动的基础上,由人的思维参与建构的,许多现今的"独立"学科原本都是多种学科知识的综合,比如生命科学、信息科学等。因此作为"独立"学科的博物馆学应当是被建构起来的,未来其理论体系和研究方法也会趋于完善。只有学术研究水平的提升,才能推动博物馆学的专业教育。

---

① 施良方:《课程理论——课程的基础、原理与问题》,教育科学出版社,1996年,第123页。

② ICOM, ICOM Statutes, Article 3, Section 3, [EB/OL]. [2015-08-19] http://icom.museum/fileadmin/user_upload/pdf/Statuts/statutes_eng.pdf. "博物馆,或符合博物馆标准的机构,以及对于博物馆活动有益的训练和研究机构内部的所有的人员,他们在博物馆管理和博物馆活动领域经受过专业的训练,或者拥有等效的实践经验。另外,尊重《国际博物馆协会博物馆伦理标准》,并为博物

馆工作,但是并不涉及开发和交易博物馆及其服务所需的经济产品和设备的独立个人也属于博物馆专业人员。"

③ 陈端志:《博物馆学通论》,上海市博物馆,1936年,第252—253页。

④《科学新闻:博物馆学》,《科学》,1940年第24卷第10期,第775页。

⑤《校闻及同门消息(五):博物馆学练习展览》,《文华图书馆学专科学校季刊》,1937年第9卷第2期,第303—304页。

⑥《国立社会教育学院概况》,1948年,第24页。

⑦ 同⑥,第15—16、24—29页。

⑧ Peter van Mensch, Towards a Methodology of Museology, [EB/OL]. [2015-08-25] http://www.muuseum.ee/uploads/files/mensch06.htm.

⑨ 傅振伦:《近百年博物馆事业先辈的事迹》,《博物馆学研究论文选》,西北大学出版社,1994年,第102页。

⑩ 老兕:《博物馆人才培养的历史回顾》,《中国博物馆》,1989年第3期,第15页。

⑪ 同⑩,第16页。

⑫ 南京博物院:《宋伯胤文集(博物馆卷)》,文物出版社,2009年,第373—374页。

⑬ 北京大学博物馆:《北京大学博物馆概要》,北京大学出版社,1949年,第41页。

⑭《介绍北京大学博物图书馆学专修科》,《文物》,1950年第7期,第30—32页。

⑮ 文化学院文物博物馆干部学习班编:《博物馆工作概论 初稿》,文化学院,1961年11月。

⑯ 交通部教育司、交通普通高等成人教育协作组编:《高等学校成人教育文件选编》,大连海运学院出版社,1994年,第246页。

⑰ 安树芬、彭诗琅:《中华教育历程》第63卷,远方出版社,2006年,第9559页。

⑱ 王航:《中国博物馆学科建设:回顾与展望》,《中国博物馆》,2014年第2期,第27—31页。

⑲ 荆三林:《民俗博物馆在现代中国之重要性》,《学术世界》,1936年第2卷第2期,第58—61页。

⑳ 荆三林:《科学博物馆之功用及组织问题(附表)》,《青年中国季刊》,

1941年第2卷第4期,第80—93页。

㉑ 黎先耀:《博物馆学新编》,江苏科学技术出版社,1983年,第310—330页。

㉒ 傅振伦、王英等:《如何开展中国博物馆学研究(笔谈)》,《中国博物馆》,1987年第3期,第2页。

㉓ 王雷:《中国近代社会教育进程中来自日本的影响》,《教育评论》,2004年第4期,第87—89页。

㉔ 宋向光:《物与识——当代中国博物馆理论与实践辨析》,科学出版社,2009年,第12页。

㉕ 梁吉生:《博物馆学本土化发展及其今后路向》,《中国文物科学研究》,2006年第1期,第14—17、34页。

(作者:朱懿,复旦大学文物与博物馆学系 2013级博士研究生)

六类观众在自然博物馆中的行为研究

顾洁燕 赵 鸿 赵雯君 邓 卓

一、研究背景

自然博物馆的展览总体是静态的、以看为主的,围绕标本和实物,辅助以图文、媒体、展品、生境等手段拓展诠释自然万物的规律。展览的效果如何,预期科学传播目标是否实现?西方博物馆主要通过观众评量(evaluation)作为展览效果评估(assessment)的重要手段,国内对展览的评估主要停留在参观量、媒体报道量上,鲜有从观众收获或改变角度的量化评量。美国学者菲利普·贝尔和布鲁斯·列文斯坦认为:在非正规学习情境中的学习通常是偶然发生的,而不是连续的[①]。博物馆的观众形形色色,在休闲旅游功能日益凸显的当下,不同参观人群的行为有什么特点?博物馆如何才能了解观众的实际获得,从而改进展览、开发有针对性的教育活动,激发观众更富有学习意义的博物馆体验式参观?

2015年下半年,上海自然博物馆展教团队通过观众行为研究对新馆内的千姿百态展览效果进行了评量。展览位于展馆地下二层,共包括千足百喙、动物之家、蜂巢启示、自然之声、贝林蛇标本、鸟的雌雄、森林音乐家7个展项(见表1),面积147.2平方米。该展览以标本陈列为主,辅以标签图文、科学绘画、多媒体、机电展品手段,通过不同个体的组合比较,呈现自然界生物的多样性,展览策划者希冀引发观众对其背后科学道理的思考。

表1 上海自然博物馆千姿百态展览展项概况

展项名称	展示形式	展示内容	科学传播目标	照片
千足百喙	模型及科学绘画、图文标签、视频	由于生境、食性的不同,鸟类的足与喙千差万别,这也成为它们的重要分类依据。	通过不同种类的鸟足与喙展示物种的多样性,让观众了解鸟类足与喙的结构与所生活环境之间的关系。	
动物之家	标本及科学绘画、标签、视频	展示38件鸟巢、8件蚁巢和蜂巢,并通过视频等介绍其他代表性动物的巢穴。	通过陈列不同动物在不同的环境下建造的精巧的巢穴,展示动物高超的建筑水平和适应环境的能力。	
蜂巢启示	互动机电展品及图文	按动按钮可以看到中心的管口不断释放出圆形的水泡,当水泡数量增多,相互挤压就形成了六边形的构造。	蜂巢的结构原理。	

续 表

展项名称	展示形式	展示内容	科学传播目标	照片
自然之声	互动媒体、模型、音频和按钮	自然之声展项群中,可以了解动物发声的原理及发声的多样性。包括3件展品: A. 三组发声器模型及相应的乐器陈列,观众可以启动按钮播放相应的声音。 B. 鸟类方言互动媒体,共有12种鸟的41种方言可供点播。 C. 动物声音模仿秀互动媒体,观众可以模拟鸟类、兽类、两栖类、昆虫类4类12种动物的叫声,系统给出相似度判定。	了解动物发声的原理及发声的多样性。	
贝林蛇标本	标本及图文、标签	蛇类是脊椎动物里体型最为奇特的一个类群,没有四肢,身体变得特别细长。蛇的体型长短与粗细通常取决于它们的生境。此处陈列了40件蛇的标本。	蛇的多样性。	

续 表

展项名称	展示形式	展示内容	科学传播目标	照片
鸟的雌雄	标本及标签、视频	从动物雌雄个体外部差异性的角度(性二型现象)展现生命世界的多样性与美。35种70件鸟类标本排列在支架上。另有一哺乳动物雌雄视频。	从动物雌雄个体的大小、颜色、形态、特殊的器官等方面展示物种的多样性,带领观众探寻同一物种雌雄个体间差异的内在原因。	
森林音乐家	音频	观众凑近时可以聆听生活在不同小生境中的动物声音。8根柱子的树洞中循环播放4组虫鸣、鸟鸣、蛙鸣、兽吼,每组取10种动物的声音。	通过播放自然界中动物发出的不同声音,展示声音的多样性。	

从空间角度而言,整个展览呈长方形,既有沿墙摆放的展项,又有展厅中央的展项,设有一个出口和一个入口(见图1)。

二、研究方法

本研究借鉴西方学者的研究方法,通过与专家的沟通与相关文献的研究确定了评量方案;然后跟踪观察记录观众参观时间、行为,并结合现场访谈及回访,分析研究展览的效果、观众的行为规律。

六类观众在自然博物馆中的行为研究

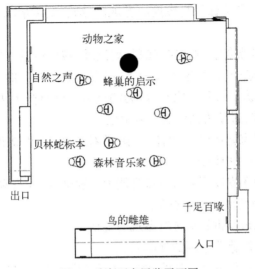

图 1 千姿百态展览平面图

(一) 采样

采用随机抽样的方式,分为 3 个小组同时采样,共获取样本 63 个,根据博物馆观众的主要结构类型,预设为亲子低幼、亲子青少年、个人、学生团体、青年朋友、老年人 6 类人群,每一类人群抽取 10 个及以上样本(见表 2)。

表 2 观众样本分布

观 众 类 型	样本数
亲子低幼(主要针对 3 岁以上至小学三年级及以下的低幼儿童家庭)	11
亲子青少年(主要针对四年级及以上青少年为观察对象的家庭)	10
个人	11
学生团体	10
青年朋友	10
老年人	11

同时，为了确保最终数据的客观性，结合实际情况，约定了抽样规则：

- 团体观众中，被跟踪观察、被记录、被访谈的对象，也做了统一约定。如亲子低幼、亲子青少年，观察对象为其中的一个孩子，但亲子低幼的访谈对象为家长，因为测试下来幼童尚无法清晰表述观点；学生团体，对象为其中的一名学生。
- 亲子家庭或学生团体中，除了对小孩、学生访谈外，另对家长、老师（若有）作访谈。
- 排除3岁以下无自主参观能力的婴幼儿，如有家长携带婴幼儿，可视作为其他类型的观众。
- 排除跟随讲解员进行参观的观众。
- 排除国籍非中国的外国人。
- 根据现场的观众流线，统一选择其中一个入口作为开始观察的点。
- 每间隔5人抽样。在亲子低幼和个人率先达到10个样本后，仍然按照上述方法，但是缺口类型的样本才会被抽样。
- 调研取样的时间原则上安排在10:00—16:00之间，同时避开中午午餐时间。这个时间段内，人流相对比较集中，参观的时间也相对比较充裕，午餐、离馆等的干扰因素较小。
- 停留的定义为：一个观众驻足于一个展项前，头和眼朝向该展品2秒至3秒及以上。

（二）评量方法

本次研究主要使用了跟踪观察法和访谈法。在观察之前制定跟踪观察表，观察记录的内容包括参观时间、参观动线、对话、行为等，以此来分析观众与展品间的互动、观众注意力、展品的吸引力等。跟踪是在不告知观众的情况下进行的，以避免影响观众的行为。

访谈包括两个方面的内容，对观众的访谈和对专家的访谈。对观众的访谈主要作为观察法的深入与补充，在观察实施之后，对观众按照事先列好的访谈提纲进行访谈,以更深入地了解观众的场馆学习行为和对场馆学习的认识;在参观后的 2—3 个月,对观众进行电话或邮件回访。

(三)评量过程

第一阶段,方案制定。通过与原设计人员、场馆运行管理人员以及专家的沟通,选定调研展区,在文献阅读的基础上,设计调研表格及访问提纲。培训并对人员进行分组分工。之后,在展览现场进行试调研,根据预调研结果,统一各组成员的采样和判定标准,修改完善调研方案,形成正式调研表格及访问提纲。

第二阶段,采样。跟踪观察、现场访谈,并对数据进行分析。

第三阶段,回访。对样本进行邮件或电话回访。

三、结果与分析

(一)参观时长

对 6 类人群的参观时长分析显示,平均总参观时长为 215.29 秒(见图 2)。亲子低幼平均总参观时长最长,其次是亲子青少年和青年朋友,高于平均值,个人、学生团体和老年人平均总参观时长较短,

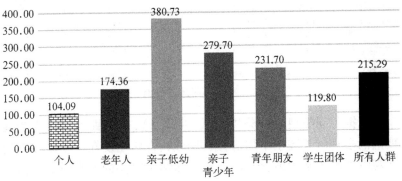

图 2　分人群平均参观时长

低于平均值,最长和最短相差3.66倍。可分析推断:除学生团体外,群体观众特别是家庭观众的参观时长较长,个体观众的参观时长较短。学生团体的表现值得关注。

对7个展项的参观时长分析显示(见图3),蜂巢启示、自然之声、千足百喙平均参观时长最长,鸟的雌雄和森林音乐家参观时长最短。蜂巢启示、自然之声参观时间长,与其为交互型展项有关;千足百喙参观时间长,可能由于其为非完整实物展示,而是采用头、足局部仿真模型展示,需要观众思考,以思考并重构展览意义有关。鸟的雌雄、森林音乐家参观时长短,原因可能是这两个展项设置不明显,容易被观众忽略。

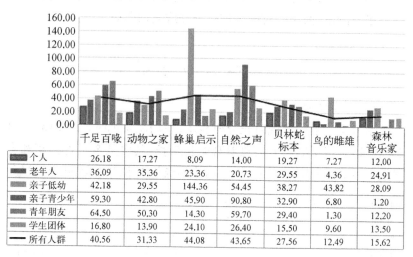

	千足百喙	动物之家	蜂巢启示	自然之声	贝林蛇标本	鸟的雌雄	森林音乐家
个人	26.18	17.27	8.09	14.00	19.27	7.27	12.00
老年人	36.09	35.36	23.36	20.73	29.55	4.36	24.91
亲子低幼	42.18	29.55	144.36	54.45	38.27	43.82	28.09
亲子青少年	59.30	42.80	45.90	90.80	32.90	6.80	1.20
青年朋友	64.50	50.30	14.30	59.70	29.40	1.30	12.20
学生团体	16.80	13.90	24.10	26.40	15.50	9.60	13.50
所有人群	40.56	31.33	44.08	43.65	27.56	12.49	15.62

图3 分展项平均参观时长

根据不同类型人群分析显示(见图3),亲子青少年在5个展项上的参观时长高于平均值,亲子低幼、青年朋友在4个展项上的参观时长高于平均值,个人、老年人和学生团体的参观时长多低于平均值。其中,个人观众参观时长较长的为千足百喙,老年观众参观时长较长的为千足百喙、动物之家,亲子低幼参观时长较长的为蜂巢启示,亲子青少年参观时间较长的为自然之声,青年朋友参观时长较长的为千足百喙和自然之声,学生团体参观时长较长的为自然之声、蜂巢启示。

可分析推断,幼童对机械互动类展品(蜂巢启示)偏好,青少年和青年人群对具有较丰富知识信息的互动媒体(自然之声)偏好,青年人群对陈列展示(千足百喙、动物之家等)偏好。

(二)停留次数

对不同类型观众在各展项前的逗留次数分析显示,亲子低幼的平均逗留次数最多,学生团体逗留次数最少,平均逗留次数均超过4次(见图4)。

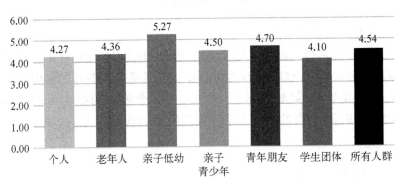

图4 平均停留次数

(三)有效观众比

据贝弗利·希瑞尔对"有效观众比"的定义[②],即"'在一半及以上展品前逗留的观众数/被观察的观众总数'大于51%"可以算作一个"成功的、被彻底参观的展览",本展览中各类人群的有效观众比均高于51%,总体有效观众比为77.78%(见图5)。可以看出,不同类型的人群中,亲子青少年的有效观众比是最高的,个人和学生团体的有效观众比相对较低。可分析推断:大部分观众都对展览表现出兴趣,本展览对所有类型的观众均具有较强的吸引力。

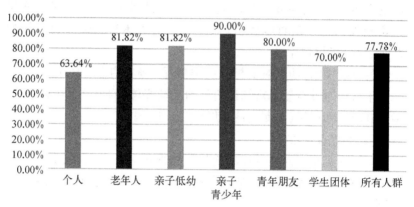

图 5 有效观众比

（四）展品吸引力

根据贝弗利·希瑞尔对"展品吸引力"的定义[③]，即"在某一展品前停留的观众数/被观察的观众总数"，本展览中各展品的吸引力如下表，千足百喙、贝林蛇标本、动物之家 3 个展项的吸引力均超过 80%，蜂巢启示、自然之声 2 个展项的吸引力在 60% 左右（见图 6）。

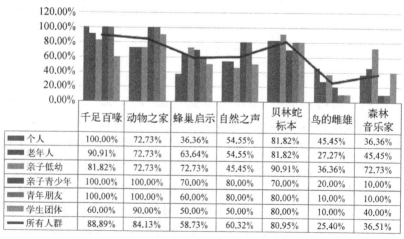

	千足百喙	动物之家	蜂巢启示	自然之声	贝林蛇标本	鸟的雌雄	森林音乐家
个人	100.00%	72.73%	36.36%	54.55%	81.82%	45.45%	36.36%
老年人	90.91%	72.73%	63.64%	54.55%	81.82%	27.27%	45.45%
亲子低幼	81.82%	72.73%	72.73%	45.45%	90.91%	36.36%	72.73%
亲子青少年	100.00%	100.00%	70.00%	80.00%	70.00%	20.00%	10.00%
青年朋友	100.00%	100.00%	60.00%	80.00%	80.00%	10.00%	10.00%
学生团体	60.00%	90.00%	50.00%	50.00%	80.00%	10.00%	40.00%
所有人群	88.89%	84.13%	58.73%	60.32%	80.95%	25.40%	36.51%

图 6 展品吸引力

可分析推断：通常情况下，以标本为主的陈列展示对所有人群的吸引力普遍较高；互动参与型展品对亲子低幼、亲子青少年和青年朋友的吸引力普遍较高。

（五）展品持续率

根据贝弗利·希瑞尔对"展品持续率"的定义④，即"该展品前所有观众的总停留时间/所有展品前所有观众的总停留时间"，本展览中各展品的持续率如下图7所示，蜂巢启示、自然之声、千足百喙3个展项的持续率均超过18%。持续率最高的项目为2项互动参与型展项，在展品吸引力方面表现优异的贝林蛇标本、动物之家2个展项在持续率上表现一般。这两个展项除了标本陈列和标签，缺乏进一步信息，动物之家的配套视频孤立置于一旁，很少有观众观看，故推断持续率一般的原因，可能与展览可以提供给观众的有效信息的多寡有关。

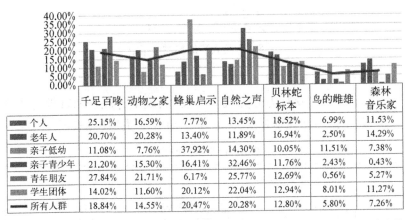

	千足百喙	动物之家	蜂巢启示	自然之声	贝林蛇标本	鸟的雌雄	森林音乐家
个人	25.15%	16.59%	7.77%	13.45%	18.52%	6.99%	11.53%
老年人	20.70%	20.28%	13.40%	11.89%	16.94%	2.50%	14.29%
亲子低幼	11.08%	7.76%	37.92%	14.30%	10.05%	11.51%	7.38%
亲子青少年	21.20%	15.30%	16.41%	32.46%	11.76%	2.43%	0.43%
青年朋友	27.84%	21.71%	6.17%	25.77%	12.69%	0.56%	5.27%
学生团体	14.02%	11.60%	20.12%	22.04%	12.94%	8.01%	11.27%
所有人群	18.84%	14.55%	20.47%	20.28%	12.80%	5.80%	7.26%

图7 展品持续率

（六）扫描率指数

根据贝弗利·希瑞尔对"扫描率指数"的定义⑤，即"'展览面积/平均观展时间（分钟）'小于27"可以算作一个"成功的、被彻底参观的展览"。本展览的面积为 147.2 平方米,平均观展时间为 3.588 2 分钟,故本展览的平均扫描率指数为 41.02(见图 8)。六类人群中,仅亲子低幼扫描率小于 27,其余人群都大于 27。故从扫描率指数来看,本展览对比美国"成功"科普展览的标准还有一些差距。

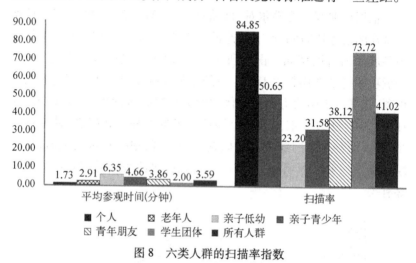

图 8 六类人群的扫描率指数

(七)行为特征

本研究将观众行为分为观众与展品、观众与观众和其他行为 3 大类型,根据实际现场观察,又分为了 14 个子类型(见表 3)。

表 3 行为类型及定义

一级	二级(重新分类)	行为定义
观众与展品	浏览展品	指观众看展品的时间低于 3 秒
	察看展品	指观众看展品的时间超过 3 秒
	看图文	查看传统图文
	读图文	朗读传统图文或电子图文的内容
	看视频	看电子图文或不可互动性视频
	操作	操作展项或使用终端中的活动内容

续 表

一级	二级（重新分类）	行为定义
观众与展品	拍照	拍摄展项、展品、与人的合影
	听讲解	听语音讲解器，或使用微信语音导览，或使用APP导览
观众与观众	模仿	模仿身边的观众使用展品、模仿标本的动作
	干扰/被干扰	指因外界动作或话语停止对原本展项的参观
	对话	围绕展品开展的对话，包括解释、讨论、求助、指令要求等
其他行为	表情	观众在参观过程中出现的面部表情
	动作	指发生与展项有关的动作
	独白	指个人的自言自语，不需产生对话或回应

不同人群的行为频率统计如下图9所示，可分析推断：

• 总体而言：无论是何种人群，在参观过程中都会有较为相似的行为特征，在各类行为中，浏览展品、察看展品、对话的发生频率位列前三甲。

• 观众与展品的行为：浏览展品的比例明显高于察看展品的比例，看图文的比例明显高于读图文的比例，听讲解器、读图文、看视频的比例非常小；个人、青年朋友两类成年观众浏览和察看展品的频次比亲子家庭、学生团体相对较高；个人观众拍照的频次明显高于其他类型的观众。

• 观众与观众的行为：对话是发生频率最高的行为，很少有模仿、干扰/被干扰的行为；个人样本几乎没有对话行为发生，而群体样本的对话一般发生在群体内，也就说群体内样本很少和群体外的观众或者博物馆工作人员进行对话交流；家庭观众的对话频率较之其他类型的观众高，孩子年龄越低，对话的频次越高。

● 其他行为：除个人外，所有类型的观众均会伴随一定的表情、动作及独白。

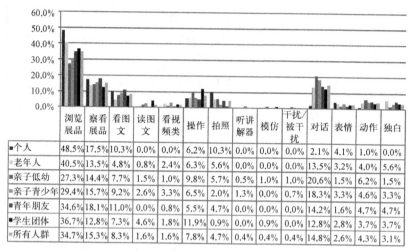

图9　六类人群的行为频率

（八）对展示技术的喜好度

根据本展览的展示技术，本研究将观众参与展览的行为分为"观看标本/模型、互动展品操作、听或看音视频/电子图文、观看图文"4类。统计发现（见图10），观看标本/模型的频次在各类人群中都是最高的，其次是观看图文，而听或看音视频/电子图文的观众频次均是最低的；亲子家庭对互动展品操作、观看图文表现出较为明显的喜好；亲子低幼听或看音视频/电子图文的比例极低。由此可分析推断：

● 孩子普遍对互动参与型展品和多媒体展品较为喜好，由于音视频/电子图文的平均安装高度均在1.3米以上，可能是导致亲子低幼家庭无法参与的原因。

● 观众观看标本/模型、观看图文的频次高于其他技术手段，可能是由于"互动展品操作、听或看音视频/电子图文"作为隐性知识，需要花费较长的时间参与，且同时可参与的观众有限，当在有限的时间、参观人数较多的情况下,观众会选择放弃。通常,隐性知识是供有兴趣度的观众进一步理解拓展显性知识所用。

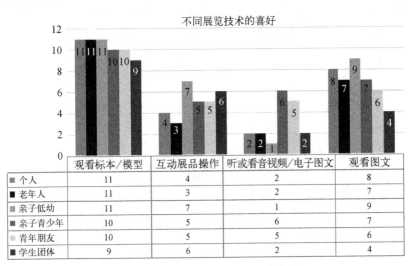

图10 六类人群对展示技术的喜好度

(九)展品影响力

本研究共获取有效回访样本29个。通过对回访中观众"有什么感受"问题的分析,观众大多回答的是"还记得什么",可以发现对千足百喙有印象的最多,有26%的样本提到了这个展项,且引发了一定的现象背后的思考,如有位观众回答"记得那一面都是鸟头和鸟脚的墙,很震撼,以前看到鸟类关注的基本是它们身上的羽毛,很少有仔细去看它们的头和脚的"。这说明展览给观众留下了印象,起到了较为积极的作用。

从以下不同类型观众的面积图中(见图11),我们可以

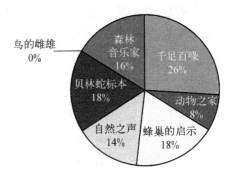

图11 不同展品被提到的比例

看出六种不同的观众类型对于这 7 个展项的记忆程度。学生团体在此数据中占比非常少,这与他们的参观目的有比较大的联系(以集体组织为主);与此相反的是,亲子低幼对于各个展项的记忆是所有类型中最高的,个人与亲子青少年次之(见图 12)。

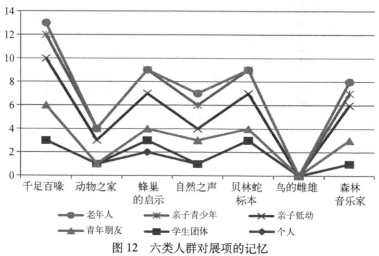

图 12　六类人群对展项的记忆

(十)对观众的后续行为影响

按照美国国家自然科学基金对科学教育效果的评价维度(知识、兴趣、态度、行为、技能)对回访记录进行分析,可以看出,给出反馈的 29 名观众,在兴趣、态度、行为维度均表现较为积极,说明本次展览参观给到观众的效果是良好的(见表 4)。知识维度的体现较少,没有技能维度的效果显现,这可能与展览本身少或无此方面的展示内容有关。

表 4　展览对观众的后续行为影响

类型	问题:做的事情	效果维度
个人	在上网和 App 中会看到相关的动物,会想起来。	知识、兴趣
	向同学介绍自博馆。	态度
	"向朋友说起这边的标本种类很多向别人推荐自博馆。"	态度

续 表

类型	问题：做的事情	效果维度
个人	后来学习的时候更加认真了，总想找些规律出来，归个类什么的。	知识、兴趣
老年人	给外孙订了《我们爱科学》杂志，让他了解更多自然知识。	行为
	回家经常会看和动物有关的电视、纪录片。	兴趣、行为
亲子青少年	看了几部与动物有关的纪录片，很喜欢，也推荐同学来自然博物馆玩。	兴趣、行为、态度
	回去之后并没有再去多做了解，自己的小孩并没有特别感兴趣，但在后来的一次看节目《动物世界》的时候，小朋友主动流露出来了"这个动物我在自然博物馆看到过"，小朋友的记性很好，会留有印象。	知识
亲子低幼	孩子参观完回家给他的小伙伴讲了他看到的东西，他很开心。	态度
	家长："在看到一些鸟的时候，会问他是不是在博物馆见到过，这也让他多了解些知识。" 小朋友："向小伙伴介绍恐龙。"	家长：行为 孩子：知识、态度
	孩子回来就吵着要去动物园看活的蛇，我们后来去了两次，他说没有博物馆里的蛇漂亮。	兴趣、行为
	回去后，过了一段时间，去了西郊公园，会特别关注一下在自博馆看到过的标本的真是动物的模样核实。经过博物馆游历，给了一种强化的概念；家长：为了小孩就会多关注相关的知识，想要用简化的语言去标注小孩回忆看过的东西。	家长：行为 孩子：兴趣、行为
	推荐给朋友，希望他们也有很好的参观体验。	态度
	通过观看了各种鸟类的头啊脚啊，之后去了动物园更加仔细的研究鸟类了。	兴趣、行为

续 表

类型	问题：做的事情	效果维度
青年朋友	现在看到鸟类都会留意看它们的头跟脚，再回想一下博物馆里看到的五彩斑斓的头和脚。	知识、行为
	在课堂上、在野外游玩的时候更注意留心动物们的头跟脚，试着把他们跟博物馆里见到的那些联系起来。还特地回了趟老家，看看门口的蜂巢到底是马蜂巢还是胡蜂巢。	知识、行为
	有看一下自然博物馆的微信。	行为
	对于自然博物馆的印象很好，回去之后做了极力的宣传，提倡科学；当时还在和朋友交流说，等过了暑期高峰之后再去一次，觉得挺好玩的，但工作比较忙所以并没有具体的知识更新。	态度

四、讨论与建议

（一）关于展览效果的分析

美国学者贝弗利·希瑞尔（Serrell，1993）对"好"或"成功"展览的定义标准为[⑥]：（1）观众在场馆内的移动速度（即扫描率）低于每分钟27平方米；（2）观众莅临51%的展品要素，即有效观众比；（3）观众能正确引用或回忆展示要素或物件中的特殊事实、想法、态度或观念。以此为参照对比发现，观众普遍比较感兴趣，有效观众比较高，但是观众的单位移动速度略快，扫描率指数相对美国"成功"展览偏高。这说明，本展览对观众是具有吸引力的，所有观众均比较勤奋；但是，初期具有吸引力的展品并未表现出持续的黏性。

进一步分析访谈观众对展览的意见时可见（见表5），观众希望进一步丰富展示技术手段，增加互动展品、音视频、活体、可触摸的标本或模型等；同时，希望增加讲解和知识性、原理性、操作性、引导性图文;对展览的设计,如标本的摆放高度、文字的大小等也提出了一些意见。而当被问及"为什么没有看"的原因时,观众的理由主要是"人太多(主要指互动展项,同时只能1人参与)"或"没看到"。由此推断,扫描率低的主要原因和展示手段、展览提供的可视化(如图片文字)信息的丰富度、展览信息的可达性等有关。

表5 观众意见示例

意见类型	观众意见	次数	合计
图文导引	希望有更多的文字说明,操作的展项能有提示和明显的介绍	3	4
	在展区入口处加一块牌子,概括介绍展区中有哪些展项	1	
展览设计	有些太高,看不见	1	5
	不明显的地方加指示牌	1	
	提示的文字可以大一些,太小不容易看到	1	
	增加一些贴纸(地上贴动物的脚印,可以有些动物贴纸)	2	
技术手段	再立体一点更好,死了一点,不活	2	11
	加动画或音频(比如动物如何捕食)	2	
	动态的展项太少,希望有更多互动的展项	6	
	多做一些仿生模型供观众触摸	1	
辅助导览	多安排些区域讲解员	4	4

对于"观众能正确引用或回忆展示要素或物件中的特殊事实、想法、态度或观念"这一标准,我们选择了在"展品吸引力、参观时长、展品持续率和回访"4个指标中表现突出的"千足百喙"展项为例(见表6),这个展览的科学传播目标是"通过不同种类的鸟足与喙展示物种的多样性,让观众了解鸟类足与喙的结构与所生活环境之间的关系"。在就"若看,了解到什么""吸引人之处""它使我想起

了"和"令您困惑之处"4个问题的访谈中，共有31个样本反馈了89条信息，仅有9个样本反馈了与"物种的多样性"有关的信息，4个样本反馈了与"结构与环境之间的关系"有关的信息。可见，约有42%的观众在看过这个展项后理解了这个展项的设计初衷。

表6　千足百喙展项观众相关联的回答

样本	千足百喙	
	相关联的回答	类型
学生团体	就是看到它的形成，就是什么形状都有，然后就是看到一些看不到的，就是认识少的那些	多样性
亲子青少年	展示很多鸟类的头和脚	多样性
老年人	喙各种各样，有什么用处有了解	与环境的关系
老年人	各种各样的鸟嘴和鸟腿	多样性
个人	各种不同的脚	多样性
个人	足很多	多样性
青年朋友	了解到不同种类鸟的脚是不同的	多样性
青年朋友	就看到大小不一的爪子，但没有看懂这个展项的真正意义	多样性
学生团体	不同生境的鸟类有不同的足和喙	与环境的关系
亲子青少年	鸟嘴类型那么多	多样性
青年朋友	对比不同鸟类的足部作用和区别	与环境的关系
老年人	其中鸟脚和鸟嘴的形式多种多样	多样性
老年人	种类多，各有用处	与环境的关系

近几年的研究普遍认为非正规学习场所的观众是"积极观众"，观众具有不同的社会文化背景，偏好不同的学习方式，并以独特的方式理解展览内容[⑦]。虽然说观众的表现与原策划者设定的科学传播

目标尚有一定差距,但是这个展览无疑引发了观众其他方面的正向反馈,在其离馆后持续影响,包括激发观众兴趣、改变观众态度和促进观众行为发生方面均起到了非常积极的作用。

(二) 关于观众行为特点

研究表明,以标本为主的陈列展示对所有人群的吸引力普遍较高,孩子普遍对互动参与型展品和多媒体展品较为喜好,互动型的展品吸引观众参与的时间较长。观众浏览展品的比例明显高于查看展品的比例,看图文的比例明显高于读图文的比例,听讲解器、读图文、看视频的比例非常小。在有限的时间和观众较多等各种因素的作用下,观众会选择容易参与的显性展品进行参观,而放弃隐性展品。德国学者 Steffi Kollmann 研究认为,在物理空间上把各种展示技术组合在一起展示一个科学信息的方式,比使用单一技术或使用了多个技术、但是各个技术之间孤立隔离的方式效果好[⑧]。这或许可以给本展览的展示设计一些启示。

无论是何种人群,在参观过程中都会有较为相似的行为特征,在各类行为中,浏览展品、察看展品、对话的发生频率相对较多。对话中很少有模仿、干扰/被干扰的行为;个人样本几乎没有对话行为发生,而群体样本的对话一般发生在群体内,也就说群体内样本很少和群体外的观众或者博物馆工作人员进行对话交流;家庭观众的对话频率较之其他类型的观众高,孩子年龄越低,对话的频次越高,可见家长在孩子的参观学习中承担重要角色,讲什么、怎么讲,将影响孩子的学习效果。

总体而言,家庭和青年朋友等观众的参观时间较长,个体观众、学生团体的参观时间较短,尤其是学生团体的学习质量,需要重点关注。

(三) 对展览和教育工作者的建议

鉴于以上讨论,针对展览和教育提几点建议。对展览策划设计而言,一定是有其主观科学传播目标在其中的,若要更好地实现目标,建议一是适当丰富图文信息,介绍科学知识或原理、道理,并提供必要的引导启发，供观众在需要时可以随时使用；二是优化展示设计，通过多种技术手段的有效组合，并且充分考虑博物馆主要观众人群的人机工学特征，促进不同类型的观众更充分地利用展览中的各种媒介手段进行学习。

对教育工作者而言，建议一是要注重研究观众的实际习得与原展览目标的差异，以此为需求策划开发辅助、补充、拓展展览科学知识或原理、道理的教育活动，从而促进观众更有效的理解展览背后的深层次意义；二是要重点关注学生团体在馆内的学习组织，提升学生团体的参观质量。

---

① [美]菲利普·贝尔、布鲁斯·列文斯坦、安德鲁·绍斯、米歇尔·费得编著：《非正式环境下的科学学习》，赵健、王茹译，科学普及出版社，2015年，第123页。

②—⑥ Serrel, B., Using Behavior to Define the Effectiveness of Exhibitions, in S.Bicknell & G. Farmelo eds., *Museum Visitor Studies in the 90's*, 1993: 140-144.

⑦ 武新春、谢娟、尚修芹、季娇：《建构主义视角下的科技场馆学习》，《教育研究与实验》，2009年第6期，第60—64页。

⑧ Steffi Kollmann, Educational Effects of Hands-on Exhibit Design,《世博课堂：设计者、教育者与学习者的对话》，2010年。

（作者：顾洁燕，上海自然博物馆〔上海科技馆分馆〕展教服务处处长，教授级高级工程师；赵鸿，上海自然博物馆运保服务处服务科科长；赵雯君，上海科技馆办公室职员；邓卓，上海自然博物馆展教服务处职员）

上海自然博物馆图文说明系统的规划与实施

鲍其洞　徐　蕾

引　言

对于博物馆来说,图文说明总是与标本/文物陈列相伴,是历史最悠久、也是最常见的展示手段。最早的博物馆来源于人们"收藏物品"的天性以及与之相伴的向他人展示的欲望,最早的博物馆展示也就是对这些"藏品"的陈列与文字说明。时至今日,虽然博物馆几经更迭,展示手段随着技术的进步而不断丰富,但无论是哪一类的博物馆,即使是采用了最新多媒体技术的展示,仍少不了图文说明这个最基本的展示手段,自然博物馆也不例外。

从博物馆策划者的角度来说,图文说明虽然只是一种辅助展示手段,但却是馆方诠释展品、传递知识、传达理念所必不可少的组成部分。提高图文系统的传播效果,其实质是使观众更深入地接触到博物馆的建馆理念和价值观,更高效地接受馆方试图传达的知识、理念与思想,并由此形成共鸣,从而更好地实践博物馆的教育目标、扩大博物馆的社会影响。

一、图文说明在博物馆展示中的作用

所谓的展示就是"包含讲解的陈列",可见,博物馆中的展品并不是纯客观的陈列,它们往往承载着策展人和设计师对展品的认识与理解。博物馆的图文说明可以说是"陈列品"与生俱来的伙伴,它们是这些"认识"或"理解"的最主要的载体。

从内容上来说,博物馆的图文说明是通过文字和图片对展品内涵进行补充的静态解说,是讲解员动态讲解的基础,是让参观者直观感受博物馆的方式之一,能够赋予展品额外的价值。作为博物馆展示的重要组成部分,图文说明能够为博物馆的展示和收藏品提供一个兼具科学性与趣味性的说明系统,帮助观众更好地认识展品、了解展品本身及其相关科学知识,乃至其背后的故事,从而引发观众对其的兴趣。

而从传播价值上来看,图文说明有着其他展示手段无法比拟的重要性。根据美国博物馆联盟的一项调查显示,有87%的人认为博物馆是可信的。在中国,人们也同样相信博物馆的"权威性"。而人们对博物馆的信任是建立在"真实"的基础上——真实的陈列品+真实的文字说明——人们相信博物馆中展示的标本/展品都是真实的,相关的文字说明也是切实可靠的。

二、博物馆图文说明的现状——以上海科技馆自然类临展为例

在上海自然博物馆(上海科技馆分馆)筹建的近10年间,上海科技馆每年都会推出一两个自然科学类的临展,包括一年一度的生肖展以及一些特色主题展,以检验筹建过程中形成的关于自然博物馆展示理念、展示内容、展示形式和展示手段的一些思考,并通过这些临展的策划、设计、实施和现场管理积累经验、锻炼队伍,同时获取

一些宝贵的调研数据。

自然博物馆的定位是面向全体社会公众的文化和教育设施,虽然通常认为青少年是自然博物馆展示的主要受众,但从观众调查数据来看,对于自然类展示来说,不同年龄段受众的分布相对平均,在读学生占三成左右,在职人员占四成左右,退休人员占四分之一左右(表1)。基于受众人群的广泛性,在策展,包括撰写图文说明时,必然要兼顾普适性和个性化,以满足不同年龄、不同教育背景、不同兴趣爱好的观众对自然博物馆的不同诉求。

表1 上海科技馆自然科学类临展观众组成(2010—2015)

临展 类别	极地 探索 (2010)	欢乐兔 世界 (2011)	龙腾 东方 (2012)	海洋 精灵 (2012)	蛇行 天下 (2013)	骐骥 盛壮 (2014)	羊羊 得意 (2015)
在读学生	30.0%	28.8%	28.3%	29.2%	32.5%	30.4%	28.8%
在职人员	42.1%	43.8%	43.3%	38.8%	38.3%	40.8%	42.5%
退休人员	25.8%	24.6%	25.8%	28.3%	25.8%	23.3%	23.8%
无业人员	2.1%	2.5%	2.5%	1.3%	3.3%	5.4%	5.0%

策划展示的过程实质上就是策展人员梳理展示内容并将展示内容分解、转化成展品的过程。展品可以是相对静态的标本、图文,可以是互动性较强的媒体、机电展品,也可以是强调沉浸体验的场景再造或剧场……虽然现代化的展示手段多种多样,但策展的动机、策划方案的核心思想、最主要的科学内容等通常还是要通过图文说明来传达。因此策展人员在撰写图文说明的过程中都会慎之又慎、字斟句酌、数易其稿,以确认所传递的信息的科学性、准确性及可读性。

但问题随之而来:有多少观众在参观的过程中会认真阅读如此来之不易的图文版?从观众调查数据可以看出,在自然类临展常用的几类展示手段中,劳心劳力的图文说明恰恰是最难给观众留下深刻印象的展示手段之一(表2)。

表2　上海科技馆自然科学类临展中给观众留下
印象最深的展品类型(2010—2015)

临展 类别	极地 探索 (2010)	欢乐兔 世界 (2011)	龙腾 东方 (2012)	海洋 精灵 (2012)	蛇行 天下 (2013)	骐骥 盛壮 (2014)	羊羊 得意 (2015)
图　文	3.3%	16.7%	7.5%	10.8%	14.2%	12.1%	7.5%
陈列(标本)	50.8%	32.5%	53.3%	53.8%	34.2%	36.4%	37.1%
陈列(展品)	12.9%	15%	16.7%	23.3%	—		11.7%
互　动	11.7%	27.9%	17.1%	7.9%	15%	20.1%	32.5%
视　频	20%	7.9%	5.4%	4.2%	9.2%	10.5%	11.3%
活体动物	—	—	—	—	25.8%		

上述数据似乎会令策展人心寒。但博物馆中的图文完全没人看吗？却也不尽然。上海科技馆开馆十余年后，仍然会收到热心观众来信，指出某一处不起眼的图文上的错漏或瑕疵；上海自然博物馆开馆不久，就有热心观众来函咨询图文中的内容。

与其他展示手段相比，图文说明也许没有标本那么栩栩如生，比不上机电展品的互动有趣，也创造不了让人身临其境的情境，但它也有自身独有的魅力——除了能直白而又直接地传递信息之外，图文并茂的图文说明还能为展览增色，给观众带来美的享受。而身为策展人所要做的，就是通过各种尝试增加图文说明的吸引力，使走过路过的观众不要错过。

三、"细分化"——上海自然博物馆图文说明系统的规划

(一)上海自然博物馆图文说明系统的规划

为了更充分地发挥"图文说明"在整个展示体系中的作用，根据

实际的展示教育需求和对受众参观行为模式的分析研究，上海自然博物馆在传统标签和说明牌的基础上进一步丰富了图文说明系统的内涵和层次，从内容层面上将之细分为三大类，即标题类(title)、信息类(information)和标签类(label)，并将它们统称为"上海自然博物馆 TIL 图文说明系统"（以下简称"TIL 系统"）。

其中的标题类是对展区进行主题的划分，根据规划，上海自然博物馆的展示空间包含展区、主题区和展项群等层级，相对应的也会有各个层级的标题。标签类是对藏品进行科学性说明，通常包括物种名称、分类信息、产地等与标本有关的核心信息，在形式上对应标本的陈列方式，可分为索引式（一块标签对应多件标本）和独立式（一块标签对应一件标本）。信息类是对展品具体的科学性和趣味性说明，提供信息及各种观点，引发观众思考或互动，信息类又被细分为区域简介类、知识类、操作说明类和启迪引导类。

（二）上海自然博物馆 TIL 图文说明系统的特点

今天的博物馆必须以更高效的方式证明自身的存在，必须提高受众的参与感，必须拓宽其受众基础，必须反映其所代表的公众群体，必须加强其作为学习机构的职能。要实现这些目标，就要鼓励观众与展品进行直接接触，以赢得并留住他们的关注目光，进而鼓励他们做出反馈。想要展示的材料被理解，并能适应不同的学习方式，必须采用简单和积极的语言，通过层次化的方式加以支持，同图形图像更好地结合，反映当前时代的特点，令观众在展示中看到自己的影子，或者觉得能与所看到的人或物联系，提供多种主动学习方式，提供多种观点。

自然博物馆是一个以内容为主，宜采用示范型解说的博物馆，所以文字写作应围绕能说明物件的相关知识，能提醒观众展品的关注点，能反映知识的变化，能表明观点，能制定与当代话题相关或作为其组成部分的内容即相对的时效性，能将相关重要问题融入。因而展示的图文说明应选用简短、生动且丰富的文本，采用通俗易懂的、友好的、对话式的、积极生动的语言，能强调该场所和其藏品的独特品质和价值,提高观众与他们面对的场景的互动以及观众之间的互动,与观众沟通;吸引观众的兴趣、使他们投入其中;期待他们提问,并回答他们的问题。

图文说明作为展示的一部分,在以展品为中心的前提下,必须根据所在的具体环境,结合时代和社会的变化,满足观众的需求,但在有限时间和有限空间的前提下,博物馆不可能做到面面俱到,因而必须突出亮点:

一是主题化:强调分区主题化,保证同一展区内的连贯性。确定主题对解说有很大好处,有助于对传达主题所需的内容进行详细策划,而相对于信息的直接传达,观众更喜欢主题化的方式,因而能够更完全地投入。

二是特色化:针对展品自身特点及周边布局进行具有针对性的图文说明设计。对博物馆的特有展品更会强调突出。

三是多样化:图文写作会将专业与科普更好地相结合,对观众多样性要有深刻的理解,它们不是一个模板,而是存在着多样性,即尽可能做到面向儿童和成人、兼顾专业和非专业人士。

四是本土化:通过博物馆来反映本土文化的历史和未来。

四、"规范化"——上海自然博物馆 TIL系统的写作规范

图文说明系统首先要保证文字的简洁、精炼,在科学表述上准确无误,这是对博物馆图文说明的最基本的要求。在撰写图文说明文字时,在确保总体的规范性、协调性和趣味性的基础上,上海自然博物馆对不同展示区域的内容进行分析,确定及规范不同展示内容的文字风格,使同一展示区域的风格相对统一,而不同展区能具有各自的特色,对展区主旨进行烘托,为观众营造一个能激发思考、鼓励探索的展示环境。考虑到"轻媒体时代"人们的阅读习惯,对每一类图文说明的字数也做了严格的设定。

（一）标题写作规范

馆内全部展示标题从大局考虑，能体现层级结构并高度概括其下展示内容。一级标题为展区标题，是对展示核心思想的高度提炼，文字凝练大气并富感染力，十个主题展区的名字分别是"起源之谜""生命长河""演化之道""未来之路""缤纷生命""生态万象""生存智慧""人地之缘""大地探珍"和"上海故事"。二级标题为展项群或主题展示区域标题，是对展项群或主题展示区域内容的高度概括，文字简洁、准确，具有高度的概括力；三级或四级标题为具体展项或展品标题，文字则以风格平实和说明解释为主（表3）。

表3 上海自然博物馆"演化之道"展区各级标题

一级（展区）	二级（主题区）	三级（展项群）	四级（展项）
演化之道			
	寒武纪生命大爆发		
		前寒武生命	
		寒武纪生命大爆发剧场	
		寒武纪生命档案	
	生命登陆		
		登陆长卷	
		登陆前奏	
		植物登陆	
		无脊椎登陆	
		脊椎动物登陆	
	恐龙盛世		

续表

一级(展区)	二级(主题区)	三级(展项群)	四级(展项)
		中生代爬行动物阵列	
		三叠纪的海洋霸主	
		热河生物群	
		恐龙研究室	
			化石修复室
	古兽生境		
		和政动物群	
			铲齿象动物群
			三趾马动物群
			真马动物群
	从猿到人		
		我们的近亲	
			灵长类家族
			它们眼中的世界
			相似的行为
		古人类学研究室	
			人类之路剧场
	达尔文中心		
		演化飞跃	
			加拉帕戈斯群岛地雀

续 表

一级(展区)	二级(主题区)	三级(展项群)	四级(展项)
			鲸和鱼的趋同
			哺乳动物的适应辐射
			生物大灭绝
		逃出白垩纪剧场	
	生命的记忆		

(二)信息类图文写作规范

根据其所包含的内容在信息传播中的功能,信息类图文又细分为区域简介、启迪引导、操作说明及知识图文四种,其中知识图文是整个系统的核心内容。根据信息类文字承担的不同功能,其文字风格也根据功能及内容作出相应调整。

1. 区域简介

对展区的主题和内容进行高度概括和提炼,体现该展区的核心思想和展示结构,文字精炼,富于感染力、吸引力,能达到吸引观众的效果。区域简介包含了展区简介、主题区简介和展项群简介三个层级,各个层级的简介会有不同的侧重,如展区简介在凸显各展区展示特色的基础上,出发点较为宏观上位、文风大气并蕴含有一定的哲学思想,且十个展区的简介之间有一定的呼应,能够体现一以贯之的核心价值观;而主题区简介或展项群简介则会更侧重于具体展示内容或展示手段的介绍,文风相对朴实。同时,在同一篇区域介绍中,也会尽可能做到内容上的层次性,在全面的基础上做到突出亮点,并在语言上注重措辞的力度和吸引力。文字简而又简、精而又精。对于展区名称,在"区域简介"的首次出现中要作准确的破题解读。

例1:展区简介——起源之谜展区简介

"天下万物生于有,有生于无。"宇宙起源于百亿年前的一场"大爆炸"。随后,林林总总的天体相继诞生,直至五十亿年前才形成了生命的摇篮——地球。从小分子到大分子,从无机物到有机物,生命,成为了这个星球上最伟大的奇迹。

古今中外,一代又一代的科学家们孜孜不倦地追寻着宇宙和生命起源的线索,构建出各种各样的理论与假说。然而,宇宙到底有多大?宇宙的未来是什么?地外生命存在吗?……这些未解之谜依然激励着我们去不断探索。

例2:主题区简介——跨越时空的聚会

生命长河奔流不息,绵延至今40亿年之久,谁也不能穿越时间窥其全貌。全球生物星罗棋布,遍及深海高空和广陆,谁也无法跳跃空间轻易将它们集合。然而今天,古今生物跨越时空,济济一堂,如同生命长河汇聚凝结于一瞬。一件件栩栩如生的标本和惟妙惟肖的模型,将带你身临其境般地感受生命的多彩,惊叹大自然的神奇。

2. 启迪引导

文字较为精炼,富于想象力和启迪性,可以从展示内容中归纳关键问题等方式激发观众兴趣、引导观众思考,整体的文字形式可较为灵活,根据展示主题可采用不同的文字风格,或活泼俏皮或发人深省,可酌情添加感情色彩,但切忌引起科学性上的歧义。

例1:脆弱的鲨鱼

鲨鱼称霸海洋4亿年,如今却在生存线上苦苦挣扎,我们能为它们做些什么?

例2:不会飞的鸟类

人类有一颗向往飞翔的心,却没有一双用以飞行的翅膀。有的鸟类徒有翅膀却不再高飞,为什么它们放弃了苍穹不再翱翔?

例3:猫科

猫科动物是离群索居的独行侠,为了生存独自战斗,仔细看看它们的健壮前肢、钩状利爪,这些是它们制胜的法宝!

3. 操作说明

以说明为主要目的,主要用于互动展品的操作指导,文字简明、易懂,同时兼顾不同年龄段的理解力,必要时采用辅助图示方式表达。鉴于青少年观众对互动展品更有兴趣,文风相对轻松、通俗(图1)。

4. 知识图文

作为信息类图文中信息量最大的一类,在确保科学性严谨、表述准确、言之有物的同时,需要充分考虑各类型观众的心理需求,使科学性与人文性、知识性与趣味性并存,在突出代表性的同时兼具前沿性。诠释知识点的时候必须做到深入浅出,在有限的篇幅内,用普罗大众能够明白的语言讲述相对深奥的科学内容。

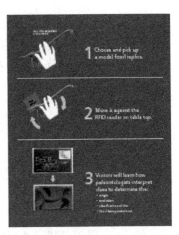

图1 操作说明设计图

例:开天辟地的大爆炸

20世纪40年代后期,俄裔美籍科学家伽莫夫等人提出了较为完整的宇宙大爆炸理论——100多亿年前,宇宙诞生于一个致密炽热"奇点"。38万年后,辐射和物质间的热平衡被打破,为宇宙带来了光明。此后,物质逐渐开始凝聚成星系、恒星和其他天体。现已观测到的宇宙微波背景辐射和河外星系的普遍红移等现象强有力地支持了宇宙大爆炸理论。

(三)标签写作规范

上海自然博物馆内的所有标本、模型、展品的标签从内容上可归纳为古生物(含古人类)、现生生物、地矿、文化民俗类四大类,从形式上则分为独立式标签和索引式标签两大类。标签类的写作以严谨科学为主,确保表述的规范性和科学性。独立式标签会根据展品的实际情况提供相对较详细的描述,索引式的标签则以简明为主。

索引式标签主要针对大规模展示标本或模型时为节约空间和方便观众查看而设计,可再细分为编号式和剪影图式两种形式,即所有标本标签集中在一个版面上,通过编号或剪影图标的形式分别与展示标本相对应(图2)。标签的科学性和准确性必须得到保证,并且符合统一的书写规范。由于标签以说明为主,若出现生僻字,会额外加注汉语拼音。

图 2 剪影式索引标签+启迪引导(生命长河展区)

(四)各类图文字数规范

上海科技馆临展的规模通常在 800 平方米左右,基本上等同于自然博物馆中的一个展厅,根据观众调查数据,一般七成左右的观众在一个展厅中逗留的时间不超过半个小时(表4)。

表4 上海科技馆自然科学类临展观众停留时间(2010—2015)

临展 类别	极地探索 (2010)	欢乐兔世界(2011)	龙腾东方 (2012)	海洋精灵 (2012)	骐骥盛壮 (2014)	羊羊得意 (2015)
20分钟及以下	28.3%	21.7%	36.0%	48.8%	24.5%	8.3%
30分钟左右	42.9%	45.8%	39.7%	35.4%	43.3%	46.7%
40分钟左右	16.7%	18.3%	14.6%	7.9%	8.8%	37.9%
50分钟及以上	12.1%	14.2%	9.6%	7.9%	14.3%	7.1%

考虑到绝大多数观众是来"观展"而不是来"看书",为了兼顾观众的阅读习惯和信息的传达效果,限定了图文系统中信息量最大的信息类图文的字数:区域简介的字数原则上不超过 200 字,启迪引导和操作说明字数要求控制在 50 字左右,而知识类图文的字数则控制在 150 字左右,与一篇微博的篇幅类似。

五、"定制化"——专属科学绘画提升 TIL 系统的传播效果

身为"读图时代"诞生的自然博物馆,上海自然博物馆在策划图文说明系统的时候,对每一块版面上最终所呈现的文字和图片进行了整体性的考虑,根据具体科学内容的需要专门定制了近 1 500 副科学绘画。即有惟妙惟肖的生物肖像,也有的分丝析缕的科学解析图,以满足信息传达的需求;既有欧洲经典风格,也有中国古典风格(图3),以适应不同展区的氛围。这些科学绘画不仅使得图文说明的版面显得图文并茂,而且大大增加了图文版的信息量,甚至为后续的衍生品开发储备了大量的素材。

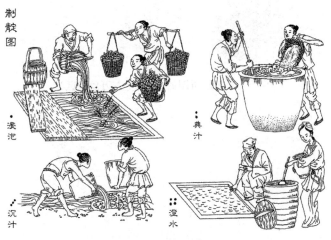

图3 蓝印花布

在进行图文的排版设计时,设计师充分利用了这些科学绘画素材,旨在提升图文版的可读性和艺术性,使图文版不仅在内容上成为展示的重要组成部分,在展示效果上也成了展区内的亮眼点缀(图4、5、6)。

图4 彩色复原图的应用(生存智慧展区)

图5 彩色解析图的应用(生态万象展区)

图6 中国风线描图的应用(人地之缘展区)

六、"一体化"——图文排版与展区立面设计

从形式上来说,博物馆的图文说明直接面对观众,是展示环境的有机组成部分。无论是其字体、字号、字间距,还是其排版、用色、配图,抑或是其材质,都对整个展示的氛围和格调有着巨大的影响。即使忽略版面上的文字和图案所传达的信息,还是会影响到观众对整个展示的观感。因此,自然博物馆的设计师把图文作为装饰面的一个组成部分来进行总体设计(图7),结合墙面装饰或周边标本/展品,对其材料、位置、字体大小及颜色、配图等要素进行一体化考虑,以确保展示氛围的协调统一。

图7 上海自然博物馆中对于图文、展柜、媒体和墙面的一体化设计(效果图)

结　语

上海自然博物馆(上海科技馆分馆)的迁建工作于2006年年初启动,经过近10年的建设,新馆终于于2015年4月与公众见面,并获得了社会各界的高度赞誉。在展示筹建过程中,上海自然博物馆的策划团队对图文说明系统做了较为周到、细致的思考,本文拟对上

海自然博物馆在这方面的尝试做一个小小的总结,以为后继的同类展示提供些许借鉴。

致　谢

上海自然博物馆中的数百块图文版、上千个标签凝聚了展示筹建团队的智慧,也吸取了卞毓麟先生、金杏宝女士和江世亮先生的真知灼见,在此致以衷心的感谢! 更要感谢钟扬教授和他的团队的辛勤付出!

参考文献:

[1] [美]珍妮特·马斯汀编:《新博物馆理论与实践导论》,钱春霞等译,江苏美术出版社,2008年。

[2] [美]乔治·埃利斯·博寇:《新博物馆学手册》,张云等译,重庆大学出版社,2011年。

[3] [美]乔治·埃利斯·博寇:《博物馆这一行》,张誉腾等译,五观艺术管理有限公司,2002年。

[4] 林华:《论博物馆文物解说词的文化信息及翻译策略——以上海博物馆文物解说词为例》,《江汉大学学报(社会科学版)》,2013年第4期。

[5] 魏敏:《博物馆展览文字浅析——观众研究视野中的案例分析》,《东南文化》,2012年第2期。

[6] 韩宁:《陈列语言中文字说明的意义和特点》,《科学之友》,2009年8月。

[7] 严建强:《关于陈列语言的探讨》,《中国博物馆》,1993年第3期。

[8] 李家维:《自然博物馆展示持续吸引观众的成功实践》,《在传播科学中传承文明》,文物出版社,2007年。

[9] 周彩玲:《浅析博物馆陈列展览中的信息表达》,《博物馆研究》,2013年第1期。

[10] 王玲菱:《陈列展览中的文字及图表设计》,《博物馆研究》,2012年

第2期。

[11] 姚安:《博物馆12讲》,科学出版社,2011年。

[12] 王宏钧:《中国博物馆学基础》,上海古籍出版社,2011年。

(作者:鲍其洞,上海科技馆研究设计院 展览设计部主任;徐蕾,上海科技馆展教服务处 教育研发部主任)

"学会借力"

——突破高校博物馆发展困境

胡 盈

2015年3月,我国博物馆行业第一个全国性法规文件——《博物馆条例》[①]正式施行。这是我国博物馆事业发展纳入法制轨道的重要一步,也标志着对博物馆科学管理制度的探索。2011年,国家文物局、教育部联合发布《关于加强高校博物馆建设与发展的通知》[②](下简称《通知》),其中指出高校博物馆"在现代高等教育体系中具有基础性地位,要加强扶持和管理"。

据不完全统计,我国现有高校博物馆300余所,并且每年都在以较快速度增长[③]。高校博物馆的设立恰逢博物馆事业蓬勃发展的时代背景,而高校博物馆的发展则因各种现实因素而面临着诸多挑战。一般的讨论多指出这些先天的问题而提出自上而下改变的呼吁,然而,不可忽略的是,高校博物馆所处体制亦有不少可以利用的资源,这些资源如妥善利用,可以使高校博物馆自下而上地改善其管理模式上的先天缺陷。

一、高校博物馆发展中的困境

《通知》中明确指出:"高校博物馆发展中还存在一些问题,博物馆的建设、管理及运营状况与时代要求仍有较大差距……这些问题在一定程度上制约了高校博物馆社会功能的发挥。"[④]美国博物馆协会2011年颁布的《艺术博物馆专业实践》(*2011 Professional Practices in Art Museums*)中,也单独提到了高校博物馆的重要性:"高校博物馆保管着重要的藏品,并常常是所在社区中独一无二的艺术(或其他类型,作者按)博物馆;作为校园与所在社区之间的连接纽带,在高校的公共关系及社会使命中具有重要作用。"[5]然而,该《专业实践》也指出,"由于高校博物馆处在高校下的特殊处境,(高校博物馆)常常面临着更严峻的考验"[6],"在这双层制度下,运营、规划、管理、行政、财务及募集资金都变得非常复杂"[7]。因此,一方面,高校博物馆具有不可忽视的教育使命及广泛影响;另一方面,高校博物馆在管理制度上有其特殊的问题需要解决。

(一)校内重视程度不够,管理者对博物馆概念的理解不足

虽然高校博物馆的数量总体上在提高,但学校对高校博物馆的持续性投入均不足。高校重视科研和教学,但学校管理者并不把博物馆作为教学和科研的辅助单位而加以扶持[8]。高校对博物馆的重视往往不及图书馆和档案馆。事实上,博物馆里的藏品可以辅助各学科的研究,而博物馆本身是丰富的第二课堂,可以辅助在校生的专业课程、提供实习实践机会、配合德育教育;还可以向周围社区辐射,向公众提供普及教育。博物馆不仅仅是学校的对外展示窗口,也能为校园文化、学术氛围的培养发挥重要作用。

大学博物馆还具有凝聚科研实力、推动学科发展的作用。牛津大学自然史博物馆(Oxford University Museum of Natural History)中收藏的自然史标本、解剖学标本原本分散在校园的各个零散的学院中。在1855—1860年间,药学教授亨利·艾克兰德爵士提出建立一座博物馆,把各个理科专业集中到一个中央展示区附近。他认为,当时的牛津大学偏重神学、哲学、经典和历史等人文学科,而传播"关于造物主伟大设计的知识"的学科也应该得到重视。随着博物馆大楼的落成,不少学院也搬到了这里——天文学、地理学、实验物理、矿物学、化学、地质学、解剖学、生理学、药学等。后来,这些学科规模各自扩大,但它们从此集中到了一起[9]。

（二）常规经费不足，导致博物馆基本功能无法实现

博物馆并不是有了场地和建筑便不再需要投入。在争取外部资金方面，文物局设立的博物馆专项基金项目，很难支持到高校博物馆。高校博物馆的主要经费来源靠学校拨款[10]。而高校的上层决策者往往没有意识到，博物馆的藏品需要常规经费的维护、博物馆的展示并不是简单的陈列，博物馆需要经费来开展研究和教育。现状是，由于缺乏对博物馆的认识而导致对博物馆拨款不足，没有经费博物馆也缺乏活力，越缺乏活力也就越不受重视。

（三）编制不足缺乏人手，工作人员缺乏专业背景

高校编制本身紧张，而高校博物馆编制占用高校编制，因此往往无法配备齐全。高校博物馆若隶属于学院，则工作人员常常为兼职教师，本身精力有限，职称晋升和学院对其的工作考核往往和博物馆工作不挂钩，因而导致无法付出更多精力。而高校博物馆若独立或隶属于其他职能部门，如档案馆、图书馆、宣传部等[11]，则工作人员常常是职能部门的兼职身份或从其他职能部门调过来，对博物馆的管理行政经验丰富，而专业知识缺乏，因此需要有专业知识的人才互相配合。

博物馆的运营需要两类人才：第一类是博物馆学的专业人才，通晓博物馆基础概念和运营管理知识；第二类是与博物馆藏品相关的专门人才，即博物馆研究员或藏品管理专员（curator/collection specialist），这类人才需要相应的学科背景，比如艺术博物馆，需要艺术史或文物学专业背景；而自然类博物馆需要生物学或地理学学科背景等。而对于高校博物馆馆长，负责宏观把握博物馆发展方向，丰富的管理经验和调动校内资源支持博物馆发展的能力也是必备的[12]。

二、高校博物馆的独特优势

尽管高校博物馆相比其他公共独立博物馆，有诸多先天的不足

与困难,但不可否认的是,高校博物馆也有其独特的优势,而这些优势往往被忽略。妥善发挥这些优势,有助于在现有条件下解决高校博物馆管理中的难题。

(一) 多学科资源

高校博物馆身处高校的环境,有丰富的各学科专家触手可及,可以用来帮助研究或藏品演绎。这些资源如能很好地利用,高校博物馆可以成为促进跨学科合作,及开拓教育新方向的领导者[13]。

(二) 广泛的学生资源、校友资源

高校学生来自不同专业,年轻、有想法、有兴趣、有干劲。高校博物馆不会缺少志愿者团队,而学生也不仅可以成为讲解志愿者等,若他们的主观能动性得到充分发挥,还能成为博物馆管理的主动参与者,博物馆活动的创造者。

美国爱荷华大学自然史博物馆就请学生全面参与博物馆事务,该馆副馆长对学生的表现赞不绝口:"学生们成了我们美术馆的员工,管理我们的活动,参与藏品管理、展览、教育等项目。他们有很好的想法,值得在博物馆的战略规划和决策中发出声音。"[14]

相比学生,校友是最关心学校发展,且更有能力帮助学校发展的群体。而对于象征着文化内涵与积淀的博物馆,校友往往比在校生更了解其重要性,更愿意为此付出。当前,尽管有部分学校的博物馆受到了个别校友的捐资捐物,然而,如何化整为零,更多地获得更广泛的校友群体的协助是博物馆工作者所应思考的。

(三) 高水平的研究平台和氛围

藏品是博物馆的基础,博物馆藏品资源的开发建立在研究的基础上。作为象牙塔顶端的高校博物馆,应该也有能力体现出藏品研究的优势。高校有丰富的研究资源,各学科研究者的聚集、课题申报的氛围、图书馆资源的便捷等,都是高校博物馆积极开展研究的有利条件。

三、借助优势资源,解决困境

(一)建立高校博物馆理事会制度、专项委员会制度

理事会制度在国外已有悠久历史,近年来,推行理事会制度的政策导向也在不断明确。2011年,国家文物局提出的《博物馆事业中长期发展规划纲要(2011—2020年)》中指出:"探索建立博物馆理事会或董事会、完善博物馆馆长负责制。"[15] 2013年,党的十八届三中全会明确提出:"推动公共图书馆、博物馆、文化馆、科技馆等组建理事会,吸纳有关方面代表、专业人士、各界群众参与管理。"[16] 2015年3月颁布的《博物馆条例》第十一条也明确指出:"博物馆章程应包含组织管理制度,包括理事会或其他形式决策机构的产生办法……"中国博物馆协会理事长宋新潮指出:"一般而言,理事会由政府有关部门、举办单位、事业单位、服务对象和其他利益相关方的代表组成。"[17] 理事会制度本土化还有一定的难度[18]。但其核心,是推动博物馆管理决策的民主化,让博物馆的受众发出声音。

对于高校博物馆,通过理事会或类似决策机构,把校内外不同代表聚合到一起,不仅有助于高校博物馆焕发活力,也有助于高校博物馆提高校内知名度,发散影响力。

华东师范大学博物馆的案例在此值得借鉴。该校聘请了由校外文博系统专家、校内与博物馆建设及藏品内容相关的学科专业教师,及各相关职能部门负责人组成了博物馆建设专家咨询委员会和博物馆工作小组,共同商议、探讨博物馆建设、发展方案。设立之初,该会讨论了华东师大博物馆的定位,为博物馆标进行了投票,并提出了未来建设的战略方案。值得指出的是,华东师大博物馆的该制度也是由特殊的"一校多馆、学校统筹"的博物馆管理机制决定的。华东师大博物馆设有四个分馆,古钱币博物馆、历史文物博物馆、生物博物馆和"海上风"民俗博物馆。这四个分馆分别由不同院系管辖,但

2013年,学校成立了博物馆筹建工作小组,对内负责校内各分馆的资源整合、统筹协调、发展规划,对外正式以华东师范大学博物馆的名义争取资源、谋求发展。该工作小组由校长助理牵头,因此能有效调动各职能部门配合[19]。也正因为这样的模式,博物馆建设专家咨询委员会必不可少。各分馆所在学科专家聚到一起,才能互相了解彼此博物馆发展进度。

对于理事会,或"专家咨询委员会",其设立目的不仅是能让不同代表为博物馆建设提供有价值的意见,帮助博物馆有更贴合公众需求的决策,并且通过这些来自不同方面的声音,将不同的资源凝聚到一起,从而"助力"博物馆建设。

"借力"不仅体现在行政决策,更体现在高校博物馆的展览、研究或教育等具体项目上,尤其是在高校博物馆缺少专职人手的情况下。在国外,大博物馆一般会为某个项目而临时设立"专项委员会"(committee),抽调各部门人手来共同完成某个项目,比如馆庆,或是某个跨部门的展览等。高校博物馆由于本身员工有限,很难实现从各部门抽调人手完成项目,但可以借助整个高校的资源,邀请不同学科的教师临时组成专项委员会,共同完成某项项目。比如华东师范大学博物馆在争取市教委"文教结合"专项资金时,就邀请了教育学院的老师合作,以"一流大学教育影像展"为主题申报专项。一方面,若高校博物馆只知闭门造车,不与其他领域专家合作,缺乏学术研究的支撑,也很难办出有影响力的展览。另一方面,通过博物馆牵头将不同学科专家凝聚到一起,也有助于促进跨学科的研究和发展。当博物馆成为"跨学科研究"的催化剂或引领者,高校博物馆在校内的地位和影响也将提高。

(二)多角度"借力"学生资源

1. 邀请学生成为博物馆管理者

学生是高校的主体,也是高校博物馆的主要服务对象。因此,他们的意见、建议对博物馆有至关重要的影响。邀请学生参与博物馆决策有以下多种方法。

(1) 邀请学生加入博物馆决策"理事会"或"委员会"

对于这一点,不少博物馆管理人员持怀疑态度,理由很明显,学生无法履行法律职责,并且学生也不应给予投票权,决定博物馆的人事或其他与藏品相关的重大决定。然而,学生的确可以通过加入一些建议性的或某个具体展览或教育项目的委员会来表达学生受众的意见。美国杜克大学的纳西尔艺术博物馆(Nasher Museum of Art)的学生建议委员会由本科生、研究生和兼职学生组成。这一学生建议委员会就像联系博物馆与广泛的学生群体之间的桥梁,加强了学生在学校的主人翁意识,也促进了博物馆工作者与学生群体的互动,增强了博物馆在校园里的影响力[20]。

(2) 建立独立的学生工作架构

美国洛约拉大学艺术博物馆(Loyola University Museum of Art)有一个由大约10名学生组成的学生管理委员会架构,每个学生代表博物馆的一个部门。这种情况非常少见,但不可否认的是,经过适当的培训、引导并对学生的责任加以限制,学生的确能"半独立"地,类似于经营社团一样,运营担当博物馆的各项工作。

2. 与学生社团合作,助力博物馆宣传与教育活动

许多博物馆之所以除了讲解或琐碎的"学生助管"工作,并没有邀请学生更多地参与博物馆事务的原因,是担心增加管理上的麻烦。但如果能够就某些项目与学生社团合作,借助学生社团的宣传优势和自身特色,能起到很好的效果。比如,复旦大学博雅学社即为挂靠在该校文物博物馆所在的文博系下的学术社团;又比如,上海师范大学文物博物馆就曾与该校"秋石印社"合作举办了展览。博物馆与学生社团之间的互动时常发生,而值得博物馆工作者思考的,是如何促进学生社团与博物馆合作的主动性与创造性,从而引导更积极、丰富的合作。

而从学生的角度来说,学生更多地参与、实践博物馆工作本身也是博物馆教育的一部分。博物馆为学生提供了一个新的实践、创新平台。一方面,学生的实践可以被视为了解社会、走上工作岗位的提前适应;另一方面,由于博物馆工作是灵活创新而包罗万象的,学生也可以在博物馆实践中发挥自己的专业优势,提出自己的想法并付诸实践。比如,设计学院的学生可以更多地承担博物馆设计方面的工作;信息科技类专业的学生可以为博物馆的数字化设计贡献自己的想法和思路;学财务管理的同学可以帮助制定博物馆的财政预算、分析决算执行;学基础学科的同学则可以在博物馆各项临时展览或开展研究、教育活动时贡献力量,促进跨学科的研究与合作。同时,博物馆作为为社会服务的非营利性机构,其本身能为学生带来正面的、积极的、健康的价值导向,这一点在学生踏入社会的初步实践中也是难能可贵的。

总之,学生与高校博物馆的进一步合作将不仅有助于减轻高校博物馆由于缺乏人手、缺乏好的想法来举办展览和活动的困境,也有助于学生的自身发展。

(三) 与校友会密切合作,充分利用校友资源

在国外,校友是为高校博物馆争取资金及藏品的重要渠道。国内这些年来,各高校也纷纷建立了校友会,然而,不少校友虽对学校的资源颇有感情,却并不了解高校博物馆的存在或发展运营状况。

事实上,校友是对学校最有感情、也最有能力回馈学校的群体。如武汉大学新建的万林艺术博物馆,即由武大校友、著名企业家陈东升捐赠。中山大学于2012年联合各地校友会,举办了"缘聚中大新年酒会暨中山大学博物馆项目基金启动仪式",当晚募得博物馆项目基金100万元[21]。复旦大学文物博物馆在2009年,也曾收到复旦大学日本校友会秘书长,历史系1980级校友华彪出资31万人民币,支持古陶瓷标本馆的设备添置、更新、展厅修缮和布展[22]。

因此,一方面,积极与校友会合作谋求支持,也是高校博物馆突破困境的重要手段。比如,将博物馆的出版物定期赠送给校友会,由校友会代为宣传;在校友会中发展"博物馆之友",凝聚热爱博物馆的校友;将博物馆的发展情况和困境通过校友会平台主动告诉校友,恳请校友帮助等。

从另一个方面来说,通过博物馆,给校友提供一个反哺母校的平台;通过博物馆,给校友一个建设学校的机会,本身也能增强校友对母校的责任感;通过博物馆,给不同专业、不同年级的校友互相接触、交流的机会,有助于强化校友之间的社交网络,也有助于在学校整体发展中更好地凝聚校友资源。

四、结　　论

诚然,高校博物馆在发展过程中面临诸多困境:人们对博物馆的认识和重视程度不足、缺少经费、缺少人手等,然而,我们也要意识到身处高校的大环境亦是高校博物馆的幸运,合理利用高校博物馆的人才、学科、资源环境,将使高校博物馆走出困境,呈现独特的优势。

---

① 中华人民共和国国务院令第659号,《博物馆条例》,2015年3月20日起施行。

② 中华人民共和国国家文物局、教育部:《关于加强高校博物馆建设与发展的通知》,文物博发2011第10号。

③ 张珺:《高校博物馆突围之路》,《文化月刊》,2015年第4期,第111页。

④ 同③。

⑤ Association of Art Museum Directors (AAMD), *Professional Practices in Art Museums*, 2011, 27.

⑥ Ibid.

⑦ Jandl, Stephanie S. and Mark S. Gold, eds., *A Handbook for Academic Museums: Beyond Exhibitions and Education*, Boston, M. A.: MuseumsEtc., 2013, 14.

⑧ 王瑞莲:《关于高校博物馆定位的思考》,见中国博物馆学会编:《回顾与展望:中国博物馆发展百年》,紫禁城出版社,2005年,第291页。

⑨ Yanni, Carla, *Nature's Museums: Victorian Science and the Architecture of*

Display. Baltimore：The Johns Hopkins University Press，1999.

⑩ 同③。

⑪ 胡盈：《高校博物馆管理机制探索——以华东师范大学博物馆为例》，《中国博物馆通讯》，2015 年第 3 期，第 20 页。

⑫ 同⑪。

⑬ 同⑦，p.13。

⑭ 根据作者在美国读书期间该博物馆馆长在课堂访谈中所说。

⑮ 国家文物局：《博物馆事业中长期发展规划纲要（2011—2020 年）》，《文物博函[2011]》第 1929 号。

⑯ 《宋新潮谈理事会制度：博物馆公共性的组织体现》，人民网，2014 年 11 月 2 日，http：//culture.people.com.cn/n/2014/1102/c87423-25954907.html。

⑰ 同上。

⑱ 《国家文物局段勇：博物馆理事会制度大有可为》，光明网，2014 年 4 月 12 日，http：//news.gmw.cn/2014-04/12/content_10998432_2.htm。

⑲ 同⑪，第 21 页。

⑳ Museum Job Descriptions，accessed on Sep.25th，2015. http：//nasher.duke.edu/university-students/#nsab。

㉑ 《2012 年缘聚中大新年酒会暨中山大学博物馆项目基金启动仪式》，中山大学新闻网，2012 年 2 月 27 日，http：//news2.sysu.edu.cn/news02/127466.htm。

㉒ 复旦大学校友会，《复旦大学博物馆：历史在这里淙淙流淌》，《复旦人》2011 年 6 月，总第 10 期，http：//www.chm.fudan.edu.cn/fuwubumen/lishiwenwubowuguan/2011/1010/16083.html。

（作者：胡盈，华东师范大学博物馆　馆员）

·探索与发现·

我国田野考古信息化的现状与前景

潘碧华

如何妥善地保存和管理田野考古发掘资料,如何使其更好地为考古学研究服务,一直是考古工作者和各级文物考古管理部门关心的问题。国家文物局于 2009 年颁布执行的《田野考古工作规程》明确指出:"为了便于档案的管理、查询和进一步研究,可建立电子数据库。"[①]并在其《附录》中做了详细说明:"电子数据库应基于田野工作的各项文字、影像和测绘记录。其中,记录表格是构建数据库的主体;其他文字、测绘和影像记录应统一归类,并在数据库中建立有效链接。各表格之间应关系清晰,符合数据库的结构要求,便于统一管理、检索、查询、数据的扩充和数据库的升级。各考古项目可根据需要设计不同的电子数据库。"[②]因此,目前在我国的田野考古发掘工作中,使用计算机技术对文字、绘图、测量数据、照片、视频等记录资料进行信息化管理已经相当普遍,但在实践中还存在一些问题。本文将对我国目前田野考古信息化发展中已经取得的成果和存在的问题进行分析,并对其发展前景做一展望。

一、我国田野考古信息化
工作的历史与现状

早在20世纪90年代初,中国历史博物馆考古部就在俞伟超先生的领导下在"班村新石器时代遗址综合发掘和研究"项目中尝试使用计算机管理发掘资料[3]。这可以说是我国田野考古信息化的首次尝试。尔后,吉林大学等单位也为配合三峡工程的文物保护工作,开发了"中国三峡工程库区地下文物基本情况数据库系统",并在此基础上进一步开发了"中国地下文物基本情况数据库系统"[4],填补了我国文物考古信息化管理领域的空白。

21世纪初,一些考古科研和教学单位基于工作和教学的需要,开发了相应软件对田野考古发掘资料进行信息化管理,如广东省文物考古研究所的《田野考古·2000》[5]、西北大学的《田野考古2005》[6]。但这些软件并未得到推广,究其原因,一方面是由于随着田野考古工作水平的提高,特别是2009年新版《田野考古工作规程》颁布以后施行新标准,原有软件的功能设置、数据格式无法适应新的工作需求;另一方面也是因为我国考古遗存的多样性,不同地区、不同时代、不同类型的考古遗存的信息采集要求差异大,一个软件要满足多样化的要求比较困难。

近年来,以计算机技术为基础的GIS(Geographic Information System,地理信息系统)研究成为考古学中热点,并在长江三角洲[7]、洹河流域[8]、七星河流域[9]、巢湖流域[10]、环嵩山地区[11]、南水北调禹州段[12]、秦陵[13]等地区多有实践。但由于目前的GIS研究侧重于区域性考察,所以它所涉及的考古信息主要是遗址的位置、面积、高程、地形等空间信息,基本不涉及具体遗址的发掘资料,所以并不适合遗址的田野考古发掘工作使用。

目前对田野考古资料进行信息化管理,主要有两种方式。一种是使用现成的商业化数据库应用软件。例如吉林大学边疆考古研中心在吉林大安后套木嘎遗址的发掘中使用苹果公司旗下的 Filemaker[14],复旦大学文物与博物馆学系在上海松江广富林遗址的发掘中使用微软公司 Office 套件中的 Microsoft Access。另一种是开发专门的田野考古管理信息系统。例如北京大学考古文博学院与河南省文物考古研究所在平粮台遗址的考古勘探中研发"平粮台遗址田野考古钻探数字化记录系统"[15],湖北省文物局推行试点"考古工地数字化管理平台运行支撑技术系统"示范工程[16]。除了这些实践性成果之外,李安波[17]、张鹏程[18]、毕硕本[19]、刘军[20]、郗家贞[21]等人还从理论、方法和技术路线上对田野考古管理信息系统的建设进行了探讨。

由此可见,目前我国的田野考古信息化工作已经初见成效,考古学界对于田野考古信息化的必要性已有充分的认识。用长远的眼光来看,计算机技术相对传统的纸质档案来说,在资料的保存、管理、检索和共享方面存在明显优势,主要表现在：以数据库形式保存的田野考古资料逻辑关系明晰、检索效率高,有利于进一步进行数据挖掘;网络技术的运用不仅便于资料的共享和发布,而且在数据的采集阶段也能大幅提高工作效率,甚至便于对整个田野工作流程进行规范和监管[22]。因此,信息化已成为我国田野考古工作发展的必然趋势之一。

二、目前田野考古信息化工作中的问题

虽然田野考古信息化已经成为学界共识,已经成为各考古发掘项目中不可缺少的组成部分,但是各地、各单位、各项目的信息化工作水平参差不齐,还存在各种各样的问题,主要表现在以下几个方面。

（一）信息化程度低,甚至将数字化等同于信息化

数字化与信息化是两个有着不同内涵的概念。所谓数字化,一

般是指把种类繁多的信息转变为计算机可识别的数字代码的过程。而信息化是指以现代通信、网络、数据库技术为基础,利用数字化的信息为人类的工作、学习、生活等行为提供辅助,提高各种行为的效率,为推动人类社会进步提供技术支持。可见,数字化是实现信息化的必要条件之一,而信息化的内涵更为丰富,意义更为深远。

如今在我国田野考古发掘项目的档案管理工作中,除了已经普遍使用数字设备采集的影像信息之外,对于文字、图表等记录文档都要求有电子版副本。制作这一电子版副本的过程即为数字化的过程,但现在大多数考古队制作的电子版副本还是以 doc、xls 等文档格式为主,或者是将纸质文档扫描以后得到的 jpg、gif 等图片格式。这些数字化信息以文件形式存储,数据无结构,之间缺乏逻辑组织,冗余度高,不利于数据的分类、检索和管理,使用效率低下。例如:信息检索时,只能检索文件标题而无法检索文件内容;信息分类时,只能如同纸质文档一样通过人工操作;数据分析时,也还是只能人工整理数据并加以分析。所以,这种数字化工作不仅称不上信息化,而且只能算是初级的数字化,作用十分有限,主要是进行资料备份,而非通过查询、筛选、分析、共享等功能的实现为田野工作和考古研究提供一个高效的科研环境。

实现信息化,首先,要求运用数据库技术对数字化信息进行存储和管理。相对于一个个的文档文件,以数据库形式保存的数字信息是以一种逻辑有序的方式进行存储。数据库技术是信息系统的核心技术之一,它能够对数据进行高效的组织、存储和处理。例如:操作者只要设定相应的分类标准,就能输出相应的分类结果;操作者只要输入相应的关键词,就能得到相应的检索结果;操作者只要选择需要的数据并导入相应的分析软件,就能得到所需的分析结果。也就是说,数据库技术不仅可以储存信息,还能提供整理、分析数据的工具。其次,信息化还要求运用现代通信、网络技术对数据库中的数字化信息进行大范围的联结和共享。前文所提到的几种田野考古信息管理系统虽然都是基于数据库技术所开发,但大多只能单机操作,主要用于信息储存和管理。而且这些系统在我国的田野考古工作中远未普及,大多数田野考古发掘项目的信息化还停留在制作电子版资料副本的初级数字化水平上。

(二)数字化标准不统一

统一的数据标准是信息化的基础条件。只有在统一的标准下,数据才能相互比较,彼此分类。而田野考古发掘所面对的古代遗存多种多样,其各种属性状态又十分复杂,再加上各人感知的差异和认识水平的高低,就有可能出现不同人对同一遗存对象的属性认识和描述不一致的情况。例如对土质土色的描述、器类的定名、器型的描述、遗存年代的判断等。如果将非标准化的数据录入数据库,显然会影响数据库的查询、筛选等功能的实现,更不利于网络化的共享和应用。

在已有的系统、平台的开发实践中,研发者普遍关注管理、查询、分析等功能的实现,取得了一定的成果。但由于缺少统一的数字化规范与标准,各平台之间的数据资料无法兼容、共享,这必然会为将来进一步整合、建立地区性甚至是全国性的考古信息管理、共享的大数据平台带来困难。

所以需要根据田野考古资料的特点,制定数字化标准。一方面,需要对遗存对象的属性进行分析,确定哪些属性数据是要采集录入数据库的;另一方面,还要对各类数据进行标准化研究,在数据录入界面中尽可能多地提供下拉列表,以选择的方式录入,最大限度地将数据标准化,利于查询、筛选、排序、统计等功能和资源共享、利用的实现。

(三)信息化工作推行困难

数字化是信息化的基础之一,而考古信息的数字化是通过大量的资料录入工作来实现的。现在我国田野考古工作的从业人员中有很大一部分是"技工"。一方面,他们田野发掘经验丰富,是考古发掘第一线的主力,但他们大多来自农村,文化水平不高,高中学历为多,有的甚至只有初中文化程度。他们的计算机操作水平有限,在数字化工作中存在能力不足的问题。另一方面,目前考古发掘中的主要信息记录手段还是文字记录和图纸测绘,考古队员在野外工作完成之后还要在室内将这些记录资料数字化,实际上是增加了额外的工作量,所以在工资待遇增幅不大的情况下,他们对于数字化工作的积极性不高。

这两方面的原因导致有些考古发掘项目即便采用田野考古信息管理系统进行资料管理,在推行中也存在重重阻力。当然这一问题可以通过配备专门的数据录入人员来解决,但这不仅无益于提高工作效率,也还增加了项目的额外开支。

所以,在提高考古从业人员综合素质的同时,还应当在信息系统的设计开发中充分考虑操作界面的易用性,创造友好的人机界面。而且近年来我国 4G 无线网络的建设突飞猛进,这就为通过移动数字终端(平板电脑、智能手机)访问 Internet 服务器使用 Web 管理信息系统成为可能。将这两者结合起来,让发掘者可以在发掘现场利用移动终端像发微信、微博一样来完成记录工作,就能大大提高田野工作的效率,减轻工作负担。

(四)数字化的成果共享不充分

资源共享是资料数字化的目的之一,也是信息化的重要内容。随着网络技术的发展,数字化资料通过网络进行共享是必然的趋势。但是时至今日,在我国仍未见公共开放的田野考古数据库,资料共享非常有限。究其原因,一方面是资料持有者担心网络共享以后信息安全受到威胁;另一方面是持有者缺乏共享意识,不愿共享。

信息安全问题是信息化发展的必然产物,网络通信技术的特性决定了没有绝对的、一劳永逸的安全。但如果以此作为阻碍信息化发展的借口,简单地通过不上网、不共享来保证安全,那就是因噎废食。随着信息安全技术的发展,可以通过构建服务器系统的软、硬件的防火墙,通过尽量减少和修补信息系统软件本身的漏洞,通过建立良好的自动和人工备份机制,信息资料的安全可以得到最大限度的保护。

相对于信息安全问题,资料持有者缺乏共享意识可能是阻碍共享更为主要的原因。"靠资料说话"是考古学研究的一大特点,这也就意味着谁占有了资料谁就掌握了研究的先机。所以考古学界向来有着资料保密的倾向,在田野考古发掘报告正式出版或发表之前一般不会公开原始资料;即便在发掘报告出版发表以后,报告中未公布的材料也不轻易示人。这就成为田野考古信息资源共享的最大障碍。其实按照我国法律,地下文物都归国家所有,考古又是一项公共事业,田野考古信息理应全部公开。当然,发掘者的田野工作贡献应当得到承认,他们的优先研究权也应当得到尊重,但不能因此将发表考古报告作为工作的终点,更不能将报告中未发表的材料隐而不示。过去由于考古报告篇幅有限,只能择要发表,其余资料又没有合适、便利的途径加以公开;但在信息化时代,数字媒体提供了便捷的平台,全面发表材料已经成为可能。所以,作为文物考古的主管部门是否应当出台相关规定,要求在考古报告发表的同时在网络平台上全面公开所有考古资料?同时,考古人也应当认识到,在研究中多交流、多合作不仅能促进考古事业整体水平的提高,也能提升自身的研究水平。所以,解放思想,增进资料共享,是信息时代每一个考古工作者应当具有的意识。

三、田野考古信息化的意义和前景

尽管存在种种问题,但田野考古信息化的趋势已不可避免。田野考古不仅是考古科研中的一项学术性工作,在具体的实施过程中还包含着大量的非学术性的、但对学术研究有着重要影响的管理工作,包括人员管理、库房管理、工作流程管理、工作内容管理等。因此,田野考古信息化的意义并不只是为田野考古发掘资料提供一种可靠的保存手段,还在于信息化的管理模式可以提升田野考古工作的管理水平,增进科学性和严谨性,提高工作效率。此外,多学科交叉研究已然成为考古学学科发展的方向,具有不同知识背景的研究者之间分工协作、共同研究的模式也已成为考古研究工作的常态,这对于考古资源共享、信息共享的要求越来越强烈。而且这种共享的要求现在也不再局限于科学研究领域。社会文化的发展,公众文化遗产意识的增强,公众考古实践活动广泛开展,都对考古信息在社会公众中的传播提出了新的要求,信息化也就成为满足这些需求的基础条件。具体来说,田野考古信息化的意义和发展前景主要表现在以下几个方面。

(一) 通过信息化实现田野考古资料的长久保存

"田野发掘具有双重性的特点,既具有再现性和保护性,又具有破坏性和毁灭性。"[23]田野考古工作不可避免地会对遗存产生破坏或毁灭,逐层发掘堆积的过程实际上就是遗存逐步被破坏的过程,所以田野考古向来要求在发掘中全面收集遗物、全面记录信息。田野考古就是以这种方式实现遗址的物质实体向信息资料的转化,以保存遗物实体资料和记录信息资料的方式实现对古代文化遗存的长久保护。因此,妥善保存田野考古发掘资料成为考古发掘单位的重要任务。其中记录信息资料通常是以纸质档案为主。但由于目前考古发掘单位普遍缺乏详细完备的田野考古档案管理规定,也缺乏既有考古专业背景又有档案管理知识的复合人才,资料流失、损坏的现象比比皆是[24]。相对而言,数字化信息具有信息密度高、占用物理空间小、维护简单的特点,成为取代传统档案保存形式的更优选择。

客观地说,数字信息的保存技术也有弱点,一些瓶颈问题目前尚未得到解决。例如,从数字信息承载介质的保存寿命来看,磁盘只有3年到5年,光盘也不过30年;而且数字信息还有可能由于设备、软件的更新换代,造成资料无法读取而丢失的情况。因此图书情报部门经常会将重要数字信息打印在纸张或者缩微胶片上,因为高质量的酸性纸可以保存百年以上,而档案用的高质量缩微胶片的寿命可达300年甚至更久[25]。似乎在资料保存方面,数字信息相对于纸质档案和胶片来说并没有优势。但是,数字信息的复制、备份要比纸质文档、胶片影像容易得多,所以可以在储存介质接近寿命极限之前及时复制数据,进行"接力式"的保存。而且信息技术日新月异,随着新技术、新材料的出现这一问题必能得到解决。美国洛斯阿拉莫斯国家实验室(Los Alamos National Laboratory)就曾经宣称他们发明了一种高密度只读存储器(HD-ROM)技术,其数据密度远高于目前常用的 CD-ROM 技术。他们利用离子束将信息刻录于用不锈钢、铱等材料制作的针上,由于这些材料不会降解,信息也就不会丢失;而且该技术可以用人类直接可读的形式将解释数据所需的所有指令都记录下来[㉑]。一旦这种方法实用化,那么数字信息的长久保存问题就迎刃而解。所以从长远的角度来看,数字信息必然会取代纸质、胶片档案。

(二)通过信息化加强田野考古工作的管理效率

田野考古工作的信息化管理是通过管理信息系统(Management Information System,简称 MIS)来实现的。"管理信息系统是对一个组织(单位、企业或部门)的信息进行全面管理的人和计算机相结合的系统。它综合运用计算机技术、信息技术、管理技术和决策技术,与现代化的管理思想、方法和手段结合起来,辅助管理人员进行管理和决策。"[㉒]所以,针对田野考古工作的特点开发相应的"田野考古管理信息系统",不仅是文物考古管理部门的需求,也是田野考古工作具体实施者(考古发掘单位或项目负责人)的需求。

田野考古管理信息系统从其应用层面来看,可分为两个层次:一是文物考古主管部门的行政管理层面;二是具体的田野考古发掘项目的业务管理层面。

就行政管理层面来说,国家文物局的"考古发掘电子审批系统"(http://kgsp.sach.gov.cn)早在 2004 年 9 月即上线试运行,2005 年 11 月得到全面推行,在 2007 年年底又对部分功能进行了优化完善。其功能主要包括两大部分:考古发掘报批业务功能和考古发掘进度汇报业务功能。报批管理,主要是考古发掘单位按照法定程序申报发掘计划,请上级部门的批准,取得考古发掘资格;进度汇报管理,主要是考古发掘单位在考古发掘的过程中定期汇报工作情况和工作进度,便于主管部门进行管理[20]。这一系统至今运行稳定,在提高项目审批效率、加强项目运作的监督管理方面成效显著。

当下我国的田野考古信息化建设的重点主要集中在第二个层面,即业务管理层面。前文提到的"平粮台遗址田野考古钻探数字化记录系统""考古工地数字化管理平台运行支撑技术系统"即为这一层面的实践性成果。业务管理层面的管理信息系统,除了承担信息储存和管理的任务,更重要的是通过规范信息采集、录入的种类、标准、次序来实现工作流程的管理,以及通过用户分级形成的监管、审核机制来保证考古信息的规范性和科学性。例如,一个灰坑遗迹被发现以后,考古队员和项目负责人将会根据管理信息系统的要求进行如下步骤的工作:

(1)发掘队员通过系统向项目负责人提出要号申请。

(2)项目负责人经过现场查验之后批准给号,于是在系统中就会生成一系列有关该灰坑的空白表单。

(3)随着灰坑清理工作的进展,考古队员依据各自职责和系统要求,采集相关信息并录入系统:

a)发掘队员录入:发掘经过、层位关系、形状、尺寸、堆积分层、土质土色、包含物情况、采集标本情况等;

b)测绘队员录入测绘坐标数据、上传线图文件;

c)摄影摄像人员上传照片、视频文件;

d)库房管理人员对实物标本的入库情况进行记录。

(4)当队员完成资料的录入工作并提交之后,项目负责人对资料的真实性、准确性和规范性进行审核,如无问题则做归档处理,关闭队员的修改权限;如发现问题则退回队员进行补充或修正。

简言之,就是考古队员须根据系统的要求按部就班地完成清理、采集、记录等工作,并由项目负责人对这些信息资料进行审核。除此之外,项目负责人还可通过系统全程监管资料的录入、上传情况,从而对田野工作进行扁平化的流程管理。而且在无线网络技术的支撑下,考古人员还可通过数字移动终端在野外工作现场实时采集信息、实时录入数据,从而提高工作效率,建立起高度流转的信息流,推动发掘工作、研究任务的实施。田野考古发掘资料最终也会以一种逻辑有序的方式存储在数据库中,为以后在专业人员甚至社会公众之间共享和利用奠定基础,从而促进考古学研究的发展和成果的传播,实现保护文化遗产的最终目的。

(三)通过信息化提高田野考古资料的被利用率

互联网的发展给人类社会带来的最直接的影响就是信息的联通,它深刻改变了人类的生活方式和工作方式。在科学研究领域,Web of Science、SCOPUS、EBSCO、JSTOR、CNKI、万方、读秀等国内外学术资源库的共享为科学研究的深入进行提供了有力的支撑。考古学科中许多业已发表的发掘报告、研究成果也借助这些信息共享平台得到了充分的利用。但不容忽视的是,仍有大量田野考古资料尚未数字化,也就更谈不上资源共享。

考古报告是我国目前田野考古工作成果发表的主要形式,但是"目前正式发表的考古报告只是发表代表性单位,大量所谓非典型单位的原始资料成为'废品'"[29]。而且,这些原始资料不仅外人看不到,即便是在这些资料的保管单位内部,它们的利用率也极为低下。国家文物局文物保护科学和技术研究课题《田野考古资料档案管理现状调研及思考》指出:"田野考古档案资料的利用率不高,以内部借阅为主,除图片(如发掘现场照片等)尚有人借阅外,别的资料很少有人问津。"[30]换言之,作为考古研究最基本的资料——田野考古档案中的绝大多数目前还深藏闺中,成为"沉睡"的信息。不得不承认,这是一种极大的资源浪费。

相对于我国目前的田野考古档案资料的利用状态,世界上的一些发达国家在这方面就做得比较出色。例如,英国在中央和地方两个层面都有专门的文物考古数据库,存有第二次世界大战以后的全部数据及部分战前的数据,任何人都可通过电话、传真、电子邮件提出申请,进行查询和索取资料[31]。进入互联网时代以后,其中一些数据库已经上线向公众免费开放,供查询使用。最为著名的是伦敦博物馆考古档案和研究中心的在线目录(London Archaeological Archive and Research Centre Online Catalogue, http://archive.museumoflondon.org.uk/laarc/catalogue/)[32],收录了大伦敦地区过去 100 多年中 7 500 多个遗址或发掘项目的概要信息,以及其中 3 000 多个遗址或项目的考古档案。它提供简单和高级两种查询模式。简单查询可通过输入关键词查询遗址、出土物和出版物的信息;高级查询则提供更为丰富的查询字段,如编号、位置、发掘机构、时代、名称等。这种通过互联网大范围共享田野考古发掘资料的做法,大大便利了专业人员获取研究所需的资料。除了英国的这种国家性和地区性的数据库之外,还有一种是某个遗址发掘项目的资料数据库,例如美国斯坦福大学的 Çatalhöyük 遗址发掘项目的在线档案(http://catalhoyuk.stanford.edu/)[33]。Çatalhöyük 是土耳其的一处新石器时代聚落遗址。20 世纪 90 年代,西方后过程主义考古学的代表人物 Ian Hodder 主持了该遗址的发掘。Hodder 主张在史前考古领域采用一种"反身方法"(reflexive method)来对材料进行不断的解释和再解释。他鼓励不同的观察者——包括不同领域的专家、当地居民,甚至是游客——对该遗址的材料提出自己的解释。也正是出于这个目的,他将该遗址的所有发掘资料都公布在这个网站上,以期获得更多的再解释和比较研究。他的做法不仅在资料发表的及时性和全面性方面远远超越传统的发掘报告,而且也使"反身方法"的参与者范围大为扩展。

考古学是一门开放的学科,向来提倡不同的研究者从不同的角度展开研究,而经过选择材料编撰而成的考古发掘报告显然无法满足这种需要。被编撰者舍弃的、没有编入报告的材料很有可能为某些研究提供极为重要的信息。过去选择材料发表是因为纸质出版物篇幅有限,不得已而为之。但如今,数字媒介的海量存储、网络技术的共通共享已经使全面发表材料成为可能,国外的同行已经为我们树立了榜样。通过信息化提高田野考古资料的被利用率必然成为我国考古学科发展的趋势。

（四）通过信息化促进田野考古资料的数据挖掘

20世纪80年代就有学者提出了"计算机考古"的概念，设想将计算机用于数据存储、资料管理、信息检索、考古图形处理、仪器分析的数据处理、类型学断代系统等方面[34]。时至今日，这些设想有的已经成为现实，有的还依旧在探索中。通过信息化促进田野考古资料的深度数据挖掘已然成为"计算机考古"的目标。

我国的文物考古工作经过数十年的发展，取得了丰硕的成果，积累了大量的实物资料和档案资料。考古学的任务在某种程度上说就是要从这些海量的资料数据中尽可能多地获取信息，来帮助我们认识过去。进入21世纪以来，信息化技术的使用已经极大地推动了我国考古学研究的进展，这在考古GIS的应用方面表现得最为突出。GIS可以对通过GPS测绘技术或者遥感成图技术获得的考古遗址或遗迹的位置和图形图像数据进行综合分析和集成研究，也可以使用虚拟现实技术对不同的考古现象进行虚拟[35]。例如，在对新近发现的浙江余杭良渚古城外围大型水利工程的论证过程中，考古学家使用GIS技术模拟分析了良渚先民在古城以北修筑的高、低两级水坝的抗洪、蓄水能力，证明了这一史前水利工程的真实性和有效性[36]。

除此之外，对考古信息的"数据挖掘"（Data Mining）研究也逐步展开，成为一个重要的发展方向。数据挖掘是计算机科学中一种将传统的数据分析方法与处理大量数据的复杂算法结合起来的技术，其技术来源主要基于数据库、统计分析、机器学习和神经网络，在很多领域都有应用。数据挖掘所得到的信息具有"先前未知"的特点，换言之，数据挖掘要发现的是不能靠直觉发现或者依靠传统的研究方法无法发现的信息和知识。目前国内这方面的应用研究主要集中在聚落考古方面，又分为两个层次：一是单一聚落内部的遗迹空间数据和属性数据的挖掘，二是聚落群中聚落分布和面积特征的数据挖掘。例如，毕硕本等人对姜寨聚落的数据挖掘工作得到了一些不同于考古学家的新认识。他们采用聚类算法对姜寨一期聚落的房屋和墓葬的空间数据进行的挖掘，得出了其中大、中房屋组和墓葬区的空间聚类规则，其结果与姜寨遗址发掘报告中的分区结果大致相同，但对于个别房屋、灰坑的分区归属又存在差异[37]；他们又采用 Apriori 关联算法对姜寨一期的主要文化遗迹的属性数据进行了关联挖掘，找到了其中隐含的关系，为聚落遗址的资料分析提供了一种新技术[38]。在运用数据挖掘技术研究聚落群的长时段演化方面，他们采用决策树分类算法对郑州—洛阳地区史前四个连续文化时期（裴李岗文化—仰韶文化前期—仰韶文化后期—龙山文化）的聚落进行了数据挖掘，提取了聚落遗址面积的分类规则，并根据这些分类规则和聚落的空间分布情况对四个文化时期的 I 级聚落进行对比分析，发现 I 级聚落中的一些特大面积的聚落正逐渐发展成为地区的中心聚落。这为研究郑洛地区城市的起源，乃至日后这一地区王都的形成提供了依据[39]。除了聚落考古方面，数据挖掘技术还被应用于对考古地层空间数据的分析。例如，利用虚拟钻孔扫描姜寨遗址地层剖面获得相关信息，从中提取各文化层及遗迹的厚度、顶界和底界深度等空间数据，用于定量分析考古地层相对早晚关系，建立地层数字高程模型[40]。再如，使用 IDL 语言开发空间数据挖掘工具分析成都金沙遗址 I 区"梅苑"祭祀区西北部的地层空间数据，提取了地层空间特征的统计信息和隐含规律，反演了金沙遗址的地层沉积过程[41]。

由此可见，数据挖掘在对田野考古资料的信息提取方面具有深厚的潜力，但也不得不承认我国目前在这方面的工作开展得还很不充分。究其原因，一方面是缺少考古学与计算机科学之间的跨学科人才，专业壁垒、技术门槛导致这种跨学科研究难以广泛开展。另一方面，更重要的原因可能是基础数据的缺乏。从已有的研究来看，主要集中在姜寨、金沙、郑洛这么少数几个遗址或地区，说明只有特定的掌握资料的考古学家与掌握技术的计算机科学家相互协作才能将此类研究付诸实施。这也从另一个侧面反映了目前田野考古资料的数字化与资源共享做得很不充分。只有随着田野考古信息化工作的进一步推进，才能吸引更多的掌握数据挖掘技术的学者参与到考古学研究中来，帮助考古学家充分提取蕴藏在考古资料中的各类隐含信息,将考古学研究推向一个更高的层次。

四、结　　语

　　田野考古是考古学研究的基础。田野考古信息化的意义不仅仅在于考古资料的数字化保存,还在于对田野考古工作流程的规范和标准化,还在于对考古资料的共享与传播,还在于对考古资料的深度信息提炼。我国田野考古的信息化工作自20世纪80年代起步以来,业已取得了显著的成绩,尽管目前还存在诸多问题,但前景广阔而远大。

　　田野考古的信息化是时代发展的必然,也是考古学发展的内在要求。我国的考古学人应当紧跟信息时代的步伐,把握契机,将我国的考古学研究推向更为广阔的天地。我们有理由相信,田野考古的信息化必将促使我国考古学的研究水平迈上一个新台阶。

---

　　① 国家文物局:《田野考古工作规程》,文物出版社,2009年,第9页。

　　② 同①,第43页。

　　③ [英] 霍立治:《计算机与考古学》,《中国历史博物馆馆刊》,1995年第6期。

　　④ 杨华民、鲍永刚、滕铭予:《中国地下文物基本情况数据库系统的设计与实现》,《情报学报》,1997年第8期;滕铭予:《〈中国地下文物基本情况数据库系统〉数据说明》,《文物季刊》,1998年第3期。

　　⑤ 李岩:《田野考古资料的信息化处理与〈田野考古·2000〉》,《考古》,2000年第6期。

　　⑥ 邹捷、耿国华、周明全:《在.Net平台下建立田野考古数字化平台》,《计算机技术与发展》,2006年第10期。

　　⑦ 肖彬、谢志仁、闾国年、朱晓华:《GIS支持的考古信息管理系统——以长江三角洲地区为例》,《南京师大学报(自然科学版)》,1999年第9期;陈德超、刘树人:《GIS支持下的上海考古信息系统的研发》,《测绘与空间地理信息》,

2004年第10期。

⑧ 刘建国、王霞、张蕾:《洹河流域区域考古信息系统的建设与探索》,《考古》,2001年第9期

⑨ 刘建国:《陕西周原七星河流域考古信息系统的建设与分析》,《考古》,2006年第3期。

⑩ 张生根、王心源、田兵、管义国:《基于GIS的巢湖流域考古信息系统研究与建设》,《测绘与空间地理信息》,2007年第8期。

⑪ 周金艳、杨瑞霞:《环嵩山地区史前聚落空间数据库设计》,《地理空间信息》,2011年第10期。

⑫ 张海、方燕明、席玮、赖新川、赵亮、吴学明、逄博:《以WEB和3S技术为支持的南水北调禹州段考古区域系统调查》,《华夏考古》,2012年第12期。

⑬ 张翼:《基于GIS的秦陵考古信息系统实现研究》,西安科技大学硕士论文,2012年;许彦朝:《基于WebGIS的秦陵考古信息系统实现研究》,西安科技大学硕士论文,2014年。

⑭ 史宝琳、刘晓溪:《后套木嘎遗址田野考古数据库的建设》,《边疆考古研究》第14辑,科学出版社,2013年;霍东峰、梁建军:《田野考古资料数据库的理论、方法与实践——以后套木嘎遗址为例》,《边疆考古研究》第17辑,科学出版社,2015年。

⑮ 曹艳朋、朱树政、李胜利:《河南淮阳平粮台遗址考古发掘成果显著》,《中国文物报》,2016年1月15日第8版。

⑯《湖北省考古工地数字化管理平台项目通过验收》,见国家文物局网站:http://www.sach.gov.cn/art/2016/2/14/art_723_128426.html。

⑰ 李安波、毕硕本、裴安平、闾国年:《田野考古地理信息系统研究与建设》,《地理与地理信息科学》,2004年第1期。

⑱ 张鹏程:《关于建立文物考古数据库的几个问题》,《考古与文物》,2008年第6期。

⑲ 毕硕本、闾国年、耿焕同:《田野考古信息系统的设计方案与实施流程》,《测绘科学》,2009年第9期。

⑳ 刘军、耿国华:《基于.NET的考古遗址空间信息系统的设计与实现》,《计算机工程与设计》,2009年第12期;刘军、耿国华:《面向考古发掘工程的多维数据平台》,《计算机应用与软件》,2011年第10期。

㉑ 郗家贞、王笑冉、何芳、胡培玖:《基于webGIS田野考古信息系统的数据

库设计》,《信息与电脑(理论版)》,2010年第4期。

㉒ 刘建国:《国内考古学研究紧跟信息时代发展步伐》,《中国社会科学院院报》,2006年第11期;刘建国:《数字考古的理论与实践》,《南方文物》,2007年第2期;陈建立、张海、梁宏刚:《有关考古领域科技发展的几点思考》,《南方文物》,2010年第6期;张颖岚:《计算机网络技术与考古学的未来发展》,《华夏考古》,2003年第12期;孟祥华:《计算机网络技术在考古学中的应用》,《科技创新与应用》,2012年第12期。

㉓ 冯恩学主编:《田野考古学》,吉林大学出版社,1993年,第3页。

㉔ 庞小霞:《考古科研院所档案管理工作探索》,《中国文物科学研究》,2013年第3期。

㉕ 蔡曙光:《数字文献信息的保存——未来图书馆事业发展的前提和条件》,《大学图书馆情报》,2002年第3期。

㉖ Hedstrom M., Digital Preservation: A Time Bomb for Digital Libraries, Computers & the Humanities, 1997, 31(3): 189-202.

㉗ 黄梯云主编:《管理信息系统(第四版)》,高等教育出版社,2009年,第9页。

㉘ 中国文物信息咨询中心、国家文物局数据中心网站: http://www.cchicc.org.cn/art/2011/3/22/art_405_4693.html。

㉙ 同㉔。

㉚ 胡金华、穆朝娜、仇凤琴:《田野考古档案资料规范化管理的思考》,《中国文物科学研究》,2007年第9期。

㉛ 李浪林:《英国考古的政策、管理和操作》,《华夏考古》,2002年第1期。

㉜ 英国伦敦博物馆 LAARC 在线目录: http://archive.museumoflondon.org.uk/laarc/catalogue/。

㉝ 美国斯坦福大学 Çatalhöyük 遗址发掘项目在线档案: http://catalhoyuk.stanford.edu/。

㉞ 李科威:《计算机考古刍议》,《东南文化》,1988年第5期。

㉟ 刘建国:《数字考古的理论和实践》,《南方文物》,2007年第1期。

㊱ 王宁远:《5000年前的大型水利工程》,《中国文物报》,2016年3月11日第8版。

㊲ 毕硕本、裴安平、陈济民、闾国年:《聚类算法在姜寨一期聚落考古中的应用》,《计算机工程》,2006年第4期。

㊳ 毕硕本、闾国年、裴安平、孙懿青:《姜寨一期文化遗迹属性数据的关联规则挖掘研究》,《地理与地理信息科学》,2010年第1期。

㊴ 毕硕本、闾国年、陈济民:《史前连续文化聚落的决策树分类挖掘研究——以郑州—洛阳地区为例》,《测绘科学》,2008年第2期。

㊵ 杨林、闾国年、毕硕本:《基于GIS数据库的田野考古地层剖面空间数据挖掘——以陕西临潼姜寨遗址为例》,《地理与地理信息科学》,2005年第2期。

㊶ 阚瑷珂、杨仁怀、朱利东、王绪本、王成善:《基于IDL的考古地层空间数据挖掘研究》,《计算机工程与应用》,2007年第4期。

(作者:潘碧华,复旦大学文物与博物馆学系　副教授)

良渚文化台形刻符新考

高蒙河　杨凤玉

良渚文化的刻画符号一直是引人关注的考古发现和研究对象，成果颇丰。2015年出版的《良渚文化刻画符号》一书，集中刊布了所收集到的632个良渚文化刻画符号资料及其以往的一些主要研究观点，使我们进一步检索、比较、分析这些符号及相关问题，更为实用和便捷[①]。

该书把所收集到的刻符，主要按照载体的质地，分为陶器篇、石器篇和玉器篇。其中，玉器篇中约有10个符号，主要由侧鸟、立柱、台形方框以及方框内施纹等典型要素组合而成一个复合整体。这些符号之间的异同，表现在结构上都比较复杂、形态上又相互类似、局部上还略有区别。

就通体构图的方式看，这类复合刻符既以各个典型要素之间的相似性构成了共同特征，但又因侧鸟、立柱、台形方框等典型要素的或有或无而呈现出自身特点，因此可以从类型学角度，细分为三型：

A型，全要素型（图一，1—4）。主要由上端的侧鸟，中间的立柱，下面的台形方框共三个部分组合而成。

B型，双要素型（图一，5—7）。由两部分组成，即缺少中间的立柱，侧鸟直接立在台形方框上。

C型，单要素型（图一，8—11）。仅有台形方框。

良渚文化台形刻符新考

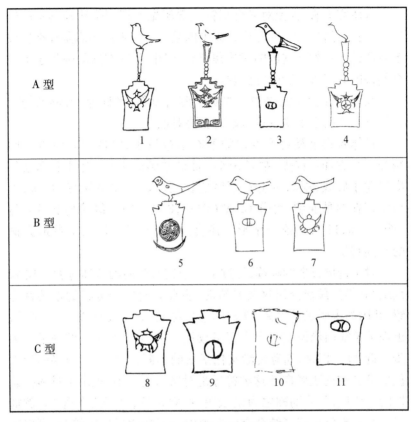

图一　考古和传世的台形刻符

1　北京首都博物馆藏玉琮刻纹　　2　美国弗利尔美术馆藏玉璧刻纹
3　美国弗利尔美术馆藏玉璧刻纹　　4　台北故宫博物院藏玉璧刻纹
5　美国弗利尔美术馆藏玉璧刻纹　　6　上海博物馆藏玉璧刻纹
7　良渚博物院藏玉璧刻纹　　8　浙江余杭安溪出土玉璧刻纹
9　江苏兴化蒋庄出土玉璧刻纹　　10　江苏昆山少卿山出土玉璧刻纹
11　美国弗利尔美术馆藏玉璧刻纹

从现象上看,尽管三型的整体要素各异,但却有一个局部要素特征相同,即侧鸟可无、立柱可无,但台形方框几乎一直都存在,由此成为这类复合刻符中不可或缺的核心要素。

从研究上看,大家对复合刻符上部所见的那两个比较具象的侧鸟和立柱,异议不大,问题比较集中的是台形方框的形态是什么?或者象征什么?如此这般的讨论焦点也表明,台形方框的确是这类复合刻符的共有母题和研究谜题。

凡此,我们可以在本文中把此类复合刻符,简称为"台形刻符",并把它作为接下来要着重讨论的主要对象。

具体观察这类台形方框的形态不难发现,它的主要特点可归纳为三个方面:首先,都是矩形,而非方形或扁状,而且上部最长度略宽于底线,即略有上宽下窄之比;其次,皆呈亚腰形;再次,C型中存在两种亚型,可分 Ca 型(图一,8、9),即三级阶梯状,Cb 型(图一,10、11),平顶一字形。换言之,以上三点构成了台形方框的共同特征。

对于台形方框的释读,经过了一个较长时间的认知过程。在 20 世纪 80 年代最初介绍这类刻符时,主要是对复合刻符的描述性介绍,并因尚未明确其含义,曾较随意地称其为"盾形纹饰"[②]。之后,出现了象征山峰说或山形说等解读性的分析[③],把认识推进了一大步。近 20 年以来,随着良渚文化祭坛的不断发现,越来越多的学人包括笔者在内更倾向于这类符号是对祭坛的摹画,提出了具体指认性的新认识,并分别称之为祭坛图、鸟立坛柱、高坛立鸟等[④]。例如蒋卫东就曾分析道:"结合余杭汇观山良渚文化祭坛的结构,可以确定这类图像为良渚文化祭坛。祭坛上是一种供神鸟降息享祀的竿柱,是替代自然树木的人工改进物,功用与'封'活动中的大树一样,在山丘或土墩本身的高度上再获取一层新的高度,取得人跟天之间最近的距离,便于跟天神的亲近和沟通。总之,这是具有合成意义的图案,是原始祭天活动的完整记录。"[⑤]但这样的多数人的认识并非结论,也未完全取得共识,像有个别学者通过与国外类似刻符的资料比较后便认为,它们"多与经济贸易相关,而较少能够见到与国事记录、祭祀葬仪相关联的现象"[⑥],或也可备一说。

近些年,类似于上述从表形或表意上解读良渚文化复合刻符的文论已不多见,看似进入了一个因缺少新资料的发现和出土而实难取得研究突破的瓶颈阶段。然而就在这样的情况下,江苏昆山少卿山遗址和江苏兴化蒋庄遗址等地,却又陆续有了台形刻符的新发现[7]。

和过去相比,这些新发现呈现出两个新特点:第一,与过去主要是单件的海内外传世品不同,这类新发现多是田野发掘成果,地点明确,有确切的层位关系和共存器物组合关系,从而为我们提供了更科学的新资料;第二,这类新发现所在的地点,使得台形刻符在使用空间上的分布,从过去的浙江和上海扩大到了江苏的江南乃至江北的里下河平原地区,从而为我们的再检讨打开了新视野。

首先,我们看台形刻符所刻画的玉璧的出土情况及其共存的器物组合关系:

少卿山M9,方形竖穴,残长1.75米、宽1.4米。西北边近底部有生土二层台,底部铺垫一层约15厘米的灰白土。所出遗物有残玉璧、残石钺、刀以及难辨器形的残陶片等。其中玉器残片8件,石器残片7件。简报认为,这应该是残损的有重要功能器物的特定集中掩埋点。

蒋庄M36,墓坑开口长2.21米、宽0.98—1.19米。为单人一次葬,墓主人为年龄41—45岁的成年女性。随葬玉器、陶器各3件。其中玉璧直径24厘米,上刻画有"凸"字形祭坛符号。但略为遗憾的是,目前还没有公布所有的器物名称和形制。而从简报发表的照片上看,3件陶器放置在墓主人脚部,而玉璧则放置在死者的胸部。

虽然目前这两批考古出土新资料还没有公布全部的器物组合关系,但通过以上简约但又不失重要的信息,我们还是可以看到一些过去囿于传世品为主的讨论所久而不决问题,有了深入和展开的新空间:

第一,台形刻符玉璧拥有者的社会地位问题。

台形刻符不但主要是刻画在玉璧之上的符号，而且这类玉璧及其器物组合所能反映出的拥有者的社会地位不会很低。比如蒋庄M36的规模，在已经公布的该墓地墓葬中是体量比较大的，而且发掘者也指出，"较高等级墓葬"区别于"平民墓"的主要结点之一，便是是否随葬玉璧、玉琮等。再比如在少卿山，与玉璧共存的器物组合中还有石钺，因而应该是具有一定军事和宗教能力的人员，不应该也不可能是良渚文化多级社会结构体系中的最底层者[⑧]。

但鉴于蒋庄M36的器物组合数量只有6件，而少卿山器物中又出石刀等疑似生产劳动的工具，因此，这两批材料所显示的玉璧使用者的社会地位，显然又难以说是那种掌握军权或神权的至尊者。但需要申明的是，在其他地点的更高等级墓地或墓葬中，是否也是如此？因没有科学发掘的器物共存组合为凭，尚不便推论。

第二，台形刻符广域分布的文化一统性。

前曾有述，发现这两批台形刻符的考古新材料地点，大大突破了以往只是在浙江和上海的狭小区间，而是扩大到了环太湖流域甚至长江以北的里下河地区。与此相应的，这也促使我们去思考下面这样的文化价值认同问题：这种类别相近的复合刻符特别是形态类似的台形刻符，其含义及其所反映的意识形态与观念，无疑是良渚文化人群具有某种共同意识形态的新物证。

如果以上思考能够成立的话，前面我们对复合刻符所做的A/B/C三型的分型结果，很可能还是良渚文化广袤分布区域内，人们在一统的价值观念中是既有联系又有区别的，即你中有我，我中有你，这很可能与同一考古学文化在其分布范围内，又可以分为不同的文化类型相关联。而且支持这一认识的资料还有台形方框内那些施纹刻符。这些施纹刻符都刻画在每个图形方框的中央部位，但同一部位的这些施纹刻符又表现出不同的特征，具有再进一步分型的可能性。

要之,台形刻符很可能是良渚文化社会存在某种精神价值认同的直接反应,这对于我们研究良渚文化广袤分布范围内具有类似生活方式、成熟社会结构、普遍社会分层等文明形成和国家形成等重大理论和实践课题,提供了全新的例证、视角和启示。从这个意义上来说,台形刻符当是目前所知良渚文化632个已刊布刻符中的最典型者之一,非常值得重视和继续加以研究。

---

① 张炳火主编:《良渚文化刻画符号》,上海人民出版社,2015年。

② 薛婕:《鸟纹玉琮》,《北京日报》,1984年11月10日。

③ [日]林巳奈夫:《关于良渚文化玉器的若干问题》,《史前研究》,1987年第1期;[美]J·默里:《新石器时代的中国玉器——谈美国弗里尔艺术馆玉器藏品》,《东南文化》,1988年第2期;李学勤:《论新出土大汶口文化陶器符号》,《文物》,1987年第12期;李学勤:《余杭安溪玉璧与有关符号的分析》,《文明的曙光——良渚文化》,浙江人民出版社,1996年。

④ 牟永抗、吴汝祚:《水稻、蚕丝和玉器》,《考古》,1993年第6期;刘斌:《大汶口文化陶尊上的符号及与良渚文化的关系》,《青果集》,知识出版社,1993年;任式楠:《良渚文化图像玉璧的探讨》,《东方文明之光》,海南国际新闻出版社,1996年;杜金鹏:《良渚神祇与祭坛》,《考古》,1997年第2期;朱乃诚:《良渚文化玉器刻符的若干问题》,《华夏考古》,1997年第3期;邓淑苹:《由良渚文化刻符玉璧论璧之原始意义》,《良渚文化研究:纪念良渚文化发现六十周年国际学术讨论会文集》,科学出版社,1999年;高蒙河:《史前玉器中所见祭坛状遗存》,《玉文化论丛3》,台湾众志美术出版社、文物出版社,2009年。

⑤ 蒋卫东:《试论良渚文化玉璧》,《浙江省文物考古研究所学刊》第3辑,长征出版社,1999年。

⑥ 张弛:《良渚文化玉器"立鸟"刻符比较研究一例》,《文物季刊》,1998年第4期。

⑦ 王华杰、左骏:《昆山少卿山遗址新发现的良渚玉璧刻符》,《东南文化》,2009年第5期;林留根、甘恢元等:《跨越长江的良渚文明》,《中国文物报》,

2016年1月29日。

⑧ 张忠培:《良渚文化墓地与其表述的文明社会》,《考古学报》,2012年第4期。

(作者:高蒙河,复旦大学文物与博物馆学系 教授;杨凤玉,复旦大学文物与博物馆学系 2015级博士研究生。本研究得到全国百篇优秀博士学位论文作者专项资金资助,项目批准号为200515)

上海出土石范考略

高蒙河　王太一

在近年的上海松江广富林遗址考古发掘中,出土了用于铸造青铜器的周代石范和陶范[1]。

广富林考古队已发表的简报中,简要介绍了该石范的基本特征:"仅存半块,应是用于范铸青铜斤,长方形,弧背,两侧有长条形槽,宽9.4、高15.5、厚5.2厘米。"随后,简报还着重指出了这一考古发现的历史文化价值:"石范的出土证明,周代上海地区的古人已经掌握了青铜器制造的技术,是研究上海地区青铜冶铸史的重要资料。"[2]由此可见,这既是上海考古史上的一个重要发现,也是上海早期历史发展特别是手工业生产中值得关注的技术性事件,有必要专门就此做些讨论。但鉴于陶范资料尚未正式发表,因此本文重点就已部分公布了文字资料的石范,略做一些分析。

首先,需要说明的一点是,我们曾经在工地举办的内部观摩和对外展览活动中,观察和摩挲过这件石范,了解到简报中所说的"仅存半块",既非残范之意,也不是单范之指,似为一套合范中的一扇,另一扇暂未发现而阙如。换言之,该范原本是用一套合范来铸造一件铜斤的,并非在一块石质范体上同时来铸造几件用具的那种范型。另外,从该范的腔体结构看,其所铸铜斤应为空銎,但发掘中没有发现通常可见的石质銎芯,殊为遗憾。

已有发现和研究表明,石范法和陶范法是我国先秦时代铸造铜质器具的两种主要模具技术方式[3]。其中陶范多于石范,分布自有其域,成器各具其道,并由此构成了中国先秦青铜器铸造技术的两个特点,具体来说:第一,从范类分布看,中原地区多见陶范铸造技术,中原以外的周边地区多见石范铸造手段,这意味着中国先秦青铜器的铸造范式,不但呈现出多元性,而且还有一定的分布规律乃至区域性的传统。第二,从技术本身看,石范质地坚硬,铜液注入后易排出空气,范体不易破裂,具有可重复多次使用等耐用的优点。但也存在石质坚硬、可塑性差,不便刻凿细密纹饰、难以铸造结构复杂的容器等不足,多适于浇铸非容器类的单面、柱状的有銎类工具、兵器、装饰品等。

将前述广富林发现的石范与上述两个特点进行比较,我们还会看到两个可以深入解析的考古价值,一个是中国范围的,另一个是上海地区的。

其一,就中国范围来说,在以往的先秦石范发现中,通过对资料的整理,我们曾经观察到一个现象,即中国存在着一个自东北到内蒙古,再到西北和西南,直至华南的"C"字形的石范分布圈,而鲁、苏、浙、沪、闽地区则一直缺少石范的发现[4],很容易从考古现象上给人以中国东南沿海地区缺乏石范制器传统的印象乃至结论。

不过,到了前些年,随着不断的考古新发现,浙江安吉芝里遗址上层的马桥文化至战国时期堆积中,已出土过铜斧石范[5]。而上海近年出土的这件石范,又增加了中国东部沿海地区的石范新资料。这些新发现,为我们今后继续观察中国在素以陶范见长的中原地区以外,是否还存在一个"O"字形的石范文化圈,并由此考量中国青铜铸造史的多元而非单一技术系统诸问题,显然又提供了新的证据,并改变着我们的原有认知。

其二,就上海地区而言,出土青铜器的历史由来已久。早在1935年金山戚家墩遗址的上海首次考古中,即发现了一件"类似残刀币铜块"[6]。而在后来陆续调查和发掘过的其他遗存中,也是不乏先秦时代青铜器的陆续出土。这从发现上来讲,大体上可以分为两个阶段:

第一阶段，小件铜器出土为主。主要是1960年代以后相继对上海县（今闵行区）马桥和金山戚家墩等遗址的发掘[7]。其中比较有代表性的发现主要是马桥遗址，共出土了刀、凿、斤、镞等近10件铜工具和武器。而容器的发现，主要是1962年在松江佘山北的凤凰山发现了一件青铜尊[8]，1980年在青浦淀山湖发现了一件青铜勾鑃[9]，但皆非真正科学发掘出土。

第二阶段，大型容器和铸造用具出土。自1999年以来连续发掘的广富林遗址，陆续出土过铜锤、镈、銍、镞、削、矛等，发掘者暂将它们比较笼统地定为周代或春秋时代。其中比较引人关注的是出土了层位关系明确的青铜鼎（鬲）残片、两件青铜尊共三件青铜礼器[10]。当然，还发现了本文暂因资料不足而未解读的陶范和着重讨论的石范。

诚如简报所言，这件石范填补了上海地区先秦时期铜器铸造史的一个空白，首次证明了上海地区的古人已经掌握了青铜器制造的技术，这段话言简意赅地道出了上海出土青铜铸造模具的重要价值。换言之，石范和陶范的面世，彻底解决了长期存在的上海地区是否能够铸造青铜器的重要问题。同时，我们还可以据此得出以下诸多新的认知：

第一，上海地区在周代已具有生产铸造青铜工具和武器的能力，这是上海地区周代生产力发展进步的重要标志之一，是上海早期社会经济技术发展史上的里程碑事件。

第二，上海地区先秦时代的青铜器铸造史包括铜器起源诸问题，已成为上海考古研究的新课题。目前上海发现的时代最早的青铜器出土于马桥遗址，大致相当于商代前后。马桥铜器尽管都是小件片状而非容器的器类，但其具有浇铸成型的特点，并且还有技术含量要求更高的合范和内范成套铸造的空銎铜斤（马桥ⅡT1032③A：1），表明当时的冶铸技术已经比较成熟，只是我们现在尚不清楚这是外来技术还是本地发明。联系到这次广富林出土周代石范，则今后发现西周甚至商代上海本地铸造青铜器的可能性，已不能说完全不存在。

第三,青铜铸造业是广富林聚落的一项重要手工业,也是可以确定的新兴产业,这里发现了周代铸造青铜器生产工具的石范和铸造青铜礼器的陶范⑪,已可以铸造礼器、兵器、生产工具等三大类型铜器。尽管目前尚未发现乐器和装饰器等类型铜器,但其他地点如上述淀山湖出土的春秋晚期青铜勾鑃,为我们关注上海地区的早期乐器铸造,提供了一定的线索⑫。同时我们还注意到一个现象,包括容器在内的上海商周时期青铜器的出土单位,基本上都发掘自地层里或灰坑中,尚没有发现墓中出土青铜器的情况。概言之,广富林遗址作为上海早期青铜铸造业的主要中心,存在着发现青铜器铸造手工业作坊遗存的可能性。

第四,广富林遗址还可能是上海地区早期青铜时代历史发展进程中,主要使用包括青铜礼器在内的各种青铜器的中心聚落。换句话来讲,我们虽然还不能仅凭出土了青铜尊和铜器铸造用具等遗存,就断定广富林具有某种先秦时期城邑的属性,但无论怎么说,能铸造大型青铜器并且还能使用高级青铜礼器的广富林遗址,对于研究上海城镇起源显然有着更为重要和直接的学术线索和遗产价值。

---

① 宋建:《申城寻踪:上海考古大展》,上海书画出版社,2015年。

② 广富林考古队:《2012年上海广富林遗址考古获重要成果》,《中国文物报》,2013年6月21日。

③ 华觉明:《中国古代金属技术》,大象出版社,1999年。

④ 高蒙河、王沛:《先秦石范考略》,《文化遗产研究集刊7》,复旦大学出版社,2015年。

⑤ 浙江省文物考古研究所编:《浙江考古新纪元》,科学出版社,2009年。

⑥ 陶喻之:《上海首次田野考古的前前后后》,《东南文化》,1996年第3期。

⑦ 上海市文物保管委员会:《上海市金山县戚家墩遗址发掘简报》,《考

古》,1973年第1期;上海市文物管理委员会:《上海马桥遗址第一、二次发掘》,《考古学报》,1978年第1期;上海市文物管理委员会:《马桥:1993—1997年发掘报告》,上海书画出版社,2002年。

⑧ 上海市文物管理委员会:《上海考古精萃》,上海人民美术出版社,2006年。

⑨ 上海博物馆:《申城寻踪:上海考古大展》,上海书画出版社,2015年。

⑩ 广富林考古队:《2009年广富林遗址发掘又获重要成果》,《中国文物报》,2010年4月16日;广富林考古队:《2010年广富林遗址发掘再获丰硕成果》,《中国文物报》,2011年5月6日;广富林考古队:《2011年广富林遗址发掘又获丰硕成果》,《中国考古学年鉴(2011)》,文物出版社,2012年;同①。

⑪ 同①。

(作者:高蒙河,复旦大学文物与博物馆学系　教授;王太一,复旦大学与博物馆学系　2013级博士研究生。本文得到全国优秀博士学位论文专项资金资助项目,课题批准号200515)

复旦大学博物馆甲骨入藏情况探讨

刘守柔

复旦大学博物馆藏有 300 余片甲骨,内容涉及农业、田猎、祭祀、战争、天文、气象、地理等方面,具有十分重要的历史与学术价值。这批甲骨入藏复旦已逾 60 年,除了有近 90 片还未经著录公布外,多数已有著录记载,为名家旧藏流传。不过,这批甲骨是怎么到复旦,在复旦又经历了怎样的收藏过程,相关记录缺失。在此,仅就几点相关内容做一些梳理和讨论。

一、复旦大学校内的收藏流转

复旦大学博物馆于 1991 年年底开馆,在此之前,这批文物在复旦大学的保管经过可能是:先由图书馆收藏,后经历史系保管,再到复旦博物馆(博物馆为文物与博物馆学系托管)。

目前尚无说明这批甲骨曾收藏于图书馆的材料。推论基于两点:其一,新中国成立前复旦并无档案馆,重要实物和文献会存放于图书馆;其二,现在博物馆一些文物的藏品来源登记为图书馆。

1984 年,国家文物局委托复旦大学举办文博专业大专班;1989 年成立文博学院,历史学系与文博系同属该学院,并筹备建设博物馆。1996 年,文物与博物馆学独立建系。甲骨曾先后存放于校内 200 号楼历史学系资料室仓库和文科楼历史学系办公处[①],直到

1991年博物馆布展时从文科楼取回（博物馆设在200号楼）[②]。

收藏至今，复旦博物馆还未公开展览过这些甲骨。2001—2002年间，结合博物馆数字化建设，复旦博物馆对这批甲骨进行测量、文物描述与图像数据采集等工作，并曾在数字化博物馆发布了相关图文资料。

二、复旦甲骨的两条来源线索

对于复旦所藏甲骨的来源，已有研究认为有一个主要来源：原为刘鹗旧藏，后为束世澂所购，再到暨南大学；暨大并入复旦大学后，为复旦史学系（现历史学系）收藏。另有一条尚且存疑的线索是曾为金祖同的藏品[③]。这两者数量相加已约占现藏品数的三分之二。

（一）从暨南大学到复旦大学的甲骨藏品

一方面，从暨南大学到复旦大学的这批甲骨，在复旦暂时还没有发现与之相关的入藏记录。与暨大合并复旦相关的另一条文物收藏记录，即现在复旦博物馆的馆藏台湾原住民民俗文物，在档案资料中有据可查。1949年，暨南大学人类学系分别合并于复旦大学社会学系和浙江大学人类学系。1951年暨大向复旦移交台湾原住民民俗文物和图书。当时的教务档案记录复旦大学社会学系接收高山族民物316件、（高山族）书籍131册和照片67张[④]，不过，甲骨与台湾原住民民俗文物是否同时入藏复旦，两批藏品之间是否有关联性还有待讨论。

另一方面，1951年商务印书馆出版之胡厚宣《五十年甲骨文发现的总结》，并未提到复旦大学有甲骨收藏。而胡厚宣1984年发表的《八十五年来甲骨文材料之再统计》，记载复旦大学历史系收藏甲骨335片[⑤]。似乎复旦在1951年之后才形成了甲骨收藏，颇符合随暨南大学并入而来的过程。

1955年，复旦大学历史学系设立资料室，"专门负责搜集和整理有关历史科学的资料","并与国内各兄弟学校以及各图书、文物等业务部门建立了经常联系制度"⑥。1956年胡厚宣到复旦大学进行甲骨拓片,便是去的历史学系资料室⑦。

(二)金祖同所藏之甲骨片(大骨)

相关甲骨收藏著述中,指出了金祖同所藏甲骨与现在复旦博物馆藏品之间的关联。其中,有一片"大骨",在《殷契拾掇三编》中记载为孙叔仁所藏,其实应为金祖同藏品⑧。

虽然对于金祖同本人是否曾大量收购甲骨还有讨论,但仍是希望能找到更多他与复旦甲骨藏品之间的联系。

1939年11月,"中国语文教育学会"举办了一次旨在普及语文教育的"语文展览会",由陈望道、周越然、丁福保和胡朴安等主持。据当时报道,征集到的展品如:"金祖同之巨块甲骨、圣经公会之各国方言圣经、佛学书局之贝叶经、钱化佛之班禅手书及乾雍康三代册封汉蒙满三种文字之诰文、张宗麟之真金书写藏文、周越然之宋元版本各种民族自有之文字、丁福保之秦朝以前古泉"⑨等。此次展览会上,以"甲骨文和古泉两项为最多",对每块甲骨还以拓片方式便于识读文字,用连史纸"墨油影印下来"⑩。但由于没有具体的展品图像资料,此处的"巨块甲骨"只是让人猜测与复旦藏品之"大骨"是否有关联。

将金祖同的收藏与复旦相联系的另一线索是台湾原住民文物。金祖同曾于抗战胜利后赴台湾,在台湾大学任教。后在文物收藏家丁惠康支持下,收集和研究台湾原住民民俗物品;并于1948年辑译出版《台湾的高山族》一书。1948年《申报》曾有一则短讯记载了他的这一段学术历程:"金祖同辞去台湾大学教席后来沪,从事金石学考古著作,下学期不再赴台。"⑪ 1948年,他与丁惠康在上海举办"台湾高山族风俗艺术展览会",还曾向暨南大学人类学系借展⑫,并有记载,展览会将百余帧台湾原住民风俗照片,以及一些论著赠予暨大人类学系民俗标本陈列室⑬。1952—1953年间,胡厚宣还曾邀请金祖同到复旦大学讲座,内容为台湾原住民风俗⑭。

金祖同的甲骨收藏是否会与其台湾原住民文物标本一同经暨南大学到复旦呢？然而，据现有记载，金祖同收集的原住民民俗物品去向比较明确，如在1948年至1949年间，先后捐赠给浙江大学人类学系、西湖博物馆、清华大学等⑮。

三、关于复旦1947年所展之甲骨

20世纪30年代，复旦大学为纪念孙中山先生，以5月5日为"五五校友节"。抗日战争胜利后，复旦（渝校）于1946年夏从重庆北碚回到上海江湾校址，与沪校合并。由此，1947年之"五五校友节"隆重庆祝。

当时《申报》连续几日报道，均有涉及文物展之"甲骨"。如校友节前之内容预告："国立复旦大学五五校友节，瞬息即届，顷已积极筹备，排定扩大庆祝节目如下：五月五日上午举行各种钱币、甲骨、书画、文物展览（在图书馆）；校史展览（在简公堂）……"⑯又如介绍负责筹备人员及征集展品数量，提到"胡厚宣"及"甲骨三百片"：

> 国立复旦大学五五校友节，即将届临，各项庆祝节目繁多，全校师生刻正积极筹备中。其中关于文物展览及校史资料展览两项，已推定该校文学院教授陈望道、伍蠡甫、沈子善、胡厚宣、朱锦江、朱宗慈等，负责筹备。关于文物展览种类及数量，决议征求：
> （一）书画五十件（以装裱者为限），（二）甲骨三百件，（三）宋元明清善本书五十种，（四）古今器物若干件，（五）校友著作若干种（由该校图书馆搜集）……上述各项文物，均由该校校友自由捐助或借用，刻已陆续收到多件。⑰

"校友节"后的新闻报道也表明了庆祝当日确有文物展览，"有甲骨及善本书画珍品"⑱。只是，报道中没有图片和对文物展进一步的介绍,多是描述校园馆舍情形与莅临的社会名流。

这里,出现了"复旦大学"与"甲骨"的关联。不知最后展出的甲骨数量多少,是否达到了计划的"三百件"。如果有实现了预期目标,那么,校友节之后,是否有展品归于复旦?1947年,束世澂将甲骨让给暨南大学[19];胡厚宣(1947年2月)任复旦大学历史学系教授、教研室主任,兼暨南大学教授,是否有可能负责筹备校友节文物展之时从暨南大学借展?

现在的复旦大学博物馆总登记账上,还可看到"来源情况"一栏登记为"胡厚宣"。这或许与甲骨曾保存于历史学系资料室相关。不过,1947年的复旦文物展览是否有可能是借用了胡厚宣的收藏?1946年夏,胡厚宣到南京、上海买、抄、拓甲骨[20],之后又留在了上海任职。

四、结　　语

文物收藏史作为博物馆藏品研究的一部分,有助于全面了解文物信息。台湾原住民民俗文物与甲骨都是复旦大学博物馆的特色藏品,它们的收藏与流转历程,以及与复旦大学相关的历史,更可置于20世纪上半叶文物研究、文化交流之时代背景中观察。由此,梳理这批甲骨入藏复旦的历史,还希望今后能进一步充实文物研究。

---

① 2014年1月15日,傅德华老师电话访谈记录。

② 2014年1月21日,陈红京老师访谈记录。

③ 葛亮:《复旦大学博物馆藏甲骨文字》(待刊)。

④ 复旦大学教务档案1951年第18卷。

⑤ 胡厚宣:《八十五年来甲骨文材料之再统计》,《史学月刊》,1984年第5期。

⑥《复旦大学:新型的综合大学》,1955年,复旦大学校史资料。

⑦ 2014年1月15日,吴浩坤老师访谈记录。

⑧ 关于金祖同所藏甲骨的讨论,详见葛亮:《复旦大学博物馆藏甲骨文字》(待刊)。

⑨ 《语文展览会即开幕 名贵陈列品送到》,《申报》第二万三千五百八十九号,1939年10月31日第九版。

⑩ 王寿富《语文展览会》,《现世报》,1939年第80期。

⑪ 《申报》第二万五千三百零四号,1948年7月27日第四版。

⑫ 刘咸:《台湾高山族民俗展的意义》,《申报》第二万五千二百三十号,1948年5月14日第二版。

⑬ 《人类学系全体师生参观台湾高山族风俗艺术展》,《国立暨南大学校刊》1948年[复刊15],第4页。

⑭ 2014年1月15日,吴浩坤老师访谈记录。

⑮ 刘守柔:《复旦大学博物馆藏台湾原住民文物来源探讨》,《文化遗产研究集刊7》,复旦大学出版社,2015年。

⑯ 《复旦校友节正筹备扩大庆祝》,《申报》第二万四千八百五十三号,1947年4月26日第五版。

⑰ 《复旦积极筹备文物校史两展览会》,《申报》第二万四千八百五十七号,1947年4月30日第五版。

⑱ 《复旦大学昨举行校友节四大庆祝》,《申报》第二万四千八百六十三号,1947年5月6日第五版。

⑲ 吴浩坤、潘悠:《中国甲骨学史》,上海人民出版社,1985年,第12页。

⑳ 葛剑雄编:《谭其骧日记》,广东人民出版社,2013年,第201页。

(作者:刘守柔,复旦大学文物与博物馆学系 副研究馆员)

公众考古传播的微博使用现状浅析

吴 双

公众考古学是服务于公众兴趣的职业考古学研究方向,它协助立法保护古代遗址与发现、管理博物馆收藏,并向公众展示古代历史,与开发商协调尽可能减少建设项目对古代遗存的影响[1]。其中,公众在文化遗产的保护与管理中的角色越来越得到重视。在许多国家,考古学已经从少数人从事的学术领域,迅速转变为一个对公众日常生活有较大影响的学科[2]。

随着公众考古概念的引入以及公众考古实践的展开,我国的公众考古理念经历着由理论研究到实践探索,由单向普及到双向互动的发展过程。同时,公众考古传播的方式也由单一化转为多元化,由传统媒介拓展到新兴领域。在传统的考古现场参观,期刊图书,博物馆宣传教育等媒介外,拓展出以广播电视媒体,数字媒体为主的新型传播媒介。发展过程中,作为新兴的传播媒介,微博的时效性、互动性、便利性等传播特征引起了公众考古传播者的关注。他们借助微博平台发布考古相关信息,与受众互动,开展公众考古实践。微博平台已经悄然成为公众考古的传播媒介之一。

本文选取新浪微博作为分析对象,相较于其他同类型的平台,新浪微博具有上线早、发展快、受众多、影响力大等方面的绝对优势,并且其运营体制相对完善。文章通过对新浪微博平台上考古信息的提供者与接受者进行辨识,选取个体案例进行分析,尝试总结目前我国公众考古传播的微博使用现状,提出存在问题,并进行浅显的分析。

一、作为公众考古传播媒介的微博平台

公众是文化遗产保护与管理的重要主体。公众文保意识的增强以及文保活动参与性的提高对于保护文化遗产资源,减轻人类活动对文化遗产的破坏都具有极大的帮助作用。随着"公众考古"概念的引入,我国的考古工作者已经意识到,面向公众进行考古资料的阐释以及与公众沟通是重要且迫切的,是能够从根源上解决文化遗产保护与管理等问题的方法之一。目前,公众考古活动所依托的主要媒介有考古现场、博物馆、期刊图书、广播电视,数字媒体等。在实践中,各类不同的媒介呈现出不同的传播特征(见表1)。其中,数字媒体中的微博平台正在改变公众考古的传播方式。

表1 各类公众考古传播媒介的传播特征和潜在不足

公众考古传播媒介	考古现场	博物馆	期刊图书	广播电视	微博平台(数字媒体)
传播特征	以实地(景)展示为主,生动性、专业性以及互动性较强	依托各个博物馆进行,材料丰富,具有一定的教育引导功能	阅读率高,图文丰富,传播时间长,影响力深远	传播的受众群体固定,运营平台稳定、制作团队专业,名人的宣传效应较强	信息呈碎片化,爆炸性传播,传播速度快,推送便捷且互动性强
潜在不足	受众范围较小,影响力辐射范围小	多以"展品展示"及"本馆特色"为出发点,内容相对单一	专业书籍较为小众,对受众文化程度以及主动阅读意识具有一定要求	传统媒体社会关注度的降低,媒体人对考古专业知识的不熟悉使其影响力降低	传播环境缺乏规范性与权威性

根据CNNIC的统计数据显示，2013年6月中国互联网网民总数约为5.91亿，手机网民规模为4.64亿，其中，微博用户为33 077万人次，占总额的56.0%[③]。这组数据足以表明，在互联网高速发展，多种传播媒介博弈的背景下，微博是无可厚非的新锐媒介。我国的微博时代以2009年8月新浪微博的上线试运营为开端，期间经历2010年的"微博元年"以及2012年的"认证实名制"。目前，微博已经成为现阶段最为迅捷的信息传播平台，拥有庞大的受众群体。其作为新锐的姿态也引起社会各方的关注，伴随着微博平台的高速发展，受众人群的不断增多，公众考古传播者们也将在微博媒介上对公众进行考古知识普及看做是先行性的公众考古实践，纷纷入驻微博平台。

从媒介融合的视域角度分析，入驻微博的公众考古传播者账号正是各方传统媒介与微博的有效融合。传统媒介借助微博延续或者扩张其在受众中的影响力，而微博则依傍传统媒介的实体性、消息性夯实自身的信息平台，形成双赢的局面。作为虚拟性的网络传播平台，在考古消息传播的过程中，微博媒介庞大的用户群体以及本身的自媒体性、消息碎片性、互动性以及便捷性等特征能够充分拓展传统传播媒介的影响范围，有效弥补传统传播渠道中的不足。相较传统渠道而言，微博媒介能够为受众提供更多更便捷的渠道与方式来获得考古信息、参与公众考古实践活动。

随意性。受众可以在任何时间、任何地点借用移动终端来登录微博平台关注考古信息，并第一时间发表评论，参与互动。

自主性。受众可以通过自主选择来关注不同的公众考古传播账号，形成自己的"信息交互圈"，进而在其微博主页进行"一站式"的信息"预览"，获取自己感兴趣的信息。

全面性。不同类型的受众可以跨越地理、时间、行业等等方面的限制来获得自己感兴趣的考古消息，第一时间获得考古现场的图文消息，各方评论等等的考古消息。

互动性。普通受众能够有更广泛的机会与业界的专家学者们进行互动,获取知识;同时不同受众间也能够互相交流,形成话题讨论。

这些特征是微博平台成为公众考古传播媒介的基础。原有公众考古传播媒介与微博平台的媒介融合无疑扩大了公众考古传播的影响范围。与此同时,微博平台也吸引了更多的公众考古传播者入驻。

二、公众考古传播者的微博使用现状

目前"公众考古传播"相关账号群体主要分为三类:一类是带有明确行业标签的相关账号;一类是与行业相关却没有明确行业标签的账号;一类是带有"考古"标签的非专业相关账号。鉴于微博信息平台的开放性与随意性,微博用户的个人昵称、账户标签、账号简介均可以自主拟定。因此,为确保分析结果的可靠性,本文的分析以经过新浪微博官方认证的账号群体为主。首先,笔者于 2014 年 12 月 4 日在新浪微博搜索栏中以"考古"作为关键词进行搜索,选定昵称、简介或者标签中含有"考古"关键词的账号,显示有相关用户 600 人。其次,进一步进行筛选,其中经过新浪官方后台实名认证的用户有 381 人。最后,对选定的 381 个账号进行分类统计,根据博主身份与账号性质进行区分将其分为以下几类。(1)机构类:此类账号包含有考古机构官方微博、高校考古专业官方微博、考古相关博物馆微博等以实体机构为依托的,面向公众传达考古相关信息的微博账号。代表性账号为@中国考古网、@考古网等。(2)期刊类:此类账号主要包含两类:一是以考古专业相关期刊书籍为实体依托的官方账号,代表性账号为@考古杂志、@大众考古等;二是属于供职于考古期刊书籍部门的考古类编辑的个人账号。(3)学者类:依托考古文博机构中的研究人员、高校考古教师学科背景开设的个人类账号。代表性账号有:@考古人许宏、@考古学教授魏坚等。(4)学生类:

具有明确身份标签以及认证的考古专业学生的个人类账号。代表性账号有@青年考古学生等。(5)周边类:考古周边相关的账号,包含机构账号与个人账号,类别包含有考古书店、考古淘宝玩具店,收藏类以及民间学者等账号。代表性账号有@考古书店等。(6)其他类:此类账号中出现有"考古"标签,博主却并非与考古专业相关,多为考古爱好者。不同类别所占数额如图1所示。

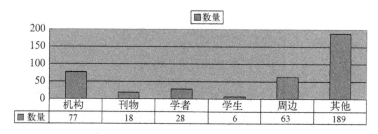

图1 公众考古传播账号类型图

对图1中各个类型群体数据进行受众分析发现:(1)机构类账号拥有粉丝数量前三名的分别为@国家博物馆(即中国国家博物馆官方微博)粉丝数约160万,@中国考古网(即中国社会科学院考古研究所中国考古网官方微博)粉丝数约25万,汉唐网(即陕西文物局官方微博)粉丝数约22万;(2)期刊类账号拥有粉丝数量前三名的分别为@中华遗产杂志(即中华遗产杂志官方微博)粉丝数约6万,@中国文物报(即中国文物报官方微博)粉丝数约3万,@考古杂志(考古杂志官方微博)粉丝数约2万;(3)学者类账号拥有粉丝数量前三名的账号分别为@撷芳主人(服饰史研究者)粉丝数约19.6万,@考古人许宏粉丝数约15万,@王善才(湖北省文物考古所研究员)粉丝数约4万;(4)学生类账号数量较少,其中有一定影响力的账号为@青年考古学生,粉丝数约为2万;(5)周边类账号类型多样,微博内容多数并未倾向于"公众考古传播",其中@考古书店的微博以推送考古消息以及考古类书籍为主,粉丝数约为1万;(6)其他类账号因账户众多且多数并未与考古传播相关,故暂不做分析。

通过上述分析可以发现，目前不同类别的众多考古工作者已经意识到微博媒介的传播作用，并尝试通过微博向公众传递考古信息以及与公众进行沟通。此外，公众考古传播类账号的数量以及粉丝占有量表明，目前微博上的公众考古传播还处于"初期入驻阶段"，有影响力的账户零星出现，没有固定的组织联盟，考古消息呈散落分布，缺乏集中性，形成规模性或"话题性"传播的能力薄弱。

三、公众考古微博账号的传播分析

微博传播的"自媒体"形式使得在140字的篇幅内人人都可以成为信息的发布者。同时，信息发布者也自行扮演着新闻"把关人"的角色，对其发布、转发或评论的消息进行筛选。介于微博平台的"低门槛"准入性，通过注册账号，任何网络使用者都可以成为微博上的传播主体，这使得微博媒介能够包罗万象，第一时间以"微新闻"的方式对各路信息进行呈现与传播。对于传播者来说，如何能够在数以万计的信息中吸引受众的目光，保持受众的关注度，进而达到宣传、营销等目的是必须要考量的问题。微博上的各类公众考古传播者也面临着同样的问题。据笔者观察，目前微博上的各类公众考古传播账号尚未形成统一模式的传播套路。原因在于不同类别的公众考古账号所依存的消息来源有所不同，微博上的各类型公众考古传播账号的消息内容表现形式与传播路径也不尽相同。机构类账号多以官方发布为主，配合机构网站进行"微信息"传播，形成"机构实体—官方网站—微博发布"的"面—线—点"的消息传播模式；个体类账户则以博主的个人知识以及对信息的获取为主要渠道，虽有与博客文章互为链接的传播方式，但多数微博消息仍以传达个人观点为主，消息关注点也多带有个体倾向性。

(一) 传播事件的案例分析

2009年曹操高陵考古是中国公众考古发展中的一个里程碑式的拐点,因为公众不再只是考古发现的旁观者,专家也兼有了专业导读者和文化沟通者的双重身份[④]。同年,曹操高陵考古也在微博平台上引发了空前激烈的争论,各类公众考古传播账号在曹操高陵考古的讨论中表现出的消息敏锐度、关注度以及账号信息传播力度都有所不同。由图1我们知道,目前新浪微博上的公众考古传播者以机构类、学者类为主,选取不同类型账号中的典型微博信息进行分析,可以进一步了解不同账号在传播考古事件相关消息的过程中所采用的不同的关注点、传播方式以及获得最大曝光度的信息传播内容。

对机构类@考古中国网的微博页面进行搜索,发现与关键词"曹操"相关的微博共有35条,内容涉及曹操高陵基本情况,引发的讨论情况等。其中,发布于2011年9月28日的微博获取了最多的关注度,运用"知微分析"软件进行分析发现,该条消息的曝光量为417 063,超过了72%的微博,其中北京、上海、广东等地区的用户参与度相对较高。该条信息以介绍"曹操高陵考古"相关的文章书籍为主,附有购书地址的网页链接,依托"实体媒介"的背景资源进行信息传播,同时延伸性的对考古类期刊图书进行了宣传,是公众考古传播媒介融合的典型案例(见图2)。

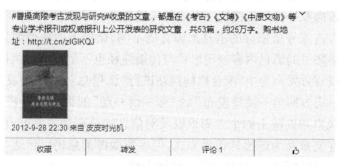

图2 机构类账号发布的"曹操高陵考古"案例相关微博内容示例

学者类中@考古人许宏的微博页面相关微博为24条，内容以依托网页链接的普及性信息以及对相关问题的回复为主。其中发表于2012年9月27日的一条微博影响力度最大，该条消息的曝光量为357 504，超过71%的微博（见图3）。该条信息以"点—线"传播方式进行，附有图片以及发布者博客长文章的链接，受众可以通过"点"式阅读获取文章信息，进一步去阅读博客文章。这种"递进式"传播，能够最大限度地发掘公众考古信息的潜在受众并对其进行知识科普。

图3　学者类账号发布的"曹操高陵考古"案例相关微博内容示例

学生类中@青年考古学生的微博页面则是有10条相关微博，其中2013年11月16日的一条回复性转发曝光量为311 247，同样超过71%的微博（见图4）。该条消息以评论互动为主，由相关事件的简介联系到"曹操高陵考古"的话题，这在侧面说明微博平台上的考古消息传播具有延续性，通过层层转发，相关考古信息会进行"二次传播"，进而带来附加的传播量以及影响力，这种传播通常由不同的公众考古账号来完成。

对期刊类以及周边类公众考古传播账号进行观察，其账户中相

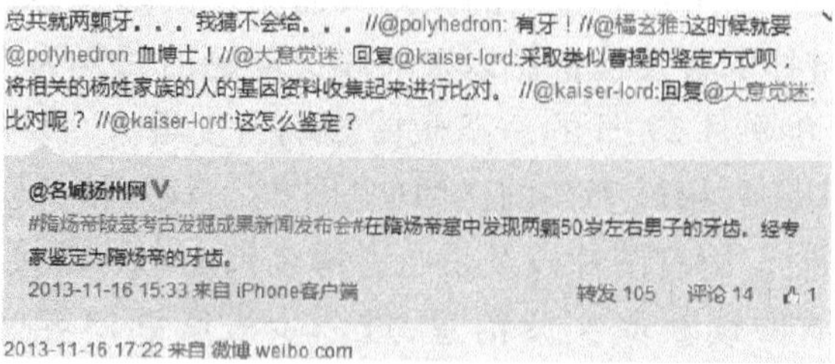

图4　学生类账号发布的"曹操高陵考古"案例相关微博内容示例

关微博最高转发及评论度都未达到5,此处暂不计入统计。

由分析可知,面对相同的公众考古消息,公众考古传播账号中影响力较大的前三类类别中的典型账户都有所关注,并通过原创、转发、评论等方式参与讨论,表达意见。这使得账号具有相当的新闻信息敏锐度,同时我们也应当注意到,不同类别账号关注点略微有所不同。一方面,不同账号对同一事件关注点的不同能够为受众提供不同的了解视角,使其能够更客观更全面地看待事件问题;另一方面,不同账户的不同关注点以及传播方式(图片、评论或二次转发等)也增加了消息传播的多样性,扩大了考古信息的传播范围。

(二)传播账号个案分析

@考古人许宏的微博账号是目前微博上公众考古传播账号的典型,该账号以个人学术研究与活动为依托,以微博信息与博文传播交叉结合进行公众考古传播,账号功能明确、受众稳定、拥有较多关注度,已经成为微博上查询考古消息的必阅微博之一。@考古人许宏在2010年入住微博,他在个人简介中写道:修诚实史学,做大众考古。此外,在公开的访问中对于自己的微博账号,许宏引用友人的话来评价道:自媒体就是免费赠阅,但不保证按期出刊。他自己则选择将自己的论文、发言、心得,大量自己收集的文献资料贴到网上[5]。入驻微博的目的性很明确,就是要做公众考古。该账号目前粉丝数量约为15万,拥有相对固定的粉丝群体以及广泛的影响范围。因此,@考古人许宏的微博账号具有一定的代表性,对其传播内容与传播方式进行分析能够帮助我们进一步了解"个体类账号"的传播特点。

笔者选取该账号 2014 年 12 月发布的微博做数据分析(见图5),根据微博内容的不同进行分类,可以分为以下几类:原创类(以发布原创类消息为主)31 条;转发类(对其他消息进行筛选,进行二次传播)5 条;互动类(回复或转发回复受众评论为主)35 条;评论类(对考古相关信息进行个人观点点评,进行阐释为主)23 条;其他类 6 条。

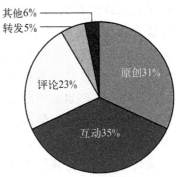

图 5 @考古人许宏 2014 年 12 月微博内容比例分析

从图 5 分析可知,@考古人许宏的公众考古传播账号:(1)较为活跃,12 月保持日均 3 条信息的发布量;(2)互动类以及原创类的微博信息为主,即以互动与知识普及为主;(3)目的性明确,普及性较强,选定微博中除其他类的 6 条外,其他微博内容皆与考古消息有直接性或间接地关联;(4)注重消息的传播。在微博平台上,账号的使用者既是"自媒体"的传播者又是受众,转发与评论类转发是微博消息"叠加式传播"的主要方法。@考古人许宏作为具有一定影响力的公众考古传播账号,转发与评论其他账号的消息,扮演着消息"把关人"以及"传播节点"的角色,扩大了考古消息在受众中的影响力。

同时,依据笔者收集资料显示,@考古人许宏在 2015 年 8 月 28 日再次关注并转发其发表于 2012 年 9 月 27 日的以曹操为关键词的微博(见前文),对该条考古消息进行了二次传播。笔者以北京大学 PKUVIS 微博可视分析工具①作为研究工具,对此条微博进行传播路径分析,如图 6 所示。数据表明该条微博的主要传播者是:@考古人许宏,粉丝数为 176 515;@孟彦弘,粉丝数量为

25 396；@熊长云，粉丝数量为7 998；@玮姐的河南文化遗产，粉丝数量为284；@董琦dongqi，粉丝数量为60 177。从逻辑上来说，@考古人许宏对该条微博的再次转发所带来的受众关注度是各个传播者粉丝数量的综合。这个数字远远大于消息首次发布所带来的关注度。同时，在该条微博主要的五位传播者中@考古人许宏、@董琦、@孟彦弘皆为经过新浪微博官方印证的考古相关从业者（学者类），@玮姐的河南文化遗产@熊长云的微博账号简介均为考古历史相关账号，但其真实性尚未经过新浪微博的官方印证。由分析可知：(1) @考古人许宏作为微博平台上最为有影响力的公众传播者账号，其作为考古消息的发布者与传播者的同时亦发挥着"自媒介"的传播作用，通过对有价值的考古相关消息的"二次发布"增加消息的关注度、时间延展性并且扩大消息的影响范围；(2) @考古人许宏的微博账户已经趋于"微博意见领袖"模式。首先，其账户粉丝数量较为庞大，粉丝基数越大，其发布微博的影响范围愈大，社会话语权也随之增加。其次，其在微博上所发布的考古消息的主要传播者皆为考古相关人员（其中3人为官方印证账号，2人尚未印证），已在微博平台上小范围内形成"公众考古传播者"群落。

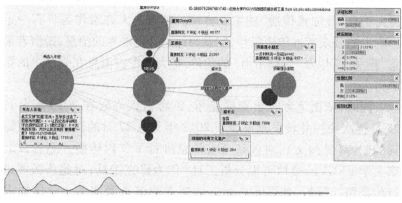

图6 学者类账号@考古人许宏图2所示微博信息传播路径的PKUVIS分析结果

（三）小结

微博消息在传播方式上，碎片化的信息传播；传播信道上，实现多渠道、多方式整合；传播速度上，病毒式传播加速信息的流通[⑦]。微博的这些信息传播特征可以有效克服传统传播媒介需要面对的地域性、专业性、单项性传播等方面的局限性问题，通过传统媒介在微博平台上开设微博账号，有效融合传统媒介与微博媒介，进行整合性消息传播，扩大考古消息的传播范围。

从现有公众考古微博账号的发展以及传播状况来看，目前，微博平台上的公众考古账号具有多样整合性，影响力大小参差不齐。其中，个别账号传播内容目的明确、专业性强，能够以图片、文字、视频以及第三方链接的形式呈现。同时，语言通俗易懂，以口语化为主又不失幽默。

四、微博上的公众考古受众

2013年新浪微博发展报告的数据显示：目前微博用户整体年龄偏向年轻化，"90后"用户所占比例为53%，"80后"用户所占比例为37%，"70后"所在比例为8%，"70前"用户所占份额仅为2%；微博用户男女比例大体相同，以高学历人群为主，大专及以上学历用户为70.8%，学校学生，房地产等行业的用户较多[⑧]。可以说，拥有高学历、年轻化标签的微博主要用户群体同时也正是公众考古传播的主要对象。

通过分析，笔者认为公众考古账号的微博受众可以分为以下几类：（1）同类账号（考古业内人士），这些账号通过互相关注成为对方粉丝，继而实现消息的互通；（2）固定受众（粉丝），通过"关注"设置来获取信息，将公众考古传播账号设置为关注账号，那么该账号的更新动态会第一时间推送到受众的微博页面；（3）动机性受众，通过主动搜索"关键词"对微博后台推荐的微博消息进行浏览，这一类受众又可以称为"潜在型受众"，通过对公众考古传播账号的浏览,很容易发展成为固定的"粉丝型"受众;(4)普通型受众,不会主动关注考古类讯息,在热门话题、热门微博或不同层次的转发类消息中随机的关注考古讯息。

作为自主开放性的媒介平台,各种消息层出不穷,如何在各路消息中保持考古消息的活跃度、可信度并且在一定范围内引起微博受众的关注,进而达到普及考古知识、与公众进行互动的目的也是目前公众考古传播账号需要面临的最大问题。

五、存在问题

虽然目前已经有越来越多的公众考古传播者开始入驻微博平台并且开展实践活动,但是,从发展的角度来看,各类公众考古传播账号的运营与操作依然存在一些问题。

(一)账号混杂,缺乏权威性

目前微博平台的实名认证制尚未强制执行,基于平台的开放性与自主性,用户账号的昵称、标签等个人信息均可自主拟定。因此,在官方认证的公众考古传播账号外,还存在有其他类型的"考古相关"账号:一是与行业无关却在账户信息中带有"考古"类关键词的账号,这类账号无疑会增大受众获取正确信息的难度,降低微博上公众考古信息的权威性;二是许多优秀考古研究者、从业者、机构部门开设的微博并没有进行实名认证,这类账号多数"藏在深闺人未识",主要受众为业内人士或具有一定考古行业知识的爱好者,这无疑降低了账号本身的传播作用。

(二)互动局限于业内圈

公众考古账号与受众的互动情况依然以业内互动为主,这种情况的形成一方面是由于考古学科的小众性,多数用户群体的互动转发、评论都发生在业内人士间;另一方面是由于账户发布内容专业性较强,对于普通受众来说比较难以接受。这无疑会使本就小众的考古学更加的冷清,无法吸引更多普通受众的关注与参与。

(三) 传播方式缺乏灵活性

翻阅多种公众考古微博传播账号的页面,其内容发布多以文字为主、少数配有图片,吸引受众的视频、音频方式较少;目前多数账号以微博作为"点"式信息传播渠道,配合以博客或官方链接发布。本身能够在线上吸引受众的活动较少,仅有少数机构类账号有能力将线上活动与线下活动结合起来进行。

(四) 账号传播者目的意识不明确

目前,一些公众考古传播账号的发布内容缺乏目的性与引导性,往往是专业性内容与私人性内容混杂。从信息传播的角度来说,这样的页面内容容易混淆受众的视线,同时降低信息发布者的权威性。通常意义上讲,考古从业者的日常生活、考古活动的后台操作等内容往往更吸引受众的目光,但这往往对传播者自身具有极高的要求,首先其自身必须具有一定的知名度,是业内的权威并具有广泛的影响力;其次需要对发布内容有正确的选择,否则过多的私人内容发布不但不能够正确引导受关注考古信息,接受考古知识,参与考古互动,还有可能弄巧成拙。

六、结　　论

沟通和阐释是贯穿于公众考古学理论和实践中的最基本的理念和方法[⑨]。目前,公众考古传播者在微博媒介中的主要实践活动是与受众进行互动沟通,进行文化遗产保护与考古相关知识的公众性阐释。虽然尚有问题存在,但各类公众考古传播账号在微博上的活跃表明,我国的公众考古实践已经进入"微博时代"。相较于传统的公众考古传播媒介,微博平台更具有便捷性、时效性以及信息普及性。受众可以随时随地借助电脑、平板、手机等设备登录微博平台,第一时间查阅"关注"账号发布的考古信息;可以有机会与考古专家进行直接的互动;可以不再拘泥于时空与地域上的阻隔,查阅各种考古信息,省时省力。随着微博平台的不断发展与完善,更多公众考古传播者的参与,未来微博媒介有可能成为公众考古传播的影响力最为广泛的媒介之一。

---

① [英] 科林·伦福儒、保罗·巴恩主编:《考古学:关键概念》,陈胜前译,中国人民大学出版社,2012年。
② 陈淳:《考古学研究入门》,北京大学出版社,2009年。
③ 中国互联网信息中心:《第32次中国互联网发展状况统计报告》。
④ 高蒙河:《中国公众考古的典型案例》,《中国文物报》,2014年10月24日第007版。
⑤ 中国社会科学网,http://news.cssn.cn/kgx/ggkg/201501/t20150113_1476805.shtml。
⑥ 北京大学 PKUVIS 微博可视分析工具,http://vis.pku.edu.cn/weibova/weiboevents。
⑦ 谢耘耕、徐颖:《微博的历史、现状与发展趋势》,《现代传播》,2011年第4期。
⑧ 2013年微博用户发展报告,新浪微博数据中心。
⑨ 李琴、陈淳:《公众考古学初探》,《江汉考古》,2010年第1期。

(作者:吴双,复旦大学文物与博物馆学系 2014级博士研究生)

·遗产论坛·

文化景观视野下乡村地区规划方法研究
——以都江堰市林盘地带为例

石 鼎

一、乡村文化景观

"文化景观"(Cultural Landscape)是近年来国际景观学界、遗产保护学界的研究热点。英语中 landscape("景观")一词来源于古德语的 landskaap、landschaft[①],而 Cultural Landscape 也最初由德国地理学家提出。在19世纪晚期,德国地理学家 O. Schuluter 将景观分为两类——存在于人类诞生之前的自然景观、与受到人类活动影响而形成的文化景观。进入20世纪后,美国文化地理学家 Carl Ortwin Saucer 成了推动文化景观理论发展的重要人物。他在著作 *The Morphology of Landscape* [②] 中将文化景观定义为"由特定的文化族群在自然景观中创建的样式,文化是动因,自然地域是载体,文化景观则是呈现的结果(fashioned from a natural landscape by a culture group. Culture is the agent, the natural area is the medium, the cultural landscape the result)"[③]。如图1、图2所示,

Saucer 清楚地指出了自然景观与文化景观的不同内涵。

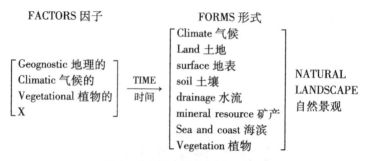

图 1　自然景观构成因子与形式

图 2　文化景观构成因子与形式

而真正使文化景观这一概念被全世界所瞩目是在 1992 年,世界遗产中心将"文化景观"列入世界遗产提名类别之后。世界遗产中心将文化景观定义为"人与自然的共同作品"(combined works of nature and of man),并进一步将文化景观分为三个子类型,分别为:人类有意设计的景观(landscape designed and created intentionally by man)、有机进化的景观(organically evolved landscape)和关联性景观(associative cultural landscape)④。在这其中,乡村文化景观是属于"有机进化的景观"中的一个重要提名类别,也是世界各国普遍拥有的景观类别,在世界范围内具有普遍性和代表性,因此乡村文化景观已经成为国际景观学界对话和交流的重要议题。

中国拥有悠久的农耕文化传统，并在传统农耕时代形成了规模庞大、类型多样的乡村景观，其特性正逐渐为世人所认识。但另一方面，在蓬勃发展的城镇化建设与新农村建设中，传统乡村文化景观的价值并未得到深刻认识。一方面，现有的城乡规划法和乡村规划条例中缺乏针对广大乡村地带完整而细致的保护利用方法论。另一方面，在现有的城市总体规划中，通常只是将乡村地带划归"公共绿地"或者"防护绿地"——仅将广大乡村地带视为城市绿地系统的一个部分。事实上，这样的土地利用分类方式掩盖了乡村地带的原有属性，而乡村地带是否可以单纯地等同于"绿地"而纳入城市绿地系统，是一个值得商榷的问题。

在乡村规划的现有案例中，有两类乡村是受到重视的，第一类是具有高度遗产价值的乡村，从现有的世界遗产名录中可以找到皖南古村落（西递·宏村）、开平碉楼、福建土楼、哈尼梯田等需严格保护、不可随意变更现状的乡村文化景观。另一类便是建设中的新农村，一般都会根据法规编制详细的规划设计方案，并以土地整理、村容整治、村庄兼并和基础设施优化为主要特征。由于涉及范围有限，这两类乡村基本上以"点"的形态存在。

从严格保护，到积极开发的这两类乡村之间，存在着广大的普通乡村地带，它们构成了乡村景观的肌理，以"线"或"面"的形态存在。对于这类广大的乡村地带，目前没有严格限制其改变的法律或条例——至少中国目前缺少"景观法"或"文化景观法"，同时也缺少学术界的深入研究。因此，普通乡村地带在城镇化和现代化影响下显得十分脆弱。

二、都江堰市乡村文化景观的定义与特征

本研究试图通过对都江堰市乡村地带的分析，从文化景观的视角来探讨对普通乡村地带规划管理的方法论。都江堰市拥有一种特

殊的村落类型,被称为"林盘"。林盘是川西平原农村住房及林木环境共同形成的盘状田间绿岛,是集生活、生产、生态和景观为一体的复合型农村散居式聚落单元⑤。由于林盘型村落与都江堰灌溉水系有着密切联系,本研究对林盘地带乡村文化景观所下定义为:基于世界遗产——都江堰水利设施所分流出的灌溉水系网络而形成的、高度依存于植物利用的乡村聚落及周边农田景观,代表了特殊的农林生态系统和可持续发展的生产生活方式,具有高度的生态及经济价值。

从2012年都江堰市土地利用情况来看,平原面积达到了412.67 km², 虽然只占全市土地面积的34%左右,但因地势平坦适合农耕,平原部分的农业用地面积达到375.29 km², 占城市总体农业用地面积的73%左右(图3)。可见平原地区的农业生产是都江堰市农业经济的支柱。同时,平原地区也是"林盘"这种聚落形态最发达的地域。

从城镇化区域的分布来看,主城区(包括旧城区)的地点位于都江堰灌区的顶点处,而其他传统乡镇也依托水系形成,且彼此间距离均等——这说明在农耕时代,灌溉水系与人类生活、生产休戚相关,且一定的农用地面积可承载的人口数是有限的。

根据GIS数据统计,平原地区的城镇化区域面积达到了37.38 km², 而乡村地带的面积则高达358.28 km², 因此单纯从土地利用角度计算,城镇化率仅为9%。而从平原地带乡村聚落的总体分布情况来看,一共可以确认6 372处聚落(林盘),其中林盘的平均周长为353 m左右,而平均面积则达到了0.83 ha。同时,林盘密度达到了每平方公里17.78个,林盘面积总和为5 280.54 ha, 约占乡村地带总面积的14.74%,而耕地面积则占乡村地域总面积的85.26%。

从技术角度来说,在目前的条件下,笔者只能得到Google Earth中2005年7月22日,以及2012年5月17日对都江堰市平原地区所拍摄的卫星图片。而且2012年的卫星图片的范围只覆

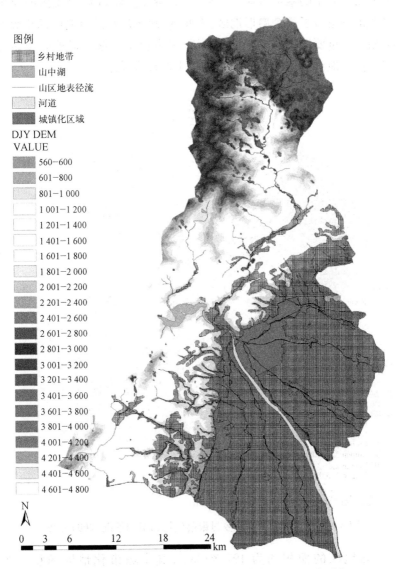

图3 都江堰市地形特征及乡村地带分布图(2012年度)

盖了图4所示的扇形区域。另外,从世界遗产都江堰分流出的灌溉水系正好覆盖了整个扇形地区,因此,该地区是和世界遗产都江堰直接相关的重要区域。综合以上原因,笔者决定以该扇形地区作为案例进行土地利用情况和景观要素特征方面的研究。

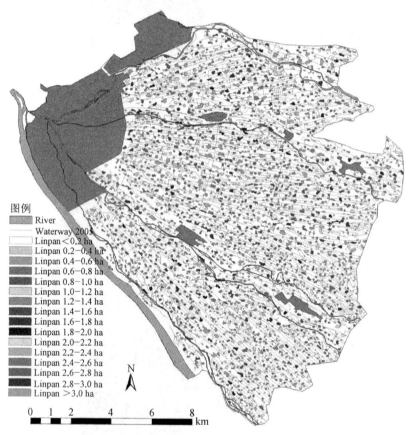

图4 扇形区内不同面积乡村聚落(林盘)分布情况(2005年度)

该地区的面积约为197.80 km²,其中城市化地区面积约为25.98 km²,乡村地区的面积约为163.41 km²。根据GIS数据统计,在传统农耕时代的扇形区域内存在3 368处林盘,面积处于0.2—

0.4 ha 区间的林盘数量最多,达到了 743 处。其次为面积处于 0.4—0.6 ha 区间的林盘,数量为 678 处。再次为面积处于 0.6—0.8 ha 区间的林盘,数量为 501 处。虽然扇形区域的面积只占整个平原地区的一半左右,但林盘面积的区间分布特点与图 5 所显示的特点完全吻合——横轴刻度 0.2—0.4 ha 往右,林盘面积与林盘数量大致呈反

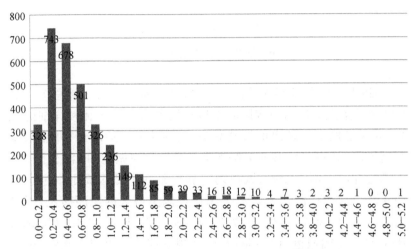

图 5　乡村聚落(林盘)面积分布区间(横轴:林盘面积区间,纵轴:林盘数量)

比关系,面积越大,数量越少。另外,面积为 1.0 ha 以下的小型林盘数量最多,占了总数的 77%。面积为 1.0—2.0 ha 之间的中型林盘数量居其次,占总数的 19%。而面积大于 2.0 ha 的大型林盘数量最少,只占总数的 4%(图 6)。另外,根据 GIS 数据统计得知,在扇形区域内 3 368 处林盘的总面积为 2 518.72 ha,占

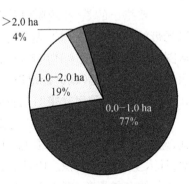

图 6　不同面积农村聚落(林盘)数量比例

乡村地区面积的15.42%，而耕地面积则占到84.58%。林盘平均面积为0.75 ha，平均周长为343.15 m。每平方公里内约有林盘20.61处。

另外，从图4可以看出，林盘在平原地区是均衡分布的。因此，对于扇形区内林盘特征的研究结果是具有代表性和普遍性的。

三、冲积平原扇形区内乡村地带规划方法探讨

如图7所示，汶川大地震之后制定的《都江堰市市域总体规划（2008）》重点对城市建成区的土地利用方式进行了比较详细的规划，同时也提出了跳出旧城建新城（New Town）的理念，并在旧城与新城之间的乡村（林盘）地带设立了一个叫做"天府源公园"的生态缓冲区。不仅如此，该规划的亮点是在主城区周围指定了宽约4 km左右的"田园风光带"，用以控制主城区的无序蔓延，同时为市区带来良好的生态效益[6]。这一源于霍华德（Ebenezer Howard）"田园城市"（Garden City）[7]规划理论的田园风光带，也是参考了国际上通行的绿带（Greenbelt）规划方法，如著名的大伦敦绿带规划。

需要指出的是，在现阶段的开发实施过程中可以看到，这条田园风光带的确受到了保护，基本上没有被无秩序的城市扩张所蚕食。从图8扇形区域土地利用现状图中可以看出，灾后复兴项目严格按照规划所划定的区域进行建设，而乡村地区呈点状分布的新农村，则几乎全部在"田园风光带"以外的乡村地带进行建设（图8）。

都江堰灾后新农村建设主要采用了土地整理和林盘兼并的措施，建设高密度紧凑型新农村，并将原有林盘中的宅基地改造成耕地，计入全市耕地面积。因此在新农村周围形成了大量无人居住的空心化的乡村聚落（林盘），在规划中被称为生态型林盘；另一种做法是将原有林盘内的树木和住宅全部移除，改造成耕地，这种做法在

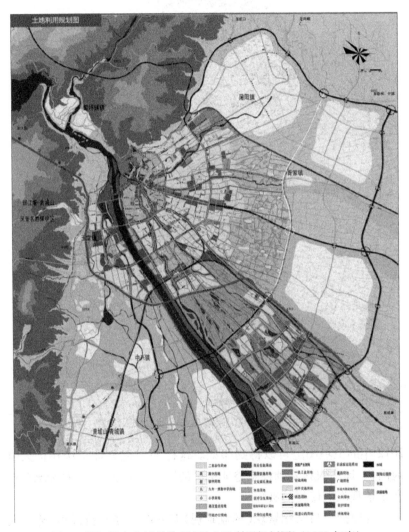

图 7 都江堰市市域总体规划（土地利用规划图）（2008 年度）

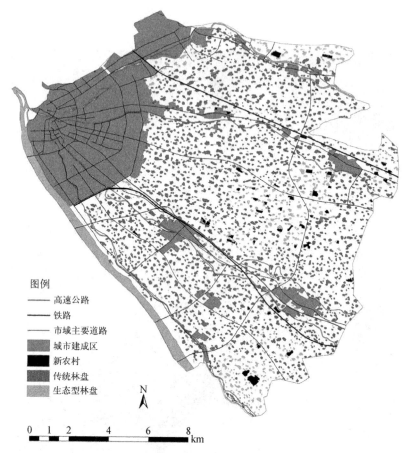

图 8　扇形区域内聚落分布现状（2012 年度）

2012 年的卫星图上可以得到印证。这样的土地整理手法在扩大耕地面积、提高农村基础设施整体水平的同时，却也造成了对传统乡村文化景观难以修复的破坏。

为保护乡村文化景观（林盘景观）并同时兼顾经济发展，笔者通过前面的分析，认为有必要从市域尺度提出整体的分区规划（Zoning）理念。由于该扇形区域内的林盘在形态上具有高度的同质性，因此如果把"田园风光带"看作 Greenbelt 1 的话，那剩余的乡村地带可以看作 Greenbelt 2。另外，如果 Greenbelt 1 可以被指定为保护传统乡村文化景观的核心区域的话，那 Greenbelt 2 可以被指定为能接受适当开发的缓冲区（图9）。

由前面对林盘所下的定义可以看出，由世界遗产都江堰所分流出来的水系是形成乡村文化景观的基础。特别是在传统农业时代形成的、曲折蜿蜒的灌溉沟渠是传统农业灌溉技术的例证（图10）。而

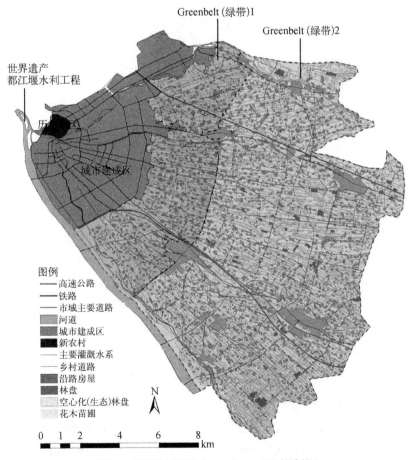

图9 扇形区域绿带（Greenbelt）（笔者建议）

比较直的灌溉沟渠大多为20世纪80年代以后根据农田整理的需要重新组织的水系(图10)。这两者共同组成了扇形区域内密如蛛网的、具有等级的灌溉体系。

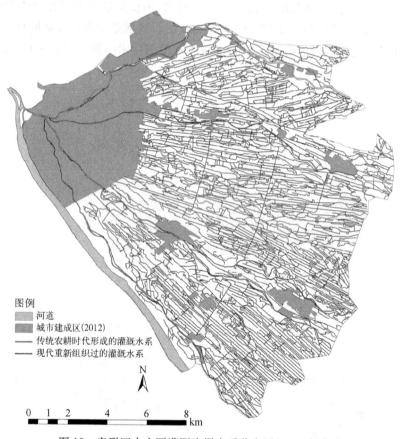

图例
河道
城市建成区(2012)
—— 传统农耕时代形成的灌溉水系
—— 现代重新组织过的灌溉水系

图10　扇形区中主要灌溉沟渠水系分布图(2005年度)

在灌溉水系、乡村聚落所形成的乡村文化景观基础上,结合现有的分区政策(Greenbelt 1 & 2),笔者认为可以将扇形区域乡村地带细分出"规划管理分区(Cluster)"(图11),具体来说,可以按照表1的方式来逐项定义A1至D3的各个规划管理分区。

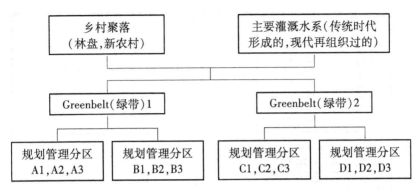

图 11 扇形区乡村地带规划管理分区理念

如表 1 所示,首先,规划管理分区(Cluster)可以在 Greenbelt 1 和 Greenbelt 2 中分别实施。Greenbelt 1 中应侧重对以林盘景观为主的乡村文化景观进行严格保护,适当开发。而 Greenbelt 2 中则可以侧重于有序开发,兼顾保护。但以土地兼并,破坏原有景观结构的新农村建设方式需要立刻停止并进行调整。

其次,根据现存水系形成阶段的不同(① 蜿蜒曲折、生态及景观价值极高的传统灌溉水系;② 基本呈直线状态分布的、在现代经过重新组织的灌溉水系),可以将其流经的乡村聚落(林盘、新农村等)划分为特定的区域。尤其是传统灌溉水系流经的林盘地带需侧重对其景观结构进行有效保护。因此,可以作出如下设定——Greenbelt 1 中和传统蜿蜒沟渠相连接的村落组合为 Cluster Type A,和现代直线型沟渠相连接的村落组合为 Cluster Type B;Greenbelt 2 中和传统蜿蜒沟渠相连接的村落组合为 Cluster Type C,和现代直线型沟渠相连接的村落组合为 Cluster Type D。

再次,根据传统乡村聚落(林盘)的现状以及都江堰市对于林盘发展的规划理念,可以将林盘设定为传统农耕型林盘(Agrarian Linpan),观光导向型林盘(Tourism-oriented Linpan),以发展新型农业为主的特殊产业型林盘(Special Industry Linpan),以及无人居住、侧重生态功能的的生态型林盘(Ecological Linpan)这四个类型。通

表 1 扇形区农村地带规划管理分区方法

Cluster Type (分区类型)	林盘 & 新农村 (Core 核心)					灌溉水系网络 (Corridor 廊道)		分 区 (Matrix 基质)	
	Agrarian Linpan (传统农耕型林盘)	Tourism-oriented Linpan (观光导向型林盘)	Special Industry Linpan (特殊产业型林盘)	Ecological Linpan (生态型林盘)	New Village (新农村)	传统农耕时代形成(蜿蜒)	20世纪80年代后重新组织(笔直)	Greenbelt (绿带) 1	Greenbelt (绿带) 2
A1	●	●							
A2	●		●			●			
A3		●		●	●			●	
B1	●		●						
B2	●	●		●	●	●			
B3					●		●		
C1	●	●	●		●				
C2	●			●					
C3			●				●		●
D1		●							
D2	●		●						
D3				●	●		●		

过将不同类型的村落进行排列组合之后，理论上可继续细分 Cluster Type A1,A2,A3,B1,B2,B3,C1,C2,C3,D1,D2,D3 的 12 类分区,并为每一类分区指定不同的保护、开发、管理的具体政策。这样,通过各种林盘组合(Unit)的形式,可以有效地将规划管理分区(Cluster)划分出来。同时,按照组合进行划分的话,组合内各个村落按照自身条件进行功能上的调整是相对自由的,因此具体村落的功能改变更具弹性,适合村民作出各种尝试或调整。

举例来说,Cluster 类型 A1 便是位于 Greenbelt 1 中和传统蜿蜒沟渠相连接的林盘组合。在 A1 的传统农耕型林盘中可以挑选一些靠近交通主干道、便于游客到访的;本身观光资源比较丰富的林盘发展为观光导向型林盘。Cluster 类型 A2 也是位于 Greenbelt 1 中和传统蜿蜒沟渠相连接的林盘组合。在原有的农耕型林盘中可以挑选一些土地条件较好的林盘来发展中草药、水果、花卉、苗圃等种植业,来提高土地利用的经济效益。Cluster 类型 A3 比较特殊,基本上是由地震之后开始兴建的新农村,以及无人居住的空心林盘,结合传统蜿蜒沟渠组合而成,主要发挥生态功能,同时传统林盘中遗留下的大型乔木则是景观保护的重要对象。另外,接下来的分类可以此类推。

同时,借用生态规划的理论来看,这种规划管理分区(Cluster)的划分更具有基质(Matrix),廊道(Corridor),斑块(Patch),核心(Core)的意味,可以满足景观生态学的规划要求。而作为村落尺度的乡村文化景观规划,则需要考虑将扇形区域内所有村落纳入这个规划管理分区体系,从而可以将规划管理保护政策落实到每一个具体景观单元。

原则上,除确定需要严格保护、禁止开发的农耕型林盘外,离开主要城区、交通干道比较近的村落(林盘或新农村)可以被赋予更多的游憩功能,而距离城区、交通干道相对较远的林盘地带,则适合发展特殊类型的农产业。而新农村周围的空心化林盘大多已改造为耕地,只保留了一些大型乔木,这些树木是曾经有人在此进行生产生活的见证物,是乡村文化景观保护利用的重要一环。

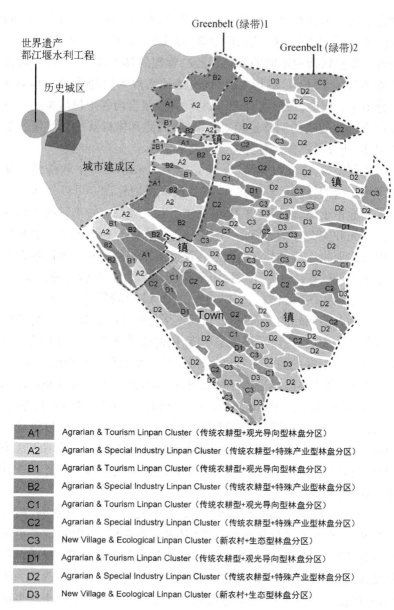

图 12　扇形区域内规划管理分区（Cluster）指定

从图 12 中可以看出，扇形区域内从城市到乡村的规划管理分区，呈现出从中心到外缘的涟漪般退晕式分布的特征——从规划管理的角度来看，第一，其核心为世界遗产地的都江堰水利工事，需按照世界遗产的要求进行严格的保护。第二，历史街区作为世界遗产地的缓冲区域需要进行风貌保护。第三，城市建成区作为历史城区的缓冲区，是推进各类城市开发项目的主要区域。第四，Greenbelt 1 又是城市建成区的缓冲地带，用以控制建成区的无序扩张、发挥生态效益和游憩开发功能、发挥乡村文化景观保护功能等重要作用。第五，Greenbelt 2 又作为 Greenbelt 1 的缓冲区，适合进行村落的功能性开发与景观结构性保护并举的尝试。

总的来说，由于传统农耕时代留下的灌溉水系与 1980 年代以后重新组织的灌溉水系的分布比较均衡，规划管理分区 Cluster A、B、C、D 四种基本类型在分布上也处于均衡状态。而基于传统蜿蜒形态灌溉水系所划分的 Cluster A 和 C 区域内的乡村文化景观由于代表了传统乡村景观的特质，因此更应得到景观结构层面的有效保护。

从产业发展的前景来看，乡村旅游要求突出传统乡村景观的特色，因此区域内传统林盘、水系、植被、居民生活方式应得到严格保护，同时适当配置农家乐等旅游接待设施。中草药、水果、花木苗圃等种植业的发展对于原有乡村产业结构、区域内村落功能的变化影响较大。而现有的新农村建设以村落兼并和增加耕地面积、村民集中居住、基础设施集中配置为特征，因此客观上造成了空心林盘的大量产生，从景观结构上对乡村地区造成了巨大影响。

因此，从景观保护力度或开发强度来看，A1、B1、C1、D1（农耕林盘与观光型林盘组合），A2、B2、C2、D2（农耕林盘与特殊产业林盘组合），C3、D3（生态型林盘与新农村组合）三者之间的传统景观特征的保护强度呈依次递减的趋势，而经济开发的强度则呈依次递增的趋势。当然，保护与开发并重的方针始终贯穿所有规划管理分区。

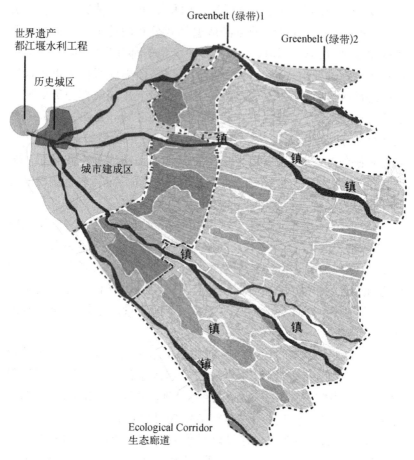

图13 扇形区内文化景观斑块(Patch)与廊道(Corridor)分布

关于规划管理分区(Cluster)中施行的各项政策,则应当按照实际需要,在各个分区的保护开发利用指导原则下进一步制定。因此,规划管理分区的想法,是根据现状划分一个政策实施的框架,框架中的内容可以根据具体的保护、开发、利用的需要进行灵活配置。

最后从产业发展的角度来看,如图13所示,拥有相同产业发展的村落组合将构成一个个文化景观斑块(Patch)。如斑块①是Greenbelt 1中所有农耕林盘及观光型林盘组合而成的区域;斑块②是Greenbelt 1中所有农耕林盘及特殊产业林盘组合而成的区域;斑块③是Greenbelt 2中所有农耕林盘及观光型林盘组合而成的区域;斑块④是Greenbelt 2中所有农耕林盘及特殊产业林盘组合而成的区域;斑块⑤是Greenbelt 2中所有生态型林盘及新农村组合而成的区域。这些文化景观斑块由都江堰水利设施分流出的水系所形成的生态廊道所联系,形成了一个互相勾连镶嵌的有机整体。同样,这些文化景观斑块提供了一个实施保护利用政策的框架,而每个框架内具体的景观结构与功能的保护和改变是具有一定弹性的,可根据需要进一步制定或调整。

四、总结与启示

本研究从成都市所辖县级市——都江堰市域范围出发,对乡村文化景观进行了定义并表述了特征,并从都江堰市平原地区扇形区域的村落组合出发,尝试通过结合现有的分区(Greenbelt区域)规划政策,基于新旧灌溉水系网络、新农村建设的现状以及林盘保护利用开发的前景,尝试划分了10个规划管理分区(Cluster)和5类文化景观斑块(Patch)作为框架,以实施不同的规划管理、保护利用的弹性政策。本研究基于城市总体规划,为广大的普通农村地带提出了专项规划,并解释了规划理念与方法,可以为中国其他地区的乡村规划模式提供参考。同时,在研究过程中笔者得出了以下启示:

首先,在广大的乡村地带,自然条件决定了灌溉方式;而灌溉水系、水网是形成农业地带生产生活方式的基础,也形成了整个文化景观的基础。因此在乡村文化景观的专项规划中,应把水系保护利用规划作为重中之重。应当将水系、水网作为规划、施策的对象,并予以积极的利用。

其次,由于文化具有可变的属性,乡村文化景观处于持续演进的过程之中,是活态的景观,其发展和变化是永恒的主题。因此在规划过程中不宜苛求对各类景观要素进行"博物馆式"的、僵化的保护。其"真实性"的保护应当侧重于真实的生产生活方式的保护,因而对于乡村景观的合理开发利用是可以被允许的。同时,增加乡村居民经济收入、完善基础设施是有效防止乡村聚落空洞化的手段之一。对于发展变化中的景观,需对其发展方向进行引导——在确定哪些结构性要素是不可改变的底线之后,再确定可以变化的要素及方向。

最后,乡村文化景观规划管理的重点是要找到隐藏于大面积、同质化景观之中的分区,这个分区可以是依据文化的、地理地貌的、社会空间的、植物分布的特性制定的。同时,在分区过程中需讲究内在逻辑,并尽可能满足各种现行政策和规划前景。划分出规划管理的分区,好比提供一个框架范围,可以将保护、利用、开发政策灵活实施于分区内部,以达到乡村地区保护与开发并重、可持续发展的最终目的。

---

① Roe, M., The European Landscape Convention: A Revolution in Thinking about "Cultural Landscapes", *Chinese Landscape Architecture*, 11, 2007: 10-15.

② Sauer, C. O., The Morphology of Landscape, 1925: 19-54, Berkeley: University of California Publications in Geography; reprinted in *Human Geography: An Essential Anthology*, eds. Agnew, J. Livingstone, D. N. & Rogers, A., Blackwell Publishers, 1996: 296-315.

③ Han, F., World Heritage Cultural Landscapes and New International Trends, *Chinese Landscape Architecture*, 23(11), 2007: 18-21.

④ UNESCO., Operational Guidelines for the Implementation of the World Heritage Convention, 14. Paris: UNESCO World Heritage Centre, 2012.

⑤ Fang, Z., *Basic Study on the Linpan Culture at Western Sichuan Plain*, (Doctor), Chongqing University, Chongqing, 2012.

⑥ Shi, D., & Ishikawa, M., Research on the Rural Cultural Landscape in Greenbelt Area of Dujiangyan City in Sichuan Province, China, *Journal of the City Planning Institute of Japan*, 47(3), 2012: 1009-1014.

⑦ Howard, E., *To-morrow: A Peaceful Path to Real Reform*, London: Swan Sonnenschein & Co. Ltd, 1898.

（作者：石鼎，复旦大学文物与博物馆学系　讲师）

建筑遗产社会文化价值的评估策略研究

——以北京市古建筑类全国重点文物保护单位为例[①]

赵晓梅

建筑遗产是文化遗产的重要类型,它是我们与过去建立联系的途径之一,从这些遗产中,我们获得关于我们过去的知识[1]。建筑遗产具有多种多样的价值,包括历史价值、艺术价值、科学价值、社会价值与文化价值等,对遗产价值的关注是推动文化遗产保护的根本动力。

一、遗产价值分类研究概述

根据《牛津英语词典》,价值(value)意为"根据某种等值标准来衡量所值或特征"。遗产价值是我们将它们定义为遗产的原因,也决定了我们对遗产所采取的保护措施,直接影响遗产的政策与决策。1964年《威尼斯宪章》[②]即提出文物的历史与艺术价值[2],1972年《保护世界文化和自然遗产公约》将具有突出普遍价值的自然与文化遗产认定为世界遗产,其中文化遗产包括文物、建筑群与遗址,它们具有历史、艺术与科学价值[3]。自此,历史、艺术与科学三大价值成为评判文化遗产以及确定保护策略的重要依据。

然而,文化遗产具有的价值类型不仅限于这三大传统价值。早在20世纪初期,艺术史学家李格尔就从艺术史研究的视角划分了几种不同的遗产价值类型,他认为文化遗产具有年代价值、历史价值与纪念性价值,这三类价值不同于遗产的使用价值与新物价值,它们不是一个层面上的价值类型[4]。20世纪90年代以来,基于价值评估的遗产保护成为国际广泛认可的方法论,因此遗产价值分类研究的成果也逐渐增多。相关学者与研究机构提出了多种多样的文化遗产价值分类方式,其差异有时是出于研究视角的不同,有时则是由于所在社会文化背景不同,抑或是作为研究对象的遗产所属类型不同。弗雷(Bruno S Frey)以经济学的视角看待文化遗产,将遗产价值分为货币价值、选择价值、存在价值、遗赠价值、威望价值与教育价值[5]。英格兰遗产(English Heritage)在90年代的价值分类依据为可持续性,划分了文化价值、教育与学术价值、经济价值、资源价值、娱乐价值以及美学价值[6]。1998年的《布拉宪章》③体现了澳大利亚对本土文化的重视,在历史、科学与美学三大传统价值之外提出社会价值(包括精神、政治、民族及其他文化价值),表达了文化遗产具有推动社会认同的作用[7]。凡尔顿(Bernard Melchior Feilden)与尤基莱托(Jukka Jokilehto)以城市遗产为例,将遗产价值大体分为本身固有及对当代的价值两大类[8],其中前者指文化价值,包括认同价值、艺术或技术相关价值以及稀有性价值,后者称当代社会经济价值,包括经济价值、功能价值、教育价值、社会价值与政治价值。

  总体来说,文化遗产的价值既包括遗产本身所固有的价值,也包括由人们赋予的价值。前者是一种相对客观的存在;后者具有更多的主观性,不同时代、不同文化与不同人群对遗产价值有着不同的理解。梅森(Randall Mason)认为只有通过对遗产的社会、历史甚至空间背景的理解才能真正理解并定义遗产的价值,价值产生于思想与物质的连接关系之中[9]。他综合了前人的分类方法、借鉴环境价值评估理论,将文化遗产的价值分为社会文化价值(sociocultural values)与经济价值(economic values)两大类④,前者指传统保护中的核心价值,如遗产对于社区的意义、遗产本身的年岁、美观,或由于隶属于某个重要人物或事件而具有的价值;后者指当今社会所接受、评判的相对价值,既包括对个人的价值,也包括大众公益[9]。这两大类价值并不是相互排斥的,而是开放并相互重叠的。这种分类方式基本按照遗产固有价值及当代对遗产的使用来划分。

与此类似,英格兰遗产(2007)通过对英国境内及全球范围世界遗产地收益与花费的调查,借鉴文化经济学的理论,将遗产价值分为内在价值(intrinsic benefits)、工具价值(instrumental benefits)与教育价值(institutional benefits)三种类型[10]。内在价值指本身具有的价值,即遗产的自然属性或重要性所创造的价值,如对个人来说具有魅力或带来愉悦感,也可能是增强一个社区的认同感。工具价值(或称工具效益)指那些被视为可以达到广泛社会与经济目标途径的技艺,而与技艺本身无关。政策倡导遗产不仅仅是技艺,更丰富着人们的生活,这就是指遗产的工具价值,即遗产对当代人的使用价值。教育价值指各种组织如何利用遗产向公众创造价值的过程和技术,教育价值沟通了遗产原有的内在价值与当代赋予的工具价值,从而也使公众更多地理解、利用这两种价值。

以上对遗产价值的分类策略对我国遗产价值研究均有借鉴意义,特别是英格兰遗产提出的工具价值与教育价值,其实质意义与社会、文化价值颇为类似;其他学者提出的文化认同或社会文化价值在探讨我国建筑遗产的社会价值与文化价值时也可作参考。

二、我国建筑遗产的社会文化价值

最初在很长一段时间内,我国对文化遗产价值的探讨仅限于历史、科学与艺术这三大传统价值,直至 2015 年 4 月 17 日公布的修订版《中国文物古迹保护准则》(下文简称《准则》),才正式提出遗产具有社会价值与文化价值[11],认可了文化遗产保护工作对当代社会发展可能具有的重要推动作用。

根据《准则》中的定义,社会价值是指"文物古迹在知识的记录和传播、文化精神的传承、社会凝聚力的产生等方面所具有的社会效益和价值"[11],包含了记忆、情感、教育等内容。文化价值包含了文化多样性、文化传统的延续及非物质文化遗产要素等相关内容,主要指"文物古迹因其体现民族文化、地区文化、宗教文化的多样性特征所具有的价值;文物古迹的自然、景观、环境等要素因被赋予了文化内涵所具有的价值;以及与文物古迹相关的非物质文化遗产所具有的价值"[11]。从社会与文化价值的定义来看,这两种价值在时间维度与关注视角上区别于三大传统价值,强调文化遗产在当下的重要性,这其中既包括文化遗产所具有的社会认同作用,也包括传统文化在今天的延续问题。人们认识到遗产不仅是从祖辈遗留下来的珍贵文物,它们对我们的当代生活具有重要意义,文化遗产能够很好表达中华文明内部的文化多样性[12],也直接影响到所在区域的社会、经济、文化等各方面的发展。

如果将《准则》中定义的价值类型与国际遗产领域价值分类研究来比较,我们发现《准则》中的三大传统价值类似于文化遗产的内在价值,它们是遗产从被创造之时(第一历史)及其经历的历史积淀(第二历史)[13]之中获得的价值,而当代人的价值评估使其具有当代意义;社会价值与文化价值更强调这些从历史上留存下来的宝贵财富对于现下的工具性作用与教育意义,主要体现在社会认同与文化延续(或文化变迁)之中。社会价值既包含社会(文化)认同所具有的社会凝聚力等具体功效,又包含了社会教育的意义,因此涵盖了工具性价值与教育价值的某些层面。文化价值所表达的文化多样性不同于历史价值,后者展现的是在历史中已逝去或仍延续的某种特定文化,前者强调文化在当代社会的延续或变迁,从而表达了由传统文化继承、演变而来的当代多元社会,这种文化延续或变迁本身就是一种工具性价值,且具有潜在的教育意义。《准则》所列举的另外两种文化价值试图将物质文化遗产本体与遗产所处的环境、相关无形遗产相关联,使文化价值成为沟通不同类型遗产的渠道与工具。社会价值与文化价值概念的提出,在一定程度上鼓励文化遗产的当代利用,将遗产视为文化资源,推动遗产内在价值的展示与阐述,使遗产的不同价值之间产生互动。然而,相对于国际遗产研究对遗产经济价值的考量,《准则》所定义的价值类型仍然有所局限,未能在社会价值中彰显遗产的经济效益,而这一点恰好可能会成为解决当前遗产保护与地方经济发展之间冲突的途径之一。

我国文物(文化遗产)保护的实践工作以《准则》为指导。从我国文物体系来说,文物保护单位分为古遗址、古墓葬、古建筑、石窟寺及石刻、近现代以及其他,建筑遗产是其中非常重要的内容,尤其以古建筑类文保单位数量最大,在全国重点文物保护单位(下文简称国保单位)中占40%强。从建筑遗产的重要性来说,全国重点文物保护单位的价值(主要指三大传统价值)要高于省级与市县级文保单位[⑤],对其社会、文化价值评估的探讨将有助于更好地发挥遗产的当代效用,有效地推动遗产地发展,具有很强的现实意义。

三、北京市古建筑类国保单位的社会文化价值研究策略

北京历史悠久,文化遗产资源丰富,拥有7处世界遗产(均为文化遗产)与131处全国重点文物保护单位。不同于陕西、河南等其他文物大省(市)拥有大量考古遗址,北京市拥有的建筑遗产占不可移动文物总数的比例更高,古建筑类国保单位75处,占总数的一半以上;另有39处近现代代表性建筑。建筑遗产的社会、文化价值与现有功能具有密切的联系。遗产的现有功能指古建筑在当代的实际使用功能,与特定人群发生联系,因而具有社会功效,也表达着某种或某几种特定文化的延续或变迁。相比清华大学早期建筑、西什库教堂、大栅栏商业建筑等近现代建筑较多地延续了原有功能,北京市古建筑类国保单位的现有功能大多不同于原有功能,对这类文保单

位社会价值与文化价值的探讨也更有意义。

建筑遗产的现有功能可能与其建造时间、地理区位、所属类型[6]、文化主题与管理利用等因素具有一定的相关度,这些因素之间也会彼此影响。借鉴世界文化遗产的"时期—类型—文化主题"框架[14],可以以类似的策略来评估我国建筑遗产的社会价值与文化价值。从建造时间来看,北京市古建筑类国保单位的始建年代由周至清,明清时期存留下来的建筑遗产最多,占总数的近80%(图1)。从类型来看,建筑遗产的类型丰富,寺庙、塔、坛庙、衙署、宅邸与城郭是其中数量较多的几类,尤以寺庙类最多,占总数的三分之一(图2)。早期文保单位(明清之前)以佛塔居多,仅有的例外是长城与运河;明清时期建筑遗产的类型更为多样。

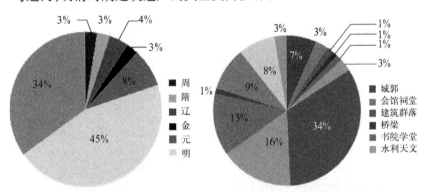

图1　北京市古建筑类国保单位始建年代统计(作者自绘)　　图2　北京市古建筑类国保单位所属类型统计(作者自绘)

建筑类型是对建筑遗产的原有功能进行分类的结果,它在一定程度上决定了建筑的外观、建造结构与空间,同时也与遗产所表达的文化主题具有密切的联系,这些要素客观上决定了遗产可能的当代实际功能。当然,建筑遗产的现有功能还受到它的地理区位以及管理利用的影响。比如同为寺庙,位于城郊的寺庙建筑(如碧云寺)较之旧城区的寺院(如智化寺),前者因其所处的环境为自然风光优美的风景区,因此又携带了城市公园的性质,其社会价值与文化价值也更加多样。又如,同为寺庙的雍和宫以及与之毗邻的柏林寺,现有功能却大相径庭,前者仍作为重要的藏传佛教寺院来使用,延续宗教功能与文化传承;后者则变为行政办公场所,其社会价值与文化价值也因之受损。

从地理分布来看,中心城区(西城区与东城区)拥有的古建筑类国保单位数量最多(图3),占北京市总数的57%;海淀区也是文物大区,拥有12处国保单位,因此使得近郊区(海淀区、朝阳区、石景山区与丰台区)拥有该类文保数量占总数24%;而远郊区虽然辖区

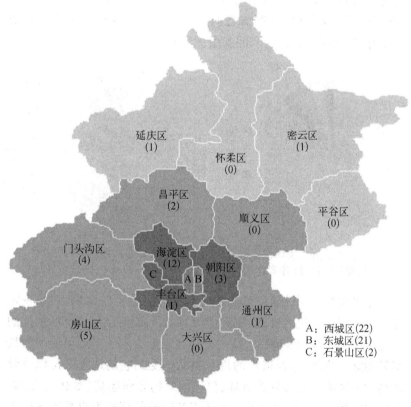

图3 北京市古建筑类国保单位在各行政区内的数量分布图(括号内数字表示该区所辖古建筑类国保单位数量,作者自绘)

面积广大，但古建筑类国保单位数量很少，仅占19%。如果将地理分布与建筑类型建立联系，我们会发现中心城区与海淀区所辖文保单位类型较为多样，其他郊区的建筑类型以寺庙与塔为主，另有村落（所属类型为建筑群落）、长城与大运河。如前所述，这些郊区文保单位除遗产本身的价值之外，还与所处环境具有密切的联系，它们承载的功能更为多样，与之相联系的人群也更广，因此社会效益更多元，文化意义也将自身文化与环境景观等要素相融合。对于这些遗产，地理区位对价值评估的影响可能大于所属类型的影响。

建筑遗产所表达的文化主题与遗产的文化价值密切相关，也间接影响了遗产的社会价值。遗产的文化主题不仅仅是该建筑在历史上所展现的特定文化，还包括从当代角度看待历史文化，是历史与当代的叠加。借鉴世界文化遗产的主题框架，针对北京市古建筑类国保单位的特征，我们可以将其文化主题归为宗教信仰（包括佛教、道教及其他）、儒学与礼制（以坛庙为主）、城乡生活（如宫殿、王府、住宅、乡村聚落及相关公共建筑）、技术与管理（包括城市规划、防御体系、交通、水利、天文等）等主题。建筑遗产的文化主题与所属类型有很强相关度，如塔与寺庙均表达宗教信仰的主题，而城乡生活的主题一般通过衙署、宅邸与建筑群落（聚落）等类型来表达。如果能将二者结合，对现有所属类型的划分进行细化，对应于相关的文化主题[7]，将有助于我们理清建筑遗产的社会、文化价值。

建筑遗产的管理利用方式对社会、文化价值影响很大，它直接影响到遗产的现有功能以及对公众的开放度。可以从所有权、管理权、使用权以及是否开放、是否收取费用等方面来考察遗产的管理利用情况。有的文保单位三权混乱、不对外开放，这些都会直接损害建筑遗产的社会价值，也难以向公众展示其文化意义。

综上所述，针对北京市古建筑类国保单位的独特性与普遍特征，我们可以发现建筑遗产的现有功能受所属类型、地理区位、文化主题与管理利用四个因素的影响颇大,也与不同的人群发生联系,可以从这几个层面来评估其社会价值与文化价值(图4)。

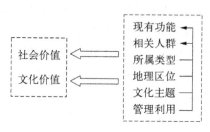

图4 北京市古建筑类国保单位社会价值与文化价值的评估策略(作者自绘)

四、典型案例比较

应用上述社会、文化价值评估策略,我们以历代帝王庙与万松老人塔两个文保单位为例,比较其社会价值与文化价值。

历代帝王庙为明清祭祀历代帝王之庙,位于现阜成门内大街131号。该庙始建于明嘉靖十年(1531年),清代屡有修葺,为第四批国保单位。现存建筑有影壁、山门、钟楼、景德门、碑亭、景德崇圣殿(图5)及配殿等,南北共三进院落,建筑格局基本完整,近年根据文献记载重建了主殿后的祭器库与第一进院落的东、西侧院。历代帝王庙在中华人民共和国成立后曾由北京市第三女子中学(后改名为北京一五九中学)使用,2000年全面修缮后于2004年对外开放。目前除建筑本体展示外,根据文献记载,在景德崇圣殿恢复了供奉188位中国历代帝王的牌位,东、西配殿恢复了79位历代贤相名将的祭祀牌位,展示了历代帝王庙作为明清两代皇帝祭祀先祖之地所表达的传统礼制;东侧院设"三皇五帝与百家姓"专题展览,扩展了历代帝王庙所展示的文化内容。整个建筑群由文物部门下设专门管理团队进行日常管理,负责收取门票与日常维护等工作。该组坛庙建筑为是我国现存唯一的祭祀历代帝王与文臣武将的皇家庙宇,建筑为典型的明清官式建筑,装饰典雅,建筑群规模宏大,每天均有一定量的访客到处参观游览。

图5 历代帝王庙景德崇圣殿(作者自摄,2016年)

万松老人塔(图6)位于现西四南大街43号旁门,始建于元代,清代重修时加至九级,将原塔含砌于塔内,民国时期再次修缮,为第七批国保单位。万松老人即万松行秀禅师,为金、蒙古帝国时期佛教高僧,万松老人塔即后人为纪念他而修建的墓塔。塔为密檐八角形九层砖塔,高约15.9米,它是北京旧城内仅存的一座砖塔,塔北的胡同因之得名砖塔胡同。该地区在元代十分繁华,周边民居依塔而建[8],明清时期逐渐萧条。塔在清代有重修,至民国时又为店面

图6 万松老人塔(作者自摄,2016年)

占用,幸得叶恭绰组织万松精舍,出资迁出店面,修建围墙、构筑塔院以保护该塔。新中国成立后塔院曾被住户所占,也开设过商店,1986年国家文物部门投资修缮该塔。目前万松老人塔与塔院免费向公众开放,塔院内南侧房屋为正阳书局西四分号,出售老北京相关书籍;北侧房屋与塔院均为展览空间,展示万松老人塔历史与北京传统文化习俗。万松老人塔紧邻西四南大街,塔院成为闹市区中珍贵的城市公共空间,为周边居民与北京市民创造了休憩场所。

这两处文保单位均为我国典型的传统建筑类型,保存现状较好,也都对外开放(表1)。从历史、艺术与科学价值来说,历代帝王庙的重要性相对较高,但它所展示的文化主题与现有功能较为单一,社会价值与文化价值有所局限;相比而言,万松老人塔由于自身历史与外观,成为重要的城市地标,在作为文物古迹的同时又承载了当代城市公共空间的功能,展示地方历史与文化,因此增强了当地社区凝聚力,其文化意义也更为多样。

表1 历代帝王庙与万松老人塔的社会、文化价值比较

	历代帝王庙	万松老人塔
建造年代	明至清	元、清
所属类型	坛庙	墓塔
地理区位	北京内城	北京内城
文化主题	儒学与礼制	佛教,地方历史
现有功能	文物古迹	文物古迹,城市公共空间
管理利用	地方文物部门管理,收取门票对外开放	塔院由正阳书局代为管理,设有书店与展览空间,免费对外开放
相关人群	访客、管理者、公众	访客、管理者、周边居民与北京市民、公众

续 表

	历代帝王庙	万松老人塔
社会价值	通过对共同祖先与先贤祭祀传统的展示,增强中华民族的凝聚力	作为社区公共空间与地标性建筑,促进了当地社区的凝聚力
文化价值	通过恢复祭祀,表达了中华民族文化认同的延续	通过展示万松老人塔的修建历史,表达了佛教文化在当地影响的变化; 作为地标性建筑,具有重要的城市景观价值; 通过展示老北京相关文化习俗,表达了地方文化的延续与变迁

五、建筑遗产社会文化价值评估的意义

人们对建筑遗产的价值认知是随着历史社会变迁与遗产研究发展而逐渐扩展的。最初,文化遗产的范畴局限于纪念物、建筑群与遗址,关注它们的历史、艺术与科学价值。20世纪下半叶,人们认识到遗产的作用不仅限于怀旧、展览或教育,更能够使我们居住与工作的地方更美好[15],遗产的社会意义逐渐成为人们关注的焦点。20世纪末,文化多样性的表达成为遗产的重要意义所在,活态遗产的概念[16]使人们更加重视遗产所表达的文化意义。这些国际领域遗产理论深刻影响着我国文物体系的发展,文物保护单位的类型更为多样,对价值的探讨也在原先的三大传统价值之外增加了社会价值与文化价值。建筑遗产不仅只是作为保护对象的文物,更是一种文化资源,能够有效地促进社会认同、提升生活品质。

本文通过对遗产价值分类研究的梳理,与我国现行价值评估类别与内容进行比较,提出从遗产的建造年代、所属类型、地理区位、文化主题、现有功能与相关人群等层面考察建筑遗产,以评估其社会价

值与文化价值。这种评估策略将遗产的传统功能与当代功用相联系,将建筑空间与社区人群相联系,针对北京市古建筑类文化遗产的特征,细化文保单位的类型与主题,希望以此充分挖掘建筑遗产的文化资源优势,服务于当代北京的城市发展,使更多的人关注遗产,也使建筑遗产能够为更多的人带来更加美好的生活。

参考文献:

[1] Gillman, Derel, *The Idea of Cultural Heritage*, Leicester: Institute of Art and Law, 2006.

[2] ICOMOS, *International Charter for the Conservation and Restoration of Monuments and Sites* (The Venice Charter 1964), ICOMOS, 1964.

[3] UNESCO, *Convention Concerning the Protection of the World Cultural and Natural Heritage*, UNESCO, 1972.

[4] Riegl, Alois, The Modern Cult of Monuments: Its Character and Its Origin, *Oppositions*, 1982(25): 20-51.

[5] Frey Bruno S., The Evaluation of Cultural Heritage: Some Critical Issues//Michael Hutter, Ilde Rizzo (ed.), *Economic Perspectives on Cultural Heritage*, London: Macmillan, 1997: 31-49.

[6] Heritage, English, *Sustaining the Historic Environment: New Perspectives on the Future*, London: English Heritage, 1997.

[7] ICOMOS Australia, *The Australia ICOMOS Charter for the Conservation of Places of Cultural Significance* (the Burra Charter), ICOMOS, 1998.

[8] Feilden, Bernard Melchior, Jokilehto Jukka., *Management Guidelines for World Cultural Heritage Sites*, Rome: ICCROM, 1998.

[9] Mason, Randall, Assessing Values in Conservation Planning: Methodological Issues and Choices//Assessing the Values of Cultural Heritage, Los Angeles: The Getty Conservation Institute, 2002: 5-30.

[10] Pricewaterhouse Coopers LLP, *The Costs and Benefits of UK World Heritage Site Status: A Literature Review for the Department for Culture, Media and Sport*, 2007: 8-9, 2011-07-27.

[11] 国际古迹遗址理事会中国国家委员会:《中国文物古迹保护准则》,

2015年。

[12] 吕舟:《论遗产的价值取向与遗产保护》,《城市与区域规划研究》,2009年第1期,第44—56页。

[13] 陆地:《真非真,假非假:建筑遗产真实性的内在逻辑及其表现》,《中国文化遗产》,2015年第3期,第4—13页。

[14] Jokilehto, Jukka, *The World Heritage List: Filling the Gaps*, Paris: ICOMOS, 2005.

[15] Whitehill, Walter Muir, *The Rights of Cities to Be Beautiful*//Laurajane Smith. *Cultural Heritage: Critical Concepts in Media and Cultural Studies*, London: Routledge, 2007: 160-179.

[16] Baillie, Britt, *Living Heritage Approach Handbook*, Rome: ICCROM, 2009.

---

① 本研究受2016年北京市教委社科基金项目《北京市古建筑类全国重点文物保护单位社会文化价值评估策略研究》资助。

② 全称为《保护文物建筑及历史地段的国际宪章》(International Charter for the Conservation and Restoration of Monuments and Sites)。

③ 全称为《保护场所文化重要性的澳大利亚ICOMOS宪章》(The Australia ICOMOS Charter for the Conservation of Places of Cultural Significance)。

④ 梅森认为,个别遗产也具有生态价值,但未做详细探讨与阐释。

⑤ 需要注意的一点是,文化遗产的社会价值、文化价值与三大传统遗产价值不一定具有正相关性,即具有很高历史、艺术与科学价值的国保单位不一定具有很高的社会、文化价值。

⑥ 根据"全国重点文物保护单位综合管理系统"(http://www.1271.com.cn/),国保单位的所属类型包括聚落址、洞穴遗址、城址、建筑遗址、矿冶遗址、陶瓷窑址、其他遗址、墓群、单体墓葬、烈士墓、丛葬、长城、阙、塔、桥梁、寺庙、坛庙、城郭、衙署、寨堡、营垒、宅第、建筑群落、会馆祠堂、牌坊、亭台楼阁、水利天文、邮驿交通、书院学堂、图博公益、商肆、作坊工场、纪念碑、其他建筑、石窟、摩崖、造像、岩画、经幢、碑刻、雕刻及其他。其中古建筑类国保单位主要包括长城、阙、塔、桥梁、寺庙、坛庙、城郭、衙署、寨堡、营垒、宅第、建筑群落、会馆祠堂、牌坊、亭

台楼阁、水利天文、邮驿交通、书院学堂、图博公益、商肆、作坊工场、纪念碑及其他建筑。

⑦ 建筑遗产可以表达多个文化主题。

⑧《帝京景物略·卷之四西城内》记:"不知何年,人倚塔造屋,外望如塔穿屋出,居者犹闷塔占其堂奥地也。又不知何年,居者为酒食店,豕肩挂塔檐,酒瓮环塔砌,刀砧钝,就塔砖砺,醉人倚而拍拍,歌呼漫骂,二百年不见香灯矣。"

(作者:赵晓梅,复旦大学文物与博物馆学系　讲师)

从人类学的观点浅谈传统台湾民居建筑

李志勇

一、前　　言

物质文明事实上包含着非物质文化的内涵,传统民居是非常复杂的日常生活用物,蕴含丰富而大量的文化信息,包括建造之技能、工艺和当时当地的礼仪、习俗、审美观、身份表征等内容,同时透过对于传统民居的研究,还可以进一步了解影响其生成的生态环境、人们为了因应自然环境而形成的宇宙观等文化信息。因此,笔者认为研究传统民居除了对"物质"的考察外,其丰富的文化内涵也应该加以重视。

中国地大物博、历史悠久。传统民居为了因应各地不同的风土人情与自然环境因素,产生有许多极富地域性色彩的民居形式,例如为了避免潮湿而有了干栏式建筑、因应黄土高原自然环境因素而有窑洞建筑,以及为了逐水草而居的游牧生活方式而有了蒙古包等建筑形式,此些例子不一而足,其背后均蕴含着丰富的文化内涵,笔者在此文无法一一加以深入探讨,将以台湾的传统民居作为考察研究对象,透过人类学的观点浅谈透过对台湾传统民居(物质)的考察,以了解其背后的文化现象。

二、台湾传统民居

台湾过去的传统民居中,一般平民的建筑多系就地取材,因地制宜,利用空暇由农民自行建造房舍,但士大夫宅第或地主富商等豪宅的建材多运自闽、粤。在长达300年以上的发展过程,台湾的民居因应自然地理条件,也产生了变化,逐渐形成地方特色,例如因应东北季风多雨的状况,多为斜屋顶设计;以及位处多地震板块带上,地基打得深以防震;为防多风,许多台湾民居都设有竹围,甚至有许多地名因此命名,如竹围仔、头竹围等。台湾民居建筑随着时间的推进,受到外来文化的影响,使得以往因为风土民情与自然环境所塑造的独特传统民居建筑已渐绝迹。

(一)台湾传统民居介绍

台湾西部河流均为东西向,导致早期南北的陆上交通不便,必须依靠船只往来,因此传统建筑之材料多以就地取材之土角(台语:意为泥土)为多,较讲究的庙宇或是贵族人家的宅邸之石材、砖瓦、木材才运自闽南,匠师亦请唐山师傅(唐山意指中国大陆)。台湾传统建筑以木构为本,石材、砖材次之,建物基础是石材,屋身梁柱门窗是木材,而壁面采用红砖墙,屋顶采用灰黑色或暗褐色,屋脊为灰白色,脊上再缀以饰物,主要还是以闽南特色为主。

在空间扩展上采取纵横渐进,从民居宅第的形制中可以窥知一二,民宅的基本形态是三开间的房屋,屋顶前后两落水,入口设于中间,中间为厅,右间为大房,左间为二房,亦称为"三间起",两端各再加一房间,则称为"五间起",可单独存在,也可用于三合院或四合院的正身。如果家族成员增加或其他空间需要则在两端接上对称垂直方向的房屋,形成三合院,此垂直于正身的房屋称为"护龙"(后文再详细说明),另在三合院前方开口处加上和正身平行的房屋,则形成四合院,四合院围成的封闭中庭则称为"天井"。一般农家多采用三合院,院前的广场称为"埕"可做为晒场,富裕人家或官宅则多采四合院,较具私密性。

虽然台湾的传统民居类型是系承闽南风格,但是为了因应当地环境的制约因素与受到外来文化的影响,与闽南民居建筑还是有差异处,例如台湾民居建筑引进南洋"亭仔脚"的建筑风格,而此建筑则在都市中进一步发展成现代的"骑楼",这也是台湾因应多雨的建筑特色之一;另外在台湾客家地区(桃园、新竹、苗栗及彰化社头乡)则有"多护龙式建筑"的地方建筑特色。

(二)台湾民居建筑近现代风格转变历程

在19世纪末叶,台湾的民居开始表现出不同以往的风格,尤以大木结构特别明显。大木结构的构件倾向于繁复的雕饰,木雕精细,彩绘丰富。并且融合了闽南的漳、泉与粤东的潮、汕各地特色,汇聚成一种混合式的风格。20世纪30年代到达第一次的高峰,台湾本地匠师逐渐增多是一个主因;到了1949年以后,又形成第二次高峰,寺庙或民居常常混合了北京宫殿、苏州园林与西方建筑等局部特色,形成了更多样的混合风格,然而到了80年代后,台湾的民居建筑几乎已看不到传统建筑,只遗留少数未被破坏的一些单体建筑(成片的现在已不容易见到),笔者将近现代台湾民居建筑风格的转变历程简述如下:

1. 日本殖民时代(1895—1945)

(1)日治初期(明治时期1868—1912):传统闽南式街屋,以木构为主,有亭仔脚,反映治安不靖的影响(图1)。

(2)日治前期(明治-大正时期1912—1926):中西混合式过渡形建筑之洋楼(巴洛克式建筑风格已经

图1 台湾日治初期残存之闽南式街屋建筑

萌芽),红砖、石柱(或砖柱)、女儿墙,中西合璧的屋面装饰是这个时期的建筑特色(图2)。

图2　日治前期中西合璧过渡型洋楼之街屋民居建筑

(3) 日治中期(大正－昭和时期1926—1989):巴洛克式(Baroque)建筑风格的全盛时期,砖块与洗石并用,外观装饰华丽繁复,市屋的屋顶与台基装饰特别讲究(图3)。

图3　日治中期仿巴洛克式之街屋民居建筑

图4　日治后期及台湾收复初期流行之现代主义风格街屋建筑

(4) 日治后期—1950年:现代主义建筑风格时期,大量使用钢筋混凝土及瓷砖,楼层变多,面砖趋向于浅色,线条变化趋于简化,着重整体美感与实用性的建筑风格(图4)。

2. 台湾收复以后

民居建筑与经济发展的脚步相一致,慢慢由砖造瓦房转换为现代钢筋水泥楼房,大致来说全台已趋于一致,缺乏独特的地方色彩。

(1) 20 世纪 40—60 年代:一方面受制于财力有限,一方面受惠于经济独立,新建筑多为"竹篙厝式"或"单伸手式"(又称"辘轳把"或"护龙")的砖造建筑,稍有财力的人家则盖"三合院"。

(2) 20 世纪 70—80 年代:闽南式改良式"砖造覆瓦斜顶民居"大行其道,此时期亦有兴建改良式三合院,例如台湾客家地区及中南部的集村,此类三合院线条趋于实用、简化。

(3) 20 世纪 80 年代末期:"钢筋平顶水泥楼房"几乎取代了砖造斜顶建筑,传统合院式的民宅兴建至此已近断绝。

(4) 20 世纪 90 年代之后:乡间除了继续兴建独栋的现代钢筋水泥楼房外,"钢骨大楼式"的公寓渐渐入侵乡村,尤其是位于公路两侧的民宅。

以上可见台湾民居建筑在近现代受到外来文化的影响胜过因为自然环境与当地的风土民情的影响,对此我们实在需要更关注、留意保护那些硕果仅存未被破坏的少数台湾传统民居建筑。

(三)人类学对于台湾民居建筑的研究观点

1. 台湾民居建筑的迷信现象

台湾传统民居的"马背"形态可达数十种之多,其中配合民俗信仰观念,常将马背与五行结合在一起,大致可分为金、木、水、火、土五种形态,其中圆形为金、直形为木、曲形为水、尖形为火、方形为土,即所谓"金圆、木直、水曲、火尖、土方"(图 5—9)。屋的主人以该建筑位处之地理位置与本身命理状况来决定其马背形态,而此马背的建筑结构在功能上除了有满足迷信的心理暗示外,对于火灾的防范也起到积极的功能,因此这种建筑结构也被称为"风火墙"(在台湾一般还是称为"马背墙"为多)。

除此之外,我们观察台湾传统民居还可以发现许多的木雕纹饰,

图 5 马背形态：圆形为金

图 6 马背形态：直形为木

图 7 马背形态：曲形为水

图 8 马背形态：尖形为火

图 9 马背形态：方形为土

图 10 室内梁斗座上的花草松鹤意味着福气长寿

或是其他构件，常使用寓意福气、长寿等图腾，例如蝙蝠砖雕纹饰代表福气、花草松鹤意味着长寿等（图10—12）。至于窗子的格榍，与进数必定为奇数，因为中国传统观念认为"奇数属阳，偶数属阴"的原因。在屋内通常在中梁中央的下方挂太极八卦九星图，以保佑家屋平安，但草屋顶便没有这种装饰。在近门的上方架着灯梁,用来挂天公炉或字姓灯,一些草屋也有这种设备[1]。

图11 外墙斗砌砖四周的蝙蝠砖雕纹饰

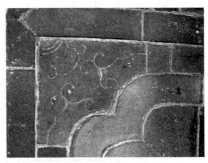

图12 室内斗砌砖四周的蝙蝠砖雕纹饰

2. 传统建筑中展现尊卑序位

在传统农家民居的房间配置通常是以正厅为中心,左右为房间。面朝着正厅站立,右邻是大房,左邻是二房。这是称为三间起的基本形式。这三室有同一高度的屋脊,也是一个家当中最高的。两端称为落敖,左右各有一室时,屋脊比上述三室低,在大房右边的称为左五间,二房左边的称为右五间,成为一厅四房的形式,叫做五间起。左右如果再连接一间斜面屋顶的座仔,便称为三间落座起(图13)。

这种只有正身(主屋)的建筑方式,也考虑到未来家庭成员的增加,一开始就有所准备。在人类学研究中,一般认为在华南地区的家庭有明显氏族的家族结构关系,这是因为在华南地区的气候适合水稻生产,而此作物需要大量劳动力,因此家庭的人口结构数量必须因应补充,以满足劳动力需求,此现象在农村的传统民居建筑中亦充分显现,例如护龙的预备设置是建筑当初就完成的(图14),护龙从主屋的两端向前方延伸时,便成为凹形。主屋的房间配置结果使房间成一排并列,然后把原本应该从主屋再到两侧延长的护龙弯过来,安置在方形的面积中。为什么说是把他弯过来呢?是护龙的各房面对

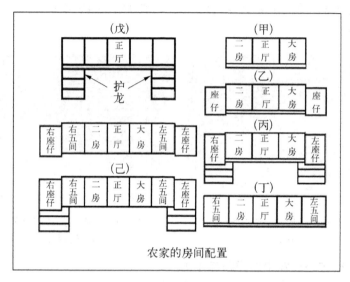

图 13 台湾传统农家民居房间配置图
注：图取自《台湾的历史与民俗》

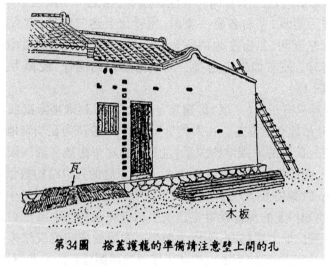

图 14 此图取自《台湾的历史与民俗》

中庭,门面狭窄,纵深很长的缘故。护龙再增建的话,可以多达左右各有三栋并排。这样一来,便分别从其内侧开始称为内护、外护、第三护(或称为三条龙)。这种房间的配置和家族的安置,显然表明了长幼有别的顺序关系。

若我们透过立体观察(如前述)民居建筑形态,可以看出主屋一厅二房的屋顶最高,两侧的落敖较低,从左右两端延伸护龙三室中,末端的屋顶更低。这种中央高,随着左右延伸,屋顶也变低的形态,除了尊卑秩序的关系外(图15),也有可能源于地理风水的根本思想——龙脉观念。例如两翼房屋多时,称为"护龙"(又称为伸手),主屋屋顶的屋脊称为"围厝龙"等,甚至有人曾说在台北的林家花园以前在第一伸手(内护厝)的延长线上,左右对称地种了龙眼树,(也有其他例子在门口种龙眼树),这有可能是因为具有辟邪作用,但未尝不是受到龙脉观念的影响。

图15 由每栋屋脊的高度可以看出该空间居住的人之尊卑序位

三、结　　语

传统民居的内涵博大精深,不但其物质艺术价值极高,其背后所蕴含的文化信息与历史研究价值也都不容忽视,今日台湾许多的传统民居建筑随着都市的发展受到严重破坏,完整的传统民居所剩无几,此现象在中国大陆同样面临严峻的挑战,亡羊补牢,为时不晚,所幸近年来相关部门主管体认到此严重现象,积极推动一系列相关政策以保存传统民居的相关保护举措。

对于民居研究的最重要任务乃为"保护",当人们普遍认识到此文化瑰宝的重要性时,才会更加珍惜祖辈留给我们的智慧结晶,因此对于民居的研究,笔者认为应该进行更多学科的跨界交流,透过更多的研究视角来讨论民居的丰富内涵,才能有助于传统民居的全面性保护效果(包括传统建筑技艺、相关习俗及仪式等非物质文化遗产)。

参考书目:

[1] [日] 国分直一:《台湾的历史与民俗》,邱梦蕾译,武陵出版社,1998年。

[2] [美] 克里斯·亚伯:《建筑与个性——对文化和技术变化的回应》,张磊、司玲、张正华、陈辉译,中国建筑工业出版社,2003年。

[3] [美] 阿摩斯·拉普卜特:《建成环境的意义——非语言表达方法》,黄兰谷等译,张良皋校,中国建筑工业出版社,2003年。

[4] [英] 罗杰·斯克鲁顿:《建筑美学》,刘先觉译,中国建筑工业出版社,2003年。

[5] [英] 布莱恩·劳森:《空间的语言》,杨青娟、韩效、卢芳、李翔译,中国建筑工业出版社,2003年。

[6] [挪威] 诺伯舒兹:《场所精神——迈向建筑现场学》,施植明译,华中科技大学出版社,2010年。

[7] [日] 布野修司主编,亚洲城市建筑研究会编著:《世界居住》,胡惠琴、沈瑶译,中国建筑工业出版社,2010年。

[8] [日] 布野修司编:《世界居住》,胡惠琴译,中国建筑工业出版社,2011年。

[9] 刘晓平:《跨文化建筑语境中的建筑思维》,中国建筑工业出版社,2011年。

(作者:李志勇,东方文化遗址保护联盟秘书长、复旦大学文物与博物馆学系 博士)

意大利在沪人文景观变迁(1863—1941)

罗 婧 韩 锋*

  1843 年上海开埠,最初租界当局整理外侨名录并刊于《北华捷报》(North China Herald),伴随着来沪洋人的增多和洋行的不断入驻,单纯的外侨名录已经无法满足需求,故而单独的商业指南应运而生。《行名录》(Hong List)汇编了上海以及全国各大城市商行、外国驻沪机构、文化教育机构、工矿企业等中外文名称及具体信息。《行名录》中的"行"虽为"Hong"的音译,但《行名录》所收录的"行"并非单纯实业性的洋商贸易实体,而是包括在沪领事馆、银行、商行及其他外国驻沪机构、市政机构、医疗机构、文化出版机构、工矿企业以及传教士等。因此,洋行只是一个泛称,概为当时各类在沪西人经营的各类实体。由《工部局董事会会议录》的记录可以推断,工部局与《行名录》密切相关,工部局或参与编纂或督促发行[①]。《行名录》就成为另外一份由租界当局负责的连续发行物,对研究上海的租界历史具有重要作用,同样对了解开埠后意大利在上海的发展具有不可替代的作用。驻沪领事馆、在沪洋行是意大利在沪发展的重要指标,

---

* 本文为上海市哲学社会科学规划青年课题"开埠初期城市街区复原与历史文化演化(1843—1880)"(2016ELS004)、复旦大学历史地理国家哲学社会科学创新基地项目"开埠以来上海城市空间扩展研究"(05FCZD004)和意大利驻沪领事馆"Italians in Shanghai History"项目成果。论文的写作过程得到周振鹤老师和 Stefano Piastra 教授的帮助与指导,在此衷心感谢!

是人文景观的载体，本文将逐项分析的变迁，并进一步注意到在景观中活动的人。本文以1863—1941为研究时限，是因为1863年是意大利领事馆第一次出现于《行名录》记载（图1），下限为1941年是因为目前所见的《行名录》截止至该年，故而以此断限。选取意大利为在沪机构为研究对象，是因为意大利与上海颇具渊源，对上海的文化影响深远，但开埠之后沪上意大利人相关的历史受到忽视，以期借由本研究对意大利在上海历史研究做适当补充。

The Chronicle and Directory For China, Japan and the Philippines, 1867

The Shanghai Desk Hong List, 1872

Supplement to the North-China Desk Hong List, 1915

图1　不同版本行名录

一、意大利驻沪领事馆变迁

《行名录》单列领事馆（Consulates）一项，我们可以从领事馆以及领事馆工作人员的设置窥探意大利在沪发展。最早出版的《行名录》推测为1856年，但此时并未见意大利驻沪领事馆，直至1863年见之于名录，其领事由广隆洋行的大班霍格兄弟（Hogg, J.）担任。这一现象在上海当时十分普遍，如美国旗昌洋行的祁理蕴（J. N. A. Griswold）就兼任美国领事，英国宝顺洋行的比利（T. C. Beale）就兼任葡萄牙领事与荷兰的副领事,即上海开埠初期"商人领事"十分盛行。整理1863年至1941年《行名录》中关于意大利驻沪领事馆记录,包括中英文名称、粤语注音、年份、地址汇总成表1。

表1 意大利驻沪领事馆(1863—1941)

EN_NAME	CH_NAME	PRON.	YR.	NO.	ADD.
Italian	大意大利国公馆	Ta Ei-ta-li kwoh Kung-kwan	1863		—
Italian Consulate	意大利国公馆	E-ta-lee-kwoh-kung-kwan	1866		—
			1867		—
			1868		
Italian	大意大利国总领事衙门	Da E Koong-kwan	1872		French Concession
Italy	大意大利国总领事衙门	E-ta-lee Koong-kwan	1874	44	Broadway, Hongkew (今虹口大名路)
		E-ta-lee-kwoh-kung-kwan	1875		
		E-ta-le Kooung-kwan	1876		
		Da E-ta-le Koong-kwan	1877	21	Yangtsze Rd. (今中山东一路)
			1878		
			1879	1	Foochow Rd. (今福州路)
		Da E-ta-le-ling-sz' Yamên	1881	8	Kiukiang Rd. (今九江路)
			1882	—	
			1883		
			1884		

续 表

EN_NAME	CH_NAME	PRON.	YR.	NO.	ADD.
Italy	大意大利国总领事衙门	Da E-ta-le-ling-sz' Yamên	1886	10	Soochow Rd.（今南苏州路）
			1888	40	Szechuen Rd.（今四川中路）
			1889		
			1890	2	Hongkong Rd.（今香港路）
			1891		
			1892		
			1893		
			1894		
			1895	2	Museum Rd., Lyceum Terrace（今虎丘路）
			1900		
			1903		
			1904		
			1905		
			1906	112	Bubbling Well Rd.（今南京西路）
			1907		
			1908		
			1909		
			1911		
		Ta I-ta-li-kwo-ling-shih-ya-men	1912		
			1914		
			1915		
			1916		
			1917		

EN_NAME	CH_NAME	PRON.	YR.	NO.	ADD.
			1918		
			1919		
			1920		
			1921		
			1922		
			1923		Bubbling Well Rd. (今南京西路)
			1924	112	
			1926		
			1927		
			1928		
		Ta I-ta-li-kwo-ling-shih-ya-men	1929		
			1930		
			1931		
			1932		Bubbling Well Rd. (今南京西路)
			1933		
			1934	555	
			1935		
			1936		
			1937		
			1938	269	
			1939		Chengtu Rd. (今成都北路)
			1940	369	
			1941		

由表1可知,意大利驻沪领事馆中英文名稍有变动,未有实质变化,中文名从"公馆"到"衙门",中国色彩更为浓重。相比而言,意大利领事馆的地理变迁更为显著,最初领事馆设置在法租界界内(1872),后迁至虹口(1874—1876),而后虽在英租界范围内,但仍历经多次搬迁。1890年前,领事馆易址最为频繁,在今中山东一路(Yangtsze Rd.,1877—1878)、福州路(Foochow Rd.,1879)、南苏州路(Soochow Rd.,1886)以及四川中路(Szechuen Rd.,1888—1889)等地仅停留一两年。1890年后,领事馆地址稍显固定,今香港路(Hongkong Rd.,1890—1894)和虎丘路(Museum Rd.,1895—1905)两地停留五年和十多年之久。1906年后,领事馆在上海终于拥有了一个稳定的环境,在今南京西路(Bubbling Well Rd.,1906—1937)驻扎30余年。1938年,领事馆再度搬迁,移至今成都北路(Chengtu Rd.,1938—1941)。

利用意大利驻沪领事馆表数据,运用GIS技术,提取地理信息定位于现代底图之上,绘制成图2,领事馆逐年分布态势清晰可见。

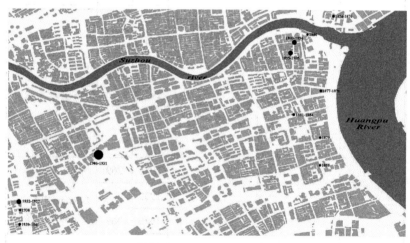

图2　意大利领事馆分布图(1874—1941)

由图2可知,意大利领事馆最初大多分布在英租界最初的范围,即洋泾浜(今延安东路)以北、李家厂(今北京东路、圆明园路一带)以南、界路(今河南中路)以东地区。1906年,意大利领事馆迁出公共租界核心区,搬到公共租界西区,即今南京西路及成都北路一带,在这一地区得到了稳定发展。如今,意大利驻沪领事馆在长乐路一带,依旧符合向西发展的趋势。

二、意大利驻沪领事馆人员发展

《行名录》中不仅记载了领事馆的设置时间、地点,还将意大利领事馆的供职人员详细列出,为我们了解当时领事馆的人员配备和工作种类提供了线索。首先将意大利领事馆领事、代理领事及副领事整理成表2、3。

表2 意大利驻沪领事馆领事及代理领事

Name	Year	Notes
Hogg, J., *Cosul.*	1863	
	1866—1868	
Vignale, Mr. le Chevalier, *Consul Genl.*	1872	
	1874—1875	
Castelli, P., *Acting Consul-General*	1876	
Branchi, Giovanni, *Consul-General*	1877	
Branchi, Giovanni, *Acting Consul-General*	1878—1879	
	1881	
Haas, Chev. Joseph, *Acting-Consul.*	1882—1883	
Nocentini, Lodovico, *Acting-Consul.*	1884	
Finzi, V., *Consul.*	1886	

续表

Name	Year	Notes
Tescari, Cav. A., *Consul.*	1888	
Cariati, Principe di., *Acting Consul-General, Secretary of Legation*	1889	
Ghisi, Chev. E., *Acting Consul*	1890—1895	
	1900	
Nerazzini, Comm. C., *Consul-General*	1903—1906	
Riva, Achille, *Acting Consul-General*	1907	
Monaco, A., *Consul-General*	1908—1909	
Monaco, S., *Consul-General*	1911—1912	
Scelsi, L., *Consul-General*	1914—1916	
Rossi, Nob. Cav. G. d, *Consul-Gen.*	1917—1920	
Cav. Uff. G. Nob. de'Rossi, *Consul General*	1921—1924	
	1926	
Galanti, Comdr. Vincenzo, *Consul General*	1927—1930	
Ciano di Cortellazzo, Count Galeazzo, *Consul General*	1931—1932	
Bono, Count G. del., *Actg. Consul General*	1933	
Neyrone, Cav. Uff. Luigi., *Consul General*	1934—1940	(Tel 30551)
Pagano di Melito, Comdr. G., *Consul General*	1941	(Tel 30551)

　　审视上表2,意大利领事更迭可谓频繁,1863年至1941年近80年中,共有15位领事和8位代理领事。由于《行名录》部分年份缺失,我们将某领事服务最初之年与最后一年之差定为其服务年,超过了4年之期的只有9位,唯独Neyrone,Cav. Uff. Luigi领事从1934—1940年为意大利领事馆服务了7年之久,成为任期最长的一位领

事,意大利首位领事兼广隆洋行大班的 Hogg, J. 列为第二。然而,这 23 位领事或代理领事中有 10 位仅仅服务了一年,不得不感慨领事馆当时流动性之大。

其中最引人注目的是加莱阿佐·齐亚诺(Ciano di Cortellazzo, Count Galeazzo),他是第二次世界大战期间意大利政坛的风云人物,1930 年娶了墨索里尼女儿为妻,次年便被任命为上海领事馆总领事,后升任为驻中国公使馆公使,1936—1943 年期间担任意大利法西斯最高委员会委员和外交大臣等要职,参与了慕尼黑会议、德意结盟等重大历史事件。然而,在意大利法西斯政权崩溃之时被墨索里尼的行刑队处决②。

表 3 意大利驻沪领事馆副领事

Name	Year	Notes
E. J. Hogg, *Vice-Consul.*	1866	
	1868	
Biondelli, G., *Vice-Consul*	1923—1924	
Milanese, Cav. A. P., *Vice-Consul*	1926	
Pirajno, Cav. Ciorgio, *Vice-Consul*	1927—1928	
Venturini, Dr. Antonio, *Vice-Consul*	1929—1931	
Del Bono, Count Giorgio, *Vice-Consul*	1932—1934	
De Thierry. C., *Vice-Consul*	1935—1936	(Tel 33675)
Marchiori, C., *Vice-Consul*	1937—1938	(Tel 33676)
Farinacci, F., *Vice-Consul*	1939	

对比表 2 和表 3 可知,意大利驻沪领事设置副领事的时间较少,除去早期 19 世纪 60 年代设置副领事,直到 20 世纪 20 年代才逐渐恢复副领事的设置,与 23 位领事或代理领事相比,同样的时段仅有 9 位副领事。不仅如此,副领事服务的时间更短,一任大多为一两

年,仅 Venturini, Dr. Antonio 和 Del Bono, Count Giorgio 两位领事服务满三年。

意大利驻沪领事馆从无到有,从领事、副领事单枪匹马都各种相关服务工种的设置以及人数的增多,可从《行名录》中的相关人员窥得一二,将其整理成表4。

表4 意大利驻沪领事馆服务人员

Year	Staff		
1866	*Chancelier*-H. Hertz		
1867	*Chancelier*-H. Hertz		
1868	*Chancelier*-H. Hertz		
1872	*Secretary*-Valenti, Giorgio		
1878	*Student Interprete*r-Tem, Pietro		
1879	*Student Interprete*r-Tem, Pietro		
1881	*Student Interprete*r-Tem, Pietro		
1882	*Student Interprete*r-Tem, Pietro		
1883	*Student Interprete*r-Tem, Pietro		
1884	*Student Interprete*r-Tem, Pietro		
1886	Nembrini-Gonzaga, Marquis C. de		
1888	*Constable*-Calamo, Vincenzo	*Interpreter*-Tem, P.	
1889	*Constable*-Calamo, Vincenzo	*Interpreter*-Tem, P.	

意大利在沪人文景观变迁(1863—1941) 337

续 表

Year	Staff			
1890	*Constable*-Calamo, Vincenzo	*Interpreter*-Tem, P.	*Chinese Sec.*-Wam-pe-hen	
1891	*Constable*-Calamo, Vincenzo	*Interpreter*-Tem, P.	*Chinese Sec.*-Wam-pe-hen	
1892	*Constable*-Calamo, Vincenzo	*Interpreter*-Tem, P.	*Chinese Sec.*-Wam-pe-hen	
1893	*Constable*-Calamo, Vincenzo	*Interpreter*-Tem, P.	*Chinese Sec.*-Wam-pe-hen	
1894	*Constable*-Calamo, Vincenzo	*Interpreter*-Tem, P.	*Chinese Sec.*-Wam-pe-hen	
1895	*Constable*-Calamo, Vincenzo	*Interpreter*-Tem, P.	*Chinese Sec.*-Wam-pe-hen	
1900	*Constable*-Calamo, Vincenzo	*Interpreter*-Tem, P.	*Chinese Sec.*-Wam-pe-hen	
1903	*Commerical Attaché*-Vigna, del Ferro G.	*Chancelier*-Favilla, G. A.	*Clerk*-Guidazio, C.	
	Constable-Calamo, Vincenzo	*Chinese Sec.*-Wam-pe-hen	*Interpreter*-Ting Tsoo-shia	
1904	*Commerical Attaché*-Vigna, del Ferro G.	*Chancelier*-Favilla, G. A.	*Clerk*-Guidazio, C.	
	Constable-Calamo, Vincenzo	*Chinese Sec.*-Wam-pe-hen	*Interpreter*-Ting Tsoo-shia	
1905	*Commerical Attaché*-Vigna, del Ferro G.	*Chancelier*-Favilla, G. A.	*Constable*-Calamo, Vincenzo	
	Chinese Sec.-Wam-pe-hen	*Interpreter*-Ting Tsoo-shia		

续表

Year	Staff		
1906	*Chancelier*-Favilla, G. A.	*Constable*-Calamo, Vincenzo	*Chinese Sec.*-Wam-pe-hen
	Interpreter-Ting Tsoo-shia		
1907	*Mixed Court Assessor*-Musso, G. D.	*Chancelier*-Favilla, G. A.	*Constable*-Calamo, Vincenzo
	Chinese Sec.-Wam-pe-hen	*Interpreter*-Ting Tsoo-shia	
1908	*Mixed Court Assessor*-Musso, G. D.	*Chancelier*-Favilla, G. A.	*Constable*-Calamo, Vincenzo
	Chinese Sec.-Wam-pe-hen	*Interpreter*-Ting Tsoo-shia	
1909	*Mixed Court Assessor*-Ros, G.	*Chancelier*-Favilla, G. A.	*Constable*-Calamo, Vincenzo
	Chinese Sec.-Wam-pe-hen	*Interpreter*-Ting Tsoo-shia	
1911	*Interpreter and Mixed Court Assessor*-Ros, G.	*Chancelier*-Favilla, G. A.	
1912	*Interpreter and Mixed Court Assessor*-Ros, G.	*Chancelier*-Favilla, G. A.	
1914	*Interpreter and Mixed Court Assessor*-Ros, G.	*Chancelier*-Torelli, A.	
1915	*Interpreter and Mixed Court Assessor*-Ros, G.	*Chancelier*-Torelli, A.	
1916	*Interpreter and Mixed Court Assessor*-Ros, G.	*Chancelier*-Torelli, A.	

Year	Staff		
1917	*Interpreter and Mixed Court Assessor*-Ros, G.	*Chancellor*-Torelli, A.	
1918	*Interpreter and Mixed Court Assessor*-Ros, G.	*Chancellor*-Torelli, A.	
1919	*Interpreter and Mixed Court Assessor*-Ros, G.	*Chancellor*-Torelli, A.	
1920	*Secretary*-Pereira, E. F.	*Translator*-Chen Tsin Sze	
1921	*Interpreter and Mixed Court Assessor*-Ferraiolo, R. Ginglia, A., sec.	*Translator*-Chen Tsin Sze	*Constable*-Yin, Chin-shen
1922	*Interpreter and Mixed Court Assessor*-Ferraiolo, R.	*Secretary*-Ginglia, A.	*Constable*-Yin, Chin-shen
	Translator-Chen Tsin Sze		
1923	*Interpreter and Mixed Court Assessor*-Ferraiolo, R. Carmata, V. *Interp*.	*Secretary*-Del Piano, Chev. A.	*Constable*-Yin, Chin-shen
	Translator-Chên Tsin Sze		
1924	*Interpreter and Mixed Court Assessor*-Ferraiolo, R.	*Secretary*-Piazza, Dr. G. Pereira, E. F.	*Constable*-Yin, Chin-shen
	Translator-Chên Tsin Sze		

Year	Staff		
1926	*Interpreter and Mixed Court Assessor*-Ramondino, Dr. F.	*Chancellor*-Corrassi del Villor M se Carlo	*Constable*-Yin, Chin-shen
	Secretary-Pereira, E. F.	*Clerk*-Silvestri, G.	*Stenographer*-Loh Bing Seng
	Translator-Chên Tsin Sze		
1927	*Consular Judge*- Rapex, Cav. R.	*Interpreter and Mixed Court Assessor*-Ramondino, Cav. F.	*Chancellor*-Borghi, L.
	Secretary-Pereira, E. F.	*Clerk*-Silvestri, G.,	*Stenographer*-Loh Bing Seng
	Translator-Chu Wen Wei		
1928	*Consular Judge*- Rapex, Cav. R.	*Interpreter and Provisional Court Assessor*-Ramondino, Cav. F.	*Chancellor*-Borghi, L.
	Secretary-Pereira, E. F.	*Interpreter*-Melkay, A.	
1929	*Consular Judge*- Rapex, Cav. R.	*Interpreter and Provisional Court Assessor*-Ramondino, Cav. F.	*Chancellor*-Borghi, L.
1930	*Consular Judge*- Rapex, Cav. R.	*Interpreter and Provisional Court Assessor*-Ramondino, Cav. F.	*Chancellor*-Borghi, L.

续表

Year	Staff		
1931	*Consular Judge-* Rapex, Cav. R.	*Chancellor-*Borghi, L.	*Chinese Secretary-* Ramondino, Dr. F.
1932	*Consular Judge-* Rapex, Cav. R.	*Consular Judge-* Rapex, Cav. R.	*First Interpreier-* Ramondino, Dr. Ferruccio
1933	*Consular Judge for Italy-* Rapex, Cav. Uff. R.	*Chancellor-*Regoli, G. Borea	*Chinese Secretary-* Ramondino, Dr. F.
1934	*Consular Judge-* Rapex, Cav. Raffaele	*Chancellor-*Borea Regoli, Giorgio	
1935	*Consular Judge for China-* Rapex, R.	*Chancellor-*Borea Regoli, Giorgio	*Secretary-*Bos, Miss Emmy
	Chinese Secretary- Wang, Michel		
1936	*Consular Judge for China-* Rapex, R. (Tel 36416)	*Chancellor-*Borea Regoli, Giorgio	*Secretary-*Bos, Miss Emmy
	Chinese Secretary- Wang, Michel		
1937	Consular Judge for China- Rapex, R. (Tel 36416)	*Chancellor-*Borea Regoli, Giorgio	*Secretary-*Bos, Miss Emmy
	Chinese Secretary- Wang, Michel		
1938	Consular Judge for China- Rapex, R. (Tel 36416)	*Chancellor-*Borea Regoli, Giorgio	*Secretary-*Bos, Miss Emmy
	Chinese Secretary- Wang, Michel		

续表

Year	Staff		
1939	*Consular Court for China*: Judge-Rapex, R. (Tel 36416)	*Chancellor*-Tajer, F.	*Secretary*-Bos, Miss Emmy
	Chinese Secretary-Wang, M.	*Registrar*- Regoli, G. Borea	Shipping Office: Scarfi, Capt. F.
1940	*Consular Court for China*: Judge-Rapex, R. (Tel 36416)	*Chancellor*-Tajer, F.	*Secretary*-Bos, Miss Emmy
	Chinese Secretary-Wang, M.	*Registrar*- Borea Regoli, G.	Shipping Office: Scarfi, Capt. F.
1941	*Consular Court for China*: Judge-Rapex, R. (Tel 36416)	*Chancellor*-Tajer, F.	*Secretary of Consul-Gen*-Bos, Miss Emmy
	Chinese Secretary-Wang, M.	*Registrar*- Borea Regoli, G.	Shipping Office: Scarfi, Capt. F.

从上述服务人员表中可以发现，意大利领事馆服务人员基本上逐年增加，在1926年、1927年达到一个峰值。其中最早设置的是Chancelier一职，1866年即设立。19世纪70年代，秘书（Secretary）、口译（Interpreter）逐渐设置，1888年开始配备警务人员（Constable），1890年《行名录》始见意大利领事馆中国从业人员记载，Wam-pe-hen任中国秘书（Chinese Sec.），并服务至1909年。1903年，意大利领事馆服务人员翻一番，从原先的3人到6人，包括贸易专员（Commerical Attaché-Vigna, del Ferro G.）、法律（Chancelier-Favilla, G. A.）、书记员（Clerk-Guidazio, C.）、警务员（Constable-Calamo, Vincenzo）、中国秘书（Chinese Sec.-Wam-pe-hen）以及口译（Interpreter-Ting Tsoo-shia）。随后，职能更加细化，Consular Judge 与 Mixed Court

Assessor、Translator 与 Interpreter 分工,Secretary、Clerk 和 Stenographer 则更加趋于专业化。领事馆人数的增多和服务工种的细化是领事馆发展的必然趋势,标志着意大利在沪外事职能的发展。

三、意大利在沪洋行发展

进入到 20 世纪,意大利在上海一方面在沪外事职能日趋完善,另外一方面洋行开始迅速发展。由于《行名录》编纂的原因,刊印的洋行信息并未列出国别,单纯从洋行名字很难判定其国别。检索 1856—1941 年《行名录》,早期洋行中未能搜寻直接与意大利相关的洋行,直至 1901 年义利洋行(Italian Colonial Trad'g Co. Ltd.)的出现,可以直接从其名称中断定该洋行意大利国的属性,当然这并不意味着意大利直到 1901 年才在上海设置洋行,只是无法从《行名录》中找到相关记载。将 1901—1941 年意大利相关洋行,整理成表 5。

表 5 意大利在沪洋行(1901—1941)

ID	EN_NAME	CH_NAME	EN_ADD.	NO.	EN_ADD.	YEAR
1	Capelluto & Ashkenazi	意商公泰	Central Arcade	119	Nanking Rd.	1937—1939
2	Capelluto & Ashkenazi	意商公泰	Hardonnd Bldg.	233	Nanking Rd.	1940—1941
3	Club Ausonia	大意大利总会		35	Nanking Rd.	1904—1906
4	Club Ausonia	大意大利总会		4	Mohawk Rd.	1908—1909
5	CompagniaItaliana d Navigazione, S.A.L.	义商中意轮船公司		163	Canton Rd.	1938—1941

续表

ID	EN_NAME	CH_NAME	EN_ADD.	NO.	EN_ADD.	YEAR
6	CompagniaItaliana d Navigazione, S. A. L.	义商中意轮船公司		93	Canton Rd.	1938—1941
7	Gen. Insur. Co., Ltd. of Trieste and Venice	意泰保险公司	Chartered Bank Bldg.	18	The Bund	1933—1941
8	Ipekdjian Bros., Ltd.	意必祥		3	Rue Laguerre	1935
9	Ipekdjian Bros., Ltd.	意必祥		190	Kiukiang Rd.	1936—1938
10	Italchina Engineering & Shipbuilding Co.	中意机器造船厂	Yokohama Specie Bank Bldg.	24	The Bund	1930—1931
11	Italchina Engineering & Shipbuilding Co.	中意机器造船厂			Av. Joffre	1932
12	Italian Art Sculpture	意大利美术雕刻馆		809	Bubbling Well Rd.	1936
13	Italian Bank for China	华义银行		16	Kiukiang Rd.	1925—1941
14	Italian Bank for China	华义银行		186	Kiukiang Rd.	1925—1941
15	Italian Boxer Indemnity Loans	意庚款借款银行事务所		218	Kiangse Rd.	1936

续表

ID	EN_NAME	CH_NAME	EN_ADD.	NO.	EN_ADD.	YEAR
16	Italian Chamber Commerce	大义国商会		112	Bubbling Well Rd.	1911—1916
17	Italian-Chinese Engineering Wks. Co., Ltd.	义商意中机器工厂南市		882	Lunghwa Rd. Nantao	1939—1941
18	Italian-Chinese Engineering Wks. Co., Ltd.	义商意中机器工厂南市		93	Canton Rd.	1939—1941
19	Italian Colonial Trad'g Co., Ltd.	义 利		14	Szechuen Rd.	1901
20	Italian Colonial Trad'g Co., Ltd.	义 利		5	Foochow Rd.	1902
21	Italian Far-R ern Steam Navigation Co.	意大利远东轮船公司		26A	Canton Rd.	1924
22	Italian Marble Works	飞 纳		16	N. Szechuen Rd.	1926—1933
23	Italian Marble Works	飞 纳		839	N. Szechuen Rd.	1926—1933
24	Italian Trad'g Co., The	志 和		9	Hankow Rd.	1912
25	Italian Trad'g Co., The	志 和		4	Chusan Rd.	1913—1915
26	Italian Trad'g Co., The	志 和		101	Av. du Roi Albert	1916

续表

ID	EN_NAME	CH_NAME	EN_ADD.	NO.	EN_ADD.	YEAR
27	Italian Trad'g Co., The	志　和		1	Markham Park	1918
28	Italian Trad'g Co., The	志　和		4B	Peking Rd.	1919
29	Italiener, Bruno	意泰林纳		114	Kiangse Rd.	1933—1937
30	Italiener, Bruno	意泰林纳		255	Peking Rd.	1938—1941
31	Italo-Chinese River Navigation Co., Ltd.	意商义华/义华		39	Canton Rd.	1933—1941
32	Italo-Chinese River Navigation Co., Ltd.	意商义华/义华		163	Canton Rd.	1933—1941
33	Lloyd Triestino	脱礼爱司脱意国邮船公司		28	Kiangse Rd.	1922—1926
34	Lloyd Triestino	脱礼爱司脱意国邮船公司		14	Kiukiang Rd.	1927—1932
35	Lloyd Triestino	脱礼爱司脱意国邮船公司		26	The Bund	1938—1941
36	Societa Asiatica Comnercia Ed. Industria	意商亚洲实业公司		44	Szechuen Rd.	1922—1923
37	Societa Coloniale Italiana	义丰银行		8A	The Bund	1903—1906

续表

ID	EN_NAME	CH_NAME	EN_ADD.	NO.	EN_ADD.	YEAR
38	Societa Coloniale Italiana	义丰银行		33—35	Szechuen Rd.	1908—1909
39	Societa Commissionaria d'Esportazione (di Milano)	美麟（美纶）		23	Szechuen Rd.	1906—1909
40	Societa Commissionaria d'Esportazione (di Milano)	美麟（美纶）		63	Szechuen Rd.	1906—1909
41	Societa Italianadi Prodotti Alimentari, S. A. I.	西 宝		102	Chusan Rd.	1933—1937
42	Societa Italianadi Prodotti Alimentari, S. A. I.	西 宝		394	Chusan Rd.	1933—1937

由表5可知，意大利在沪洋行是设置的峰谷波动明显，20世纪初设置洋行有8家，10年代新增的有6家，但到20年代仅3家，1930年代则反弹到10家，40年代由于时间短暂仅新增1家。不仅如此，意大利洋行在沪经营的时间也稍显短暂，跨越20世纪20—30年代仅有3家洋行，跨越20世纪30—40年代的稍稍增加，共10家，然而跨越20世纪20—40年代仅2家洋行。意大利洋行在沪的发展虽然时间远没有英美洋行长久，但是种类多样，包括贸易、保险、银行、轮船、机器等经济类洋行，同样意大利民族以文化艺术著称，在沪洋行不乏美术雕刻、大理石等洋行，虽然这些洋行数量不多，但是为上海文化的繁荣和多样做出了应有的贡献。

利用GIS技术将表5意大利在沪洋行绘制成地图，如图3所示，其分布态势一目了然。

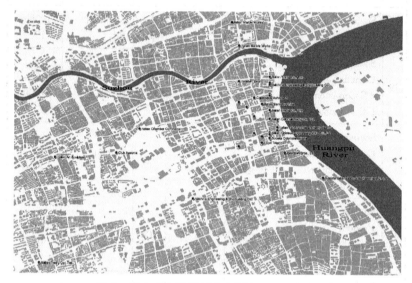

图3 意大利在沪洋行分布图（1901—1941）

由图3可知，意大利在沪洋行集中在英租界第一次划定的范围内，尤其以外滩沿岸、今南京东路、九江路、广东路、四川中路、江西中路一带居多，其他在今南京西路、陕西南路、淮海中路、黄陂南路一带也稍有发展。西宝洋行（Societa Italianadi Prodotti Alimentari, S. A. I.）则位于今龙潭路附近，其界以入当时华界范围。

四、余　论

本文以《行名录》为主要材料，梳理了意大利驻沪领事馆变迁、领事馆人员设置以及在沪洋行发展，结合GIS技术将其绘制于现代地图之上，以求给读者以直观的体验。从文中图表，可以清晰地看到意大利在上海的发展和繁荣，不论外事、贸易还是文化等多个方面。

文幅所限,本文未对意大利在沪的文化传播方面进行深入探讨,然而众所周知,上海文化史上有几位杰出的意大利人,例如音乐家梅百器(Maestro Mario Paci)、电影导演劳罗(A. E. Lauro)等。工部局乐队从19世纪80年代到20世纪40年代主要指挥有6位,其中半数都为意大利人[3],梅百器更是在上海的交响乐队的历史创造了"梅百器时代"的辉煌,"怀着组建一支出色的管弦乐队的梦想,接受了工部局的邀请"[4]。1921年梅百器正式成为工部局乐队的指挥,为了重振乐队,他赴欧洲招募到了6位高水准的演奏师,4位意大利人,包括后来担任乐队首席兼小提琴独奏家的富华,此后至20世纪30年代后期,工部局乐队在梅百器的带领下进入了鼎盛时期。梅百器为代表的文化使者为上海人民带来了完全不同以往的西方交响乐文化,这只是一个缩影,意大利人为上海的文化发展和多样性注入了重要的活力,增添了一抹异域的亮色,上海的海派文化的城市性格即从开埠以来兼容并蓄各国的物质文明、制度文明和精神文明有关。如今,在全球化进程影响下,"千城一面"问题日益严重,在城市保护的过程中更应该关注这些历史遗留下来的文化遗产,保持城市特有的性格、特征和精神。

参考文献:

[1]《行名录》,字林洋行,1863—1941年。

[2][意]齐亚诺:《齐亚诺日记:1939—1943年》,武汉大学外文系译,商务印书馆,1983年。

[3] 上海市档案馆编:《工部局董事会会议录》,上海古籍出版社,2001年。

[4] 熊月之:《上海的外国人(1842—1949)》,上海古籍出版社,2003年。

---

① 工部局董事会在讨论租界内道路更名问题时提及最后的措施需要在《行名录》出版前完成,可见《行名录》应当是在工部局指导或者是督促下发行的。"董事会延长时间讨论了给一些街道恢复众所周知的老路名的问题,大家都承

认,无论对本地人或者外籍人,现行命名的方法都不易理解,董事会决定将恢复使用老路名,如果可行的话,更改路名的各项措施,将在半年之内《行名录》出版以前完成。"(1863年8月21日)上海市档案馆编:《工部局董事会会议录》,上海古籍出版社,2001年,第689页。

② [意] 齐亚诺:《齐亚诺日记: 1939—1943年》,武汉大学外文系译,商务印书馆,1983年。

③ 上海市档案馆编:《工部局董事会会议录》第一—二十八册,上海古籍出版社,2001年。

④ 上海市档案馆藏:《音乐队指挥报告》,《工部局年报》,1942年,U1-1-970。

(作者:罗婧,上海社会科学院历史研究所　助理研究员;韩锋,同济大学建筑与城市规划学院　教授)

· 科技与保护 ·

东亚古代墓室壁画的保护与修复

杜晓帆　泽田正昭　肥塚隆保

前　　记

本文是我于 2001 年 10 月参加由陕西历史博物馆主办的"唐墓壁画国际学术研讨会"提交的论文，大会发言后未做过正式的发表。20 世纪末，由于日本发现了第二座绘有壁画的墓葬（装饰古坟除外）龟虎古坟，引起了日本学术界对于墓室壁画研究的广泛重视。当时，我在奈良国立文化财研究所做特别研究员，负责一个日本国家课题中的东亚色彩文物研究，因此也就比较关注墓室壁画，并做了一些调查和研究。最近偶然又发现此文，虽然是 15 年前的旧作，但是对中日墓室壁画保护的梳理还是多少有些价值，所以愿意麻烦曹可硕、韩吉婕同学将其重新输入，并刊出。同时，也是对在奈良国立文化财研究所工作的纪念。

一、墓室壁画的发现

古代墓室中绘制壁画的风俗，是人类比较普遍的一种现象。早在古埃及王超的萨卡拉墓地（约前3100—前1085年）中,就有许多贵族墓葬中绘有非常精美的壁画,其题材主要描写世俗生活,刻画生动具体,是研究古王国时期社会状况的重要资料①。公元前8世纪中叶,受希腊文明的影响,在意大利半岛中部和南部,墓室四壁的上部开始出现绘有类似青蛙等动物的纹样。进入公元前6世纪之后,不仅四壁绘有壁画,而且天井上面出现了人物等形象,德才的运用及绘画的题材都已经十分的娴熟。公元前4世纪和公元前3世纪,在巴尔干半岛的中南部和东南地区,也流行在墓室中装饰壁画②。直到公元2世纪开始修造的罗马地下墓窟中,还存有2—4世纪表现耶稣形象和圣经传说故事的简单壁画、题铭和宗教图签等,这些是研究早期基督教历史和美术的重要资料。中美洲印第安人文化古典期（300—900年）的蒙特阿尔万遗址,位于墨西哥南部城市瓦哈卡郊外,其中的地下石室墓最富特征,现已发现150多座,有些墓室饰以精美的壁画③。

墓室壁画在东亚地区虽然有大量的发现,但壁画在墓室中最初出现的年代,现在还无法确认。陕西府风杨家宝西周墓内发现的菱格式和带状形式的花草纹图案壁画,是迄今为止中国境内发现的最早的墓室壁画④。战国时代的墓室壁画,已经有几处发现。1957年在河南洛阳小屯村发掘出一座战国大墓,墓室四壁有用红、黄、黑、白四种颜料绘制的大型壁画的残迹⑤。在湖北江陵天星观出土的一座大型战国中期木椁墓中的板壁上也绘有菱形和"田"字形的装饰纹样和卷草纹样。但是,就现有的资料,对先秦时期墓室壁画还难以做出比较准确的判断⑥。

在中国,墓室壁画的大量出现是在汉代以后。汉代的墓室壁画不但出土数量多,而且分布十分广泛。早在1913年,辽阳太子河畔的迎水寺就发现有汉代壁画的古墓,之后,辽阳地区多有墓室壁画发现⑦。河南的汉代壁画墓发现较早,而且数量最多。1916年在开封古董商刘鼎方的监督下,盗掘了洛阳八里台（实际位置在洛阳烧沟和火车站一带）西汉后期墓,出土了壁画空心砖。此墓被盗后,壁画砖由上海运至美国,又从美国辗转到法国巴黎。1924年,经巴黎古董商卢林斋(C.T.Loo)拍卖给美国波士顿美术馆[8]。如果能够了解这五件壁画砖在波士顿美术馆做过什么样的保护处理,现在的保存状态如何,也是非常有意思的事情。

隋唐壁画墓的发现比较晚,都是在20世纪50年代之后。1962年,永泰公主墓的发现,在中国墓室壁画史,乃至绘画史上均具有划时代的意义。70年代以来,大量精美的唐代壁画的出土,不但让我们能够重睹唐代绘画的真面目,同时,也因此而引起了对墓室壁画保护研究工作的重视。陕西不单成了收藏墓室壁画最多的省份,也成了墓室壁画保护研究的中心之一。80年代以来,河北省各地出土了大量不同时代的墓室壁画,特别是北朝时期以及辽代的壁画,美术价值极高[9]。现在河北省还主要依靠中国社会科学院考古研究所对壁画进行揭取和保护,将来,应该培养自己的力量,成为另外一个壁画保护研究的中心。

在日本的考古学界和美术史学界,一般来说将古代墓室壁画分为两种形式,一种是我们都很熟悉的,以1972年发现于奈良县明日香村的高松冢古坟(7世纪末至8世纪初)为代表的壁画古坟,石室中绘有受隋、初唐影响的具有大陆风格的精美壁画[10]。另一种是被称为所谓原始绘画的,壁画主题与上述内容截然不同的装饰古坟,主要分布在九州北方地区,营造的年代大约在公元5世纪中叶到7世纪前叶。装饰古坟的发现比较早,且很多被盗,有些长期以来缺乏基本的保护。高松冢壁画墓的发现,不仅引起了学术界的重视,而且得到了整个国民的关心和注目。如何保护墓室中的壁画,成为日本考古界、美术史界、绘画界以及文物保护界共同的课题,文物保护科学这一学科也是以此为契机被世人所了解的[11]。1983年11月,同样是在奈良县的明日香村,曾通过盗洞将纤维镜伸入一座古坟的石椁内部时,观察发现了北壁绘有玄武,被命名为"龟虎古坟"。之后,由于周围环境的变化以及阪神大地震的影响等,为了了解古坟内部壁画的保存情况,1998年3月,又利用日本放送协会开发的直径不到

3 cm的微型摄影机,由盗洞伸入墓室,对内部进行观察,发现了天文图,青龙及白虎[12]。因为事前受到传媒的重视,这次调查引起了轰动。不仅是考古学界和美术史学界,在古坟壁画的保护研究方面,继高松冢之后也成为一个重大的课题。2001年3月,由盗洞将数码相机伸入石椁中,第一次拍摄到了南壁的朱雀。

有关朝鲜半岛的情况,请参照韩国任实艺苑大学校文化财管理学科教授全炅美先生在这次会议上发表的论文。

二、墓室壁画保护修复的现状

(一)中国

自20世纪初发现墓室壁画,直到50年代,对墓室壁画的保护和修复基本上没有开展什么工作。从现有的文献资料看,1952年陕西省咸阳底张湾工地发现唐墓壁画后,所进行的壁画揭取工作,可以说是墓室壁画保护的开端。揭取壁画的方法以及加固技术,都是考古和文物保护工作者在发掘现场,摸索出来的[13]。50年代中期,当时的文化部邀请捷克壁画修复专家约瑟夫·格拉尔到敦煌莫高窟对壁画作修复试验,据陕西历史博物馆李西兴先生的介绍,他所使用的卡赛因(酪素胶)[14],在后来墓室壁画的揭取和保护中也被应用过[15],但不清楚具体是在什么墓葬。关于壁画背面的加固方法,1957年王世襄先生曾发表文章,介绍了他于1948年在加拿大托朗多博物馆学习壁画背面加固技术的详细情况,并对加固材料作了介绍[16]。但他的文章当时大概并没有得到注意,因为直到60年代初,壁画的背面加固处理依然使用石膏,在一些壁画揭取及修复的研究报告中,也没有看到被引用。

壁画墓的整体搬迁、复原大概始于20世纪50年代后期,洛阳市将发现的汉代壁画墓集中搬迁至王城公园,后来建立了古墓博物馆[17]。东北地区发现的高句丽墓室壁画及甘肃省河西地区的两晋南北朝时期的壁画砖墓,由于揭取和搬迁比较困难,故基本上是在现地保护。

到目前为止,墓室壁画的保护主要采取以下三种方法。

1. 揭取·修复壁画

这一方法经过近50年的发展,技术日趋成熟,已经成为保护墓室壁画的一个重要的手段。墓室壁画的揭取工作以陕西省为中心,在河南省、河北省、辽宁省、内蒙古自治区、宁夏回族自治区、山西省、山东省以及北京市等地都有开展。各地区由于墓葬年代、壁画制作方法以及壁画保存条件不同,在揭取技术,加固材料的选择上也多少有所不同,但基本的原则以及揭取的程序还是相同的。

桃胶水和团粉糨糊是揭取壁画时比较常用的粘结材料,但因为都属于有机物质,壁画揭取后如果不能及时处理的话,一旦受潮壁画表面很容易出现霉变,所以有必要加入适量的防腐防霉剂[18]。在宁夏地区,继徐毓民先生于1984年成功揭取了北周李贤墓壁画后[19],聚乙烯醇成为揭取没有地仗层,或地仗层比较普遍使用的粘结剂[20]。1983年辽宁省文物考古研究所在揭取北票莲花山辽墓壁画时,使用了三甲树脂(甲基丙烯酸甲酯、甲基丙烯酸丁酯和甲基丙烯酸)[21]作为画面的粘结加固剂[22]。2001年1月,呼和浩特市内蒙古展览馆举办了"敖汉旗博物馆藏辽墓壁画展",展出的全部壁画作品,都是以三甲树脂作为粘结剂揭取下来的[23]。

由于有些壁画的表面颜料有脱胶现象,所以在揭取前还需要对画面进行加固。传统的方法是用喷雾器将胶液或胶矾水喷在壁面上进行加固[24]。宁夏地区的墓室壁画,由于大多没有地仗层,所以加固壁画画面便十分重要,一般使用的是聚乙烯醇缩丁醛[25]。在利用三甲树脂作为粘结剂的时候,表面的封护也多使用三甲树脂。

揭取之后的壁画,在背面处理时,一般来说都只保留白灰层,所以首先要选择加固背面的材料。20世纪50年代所使用的石膏和木骨架,其弊端已经得到普遍的认识,现在,基本上不再被使用了。60年代还使用生漆贴布,发现永泰公主墓之后,开始使用环氧树脂[26]。70年代以来,环氧树脂和铝合金龙骨架成为加固材料的主流,但由于环氧树脂的不可逆性,壁画的再修理成为难以解决的课题,同时环氧树脂不透水,而且有变形张力。在使用环氧树脂和玻璃纤维布加固之前,先要采用聚醋酸乙烯酯乳液、熟石灰膏及麻刀等混合材料的对白灰层进行补缺和修整[27]。陕西历史博物馆罗黎等先生还利用氢氧化钙吸收空气中的二氧化碳生成坚硬的碳酸钙这一机理,对壁画的白灰层做过渗透性加固试验[28]。

1993年,陕西省文物保护中心在对彬县出土五代冯晖墓壁画表面进行加固时,第一次使用了非水溶性加固剂Paraloid B72,并对其性能作了简单的介绍[29]。

2. 搬迁·复原墓葬

汉代以及魏晋南北朝时期,出现了大量在砖上直接刷白灰后绘制的墓室壁画。这类壁画不宜揭取,而大多数的墓葬环境又不适合壁画的保护和管理,墓葬整体迁移技术便应运而生。墓葬整体的搬迁以河南省洛阳所做的工作最多,但关于搬迁技术及方法的文字报告几乎没有发表,对其得失还难以评价。不过,墓室的搬迁多是为了地点的安全和管理的便利,从文物保护科学的角度考虑很少。根据文物保护原则,在通常情况下不主张壁画墓的搬迁复原,因为壁画墓在迁移过程中一定会产生不可弥补的损失。

1972年,在甘肃省嘉峪关市新城乡和酒泉市果园乡,发现了一个分布长达20公里的魏晋时期的古墓葬群,八座墓葬经过了清理和发掘,六座墓中出现壁画,共有壁画600余幅[30]。因该墓群位于戈壁滩上,气候虽干燥,但昼夜温差大,墓门一经打开,温湿度很难保持,画面容易返碱,出现白色斑点。如果封闭墓门,则因湿度过大,霉菌又易生长。加之墓群距居民点较远,无人看管,不安全也难以管理。为此,选择了内容丰富,技法严谨的5号墓,搬迁到了兰州市甘肃省博物馆内。拆除下来的约9 000块墓砖,经过整理和登记,首先对破碎和断裂的壁画砖利用环氧树脂进行粘结,而后选择乙基纤维素对画面进行渗注加固。建筑形式方面,在考虑了兰州的气候条件,以及观众开放等问题后,选择了半地下复原的形式。

经过20多年的开放和观察,墓室壁画没有发现霉迹,墓室本身也没有出现变形等情况[31]。

1985年,山东省济南市发现一座元代壁画墓,壁画内容丰富,保存比较完整,当时在应急保护措施的基础上,分期实施了封闭式就地保护工程。1993年3月,为配合山东省一项重点工程建设,济南市博物馆再次承担该墓的保护工程。迁移之前,用胶矾水(桃胶、明矾)、聚乙烯醇和聚醋酸乙烯醇加丙酮分三次对壁画表面进行了封护加固。墓室的搬迁采取了整体吊运的方式[32]。这种整体迁移的方法,避免了拆迁和复原时对壁画砖的损伤,但其应用的范围应该限于规模比较小的墓葬。

今后,随着文物保护意识的全面提高,以及科学技术的进步,通过搬迁和复原来保护墓室壁画的方法,其应用的可能性应该是愈来愈少。搬迁之后墓室壁画的保护和修理,也还是一个重要的研究课题。

3. 原地保护

以上介绍过的嘉峪关魏晋壁画墓群,除一座搬迁至兰州并复原外,包括有名的酒泉市丁家闸十六国壁画墓[33]依旧在原地保存。这些壁画墓距离地表8—14 m之间,发掘之前处于一个相对稳定的环境中,画面清晰、色泽鲜艳。发掘清理之后,由于环境突然改变,内外空气交换,使得墓室的温湿度发生着显著变化。同时,常年对外开放,又缺乏足够的保护措施,一些常见的壁画病害,如盐析、起甲脱落、霉菌侵蚀等时有发生。1987年,甘肃省博物馆承担了国家文物局科研项目"潮湿环境下壁画加固保护与霉菌防治研究",选定酒泉、嘉峪关壁画墓为研究对象。据他们考察的结果,酒泉十六国壁画墓在发掘后即进行了修缮保护,虽有人参观,但基本上是封闭的,加之墓室较深,与外边的空气对流小,霉菌及污染等病害较少。而嘉峪关魏晋壁画墓发掘后一段时间暴露在大气中,墓室敞开,空气对流自由,霉菌的种类也自然增多[34]。1961年11月,河南省密县打虎亭汉墓发掘出来之后,由于长期对外开放,墓走廊,大厅和四个小室的墙壁和天井上,凡是有壁画的地方均有霉斑着生,各部分霉斑数量和颜色大致相同㉞。20世纪70年代以来,河北省宣化地区发现了大量的辽代壁画墓,多数也是在原地保护。

高句丽古墓在历史上大多被盗,早在高句丽统治时期,与辽东军队作战失利时,常常使得一些古墓被盗,有壁画的也一并被破坏。直至近代,盗墓情况依然存在。可以说人为的破坏是造成高句丽墓室壁画毁坏的主要因素。高句丽壁画墓以公元5世纪为界,分为前后两个时期,前期以封土石室墓为主,墓室多建在地上或半地下,后期墓葬结构趋于工整,墓室多建在地下。高句丽壁画墓主要分布于我国吉林省的集安和朝鲜民主人民共和国的平壤一带。集安地区气候温和,降水量大,而高句丽古墓的结构又造成雨水和地下水渗透等问题。集安全年中除了12月平均相对湿度在78.6%以外,其他月份平均相对湿度均在80%以上,最潮湿的七月平均相对湿度竟高达96.5%。月平均相对湿度超过90%的有七个月(4—11月),占全年的58.3%。另外,年均气温也相对较高,霉菌亟宜生长。为了解决霉菌的问题,吉林省文化厅科技研究所和吉林省博物馆曾采用氯化汞做过清除霉菌的实验㉟。由于高句丽文化的研究受到朝鲜、韩国以及日本等国的重视,高句丽壁画墓的保护工作也相对做得比较多,除了对壁画表面的进行封护加固(主要使用三甲树脂)外,还加强了墓室本身的加固、墓葬周围环境的整备,以及对参观人数的控制等。但是,墓葬周围环境的管理以及墓室内部温湿度的控制,依然是难以解决的课题㊱。同时,对一些化学制品的使用,也需要做进一步的研究和试验。

朝鲜有名的高句丽壁画墓德兴里古坟和江西大墓等,由于当时受到金日成总书记的重视,在墓葬周围环境的整备方面非常用力,并对内部的壁画也做了一定的保护措施㊲。

(二)日本

日本出土的墓室壁画,以高松冢壁画古坟为代表,现在都是采取原地保存的方式。以下选择几个有代表性的例子加以介绍。

1. 装饰古坟

装饰古坟的保护在日本也是经历了一个漫长的过程。许多古坟虽然被国家指定为保护单位,但一直到20世纪60年代初,基本上没有切实的保护措施。1961年,朝日新闻西部本社的玉利勳先生调查了福冈和熊本两个县的20多座装饰古坟,将墓葬的保存状况在报纸上做了连续报道,引起了各界的强烈反响。之后,不仅是美术史界、考古学界和文物保护工作者也开始加强了对装饰古坟的研究和保护[39]。

福冈县桂川町王冢古坟是1934年在采土工事中发现的,当年就被指定为文部省史迹。第二年对石室的人口进行整修,之后,因为漏水、墓石裂隙等原因,有过不断的补修。1940年由文部省下令,停止了一般性的对外开放。1942年,灭菌处理之后,对墓室采取了密闭的措施。直到1975年提出保护规划,1982年开始实施,到1993年整个的保护规划才算完成。因为王冢古坟的最后整备是在高松冢古坟之后,在制定保护规划时,首先对高松冢古坟和虎冢古坟[40]做了现地调查,制定了以保存保护为第一目的,同时在以不影响石室内部为前提的条件下,可以对一般公众公开的计划。所以与高松冢古坟不同,新建的设施中增加了观察室(图1)。同时,石室内部温湿度的调节不利用空调,完全是墓葬自身自然的调节。石室内部的相对湿度常年保持在95%以上,最高温度21摄氏度(11月左右),最低温度16摄氏度(3、4月)。一年之中温度变化控制在3度左右,基本处于安定的状态。而且,值得强调的是,整备之后的王冢古坟,基本恢复到了当时建造的环境,为墓葬的保护创造了一个应该说是最良好的状态。空调设备只在将观察室的温湿度调节至与石室内部一致时才起动[41]。

在保护和整备装饰古坟的时候,与日本的墓葬规模以及经济实力有关,为了控制墓室内部的温湿度,有些装置了空调装置[42]。不过,随着对文物保护认识的提高,现在,更加注重的是对周围环境以及坟丘的整备,通过改善周围环境而达到使墓室内部环境恢复到原来的状态的目的。

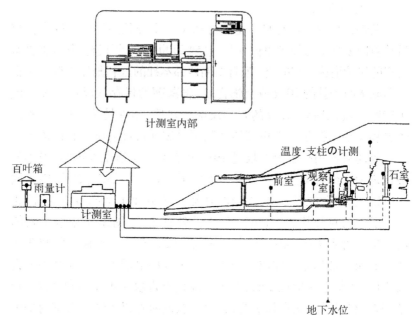

图 1　王冢古坟断面图

2. 高松冢古坟

高松冢古坟是贯彻无条件的使墓室内部的条件尽量接近发掘调查以前的环境条件保护思想的最好例证。

高松冢古坟壁画发现之后,为了制定保护计划,不仅召集了日本全国各方面的专家学者,而且邀请了法国、意大利以及韩国的学者,听取他们对保护和修理的认识。最后决定就地保护,设置保护设施,并对壁画进行加固。修理壁画的目的确定为:加固疏松化及密度降低的白灰层,粘结将要剥落的部分,以达到永久保存的目的。修复壁画的方针为:

(1) 利用丙烯树脂(Paraloid-B72)粘结和强化白灰层。

(2) 用注射器或毛笔将合成树脂加到白灰层的里面或基底部。

(3)不在白灰层表面涂或喷合成树脂。
(4)白灰层的强化和粘结控制在最小限度。
(5)淤水造成的画面上的污染一般不做清理[43]。

壁画的修理前后进行了近五年。古坟的整体的整备花了近10年，保证了墓室内部的温度的最大变动幅度是3.5℃（14.5℃—18℃）。

（高松冢作为日本文物保护界的骄傲，在2003年之后出现了很多的问题，现在依然在解体修复中。我曾就此在中国文物报写过专文。——2016年又注）

3. 龟虎古坟

龟虎古坟还属于发掘保护的前期调查阶段。

龟虎古坟的保存环境没有高松冢古坟好，所以通过微型摄像可以观察到石椁内部淤泥的情况。淤水好像多次流过壁面，有些部位有很厚的淤泥。现在最重要的问题是防止石椁漏水和石椁内部保存环境的安定化。首先在发掘调查墓葬周围之后，将坍塌了的坟丘再恢复起来。因为封土层变薄，外界的气候逐渐能够影响到了石椁内部。加筑封土，不单可以防漏水，而且可以为墓室创造一个密闭安定的环境。为了调查石椁内部并对壁画进行修理，将来一定需要打开石椁。为了保证内部环境不发生大的变化，要设置与外界隔绝的作业空间。

现在可以看到墓室地面有很多剥落的白灰，将来是否有可能将其恢复原位？因此，要研究如何慎重地捡起地上破片的方法。由盗洞流入的淤泥中也一定包含了很多秘密的信息。这些都是没有正式发掘前就需要想像和研究的内容[44]。

三、关于墓室壁画保护修复的几点认识

（一）保护修复的哲学与理念

不同的国家，因为文物的构造和材质不同，其保护哲学与技术也

当然会不同。即使是同样的国家,不同的修复人员也会有各自的修复理念。我们必须相互尊重,但不同的意见也应该有一个能够自由讨论的空间。

以壁画来说,壁画与建筑物本应是一体化的,所以,观赏壁画必须要在一定的建筑空间里。在美术馆的展室中观赏到的,粘贴在护墙板上的壁画原作,已经不是原则意义上的壁画了。在原地保护并能够对观众展示,是最理想的方法,但现实的条件又不能不考虑。欧洲国家一般也将壁画揭取下来,再复原陈列在博物馆中,专家对这种方法也曾有过很大的争议[65]。陕西的唐墓壁画现在都是揭取后保存的,这是不是唯一的方法?已经积累了近50年文物保护经验的今天,是否可以做一些新的探索呢?我们在保护和修复墓室壁画的时候,对文物保护的哲学和理念等问题也应该给予适当的关注。

(二)墓葬保存环境的调查与揭取后壁画的保护环境

安定的环境是文物得以保存的最基本的条件。所以博物馆在保管和展示文物的时候,都会设定一个适合于文物的环境。国际博物馆协会(ICOM)曾对世界各国的博物馆和图书馆的陈列室、库房的环境条件做过一次调查[66]。10个国家33个机构的调查结果表明,大多数的温度在15℃—20℃,湿度在50%—60%的范围内,当然,地域不同对环境条件的设定也有不同,比如美国俄亥俄州的Memorial Art Museum设定的温度是7℃—18.5℃,湿度为55%,这是因为木材等需要比较低温的保存条件。而日本对博物馆陈列室和库房所推荐的平均环境条件是温度20℃,湿度55%。这也说明,文物的保存环境在理论上可以设定一个适当的数值,但材质不同,地域不同,许多时候是具有特殊性的。

墓室壁画能够保存到今天,也是由于其安定的环境所至。一般来说,墓室中的湿度都比较高,绝对不是保护文物所要求的良好条件。但是,如果按照为壁画保存所设定的理论上的环境条件,让刚出土的壁画迅速干燥,对出土壁画来说不会只产生好的结果。

为了墓室壁画保存环境的安定性，有必要在发掘前对墓室内部的环境状况做调查。是否应该根据调查的结果来制定壁画保护的措施或方案？

为了配合敦煌机场的改扩建工程，1995年甘肃省文物考古研究所在佛爷庙湾墓群区发掘清理了西晋、十六国时期及唐代墓葬六百余座，其中包括五座西晋时期的壁画砖墓，清理后的壁画砖现在均保存于甘肃省文物考古研究所[47]。由于保存环境发生较大变化，壁画砖已经出现了比较严重的退色和泛碱问题[48]。

揭取之后的壁画应该保存在一个什么样的环境中比较合适？是否所有的壁画都可以设定在一个统一的环境条件下呢？经常遇到的情况是，即使是同一个墓葬，位置不同壁画的材质，制作方法也会出现不同。墓室中的壁画和墓道上的壁画，在漫长的岁月里所处的环境应该有区别，这些不同环境下保存下来的壁画，应该采取不同的保护手段和保护环境去对待。

（三）墓葬周围环境的整备

原地保存的壁画墓，最大的难点就是保持墓室内部环境的安定性。墓室内部壁画的加固、封护等固然必要，墓室外部周围环境的整备应该更加重要。首先要对墓葬周围做比较详细的探查和发掘，尽可能地探明墓葬周围最初的状况，依据发掘和探测的资料，对周围环境进行整备。密闭的条件下，墓室内部经过一段时间后便会形成一个相对安定的环境。如果没有一个安定的环境，一味的对壁画本身进行修理和加固，其作用不会太久。

（四）壁画材质的调查分析加固材料

壁画材质调查和分析的结果，是制定壁画保护措施的基础。同时，材质分析还可以帮助我们解决壁画制作工艺等方面的问题。关于墓室壁画颜料的分析，虽然有学者指出已经没有必要[49]。但颜料的分析，并不只限于颜料的成分。通过对颜料纯度的分析，可以了解当时颜料工艺的发展水平。日本曾对法隆寺壁画的颜料用量做过调查和分析，如果我们能够对每座墓葬的颜料用量做出分析，那么，不但可以了解当时颜料生产的规模，而且可以探讨颜料的流通情况等。

壁画加固材料的研究一直是壁画保护中最重要的课题。高松冢古坟在壁画加固和修复时，曾使用了不同浓度的 Paraloid-B72，效果到现在还是比较理想的[50]。但是，日本也同样出现过用 B72 修理彩塑失败的例子。敦煌研究院苏伯明[51]、李云鹤等先生，对 B72 以及聚乙烯醇和聚醋酸乙烯乳液做过大量的试验和对比研究[52]。今后希望对桃胶及三甲树脂也做一些对比试验。不过，无论是什么粘结剂，除了其本身的特性外，使用方法也许更重要。

关于壁画背面的加固材料，或者直接作为壁画的地仗层，环氧乳胶 SITE-FX 是一种可以试验使用的新材料。它的最大的特性是因为有特殊的乳化剂和固化剂作用，在确保一定形状的初期反应物出现之前是乳胶溶液的安定状态，之后急遽破坏吐水，形成连续气孔，由此得到适度的吸脱湿性和透水性。这种材料因为可以选择水量和充填材料的量以及粒度（构成壁体的土）大小，因此可以根据不同的目的做出不同强度和吸脱湿性·透水性的固化物[53]。这种材料既可以达到要求的强度，又可以达到与壁画材质相近的目的。

（五）发掘与保护

提高考古发掘工作者对文物保护的意识，是非常重要和急迫的任务。近 50 年来有关墓室壁画的考古报告中，对于壁画的记录和描述，大多限于美术史和考古学的范畴。除了中日原州联合考古队发表的《北周田弘墓：原州联合考古队发掘调查报告 2》（日本勉诚出版社 2000 年）中，附件揭取和修复壁画的详细报告外，在发掘报告或简报中，就连壁画是否揭取了这样的问题也很少提及。因此，当我们希望对墓室壁画的保护工作进行考察时，几乎没有第一手资料可寻。

在今后的考古报告中，应该增加壁画保护的有关资料。比如已经揭取的壁画，要记录揭取的方法，揭取所使用的材料，揭取的部位以及没有揭取的部分等。

文物保护和修复人员也有义务对壁画揭取及修复工作做详细的记录,形成档案,以便将来再修理时作为参考。

---

① [日] 仁田三夫·村治笙子:《古代エジプトの壁画》,岩崎美术社,1997年。

② [日] 青柳正规:《ヨーロッパの古代墓室壁画》,《装飾古墳の世界》,朝日新闻社,1993年。

③ 《中国大百科全书·考古学·国外考古》,中国大百科全书出版社,1986年。

④ 罗西章:《陕西扶风杨家堡西周墓清理简报》,《考古与文物》,1980年第2期。

⑤ 中国科学院考古研究所洛阳发掘队:《洛阳西郊一号战国墓发掘记》,《考古》,1959年第1期。

⑥ 楚启恩:《中国壁画史》,北京工艺美术出版社,2000年,第23页。

⑦ 李文信:《辽阳发现的三座壁画古墓》,《文物参考资料》,1955年第5期。

⑧ 俞剑华:《中国壁画》,中国古典艺术出版社,1958年;洛阳市第二文物工作队编:《洛阳汉墓壁画》,文物出版社,1996年,第101页。

⑨ 参见《文物》,1996年第9期,河北省古代墓葬壁画专辑。

⑩ [日] 高松塚古坟总合调查会:《高松塚古墳壁画調査报告书》,便利堂,1973年。

⑪ [日] 泽田正昭:《日本文物保护事业百年史》,杜晓帆译,《文博》,2000年第6期。

⑫ [日] 百桥明穗:《再探龟虎古坟》,杜晓帆译,《历史文物月刊》(台北),第八卷第十二期,1998年。

⑬ 茹士安:《介绍我们处理古墓壁画的一些经验》,《文物参考资料》,1955年第5期。

⑭ 胡继高:《敦煌莫高窟壁画修复加固工作的检讨与展望》,《文物保护与考古科学》,1989年第1卷第2期。

⑮ 李西兴:《陕西唐代墓葬壁画》,《陕西历史博物馆馆刊》第二辑,三秦出

版社,1995年。

⑯ 王世襄：《记修整壁画的"脱胎换骨法"》，《文物参考资料》,1957年第3期。

⑰ 徐金星、黄明兰主编：《洛阳市文物志》，洛阳市文化局,1985年,第88—98页。

⑱ 杨文宗：《略谈古代壁画揭取中的保护工作》，《陕西历史博物馆馆刊》第四辑，西北大学出版社,1997年；张孝绒：《五代冯晖墓壁画揭取技术总结》，《考古与文物》,1994年第6期。

⑲ 徐毓明：《北周李贤墓壁画的揭取和修复新技术》，《文物保护与考古科学》,1990年第二卷第1期。聚乙烯醇和聚醋酸乙烯乳液使用于壁画的加固和揭取,最早的实验应该是敦煌文物研究所在胡继高先生的指导下实施的,据李云鹤：《莫高窟壁画修复初探》，《敦煌研究》,1988年总第4期。

⑳ 冯国富：《固原隋唐出土壁画的修复与保护述略》，《宁夏文物》1993年总第七期。

㉑ 中国社会科学院考古研究所编：《考古工作手册》,文物出版社,1982年；王浩天、李春雷：《江苏徐州狮子山汉墓陶兵马俑的表层加固实验》,中国社会科学院考古研究所编：《考古求知集》,中国社会科学出版社,1997年。

㉒ 李宏伟：《辽宁北票莲花山辽墓壁画的揭取》，《考古》,1988年第7期。

㉓ 据敖汉旗博物馆馆长邵国田先生介绍,20世纪80年代以来,敖汉旗及其周边发现了大量的辽代壁画墓,当地的考古工作者利用三甲树脂作为粘结剂,揭取了大量的壁画。

㉔ 同⑬；孟振亚：《山东嘉祥英山一号隋墓壁画的揭取》，《文物》,1981年第4期。寺院壁画的表面加固也使用胶矾水,见祁英涛：《永乐宫壁画的揭取方法》，《文物》,1960年第8、9期。

㉕ 同⑭、⑮；郑克祥：《壁画揭取与保护》,原州联合考古队编：《北周田弘墓—原州联合考古队发掘调查报告2》,勉诚出版,2000年,第66—69页。

㉖ 同⑩。

㉗ 同⑭；白崇武等：《彬县五代冯晖墓壁画加固技术小结》，《考古与文物》,1994年第6期。

㉘ 罗黎等：《唐墓壁画加固的方法研究》，《陕西历史博物馆馆刊》第一辑,三秦出版社,1994年。

㉙ 同㉑。

㉚ 甘肃省文物工作队编：《嘉峪关壁画墓发掘报告》，文物出版社，1985年。

㉛ 薛俊彦：《嘉峪关魏晋壁画墓五号墓的搬迁与半地下复原研究》，《文物保护与考古科学》，1997年第9卷第1期。

㉜ 何洪源等：《试谈壁画墓整体迁移保护及若干技术》，《北方文物》，1999年第4期。

㉝ 甘肃省文物考古研究所：《酒泉丁家闸十六国壁画墓》，文物出版社，1989年。

㉞ 郑国钮、马清林：《甘肃酒泉、嘉峪关壁画墓霉菌分离鉴定与防治研究》，《文物保护与考古科学》，1996年第8卷第1期；马清林等：《微生物对壁画颜料的腐蚀与危害》，《敦煌研究》，1996年第3期；马清林：《微生物对壁画的危害与防治·青铜器保护修复与科技辩伪》，兰州大学硕士论文，1997年。

㉟ 陈红歌、贾新成：《密县汉墓霉变壁画霉菌的分离鉴定》，《敦煌研究》，1996年第3期。

㊱ 李正平：《集安高句丽墓室壁画霉菌清除技术报告》，《博物馆研究》，1991年第1期。

㊲ 耿铁华：《集安高句丽古墓壁画及其保护》、张学岩：《高句丽大型方坛阶梯石室墓的构筑与保护》、孙仁杰：《谈高句丽积石墓的保护管理》、迟勇：《高句丽封土墓的保护与管理》，以上均载《高句丽研究文集》，延边大学出版社，1993年；李正平：《吉林省古墓壁画保护措施的探讨》，《博物馆研究》，1996年第1期。

㊳ 张相烈：《朝鮮民主主義人民共和国における遺跡保存について》，［日］杉山信三、小笠原好彦编：《高句麗の都城遺跡と古墳》，同朋社出版，1992年；［朝鲜］朝鲜民主主义人民共和国社会科学院、朝鲜画报社：《德兴里高句丽壁画古墳》，讲谈社，1986年；朱荣宪：《高句麗壁画古墳について》，朝鲜画报社出版部《高句丽古坟壁画》，［朝鲜］朝鲜画报社，1985年。

㊴ 玉利勋：《装飾古墳・保存の足どり》，图录《装飾古墳の世界》，朝日新闻社，1993年。

㊵ ［日］大塚初重・小林三郎编：《虎塚壁画古墳》，勝田市史別卷，1979年。

㊶ ［日］《国指定特別史跡　王塚古墳——発掘調査及び保存整備報告》，桂川町教育委员会，1994年。

㊷［日］熊本县文化财调报告第68集《熊本県装飾古墳総合調査報告書》，熊本县教育委员会，1984年。

㊸［日］渡边明义：《高松塚古墳壁画の保存修理計画と実施の概要》，《国宝高松塚古墳壁画——保存と修復》，文化厅昭和六十二年。

㊹［日］沢田正昭：《キトラ古墳保存研究の最前線》，《考古科学の最前線——飛鳥に迫る文化財科学》，2001年度日本文化財科学会公开讲演。明日香村文化财调查报告书第3集《キトラ古墳学術調査報告書》，明日香村教育委员会，1999年。

㊺［日］岩崎友吉：《イタリア、フランスの壁画調査概要》，《国宝高松塚古墳壁画——保存と修復》文化厅昭和六十二年；宫下孝晴：《病んだ壁画の修復と保存》，《フレスコ画のルネサンス》，NHK出版，2001年。

㊻ Guichen, G.De, Climate in Museum, ICCROM, Rome, 1984, pp.66-67.

㊼甘肃省文物考古研究所：《敦煌佛爷庙湾西晋画像砖墓》，文物出版社，1998年。

㊽1999年10月，笔者在甘肃省文物考古所调研是所见。

㊾谢伟：《唐墓壁画保护的若干问题探讨》，《陕西历史博物馆馆刊》第五辑，西北大学出版社，1998年。

㊿［日］增田胜彦：《国宝高松塚古墳壁画の保存修復》，《文化財の保存と修復》，クバプロ，1999年。

㉛苏伯民、李茹：《三种加固材料对壁画颜色的影响》，《敦煌研究》，1996年第2期。

㉜李最雄、［日］西浦忠辉：《敦煌壁画加固材料的选择实验》，《敦煌研究》，1988年第3期；李云鹤等：《聚醋酸乙烯和聚乙烯醇在修复壁画中的应用研究》，《敦煌研究》，1990年第3期；李实等：《聚乙烯醇和聚醋酸乙烯乳液在特殊环境中的光照老化实验》，《敦煌研究文集石窟保护篇·下》，甘肃民族出版社，1993年；汪万福等：《几种壁画修复材料物性指数的实验测试》，《敦煌研究》，2000年第1期。

㉝［日］肥塚隆保：《塑像·壁画·遺跡などの保存修復材料——エポキシエマルジョン"サイトFX"について》。

（作者：杜晓帆，复旦大学文物与博物馆学系　教授）

手工造纸工艺 GIS 数据库软件 DGHP 的研发

陈 刚 董 择

引 言

地理信息系统(GIS, Geographic Information System)是以获取、储存、管理、分析、描述和应用整个或者部分的地球表面与空间、地理分布有关的数据的计算机系统[①]。它有计算机软硬件、数据、和用户有机地结合而成,主要用于地理空间数据的获取、编辑、管理、分析和统计。地理信息系统随着电子计算机科技,遥感,测绘技术的不断进步,发生了日新月异的变化。同时,从考古学领域开始,地理信息系统逐步应用于考古,文博和物质文化遗产和非物质文化遗产保护中。

其中,地理信息系统应用于传统手工造纸工艺的保护有着客观的原因和需求。传统手工造纸工艺在中国的分布非常广,同时在相对集中的区域又具有一定的共性[②]。这种区域性特征使得手工造纸工艺的研究可结合能够针对空间分布的方式方法——地理信息系统数据库。而且,作为一种传统技艺,手工造纸工艺与其他的物质文化遗产和一些非物质文化遗产不同,它的流程具有很强的严密性,其中的制作工艺包含较复杂的工序流程和具体的数据指标,这些流程和指标的差异都会直接影响到纸张的物理化学性质。上述特点将手工造纸工艺的保护和地理信息系统数据库紧密地联系起来。

在手工纸的数据库方面,刘畅、李晓岑、张春娇等经过大量文献调研和实验数据采集,研究设计并构建了传统手工纸数据库,开发了数据的展示、查询和分析原型系统[③]。但该数据库,主要是针对手工纸张的物理属性、化学属性、造纸成分、制作工艺,文献资料等各项属性进行整理分析。本文重点探讨建立一个针对手工纸制作工艺的地理信息系统数据库,以手工纸制造工艺中各个环节的数据作为目标进行整理、分类、储存、搜索和展示。

一、GIS 软件的发展历史与现状分析

(一) GIS 软件的发展史

GIS 的历史沿革要追寻到 20 世纪 60 年代。世界上最早的 GIS 系统是 1963 年加拿大测量学专家 R. F. Tomlinson 建立的加拿大地理信息系统(CGIS),旨在以计算机技术管理和规划加拿大的土地使用。与此同时,美国的测绘专家和计算机专家也在积极寻求创立运输网络的管理和模拟的计算机系统[④]。对于国外的 GIS 发展而言,60 年代是 GIS 兴起和发展的时期。70 年代 GIS 技术不断巩固和发展。80 年代是 GIS 系统普及的时代。90 年代是 GIS 系统在世界范围内广泛应用的时代。

国内 GIS 技术起步较晚。20 世纪 70 年代对于 GIS 所依托的计算机软硬件方向进行准备工作。80 年代开始了主要用于农业、水利、土地资源的利用开发等方向的实验性的研究。90 年代至今,随着我国卫星事业的长足进步,推动了遥感(RS)技术和 GIS 技术的共生共荣。随着越来越多的省市开始基础 GIS 数据库系统的建立以及 GIS 技术的商业应用不断深化,GeoSurf 等国内 GIS 产品不断涌现,

GIS 技术在我国有了长足发展。

(二)主流 GIS 软件简介及特点分析

GIS 软件数量较多,品种丰富,国内外总计有 30 余系列,100 余款软件。目前国际上主流的 GIS 软件有 ESRI 公司系列产品,Intergraph 公司系列产品以及 Mapinfo 公司系列产品,国内有 MapGIS、GeoStar、Citystar 等系列产品。

主流的 GIS 软件功能侧重各有不同,但拥有共性的特点:都基于拓扑数据模型,提供使用者导入或者自主绘制包含 GIS 信息的地图和图片;空间数据栅格化,属性数据矢量化,共同存储于空间数据与属性数据一体化的数据库内;并提供开源的功能编写和 webGIS 和云端储存的功能模块。

主流 GIS 软件应用于传统手工造纸工艺研究时,具有如下的优点:

(1)基于拓扑数据模型,模块功能的丰富性极大地提升了空间数据的深度。

(2)丰富的图源和遥感信息资料。国际国内主要的测绘机构和单位测绘后输出的图片格式通常为 ARCGIS 或者 MAPINFO 等主流 GIS 软件的预存格式。

(3)主流 GIS 软件的互通转换日益完善。ARCGIS 或者 MAPINFO 作为国际范围内使用最多的两款 GIS 软件,在 2010 年初就实现了无损的地图识别及数据全互通。

同时,主流 GIS 软件也存在以下缺点:

(1)开源性较差。ARCGIS、MAPINFO 等绝大部分 GIS 软件为非开源软体,最低配置的企业版的购买费用也非常昂贵,并且不出售个人版。试用版或者其他半开源的 GIS 软件的功能也受到了限制。

(2)绘图功能冗余。传统的 GIS 软件结构复杂,绘图功能比较强大。但是这对于传统手工造纸工艺研究方向的应用属于冗余功能。

(3)数据的储存和输出可定制程度较低。主流 GIS 软件的数据库功能相较于绘图功能部分较弱,储存和输出展示的结构类型固定(与

Microsoft Office 软件关联），搜索受限于属性数据的字段信息，并且缺少可应用于传统手工造纸工艺研究的可定制的菜单架构和功能按键。

基于主流 GIS 软件以上特点，考虑到主流 GIS 软件的开源性差、核心绘图功能的冗余性等因素，寻找更为合适 GIS 软件或者进行针对传统手工造纸工艺研究的地理信息系统数据库的设计编写成为必由之路。

二、DGHP 概述

（一）软件简介

由笔者自主开发的手工造纸工艺 GIS 数据库软件 DGHP，全称 database of geography for handmade paper，是以 webgis 技术为基础的半开放式网络数据库。DGHP 数据库是一个可伸缩的 GIS 网络数据库，可在计算机和可移动设备上进行基于 web 端的数据浏览和数据管理。它包含了基础数据库的固定模块和可定制编写的自定义字段模块，用于收纳手工造纸的工艺过程中的各项参数和数据，并将这些属性数据与 GIS 地图上的空间数据进行统一的储存和展示，实现手工造纸工艺数据的地理信息系统化。

（二）DGHP 数据库的基础功能介绍

1. 用户系统

作为半开放式的网络数据库，DGHP 拥有完整的用户系统。可以通过注册的方式从游客成为会员，并获得拥有自己的浏览记录、搜索结果的保存、数据的下载等多种服务。与此同时，还可以对不同的会员赋予不同的权限，从而对数据库的访问深度和贡献度进行区分，实现半开放式的交互功能。

2. 数据库的定制化构建功能

DGHP 支持数据库的定制化构建，比如数据库的分级，菜单和按键设置，字段名称，表单数量等一系列特征值进行定制化编辑。支持用户在系统内构建完全个性化的数据库功能。

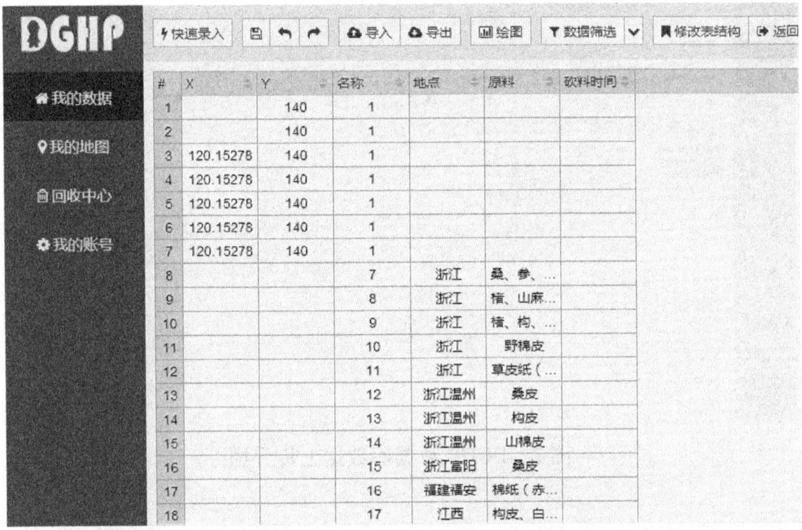

#	X	Y	名称	地点	原料	砍料时间
1		140	1			
2		140	1			
3	120.15278	140	1			
4	120.15278	140	1			
5	120.15278	140	1			
6	120.15278	140	1			
7	120.15278	140	1			
8			7	浙江	桑、参、…	
9			8	浙江	楮、山麻…	
10			9	浙江	楮、构、…	
11			10	浙江	野棉皮	
12			11	浙江	草皮纸（…	
13			12	浙江温州	桑皮	
14			13	浙江温州	构皮	
15			14	浙江温州	山棉皮	
16			15	浙江富阳	桑皮	
17			16	福建福安	棉纸（赤…	
18			17	江西	构皮、白…	

图 1　DGHP 数据库数据列表

如图 1 所示，作为单张数据表格的横轴，是可以编辑的数据字段名称，包括空间数据信息（经纬度坐标、海拔等）、手工纸生产地点、原料种类、原料收集时间、原料处理方式等，可以满足手工造纸工艺中产生的数据的个性化要求。

3. 数据的录入和导入

DGHP 接受用户进行逐级菜单逐字段手工录入信息，同时也支持对于 EXCEL 表格的整表读取（见图 2）。与传统的 GIS 系统功能类似，DGHP 可以对于 EXCEL 表格进行识别和读取。用户可以在 EXCEL 表格中进行基础的数据字段名称设置和数据录入，然后再整表导入 DGHP 系统（见图 2）。

4. 数据的搜索和自定义表格的生成

DGHP 系统的搜索功能强大（如图 3）。它不仅支持对单一字段进行搜索，还可以对复数字段同时搜索，以及字段内、字段间的函数运算搜索。强大的搜索功能可以对手工造纸工艺中产生的数据进行严密分析和细致呈现。

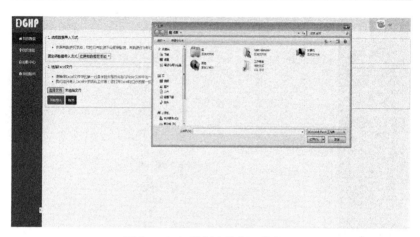

图 2 DGHP 数据库数据上传界面

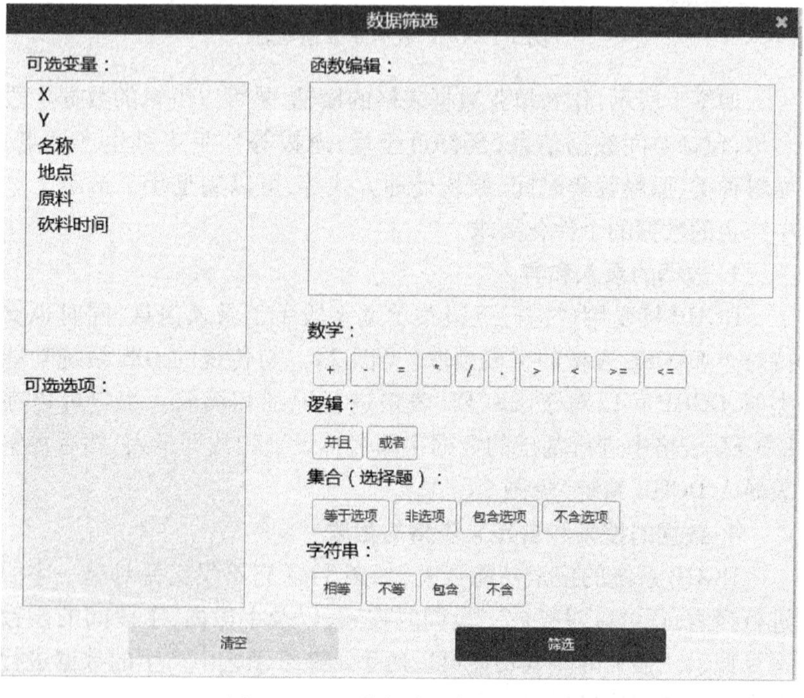

图 3 DGHP 数据库函数搜索界面

同时,搜索结果可以投放在 GIS 地图上进行展示,还可以生成符合用户需求的图像,包括饼图、柱状图、曲线图等类型的图表。

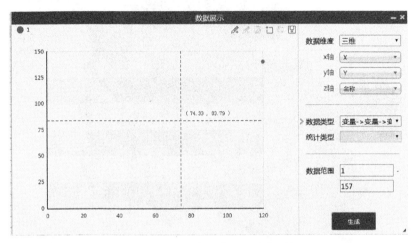

图 4　DGHP 数据库自定义图表展示界面

5. 属性数据与空间数据统一储存和展示

DGHP 为了解决在不进行自主绘图的同时拥有数据库所需要的地图资源的问题,选择了寻找开源的网络地图资源的方法。比如百度地图有开放的端口,支持用户对其地图信息发送 HTTP 请求,获取数据存书和检索、POI 数据,地址解析,坐标转换等的操作。同时,对主流 GIS 软件储存格式的地图中包含的空间数据信息进行读取和转码。经过对开源端口的网络地图资源的整理以及传统 GIS 软件储存格式地图的读取,获得 DGHP 数据库的基础图库。之后再将手工造纸工艺的属性数据与基础图库中的 GIS 地图空间数据相结合,进行统一的储存和展示(如图 4、5)。

（三）DGHP 应用于传统手工造纸工艺研究的数据库定制

DGHP 作为一个专注于传统手工造纸工艺研究的地理信息数据库,需要对数据进行定制。以竹纸为例,手工制竹纸数据库的一级字段有编号、名称、空间信息、备料、制浆、抄纸六项。二级字段有经度、

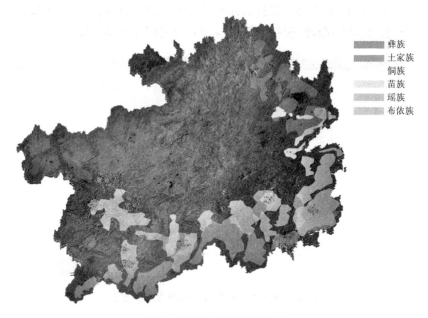

图 5 DGHP 空间信息展示

纬度、海拔、原料、淹浸、蒸煮、发酵、漂白等十七项。原料作为二级字段,下设竹种、砍竹时间、分竹、剥皮、晾晒五个三级字段。剥皮作为三级字段,下设剥皮方法四级字段。通过常用字段的设置和特殊字段的定制化编辑,以及不同字段间的分级和顺序的调整,建立旨在收纳、整理、分析手工造纸工艺流程中产生的属性数据的地理信息系统数据库 DGHP 的数据库部分就初步完成了。

三、传统手工造纸工艺数据整理及 DGHP 数据库构建

(一)传统手工造纸工艺数据整理

进行地理信息系统(GIS)在传统手工造纸工艺方面的应用研究,需要搜集的相关数据量庞大,对数据可靠性和时效性都有要求。

如何更加全面,更加翔实地收集整理传统手工造纸工艺数据,成了DGHP数据库环境搭设完成之后需要解决的首要问题。

1. 数据来源问题

建立DGHP所收集整理的传统手工造纸工艺数据主要来源如下。

(1) 田野调查

(2) 传统手工造纸工艺相关著述

(3) 地方志和地方工业手工业史考

(4) 相关论文

2. 数据质量问题

建立DGHP所收集整理的传统手工造纸工艺数据要求如下。

(1) 属性数据详实充分

一是工艺流程的严谨完整。备料,制浆,抄纸过程缺一不可。

二是工艺流程中的数据严谨完整。如蒸煮字段的蒸煮时间、蒸煮次数、蒸煮、剂种类和比例等相关属性数据要完整。

(2) 空间数据准确

在属性数据充分翔实的基础上,还需要空间数据准确的定位和匹配,方可使DGHP数据库二元数据储存和展示更加精准可视化。

3. 数据数量问题

经过资料收集和数据归纳,去重整理,DGHP数据库已拥有竹纸制作工艺点124个,皮纸制作工艺点87个,麻纸制作工艺点17个,草纸制作工艺点31个。其中,最低的行政级别为村级,工艺类似流程重合度高的手工造纸工艺点只予以空间数据的区分,共享属性数据。

DGHP作为专注于传统手工造纸工艺研究的地理信息系统数据库,要实现尽可能的完整的收集整理最为全面的包括竹纸、皮纸、麻纸以及草纸等各种手工纸的制造工艺流程及属性数据,形成手工造纸工艺属性数据与GIS地图空间数据相结合的地理信息系统数据库(如图6)。

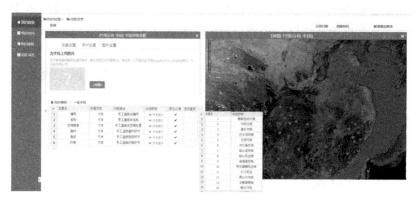

图 6 DGHP 数据库属性空间信息展示界面

(二)传统手工纸制作工艺数据整理,以竹纸为例

1. 手工竹纸制作工艺概述

以连史纸为代表的优质竹纸制作技术,工艺繁复,与宣纸制作技艺共同代表了手工造纸技术的最高水平。结合竹料自身的特点,竹纸制作工艺包含蒸煮、漂白、发酵等诸多步骤,具有多样性。

竹纸制作工艺从皮纸制造工艺中滥觞,从黄纸到毛边纸再到连史纸的发展变化,制作工艺不断改良调整。

竹纸种类繁多,制作工艺复杂,产地分布广泛,可以根据纸张产地、造纸工艺和造纸用途来进行分类。

根据纸张产地分类,手工竹纸可以分为江西竹纸、福建竹纸、浙江竹纸、湖南竹纸、广东竹纸、川渝竹纸和云贵竹纸。

按照制造工艺分类,手工竹纸可以分为连史纸,经过多次蒸煮漂白处理的高档熟料纸;贡川纸,经过多次蒸煮处理的熟料纸;毛边纸,经过腌浸的生料纸;元书纸,腌浸和蒸煮结合的低档熟料纸;表芯纸,低档生料纸。

按照造纸用途分类,手工竹纸可以分为文化用纸,包括书写和印刷;书画用纸,专做书法绘画之用;生活用纸,用于包装、糊窗、卫生用等;祭祀用纸,用作烧纸或者祭祀装饰[⑤]。

2. 手工竹纸制作工艺数据整理

手工竹纸工艺数据整理分为三个步骤。

第一步,概括工艺步骤名称。将竹纸制作的详尽工艺总结概括为简单的步骤名称,是数据整理的第一个步骤。

如江西铅山连史纸制作工艺[6]。

(1) 立夏前后 10 天,将 3 个芽的毛竹砍下。(砍竹)
(2) 将竹子堆摞成长方体,中间插竹棍固定,再用竹规引溪水浇洒。(叠塘冲浸)
(3) 将剥下的竹丝放在方形坑中加入石灰腌浸。(腌头道)
(4) 将腌浸过后的竹料放入池中清洗。(漂洗)
(5) 将竹丝捶松。(捶料)
(6) 将捶松的竹丝晾干。(晾晒)
(7) 将竹丝再次放在方形坑中加入石灰腌浸。(石灰再腌)
(8) 放入锅中蒸。(蒸料)
(9) 趁热捞出竹料清洗。(洗料)
(10) 将竹丝挂在竹架上晒干。(晒料)
(11) 配以纯碱,先煮后蒸。(纯碱蒸煮)
(12) 将正好的竹丝盘成黄饼。(制饼)
(13) 将黄饼放置山上自然漂白。(漂黄饼)
(14) 将漂好的黄饼放入碱水中蒸煮。(碱水蒸)
(15) 将蒸好的白饼再次漂白。(漂白饼)
(16) 将漂白好的白饼进行挑拣。(分料)
(17) 用水碓捶打竹丝。(打料)
(18) 将竹料放入池中用脚踩。(踩料)
(19) 将踩好的竹料放入布袋加水清洗。(洗浆)
(20) 采用水卵虫树根作为纸药。(加入纸药)
(21) 抄纸。(抄纸)
(22) 用木榨将纸榨干。(榨纸)
(23) 将湿纸放置火墙上烘烤。(晒纸)

得到清晰的工艺步骤。在数据简表中如表1。

表1　铅山连史纸工艺整理

编号	名称	工艺
	江西铅山连史纸	1 砍竹　2 叠塘冲浸　3 石灰腌浸　4 漂洗　5 捶料　6 晾晒　7 石灰再腌浸　8 蒸料　9 清料　10 晒料　11 纯碱蒸煮　12 制饼　13 漂黄饼　14 碱水蒸　15 漂白饼　16 分料　17 打料　18 踩料　19 洗浆　20 加入纸药（猕猴桃藤）　21 抄纸　22 榨纸　23 晒纸

又如对贵州省黔东南州岑巩县水尾镇考察所得当地竹纸制作工艺。

（1）原料为白竹，砍料时间是每年夏至以前。（砍竹）

（2）砍成一米至一米五之间，扎成小捆，每捆三十斤左右。（剖竹）

（3）放入塘中用石灰浸泡，最短三十天，长则无上限。一百斤竹料需要三十斤石灰。（灰沤）

（4）在原池中，将石灰水放空，竹子洗好后放回去。堆沤三十天，用稻草盖起来发酵。再放入水中浸泡最少十天。（堆沤）

（5）用牛马等畜力推动碾盘进行碾料。（碾料）

（6）将碾好的竹料放如纸槽中，打匀，把水放掉，放入清水后制浆完成。（制浆）

（7）猕猴桃藤，野生，捶碎后泡入水中。（加入纸药）

香叶树叶子的汁液

野棉花根汁液

（8）一人抄纸。（抄纸）

（9）用木榨将湿纸中水分榨干。（榨纸）

（10）用竹竿挂起，阴干。（晒纸）

（11）十张为一提。（分纸）

将所得数据进行工艺步骤的概括后即可制成竹纸制作工艺简表（表2）。

表2　岑巩竹纸工艺整理

2	贵州岑巩竹纸	1 砍竹　2 剖竹　3 灰沤　4 堆沤　5 碾料　6 制浆 7 加入纸药　8 抄纸　9 榨纸　10 晒纸　11 分纸

第二步,统一各步骤名称用词。不同的学者,调查人员概括手工纸张制作工艺流程步骤名称不同。建立 DGHP 数据库需要统一各步骤名称用词来避免字段设置的疏漏和重复。

以竹纸制作工艺流程为例。

将以下统一为"砍料":原料种类,原料配合,配料,竹料选取。

分竹:断竹,截段,劈竹,断料,切竹段,截竹段。

剥皮:去黑皮,去皮,剥黑皮,削竹,剥竹。

晾晒:晒料,自然晾晒,暴晒,晒竹。

腌浸:灰浸,水浸,碱浸,灰腌,水腌,腌料,叠塘冲浸,落湖,浆池。

蒸煮:煮料,灰煮,碱煮,碱蒸,灰蒸,蒸碱,加碱。

发酵:堆沤,灰沤,静置发酵,堆塘,蒸煮发酵。

漂白:加漂白剂,自然晾晒漂白。

踩料:踩竹,踏竹,跺竹,踩料。

捣碾:打碎,砸碎,舂打,碓打,水碓舂打,脚碓打。

制饼:黄饼,白饼,制黄饼,盘饼丝。

打浆:打槽,打料。

加入纸药:纸药,加滑药。

抄纸:舀纸,捞纸。

榨纸:榨干,压制,压榨,挤压。

焙纸:烘纸,烤纸,炕干。

晒纸:晒干,晾纸,晾干。

第三步,细化字段信息,将字段分级(如图7)。以竹纸为例,字段细化分级设置如表3。

表3 手工竹纸字段设计简表

一级字段	二级字段	三级字段	四级字段	五级字段	六级字段
编　号					
名　称					
空间信息	经　度				
	纬　度				
	海　拔				
备　料	砍　料	竹　种			
		砍竹时间			
		分　竹			
		剥　皮	剥皮方法	刀削,石灰淹剥,清水淹剥	
		晾　晒	晾晒时间		
			晾晒次数		
			晾晒方式	自然晾晒,只晴日晾	
			晾晒目的	干燥,漂白	
	腌　浸	腌浸次数			
		腌浸时间			
		腌浸方法	清水腌浸	腌浸方式	堆沤,塘浸
			石灰腌浸	腌浸方式	堆沤,塘浸
				石灰比例	
		腌后清洗			
	蒸　煮	蒸煮次数			
		蒸煮时间			
		蒸煮方式	石灰蒸煮	石灰比例	

续 表

一级字段	二级字段	三级字段	四级字段	五级字段	六级字段
备料	蒸煮	蒸煮方式	草木灰蒸煮	草木灰比例	
			清水蒸煮		
		蒸煮后清洗			
	发酵	发酵时间			
		发酵方法	蒸煮发酵		
			静置发酵		
	漂白	漂白时间			
		漂白方法	漂白剂漂白		
			晾晒漂白		
制浆	踩料	踩料时间			
		踩料方法			
	捣碓	捣碓时间			
		捣碓方式	人工捣碓		
			碓捣	水碓,脚碓,机械	
			磨碾	人力,畜力,机械	
	制饼	料饼形制			
	打浆	打浆时间			
		打浆方式	人工打浆		
			机械打浆		
抄纸	加入纸药	纸药种类			
	抄纸	抄纸人数			

续 表

一级字段	二级字段	三级字段	四级字段	五级字段	六级字段
抄纸	抄纸	纸槽	地上式	纸槽形制	
			地下式	纸槽形制	
		纸帘	纸帘形制		
		抄纸效率			
	榨纸	榨纸时间			
	焙纸	焙纸时间			
	晒纸	晒纸时间			
	分纸				

#	变量名	变量类型	问题描述	详细参数	是否必填	是否重复
1	编号	文本	手工造纸点编号	点击显示	✓	
2	名称	文本	手工造纸点名称	点击显示	✓	
3	空间信息	文本	手工造纸点空间位置	点击显示	✓	
4	备料	文本	手工造纸备料环节	点击显示	✓	
5	制浆	文本	手工造纸制浆环节	点击显示	✓	
6	抄纸	文本	手工造纸抄纸环节	点击显示	✓	

我的模板 » 一级字段 空间信息

#	变量名	变量类型	问题描述	详细参数	是否必填	是否重复
1	经度	数字	手工造纸点经度	点击显示	✓	
2	纬度	数字	手工造纸点纬度	点击显示	✓	
3	海拔	数字	手工造纸点海拔	点击显示	✓	

我的模板 » 二级字段 腌浸

#	变量名	变量类型	问题描述	详细参数	是否必填	是否重复
1	腌浸次数	数字	手工造纸腌浸环节	点击显示	✓	
2	腌浸时间	数字	手工造纸腌浸环节	点击显示	✓	
3	腌浸方法	文本	手工造纸腌浸环节	点击显示	✓	
4	腌浸后清洗	单选	手工造纸腌浸环节	点击显示	✓	

图 7 DGHP 数据库分级字段设置示例

（三）DGHP 数据库构建

1. DGHP 数据库功能模块设计

DGHP 系统共设计 4 个功能模块：分别为网络应用模块，用

手工造纸工艺 GIS 数据库软件 DGHP 的研发

户管理模块,数据库模块,专题图库资源管理模块。功能结构图如下图 8 所示。

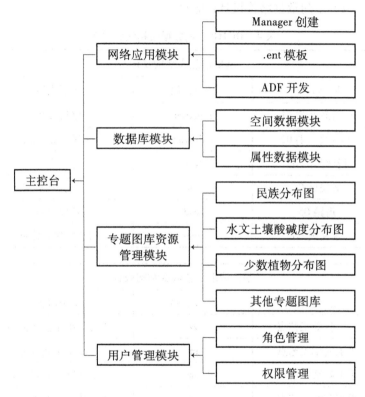

图 8 DGHP 数据库功能模块结构图

网络应用模块:主要提供地图数据的发布功能。有三种创建方式:Manager 创建、.ent 模板、ADF 开发。

用户管理模块:管理使用 DGHP 系统的用户的档案和权限。

数据库模块:对 DGHP 数据库中空间数据和属性数据进行管理。

专题图库资源管理模块:通过导入额外的 GIS 信息图像来为

DGHP 数据库提供多元化的数据支持和展示模式。

2. 数据结构设计

(1) 空间数据结构设计(表4)

表4 DGHP 空间数据结构设计简表

基础信息库结构设计		
层 名 称	层 代 码	图层内容
村行政区划01	rtdistrict	村级行政单元
镇行政区划02	rvdistrict	镇级行政单元
行政界线03	line	行政边界
居民区04	cvt	面状要素
道路05	road	各级道路
水文线06	river	河流轮廓及流域

手工造纸工艺数据结构设计		
层 名 称	层 代 码	图层内容
手工竹纸工艺点	zz	手工竹纸工艺点分布
手工皮纸工艺点	pz	手工皮纸工艺点分布
手工麻纸工艺点	mz	手工麻纸工艺点分布
手工草纸工艺点	cz	手工草纸工艺点分布

专题数据结构(举例)		
层 名 称	层 代 码	图层内容
贵州植物分布	k1	构树,竹
贵州水文分布	k2	河流,流域
贵州酸碱度分布	k3	水文,土壤酸碱度
贵州少数民族分布	k4	少数民族分布

（2）属性数据结构设计

详见上文竹纸分级设计。

四、结　　语

（一）DGHP 数据库设计的意义

第一，在国内外学界并没有成熟的成果公布的背景下，建立一个旨在尽可能完备的收纳中国各地区数据的针对传统手工造纸工艺的地理信息系统数据库，为手工纸制造工艺的研究提供工具支持。

第二，利用 DGHP 数据库进行学术研究，解决系统构筑、数据收纳、文献整理以及实际的手工纸工艺研究保护工作中遇到的问题。

（二）DGHP 数据库设计的成果

第一，收集整理包括竹纸、皮纸、麻纸以及草纸等手工纸的制造工艺流程及流程所包含的数据，形成手工造纸工艺属性数据与地图空间数据相结合的专属的地理信息系统数据库。

第二，通过网络数据库的形式，对其他研究单位和个人进行开放，分享数据库中的已有内容，同时接受用户提供的手工造纸方面数据的共享，旨在丰富相关数据，信息共享，并推动手工造纸工艺研究和保护界的紧密联系。

（三）DGHP 数据库的改进方向

第一，收集整理更翔实的数据信息，提高 DGHP 数据库属性数据的字段设置的合理性，使其更加适用于传统手工造纸工艺的保护。

第二，充分利用 webgis 和云数据库技术，将数据库的半开放特点优化，增加使用者，从而达到 DGHP 数据库的数据来源多样化，多使用者审阅的数据精准化等目的。

第三，扩充专题图库的空间数据量，增强不同纬度的 GIS 地图的收集和应用，使得传统手工造纸工艺的空间数据和属性数据有着更广泛的载体,从而为使用者提供灵活的思路和新颖的视角,为传统手工造纸工艺的研究和保护贡献绵薄之力。

---

① 杨晨玲:《广西花山岩画基于激光点云的三维仿真系统和基于 GIS 的二维信息管理系统的构建研究》,首都师范大学硕士论文,2011年,第5页。
② 王菊华等:《中国古代造纸工程技术史》,山西教育出版社,2006年,第75页。
③ 刘畅、李晓岑、张春娇:《传统手工纸数据服务系统研究》,《北京联合大学学报》,2013年第27卷第2期,第89—92页。
④ 黄杏元等:《地理信息系统概念》,高等教育出版社,1989年,第13页。
⑤ 陈刚:《中国手工竹纸制作技艺》,科学出版社,2014年,第13—18页。
⑥ 同上书,第24—29页。

(作者:陈刚,复旦大学文物与博物馆学系 教授;董择,复旦大学文物与博物馆学系 2013级硕士研究生)

竹木质文物的常见病害及保护处理初探

——以复旦大学博物馆为例

俞 蕙 黄 艳

一、前 言

复旦大学博物馆成立于1992年,坐落于复旦大学邯郸校区相辉堂草坪西侧,现有陶瓷、青铜、书画、钱币、甲骨、台湾原住民民俗文物等约2 000多件。其中,各类竹木质文物(包括木、藤竹、匏器等)约300件,主要分为两大类:

第一类是台湾原住民竹木器:例如,建筑装饰雕刻、手杖、木船、鼻烟盒、双联杯、木雕、竹篓、藤匾、藤篓、葫芦瓶等,在大陆地区较为罕见,是复旦大学博物馆最具特色的藏品系列(见图1)。

第二类是传统建筑雕花构件:例如,窗棂、门楣、柱础等,征集自

图1 台湾原住民木器

安徽、四川等地。该批木构件雕工精美,纹饰造型多样,极富地方特色,具有重要的历史艺术价值,为近20年内博物馆的新藏文物(见图2)。

图2　传统建筑雕花构件

2014—2015年,笔者对复旦大学馆藏竹木质文物进行了全面调查评估,一方面建立相应的文物保护信息数据库,并对现存竹木质文物常见败坏问题进行总结归纳;另一方面分析造成这些败坏的原因,并制定相应的保护修复方案。尤其针对木器除虫,成功实施了适应小型博物馆的低毒熏蒸和除氧密封相结合的保护方案,取得较理想的效果。

二、馆藏竹木器主要病害及应对处理

(一)保存现状调查

按照《中华人民共和国文物保护标准汇编》中关于木质文物保护的三个标准[①]:《馆藏出土竹木漆器类文物病害分类与图示(WW/T 0003—2007)》《馆藏出土竹木漆器类文物保护修复方案编写规范(WW/T 0008—2007)》《馆藏出土竹木漆器类文物保护修复档案记录规范(WW/T 0011—2008)》,并且结合实际工作的特点,编写《复旦大学馆藏竹木质文物评估表》(见表1),采用文字记录结合图片记录的方式,一器一表,登记文物各项信息,建立相应数据库。

本次调查包括复旦大学博物馆藏各类木、藤、竹、匏质文物共计283件,其中木器164件(含藤竹金属复合材质),藤竹器108件(含陶、金属复合材质),匏器11件(含藤竹复合材质)(见表2、图3)。

表 1 复旦大学馆藏竹木质文物现状评估表

文物基本情况					
名 称		登录号		年 代	
等级		出土时间		出土地点	
尺寸(cm)		质量(g)		种类	
质地		收藏单位		收藏时间	
文物价值描述					
文物保存现状					
文物原保护修复情况	保护修复时间	保护修复情况概述				保护修复效果
		修复部位	技术方法	主要材料	设计及操作人员	
文物保存环境	温 度		湿 度		照 度	空气质量
文物病害状况	胎体病害	饱水状况	残缺	断裂
		裂隙	变形	变色
		动物损害	微生物损害	盐类病害
		遭朽		
	漆膜病害	残缺	脱落	裂隙
		卷曲	起泡	
	彩绘病害	残缺	脱落	褪色
	字迹病害	残缺	模糊	
	饰件病害			

续 表

文物保存现状		
文物病害状况	照相记录（文物现状图）	文物病害图
	病害现状整体评估	□完好 □微损 □中度 □严重 □濒危

表2　复旦大学馆藏竹木质文物调查范围

木器（164件）		藤竹器（108）		匏器（11）	
质地	数量	质地	数量	质地	数量
木	151	藤竹	100	匏	2
木、藤竹	2	藤竹、陶	3	匏、藤竹	9
木、金属	10	藤竹、金属	5		
木、藤竹、金属	1				

（二）主要病害

1. 霉菌

受微生物霉菌侵害的主要为藤竹器、匏器，表现为大面积聚集器表的白色霉斑（见图4）。表面髹漆或质地致密的木器文物较少出现。博物馆曾多次清洁霉菌，但不久再次出现。调查认为这类霉菌主要与库房的高湿度相关。霉菌在相对湿度65%—70%时开始出现，空气

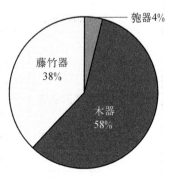

图3　受调查文物的类型分布

不流通和高温还会加剧生长。当相对湿度超过正常标准,尤其是江南梅雨季节,加之库房内部空气缺乏流通,就会导致霉菌爆发。

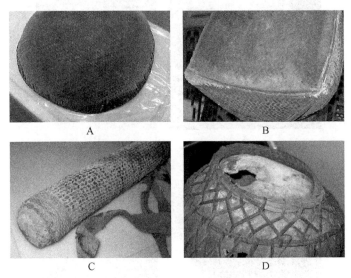

图4　发现霉菌的器物
（A. 藤匾　B. 藤篓　C. 箭筒　D. 匏器）

2. 裂隙

木、竹、匏器上均有出现（见图5）。木雕制品上出现较多,有的木质较好,裂隙处于较稳定状态。但有些木雕杯、葫芦瓶、竹手杖、竹杯盖上的裂隙较大,需要注意观察,避免或延缓裂隙延展,导致更严重的开裂或断裂。

裂隙主要采用控制相对湿度的方式。对于各向异性的材料,如木材,横纹比顺纹干缩幅度大,导致出现弯曲开裂。而反复的剧烈湿度变化会令竹木匏器已有裂隙更为严重。一般认为,相对湿度应避免在24小时内上下浮动超过10%。

出现严重裂隙的竹藤或匏器,可能与采用不同材质制作相关,例如：金属刀身插入木质刀柄、葫芦器外采用藤编箍扎、竹筒盖外用竹

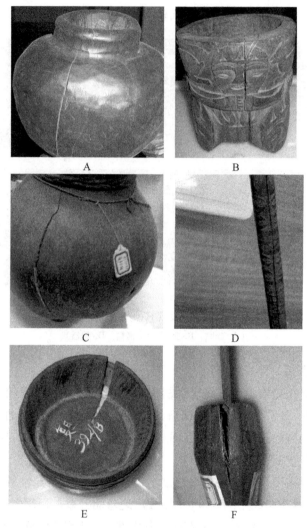

图 5　出现裂隙的器物
（A. 木雕局部　B. 三足木杯　C. 葫芦小瓶　D. 手杖
E. 竹筒盖　F. 匕首局部）

篾箍扎,不同的材质在湿度变化下,吸收水分、蒸发水分的速度不一致,也容易发生变形和开裂。

对于裂隙一般采取控制环境湿度的方式,无须进行粘结固定。但建议定期观察,记录裂隙的变化情况。

3. 断裂

主要集中在少数匏器、腰刀、木构件、窗板、烟斗,比如:匏器因虫蛀或裂隙导致断裂破碎;刀柄与刀体脱离;原榫卯结构或金属钉的固定处破坏导致各部件分离等(见图6)。为避免碎片散失,可采用适合粘结剂进行修复。

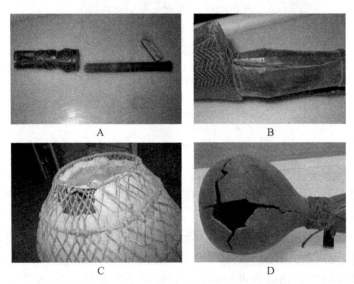

图6 出现断裂的器物
(A. 烟斗 B. 匕首 C. 匏器 D. 葫芦瓶)

4. 虫蛀

受虫蛀的主要为木器、匏器,木器中表面有髹漆的保存状况更好。从安徽、四川等地征集的传统建筑雕花木构件,除了破损断裂等病害外,虫蛀状况严重,并且一部分处于较活跃状态(见图7),已经

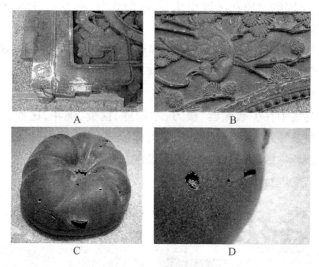

图 7 出现活虫的器物
(A. 雕花建筑木构件　B. 木雕花板　C. 葫芦器盖
D. 葫芦器盖局部)

及时发现并进行隔离,避免引发库房内生物侵害。

台湾原住民文物中,在木船、木雕上仍发现一些虫蛀痕迹,与传统建筑木构件相比较不活跃。这些虫蛀附近没有发现木屑排出,也没有出现虫体(见图8)。

对已出现虫体的文物进行隔离并及时开展除虫处理。处理过的器物、无活虫但有蛀洞的器物应定期观察记录,防止复发;对于新入库的有机质文物必须进行审查或者除虫处理方能入库;改善库房内的空气流通,定期进行除尘清洁,检查库房内外是否有害虫活动的迹象并及时记录。

5. 残缺

藤竹、木、匏器均有发生,其中匏器残缺程度最为严重(见图9)。残缺部分一般无须进行修复,但是对某些木质建筑构件,可以进行适当的补缺,便于博物馆的展览使用。

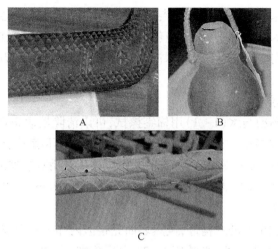

图 8 出现虫蛀的器物
（A. 木船　B. 葫芦水瓶　C. 手杖）

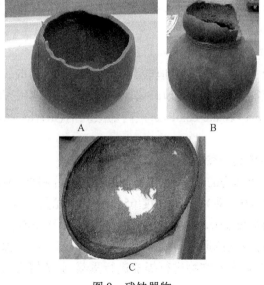

图 9 残缺器物
（A. 葫芦残件　B. 葫芦小瓶　C. 藤匾）

总的来看,病害类型分布与文物质地有关:藤竹器主要病害为霉菌、断裂;木质器为开裂、虫蛀;匏器材质密度低,也易遭受虫蛀、断裂、霉菌的损伤。其他还有少量水渍、变形、变色、糟朽、漆膜裂隙等问题。

(三)应对处理

1. 清洁

使用酒精与水(1∶1)用棉签擦拭,可以清除器表霉菌及其他污垢。清理完毕后,文物须置于相对湿度65%的环境下干燥,避免高温,做好库房通风,就能预防霉菌发作。可用专用吸尘器或软毛笔清洁器物内外,除去浮土灰尘;洗耳球清除蛀洞中的碎屑、虫体等。

2. 加固

部分被虫蛀的木构件,虽然表面完整但内部已经千疮百孔,无法承受外力,可采用5%低浓度B-72丙酮溶液(丙烯酸酯树脂),利用针筒注射入内部,起到加固作用。有的木构件的缺损部分可用石膏补全,随后用丙烯画颜料对白石膏着色,令补缺石膏颜色与原器接近。直接在木器表面使用B-72加固剂,干燥后木器表面颜色会变深,使用须慎重。

3. 粘结

断裂竹木质文物如质地较好,如脱落的刀柄等,可采用50%B-72丙酮溶液粘结。而质地疏松脆弱的器物,可选用聚醋酸乙烯酯乳剂(polyvinyl acetate emulsion)、丙烯酸乳剂(acrylic emulsion)等进行粘结。

4. 环境控制与管理

严格控制库房的温湿度18—25摄氏度(可略低,不产生冷凝即可,能抑制生物活动),相对湿度65%—70%,尤其避免高湿度环境,及剧烈的温湿度变化(24小时内湿度波动应小于10%);库房内应定期清洁、保持空气流通。定期对除虫器物进行观察,确保文物中没有残留害虫;对新入库文物进行提前进行熏蒸,避免携带入有害生物。

5. 除虫

窃蠹在木质文物中传染迅速、破坏力强。需进行快速及时处理。

但是采用溴甲烷等高毒熏蒸除虫方法,需配备专门设备与人员,小型博物馆一般不具备处理条件。此次针对复旦大学博物馆藏竹木器,采用拟杀虫菊酯蒸熏和密封无氧环境保存相结合的处理方法,可达到较为理想的效果。

三、馆藏木器除虫实例

(一) 虫体鉴定

对库房发现的虫体拍摄分析(见图10),对比《储藏物甲虫彩色图鉴》后确定害虫为鞘翅目窃蠹科浓毛窃蠹(Nicobium castaneum)(见图11),主要分布于中国福建、江苏、贵州、台湾;日本、中亚、中东、埃及、苏联、法国、奥地利、北美等地[②]。该类窃蠹对于各类木质家具、雕像、建筑物都造成很大危害。

图10 库房采集的虫体   图11 浓毛窃蠹

(二) 除虫方案制定

除虫方法可分为物理防治和化学防治[③]。物理防治是利用能使害虫致死温度、脱氧气、脱水、非热形式的辐射能等方法来进行灭虫,不污染环境,处理后无残留物,主要包括:高温杀虫、低温杀虫、充气除氧杀虫、辐射杀虫(见表3)。博物馆中采用较多的是充气除氧杀虫。

表 3　主要物理除虫方法

除虫方法	原理及实施	案　例	优缺点分析
高温杀虫（微波杀虫）	48℃—52℃是昆虫的致死高温区；微波加热产生高温，破坏昆虫的细胞结构和神经系统。	福建泉州海外交通史博物馆研制成功了文物微波处理机，实验结果证明对白蚁、烟草甲、衣鱼、蠹虫等害虫有效。	有效率高、使用方便、环保、成本低、适用范围广等特点；缺陷是木材加热后极有可能发生卷曲变形，甚至开裂，并且一旦发生就无法复原。
低温杀虫	−4℃以下为昆虫的致死低温区；使用低温冰箱冷冻除虫。	美国耶鲁大学曾进行过深度冷冻法（−27℃，冷冻三天），进行根除书本中害虫的实验；南京博物院文物保护研究所用此法对纸张、拓片、雕版进行除虫实验。	优点是对有机纤维的强度、字迹、色彩均没有明显影响；取得成功的实验一般都是针对纸质文物，更适宜处理纸质文物。缺陷是体积较大的木质文物低温冰箱的体积无法容纳；对木质文物有为危险。
充气除氧杀虫	置于特殊容器中充氮气等惰性气体，使害虫因长期缺氧而停止代谢活动。	国外普遍使用；上海博物馆考古与文物保护实验室；鲁迅纪念馆。（本课题进行了实地考察，鲁迅纪念馆购买了专门设备可抽真空，用于档案书籍等纸质文物除虫）。	杀虫范围广；安全环保，适用于博物馆除虫；对于虫卵的杀灭效果有待研究。
辐射杀虫	辐射主要指的是γ射线，其可以杀死不同发育阶段的害虫；使用专门的辐射设备对文物进行辐照处理。	捷克博物馆采用钴-60设备，用于处理该国的木制工艺品，每次辐照时间为24—28小时。	较新的杀虫技术，我国有相关研究，但辐射强度是否会对文物质地造成破坏目前仍有争议；辐照杀虫的设备要求高，推广应用困难大。

化学防治就是用化学性质来破坏害虫的生理机能，使害虫中毒死亡。化学防治所用杀虫剂大致可分为：天然植物杀虫剂（芸香、樟脑、黄柏等）、低毒性合成杀虫剂（除虫菊酯）、蒸熏剂（环氧乙烷、溴甲烷、硫酰氟）。其中天然植物杀虫剂一般用于古籍的保存，达到驱赶害虫的目的，上海博物馆曾将其应用于古籍书画保护；低毒性合成杀虫剂一般为菊酯类，在日常生活中亦有应用，如常用的蚊香产品；熏蒸剂在博物馆除虫中使用频率较高，有博物馆用溴甲烷常压熏蒸杀灭木质文物体内的和体表的成虫、虫卵及菌丝[④]。博物馆界也有应用硫酰氟，承德普宁寺金漆木雕大佛的防腐防虫处理使用的就是硫酰氟熏蒸法[⑤]但硫酰氟所含少量杂质 SO_2、Cl_2 等会对文物材质、颜色造成危害。

经过全面调研与试验，考虑各除虫方法优缺点并结合博物馆实际条件，最终确定采用低毒（拟除虫菊酯）蒸熏和密封无氧保存相结合的处理方式。

（三）除虫过程及效果

除虫对象为 1 件 185 cm×28 cm×3 cm 的木雕板（见图12、图13）、1 件 55 cm×42 cm×9 cm 的建筑木构件（见图14）。2 件文物的虫蛀状况都十分严重，周边有发现成虫尸体，并不断有粉屑排出，推测文物内部害虫仍十分活跃。

图12　木雕板（局部）

图13　建筑木构件

除虫采用右旋苯醚氰菊酯烟片（福建金鹿日化股份有限公司生产），右旋醚氰菊酯含量7%，每次除虫所用的剂量约为0.35g。右旋苯

图 14 木雕板

醚氰菊酯($C_{26}H_{25}NO_3$)原药为淡黄色粘稠液体,其毒理学性质为微毒,采取适当防护,不会对操作人员造成危害,常用于防治家庭、公共场所、工业区苍蝇、蚊虫、蟑螂(蜚蠊)等卫生害虫。具体操作步骤如下:

1. 右旋苯醚氰菊酯烟片熏蒸

图 15 右旋苯醚氰菊酯烟片熏蒸

选择在户外空旷避风处,用金属支架搭制熏蒸架。将木器置于架上,在架底层点燃右旋苯醚氰菊酯烟片,罩上低密度聚乙烯膜(PE膜),避免漏出熏烟,熏蒸约半小时后,及时清理并采集虫样(见图15)。

2. 密封无氧保存

除虫后的文物,选择置于密封的阻隔袋中保存,其中放置保护剂和氧气指示剂,令器物长期保存在相对无氧环境下,起到杀死害虫的作用。本次使用日本进口 RP System,该系统由气体高阻隔薄膜(ESCAL)、保护剂(除氧/水分吸收剂)、氧气指示剂。其中气体高阻隔薄膜(ESCAL)共三层:表面为定向表层为定向聚丙烯薄膜、中间层为纳米陶瓷沉积薄膜、内层为低密度聚乙烯薄膜,有助于热封。

此外,也可以选择在阻隔袋中充氮气除氧的方式进行保存。

从使用效果来看,右旋苯醚氰菊酯能在一定程度上清除浓毛窃蠹,且毒性低、成本低廉、易于操作,适合在小型博物馆中推广和应用。但须指出的是,低毒熏蒸无法确定是否杀死虫卵,只能通过观察法来确定成虫是否全部死亡。熏蒸处理时,需保证每次熏蒸时间约为半小时,熏蒸前搭制相对密封的熏蒸架,熏蒸完成后对文物进行持续性检查,若仍有害虫活跃迹象需再次进行熏蒸。此外,熏蒸环境的温湿度、熏蒸剂的用量与时间、害虫本身是否活跃也是影响熏蒸效果的因素,操作者需要考虑。

---

① 国家文物局:《中华人民共和国文物保护标准汇编》,文物出版社,2010年。

② 张生芳、陈洪俊、薛光华主编:《中国储藏物甲虫彩色图鉴》,中国农业科学技术出版社,2008年。

③ 中国文化遗产研究院编:《中国文物保护与修复技术》,科学出版社,2009年,第571—574页;陈元生、解玉林:《博物馆的虫害及其防治》,中国文物保护技术协会编:《文物保护技术1981—1991》,科学出版社,2010年;王蕙贞:《文物保护学》,文物出版社,2009年,第245—252页。

④ 胡晓伟等:《泉州闽台馆馆藏木质类文物的保护处理》,《文物保护与考古科学》,2007年第3期。

⑤ 刘秀英等:《超大型木质文物的保护——承德普宁寺金漆木雕大佛的防腐防虫处理》,《文物春秋》,2001年第6期。

(作者:俞蕙,复旦大学文物与博物馆学系　高级实验师;黄艳,复旦大学文物与博物馆学系　2015级硕士研究生)

·域外采英·

考古学中的石器微痕分析*

约翰·J.谢伊（John J. Shea） 著
汪　俊　译　陈　虹　校

史前石器究竟是用来干什么的？这一经常被提及的问题引出了史前史中最根本的话题，即如何从考古材料中区别史前人类活动的影响（"功能"）及其身份（"类型"）。比方说，不同人群用于刮动物皮或刻木头的两组石器可能很相似，因其反映出对同一特定问题的相似解决方式而被认为彼此相近。抑或是，由拥有相同文化背景的人群制作的石器，工具设计体现出相同的任务需求，也被认为是相似的。

很明显，揭开这些谜团的途径之一就是研究石器的功能并观察工具设计的差异。考古学界的前辈们主要根据民族志材料来提出有关石器使用的假设，很少有人用实验的方法。这种方法的问题在于，更新世古人类、民族志中记载的仍在使用石器的人群和考古学家之间，在体质上、文化上和经历上都存在诸多不同。在使用石器的方式上，考古学家同澳大利亚土著或是尼安德特人之间的区别是显而易

---

* 译自 Shea, John J., Lithic Microwear Analysis in Archeology, *Evolutionary Anthropology*: Volume 1, Issue 4, pp.143-150., 1992。

见的。微痕分析(microwear analysis)比这些方法都要完善,它以石器表面各种各样的微磨痕为依据来假设石器的功能,这些证据与史前工具的使用直接相关。

尽管许多19世纪的考古学家已经意识到石制品使用之后会在刃缘留下可辨认的痕迹,但是现代石器微痕分析的真正建立始于西蒙诺夫(S. A. Semenov)在1964年出版的《史前技术》。这本书总结了苏联几十年来的微痕研究,建立了一套观察考古标本上使用痕迹的方法。尽管许多西方的考古学家拒绝接受西蒙诺夫关于以推测功能来对石器进行分类的建议,但微痕分析的方法依旧被欣然接受,尤其是那些热衷于透过静态的石器类型阐释人类行为的考古学家。20世纪80年代,微痕研究掀起第二波浪潮,以劳伦斯·基利(L. Keeley)对石制品显微光泽的研究为代表。20世纪的最后10年,微痕分析已经变成石器研究必不可少的部分。

一、石器微痕现象

用石器去切另一种材料通常会留下4种主要的磨损现象(图1—6)。微痕分析者在进行石器功能推测时会将所有这些现象考虑在内。

(一)微破损(microfracture)

此类痕迹包括弯曲破裂(bending fracture)和剪切破裂(shear fracture)[1]留下的凹痕。这类破损是当石器刃缘受到力的作用时崩坏而形成的,微破损的程度取决于崩坏时加工材料对石器所施加的作用力,较大的微破损由抗力较大的材料造成。因此,加工材料的抗力可以根据微破损的大小加以推测。微破损的破裂轨迹,即从破裂点到终端[2]反映了施加在刃缘上的力的方向。对磨损刃缘上微破损的分布与方向的显微观察,能够指示工具在受力过程中的运动轨迹。

图1 燧石工具切割新鲜山羊肉40分钟后,刃缘出现单排羽状小片疤(放大25倍)

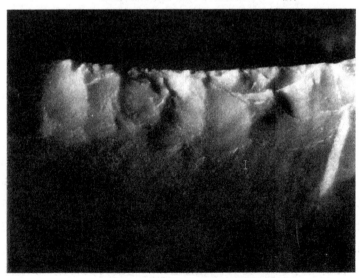

图2 燧石工具刮干木(橡木)25分钟后,刃缘出现层叠分布的片疤(放大8倍)

图3 马斯古大废丘遗址(Tel eL-Maskhuta,位于埃及土米拉特河谷)青铜时代中期文化层出土的燧石石叶,磨光刃缘上的条痕(放大200倍)

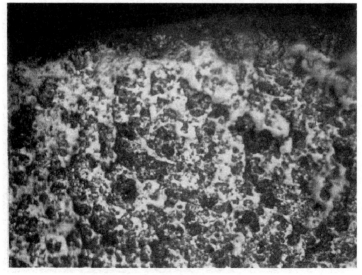

图4 燧石工具切割不同的热带芦苇和野草30分钟后,刃缘产生明亮光泽(放大200倍)

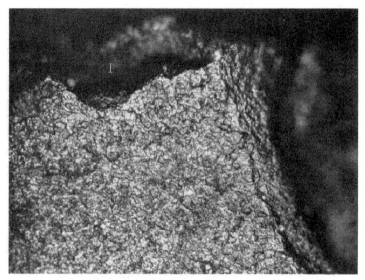

图5 燧石工具屠宰山羊（主要是切肉、皮及软骨）20分钟后，刃缘产生毛糙光泽（放大200倍）

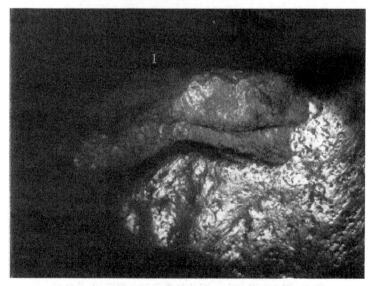

图6 石器挖掘含沙的裂缝60分钟后，刃缘产生钝圆；这一痕迹是微破损、条痕及磨圆的综合反映（放大200倍）

（二）条痕（striation）

此类线形沟槽是当工具划过另一种材料时，被加工材料上的颗粒被挤压嵌入工具表面而形成的。条痕的大小和密集程度清晰地反映了加工对象的质地。但迄今为止，微痕分析者主要用条痕方向来推测工具的运动方式（tool motion）。例如，纵向切割运动留下的条痕在方向上和来自加工材料的抗力是不同的。加工硬性材料时，条痕的方向与磨损刃缘的方向平行；加工软性材料时，条痕的方向与刃缘的方向则不平行。垂直于刃缘方向的运动，例如刮或劈，产生的条痕与刃缘方向垂直。加工软性材料会留下模糊的条痕，而加工硬性材料则会产生清晰的条痕。

（三）光泽（polish）

当石器划过其他材料时，石器表面的反光率会发生改变。石器表面光泽产生的机制类似于玻璃内部光泽形成的机制。当加工材料与石器相互挤压时，加工材料中微小的二氧化硅颗粒连同工作环境中的二氧化硅颗粒一起分离并压入石器表面。这会在石器的工作面上产生细微变化，以至于能反射更多的光。在实验中，用石器加工热带野草和竹子等植物时，由于其中包含了大量的二氧化硅，石器表面会产生明亮光泽（bright polish）。翻土和加工木材也会产生明亮光泽。而处理动物的皮、肉和骨等组织时，则会产生毛糙光泽（matte polish）[3]。如果同一件石器加工多种材料且每次时间都较短时，不同光泽之间会相互层叠覆盖。另外，在加工时使用研磨剂或润滑剂，会改变光泽的形态。

（四）钝圆（edge-dulling）[4]

长时间的使用会使石器磨损，最终导致刃缘圆钝。这不是个体现象，而是由微破损、条痕和光泽一起引发的。严重钝圆表明石器与被加工材料之间的作用力大或使用时间很长。但是，在分析史前工具时很难区分这些因素的具体影响。

微痕分析大多被应用在隐晶质硅酸盐矿石上，例如燧石、角岩、玉髓、玉石、黑曜石、石英和页岩，以及一些质地较好的玄武岩。质地粗糙的石英岩、流纹岩、玄武岩以及二氧化硅含量较低的岩石在微痕分析中鲜有涉及。

二、微痕分析的方法论

微痕分析尝试去鉴别一件石器的磨损部分、工具在使用时的运动情况以及加工的材料，可通过对比模拟实验中观察到的微痕与考古标本上的痕迹得以实现。

（一）模拟实验

研究工具的制作和使用，有助于建立工具使用方式与微痕之间的对应关系。多数实验中，工具被用来执行史前可能发生的多种任务，例如屠宰、皮革处理和木材加工。由于踩踏、河流搬运以及二次修理等会产生和石器使用微痕相似的痕迹，因此许多实验会对工具的磨损实行"样品控制"，避免以上因素的干扰。由此能观察到石器磨损痕迹的形成，以及与影响石器使用因素有关的有用信息。通过分辨实验工具上微痕的"一致性"（相同工具使用会产生相同的微痕），分析者可以对考古标本上的微痕加以较为合理的解释。

（二）显微镜

微痕分析者一般使用光学立体显微镜和外置光源双目显微镜来观察石器，具体使用哪种显微镜取决于研究目的。

立体显微镜，尤其是具备摄像功能且能放大160倍以上的显微镜，对微痕分析者来说最有帮助。使用这种显微镜，分析者可以用一只手拿石器，在较大的倍率范围内观察刃缘破损，这使得分析者可以相对较快地观察石器。立体显微镜足以观察大多数的微破损、大型条痕和刃缘磨圆。但是，由于许多二氧化硅石料的透明性在放大至120—160倍以上时会增加，立体显微镜只能大体揭示光泽和大型条痕。这就限制了对于加工材料种属的推测。许多微痕分析者认为立体显微镜足以判断多数磨损是否存在，并能提供有关工具运动方式和加工材料（worked material）的部分信息。同时，他们也普遍认可对于加工材料更详细的解释需要使用更高的倍率。

  双目复合显微镜对于微痕分析来说是一件强大的工具。这种显微镜的外置照明装置能够降低燧石的透明性,并在较高倍数下(100—300倍)增加入射光的量。因此,分析者可以观察各种细微的光泽形态以及极小的条痕,这些对于详细鉴定加工材料十分必要。理论上来说,分析者使用双目复合显微镜能够区分加工肉和皮所产生的不同光泽,而立体显微镜只能判断出毛糙光泽。但是,使用双目复合显微镜有一个麻烦,就是需要将石器放在载玻片上,通过移动载玻片来观察标本,这个过程会耗费很长时间,同时也会造成眼睛疲劳。不过这个问题可以通过在显微镜的光电管上安装摄影机,并采用高分辨率的显示器观察石器来得到缓解。

  即使是极小的微痕,也可以通过电子显微镜来观察。但迄今为止,电子显微镜主要用于观察石制品上的有机残留物,尤其是附着在石制品表面的植硅体。高倍率的电子显微镜也可以用来观察微痕的形成过程。

（三）取样

  从考古标本中挑选样品来进行微痕分析有很多种方法。大多数微痕研究在挑选样品时会根据一些评判标准进行分层抽样,要么根据石制品形态,要么根据考古遗址中的遗迹情况。由于观察一件磨损石器通常需要耗时20—60分钟,因此对遗址中整个石制品组合进行分析是很少见的。多数微痕分析着重于分析二次加工的工具,这是可以理解的。大多数考古遗址出土的石制品都是未经修理的石片和打片时产生的废片,这些东西在宏观上无法提供有关使用的线索。另一方面,微痕分析对考古学的一个重大贡献是,证明许多未经二次加工的石制品被使用过,这类石制品中包含着有价值的人类行为信息,以前的考古学家却把它们当废片(debitage)丢弃了。

  不幸的是,真正的概率抽样在微痕分析中很少见。这使得考古学家很难把微痕样品的统计特征与石器组合(例如统计的"人群")的功能参数联系起来。

三、研究设计

如今,几乎所有的考古研究都开始采用微痕分析这一方法,考古研究拥有了共同的主题。

(一) 工具使用和遗址的关系

对于遗址或遗址功能研究来说,基利和托什(Toth)对肯尼亚图尔卡纳东部(East Turkana)旧石器时代早期石器的微痕分析是很好的例子。他们把这批石器的功能归为屠宰动物。这个遗址中曾发现散布的石器和动物骨骼并存的现象,微痕分析为这一现象提供了有力的解释,即古人类用石器获取动物的肉和骨髓。还有学者在拉文特(Levant)旧石器时代中期遗址出土的尖状器的尖部发现了微破损痕迹,为晚更新世人类的掠食行为提供了证据。

很明显,微痕分析对于研究遗址的特征很有意义,我们可以通过观察到的微痕来发现其背后的人类行为与环境信息。为了建立考古遗址中石器使用与生产之间的关系,对相互关联的石制品组合进行了微痕研究。卡亨(Cahen)、基利和范·诺滕(van Noten)曾对比利时梅尔第2地点(Meer II)中石器时代遗址出土的工具进行研究,揭示出空间距离较大的石制品群之间的相互联系,同时还发现部分石制品通过形态上的再修锐而得以持续使用。莫斯(Moss)对法国潘斯旺(Pincevent)一个旧石器时代晚期晚段遗址(马格德林末期 Final Magdalenian)出土的拼合石制品进行微痕分析,揭示出拼合石制品的空间组合,并发现其中许多石器用于完成同一项工作,即处理动物皮。

(二) 式样和功能的关联

许多早期的微痕研究涉及探寻石制品形态类型在功能上的关联。在早期的研究中,西方学者普遍希望能在特定的石制品类型与特殊的工具使用之间找到功能上的关联,这样就能把遗址中发现的石器转换成有关不同行为重要性的统计学表述。例如,如果奥瑞纳文化1期（Aurignacian，欧洲旧石器时代晚期早段）的端刮器被证明只是用来刮皮的，而且奥瑞纳石器中只有这种端刮器是用来刮皮的，那么一个组合中端刮器的数量可以估算刮皮这一行为在该石器组合形成过程中的重要性。这一方法的优势是，一旦功能关联性被鉴别出来，那就有可能深化关于组合中工具使用的推论，避免因地质学扰动对微痕分析产生的影响。可惜的是，石器微痕分析并没有对石器使用产生明确的指导作用。可以确定的是，形态和功能的关联性已经被发现了，尤其是在欧洲旧石器时代晚期的许多遗址以及澳大利亚的遗址中，而且主要是关于工具运动而非加工材料。但是，这些对于功能变异性的普遍规则来说只是个例外，在所有用大量样品进行分析的石制品类型中，微痕分析表明其中很多是被使用过的。

（三）组合间功能变异

微痕分析通过工具来揭示古人类的活动，能够告诉我们关于组合间变异的行为因素这一旧石器考古中的主要问题。研究者希望通过微痕分析来了解欧洲莫斯特文化（Mousterian，旧石器时代中期）组合中人类活动在技术和类型上的差异。对法国、东欧以及拉文特的旧石器时代中期石制品的分析表明，石器形态和加工材料之间的联系并不大。就像一些学者说的那样，莫斯特工业变异的行为信息不能简单地通过对比各种使用活动来解释。

尽管有人对旧石器时代石器组合的功能变异的类型进行了结构上的比较，但是多数是在全新世考古环境下开展的。可以这样认为，史前陆地最大的部分被保存了很长时间，其中的大部分石制品组合在某些情况下很适合作微痕分析。因此，有关组合间功能变异的大规模比较，可能对较晚近的史前时期最为有效。

四、问题和前景

（一）考古材料的保存偏差

微痕分析并不能为史前人类的工具使用提供一个完美的答案，

而且，对微痕记录的固有偏差才刚刚被意识到。力学研究表明，所有的微痕现象都是因石器使用部位与加工材料之间的持续摩擦造成的。对大多数工具来说，石制品在长时间使用之后必然会在刃缘产生明显微痕。相反地，简单地使用工具，例如屠宰小动物、处理少量植物、修锐矛头的尖部或是挖植物根茎等，可能会留下很细微的痕迹，甚至根本不留下明显微痕。持续使用工具所产生的明显微痕取决于以下因素，包括石料性质、对刃缘施加力的大小、加工材料的抗力以及是否有润滑剂或研磨剂。

因为不同的活动产生微痕的速率不同，有关石器使用的民族志提供了如何进一步解析微痕的证据。用一件石器去维修另一件石器，以及对皮、木、骨等硬性材料进行长时间工作，都会产生大型的明显破损。相反地，用石器加工软性材料来生产食物，例如肉或软性植物类物质，则无法产生大型微痕。其他因素也是如此，用于制造工具的石制品比用于处理食物的石制品更容易产生明显微痕。当然，也有例外。切割硅含量较高的芦苇和谷物的石制品会迅速地产生镰刀状光泽（sickle gloss），这是一种明亮的、反光度很高的光泽，通常能用肉眼看到。然而，实验和民族志研究的结果都认为，在将微痕样本的统计特征和古人类行为的功能参数等同起来时，要谨慎为之。

（二）后埋藏过程中的表面改变

这是微痕分析的主要难点所在。工具使用中因机械力而产生的微痕，包括压力、弯曲应力以及与硅质材料的相互作用，同样会在沉积埋藏过程中发生。因此，从理论上来讲，后埋藏过程可能在未使用的碎片表面产生微痕，将工具刃缘的使用微痕清除，或者将原先的微痕改变成另一种微痕。

许多微痕分析者至今仍选择规避这个问题，小心地选择那些受后埋藏过程影响最小的考古样本。遗憾的是，靠地质学知识也无法使这一问题得到明确解答，而且考古学家对于如何辨别"未经扰动的"环境也未达成共识。单是踩踏对石器边缘和表面就会产生明显的影响，而且，踩踏在任何埋有大量石器和碎片的地方都是一个重要因素。很明显，这就需要石器分析者和地质学家在挑选微痕分析样品时更加紧密的合作。

（三）微痕差异的客观测量

石器微痕分析根据已知的实验数据来比对观察考古标本上的微痕，进而予以解释。因此，微痕分析也包含一定程度的主观性，包括对使用微痕的识别以及对磨损形态的特殊解释。实验研究表明，不同的分析者使用相同的显微技术分析相同的微磨损痕迹，会产生不同的结果。对微痕特征的系统记录，以及电脑和"专业系统"的运用，增强了微痕解释的一致性。如果"使用微痕"（use-wear）和"破损"（damage）的认定以及特定工具使用微痕特征能够通过微痕现象来客观、独立地测量出来，这将有所改善。近来图像处理软件方面的进步，无疑会提升微痕对比方面的客观性。石器微痕分析者为了提高对人类行为推测的有效性，已经做了很大的努力。即使如此，减少主观影响依旧是微痕分析者在方法论方面面临的最大挑战。

五、结　　论

石制品的文化系统包括四个方面——原料获取、制作、使用和废弃。迄今为止，多数石器分析只作前两项研究。但是，石器的使用和废弃对于考古材料的形成亦是很重要的因素。现在，微痕分析是获取石器工业中变异性来源的最可靠方法，用微痕来进行石器功能分析为研究考古组合的形成提供了重要线索。随着对磨损形成过程的逐渐认识，随着微痕客观分析方法的不断改善，随着使用微痕影响偏差日益明确，微痕研究在史前考古学领域中一定会更有价值。

附录：光泽变化的测量与量化

微破损及条痕的明确边缘使其能够被测量及量化，但是，光泽形态的微小变化难以被量化。这个问题很严重，因为在所有的微痕分析中，光泽形态是一个关键变量。

量化光泽的一种办法是运用计算机图像分析，例如公共流通软件程序 Image 0.92 版本。这一程序由美国国家健康中心的韦恩·拉斯布兰德（Wayne Rasbland）制作，允许用户对连接显微镜的数码相机拍摄到的数字图像进行分析。

图片中展示了运用 Image 软件进行的光泽分析。在三件石器的光泽区域画出一个横截面，然后根据光泽区域的像素值建立出亮度分布曲线。每一个像素点都有一个潜在的变化范围，即 0—256,0 代表白色，256 代表灰色。

当然，这种针对光泽的描述方法并非完美。对史前工具某一部

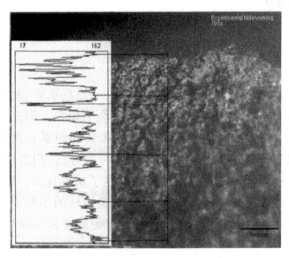

附图 1　刮鲜皮的实验标本刃缘的亮度分布，
图片中大量短峰表示毛糙的光泽

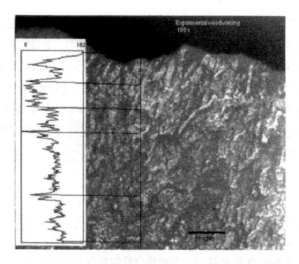

附图 2 刮鲜木的实验标本刃缘上的一个横截面,图片中的短峰表示石器刃缘部分表面微形态的扁率;总体上说,光泽区域的亮度要比图 1 大

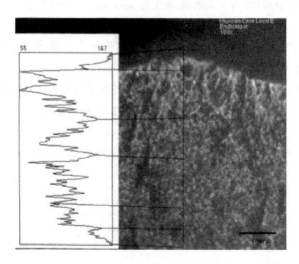

附图 3 以色列哈尤尼姆洞穴莫斯特文化层出土的刮削器刃缘上的一个横截面,这一破损区域的亮度分布与之前的两件实验标本不同;但是,这一较宽范围的亮度分布与刮皮的亮度分布图更相似

分破损的定名依然是主观的评估，而且，反射光的绝对值会受到石器原料的影响，同时也会受到显微镜和光源的影响。但是，这个方法似乎为量化光泽的变化带来一丝希望。另外，利用 Image 软件制作的数字图像可以存储在硬盘里交给其他研究者，这比直接寄送石制品本身要简单方便得多。Image 软件同样允许用户改变放大倍数，用不同的颜色加强对比，能潜在地揭示出有关光泽变化的更多信息，这比单纯观察光泽的显微照片会得到更多信息。

① 弯曲破裂和剪切破裂是物理力学中的专业术语。——译者注
② 即微破损的片疤方向。——译者注
③ 参考高星、沈辰主编：《石器微痕分析的考古学实验研究》，科学出版社，2008 年，第 186 页。光泽分为"无光泽 absent、毛糙光泽 matte polish、微亮光泽 incipient polish、明亮光泽 bright polish"四个级别。——译者注
④ 目前微痕分析中多用磨圆，英文为 rounding。——译者注

（作者：约翰·J.谢伊，美国考古学家和古人类学家，自 1992 年起任石溪大学人类学系教授
译者：汪俊，浙江大学文物与博物馆学系 14 级　硕士研究生
陈虹，浙江大学文物与博物馆学系　副教授）

博物馆报告 01
用感动培养孩子们的科学素养

一、国立科学博物馆

佐佐木正峰[①]　馆长
前田克彦[②]　展示·学习部长
采访/高桥信裕　文化环境研究所所长
翻译/叶睿隽　复旦大学文物与博物馆学系 2014 级硕士研究生

　　自 1877 年创立以来,作为国内唯一的综合科学博物馆,国立科学博物馆已经成为自然历史、科学技术史研究领域的领军者。在其迎来开馆 130 周年的 2007 年,科学博物馆新馆正式投用,其他设施也整修一新,重新将所有的常设展示开放于公众。

二、应对多种多样的参观者

　　我觉得即使在日本最具代表的几家国立博物馆中,国立科学博物馆(科博)作为社会教育设施(终生学习设施)的特征也是最为突出的吧。那首先能请教一下科博迄今为止的一些展示观念上的变迁吗?
　　佐佐木:我认为,博物馆应该是一个能真切体会到"感动带来知识""感性激发理性",并将这些理念付诸实施的场所。当然,人类的感性是一种天生的灵性,而通过不断地体验,类似于被美好的事物所感动、被罕见的事物所震撼,感性也被不断地打磨从而变得更为丰富。也正是有了感性情感,人类的好奇心才被刺激从而产生了希望了解更多的求知欲。因此在博物馆,要尽力营造出一个令人感动的空间是非常重要的,而我认为最能完美达到这一效果的方法就是我们的展示与陈列。

科博在承担起传统意义上社会教育机构的功能的同时,从1962年起作为自然历史和科学技术史的研究中心,其也具备了研究的功能。也就是说,我们的职责不但要振兴自然科学,还要实现将其与不断改良的社会教育统合起来。收集、保管标本资料,进而进行持续性的研究,并且将研究成果与因此而被赋予价值的资料运用到展示和教育活动中去,这就是本馆的一大特色。

基于各研究者的研究成果,利用丰富、优质的实物资料进行展示,如果缺乏实物资料,就用复制品作为替代。我认为最为重要的是要让参观者能够看到研究人员的工作,把各个研究者的思维方式以及他们的研究历程融入展示中,再加之以某种有趣的故事性作为串联使其潜移默化地展示给观众。只不过参观者利用博物馆的方法并没有任何准则来规范,所以感动与惊讶只能是在参观者们自己的联想与快乐中孕育出来的。我认为通过让来馆参观的宾客们自由地在馆中享受快乐,更能激发他们的好奇心、培养他们的求知欲。

那么,在实际操作过程中,这又该如何实现呢?例如,在科博,我们会举行研究者与观众的策展人见面会以及志愿者导引,因为这些都是人与人实际接触、进行思想交流的非常重要的方式。从而再让参观者静下心来与实物面对面,去切身感受实物所阐述的内容。又如,若写满了密密麻麻晦涩难懂的解说文的铭牌太多,会使参观者感到困扰,那我们就尽可能地在终端设备上简化展示说明的部分,努力去呈现一个充满美感的空间陈列。另外,关于解说内容,我们会根据阅读者的需求,运用信息终端设备和语音导览器进行非常精细的划分,希望它们能够成为参观者理解陈列内容时有效的辅助工具。

博物馆的参观者包括从幼年观众到老年观众形形色色的人群,那么针对那么多不同类型的参观者,关于信息传递方面我们又做过哪些工作呢?

佐佐木: 每位不同的参观者对于展览的兴趣与关注点都是不同的,所以我认为尽全力的去使用一切可能的手段来应对不同的观众群,将是博物馆展示在未来的生存方式。因为,作为理解与感受方的参观者有人群的不同,在设计展示的时候,作为馆方而言虽然有自身希望传达给观众的信息,但这些信息又有多少被参观者所理解消化了,这非常重要。

在我们的日本馆和地球馆中,有以"旨在让人类与自然和谐共存"为主题的常设陈列,那这个信息又该如何传递给不同的来馆观众呢?原来是期望通过与实物的对话,让观众体会到这样一个主旨信息,但要让所有的参观者都能理解其实是很难做到的。如果是这样,就不得不在标示科学证实的环境警戒线的同时,制作尽可能激发参观者自主思考的展示说明。不用说,对于孩子们而言,要做出能让他们理解的展示设计是最难的,这就有必要用更为通俗易懂的展示说明来引导他们。为此,我们分别制作了供成人阅读的和写给孩子们的两套解说词,我想这也呈现了我们希望通过参观者的角度将解释说明与展示陈列本身结合在一起思考的姿态。

三、将展示活用于教育

不单单把知识传递给观众就结束了,还要促发他们思考问题的自主性和自发性,这一点非常重要吧?

佐佐木: 唯有感动才能激发求知欲的产生,无法带来感动的博物馆是不合格的。我认为如何把这一理念在展示陈列中表现出来,将是博物馆今后的课题。在常设陈列中,我们传递"与自然共存"的展馆主题思想，让观众每个人都能针对这个主题有所自主思考。然后我们再提供一个可以让观众自由对话的空间，作为思想相互碰撞、探讨的公共基础。特展与企划展的思路在这个意义上是基本相通的。

关于展示，通常基于最新的研究成果来更新陈列是必需的，但有时候经费上会捉襟见肘。因此为了不让展示陈列因循守旧而变得陈腐无趣，我们会选择与常规陈列相关并在社会中具有一定话题性的主题，随时制作更新迷你展示和视频展示。另外，例如，我们会配合常规陈列开展各种主题活动，而在举行特展和企划展的时候也会充分考虑到与常规陈列主题的匹配度，通过这样的介绍及其他手段，我们正不断努力将常规陈列本身持续更新，让经常来馆的各位观众也会有耳目一新之感。通常"不断进化的博物馆"这一理念非常重要。

前田：要打破常规陈列原本给人的刻板形象，使其展现出新的魅力通常非常重要。在地球馆的二层，有一个以"科学技术的过去、现在与未来"为主题的角落。现在正在进行的是名为"通往 DNA 技术的尖端"的主题展览，我们将其与理化学课的理论研究结合起来，来向观众介绍生命的密码——染色体研究的历史与未来。这个角落虽然属于常设陈列的一部分，但采用的是一套可随时进行展示更换的系统。我们与研究机构以及各种学会都在进行合作，正在力图将常设陈列的形式不断向前推进。

作为博物馆，不单单是要陈列展品供参观者欣赏，更重要的是将展示灵活地转化成一种教育方式。我认为，类似在博物馆中开展针对学校课程的体验性学习项目，会得到更为有效的教学结果，同时也能使博物馆的体验活动项目得到一个系统化的提升。很多孩子觉得对于理科的学习没有什么兴趣，但通过在博物馆观看实物演示、亲手体验所展示的原理等体验式学习，我们期待孩子们会切身体会到理科学习的意义所在，并从此热情高涨的投入理科的学习和探索中去。而且很重要的是要让来馆参观的观众看到这样的教育活动，我认为这是能让博物馆魅力得到极大提升的重要因素。

佐佐木：关于教育活动，科博大致将其分为两个类型来进行：一种是针对偶尔来馆参观的观众，我们组织了一些随时可以参加的实验、工作和讲座等活动；另一种是专业性较高并连续举行的活动。前者是为了开展一个项目能让参观者可以长期对科学保持浓厚的兴趣与关注；而后者则更侧重于从专业性的深层视角来看，希望开展必须在博物馆进行或者必须由专家参与的综合性活动。例如，我们想安排组织类似于从开始研究恐龙到最后成果发表这样跨越半年时间持续性的活动项目。

我们馆里经常有很多小学生前来参观，可一旦他们进入初高中，兴趣和关注点都纷纷转移到了其他方面，也就不再来博物馆了，这个问题一直困扰着我们。本馆针对高中生以下的参观者予以免费的优惠政策，但我觉得更重要的是能让初高中生们能够总结整理自己的研究内容、从活动中学习到东西并把这些收获作为成果让更多的其他人也能看到，这样的教育活动项目是非常有必要的。

如今的博物馆也不单单是把自己埋头制作的展览呈献给观众，同时也积极采纳参观者的意见，并开始尝试着馆方与观众共同合作以此呈现更优质的展览吧。

佐佐木：当然也并不是所有的展览都能通过这种尝试来实现，但如果有可能，我们还是会尽力源源不断地推出展览给大家。曾经，我看过产业大学的毕业生们在做毕业设计时所制作的一个家的模型。虽然我觉得那样的家实际上是没法居住的，但在这样一个有真实感的家里，学生们自己设计、自己施工，所以投身参与的热情非常高涨。又因为做出了成果，自信心也得到了提升，也给他们的未来带来了很好的影响。如果博物馆也能给他们提供这样的体验，那么那些至今尚未来过博物馆的观众和已经对博物馆失去兴趣的观众，可能会重新考虑再去博物馆看看了吧！我们探讨过到底怎样的活动项目对于博物馆是可行的，但最终还是觉得应该以展示这种形式来呈现。

四、与学校教育的合作

参观者亲身参与,并努力做出一些成果。如果我们的展览不仅能够展示出他们最终的创作成果,同时也能把他们创作的过程也一并呈现,那应该很有意思吧!

佐佐木:在去年举办的名为"快乐的手工——亲子挑战赛"的活动中,爸爸妈妈和小朋友们花了两天的时间,做出了真空管的扩音器,而且比赛谁能用自己的扩音器放出更好听的音乐。果然让父母和孩子一起亲身参与的这种经历是不可或缺的。以前我们做过一个问卷调查,在文理科兼有的大学生样本中询问他们在中小学时代都有过怎样的体验活动。结果表示在孩童时代有过动手制作经历的孩子们,在将来往往会选择进入理科专业。现在理科与科学离开了人们的日常生活,成了束之高阁的象牙塔内神秘的东西,所以我们希望创造一个能让人们在小的时候与父母一同进行动手制作的场所,从而把科学的快乐与趣味传递给他们。在今后我们一定会不断地增加这种体验性学习的机会。

既然要与学校和教育委员会合作,那为了有效地发挥博物馆的作用,有必要建立一个工作体系吧?

佐佐木:我馆有"大学合作制度",也就是大学生来我馆是免费的,这部分的费用将由大学和我馆一同负担。为了让更多的大学生来我馆参观,我们开启了这个计划,而作为其中一环,我们也会开展针对学生的自然史讲座、科技史讲座以及培养科学工作者的实践型讲座。

针对高中以下的学生,我们也制定了"中小学合作制度",在和中小学联手之后,这个制度与新型的博物馆参观体系一同成为我们考虑内容的主要着眼点之一。例如在课程中来博物馆参观,或者在博物馆里进行职业教育的时候,到底应该以怎样的内容、方法会更有效，这都是我们与校方一同考虑的问题。

要培养日常来博物馆参观，或者说直到将来仍然会希望来参观的孩子，如果光靠博物馆和监护人的努力，可能会很困难。毋庸置疑，如果要让所有的孩子们都能来博物馆参观，与学校之间的合作就变得不可或缺，作为上课的一种延续，孩子们会自然而然地来到博物馆，但同时我们也不得不考虑，如何能设计活动让孩子们真正喜欢上博物馆。

要在初次来到博物馆时，让孩子们切身体会到来这里是那么的快乐，还能看到很多新奇有趣的东西，让他们想要在这里玩耍。当他们第二次来的时候，能确定一个主题，带着目的性而来，然后把这个主题加以深化理解后带回学校。我们希望与校方合作更多的开展类似的活动，但最近学校都比较重视学习能力不太愿意把孩子们带出学校，活动开展起来就很困难。可是，如果真要重视学习能力，在实地让他们切身体验不应该变得更重要吗？正是由于有了各种各样的科学体验，知识在脑海中才能巩固，在与实际生活的联系中才能更深入理解科学原理。从这一层意义上来看，我认为校方应该有必要稍许放宽一下自己的政策。

前田：提起考虑学校与博物馆的合作，很多人就认为博物馆只是学校教育的一种补充，从而就停留在博物馆单向的支持学校这个层面上了。而且校方也会经常把所有的工作一股脑地全推给博物馆的研究员和策展人，这样一来我们就很难保持长期的合作。现在我们正在通过"中小学合作制度"与台东区的一些学校进行合作。这种方式的目标就是为了能让学校和博物馆一边相互商讨，一边组织新的教育活动，从而建立让校方与馆方借此达到双赢的一个固定合作模式。这样我们就能以此作为我们工作的范本，不断展开新的工作。但往往事与愿违，学校的老师们通常都很忙，常常不会把心思放在这样的合作工作上。为了能够达成持续性的合作模式，我馆形成了一个学校与博物馆的一体化结构。我想，这样的一体化结构能够推动学校与博物馆的高质量合作。

既然要合作，那重点是什么呢？这一部分工作又是怎样的呢？

前田：前面我讲过，学校重视学生的学习能力，我认为学校往往会为了保证课时而压缩校外学习的时间。如果我们仅仅用传统的博物馆陈列展示，是没办法把他们吸引过来的。如果我们不能让校方感到我们有能力通过博物馆的体验活动提升学生们对于理科的兴趣，从而通过切身体会掌握知识、使自己的学习能力得到增强和巩固的话。他们会觉得特意花好几个小时把学生带来博物馆，却不能在这里给他们传授任何知识，非常浪费时间精力。我认为，那就有必要把通过博物馆活动带来的效果，用看得见摸得着的形式一五一十地告诉学校。

五、与企业和市民间的协力合作

如果通过 IT 技术的灵活使用，用远程授课的方式把家庭和博物馆联系起来，这样科博的信息就有可能在家庭教育中起到作用了吧？

佐佐木：毋庸置疑这种方式正在不断的普及。关于科博的陈列展示，因为我们会把重要的情报公示在我们的网站主页上，所以学校和家庭都能够看到。加之在我馆的主页上有类似"虚拟海滨野生动物观察会"这样体验型的学习链接和关于鱼类的图册档案，以及拥有数据库和图像链接的标本信息等形式多样的项目体验，这都使得主页在整体的网站结构上非常充实、丰富。如果能很好地整合这些资料，对于学校的教学而言无疑能充分灵活地运用。我想，这也提供了以后我们其他网站的设计思路。

在如今博物馆裁员的背景下，会出现很多光靠正式员工无法完成的工作吧，那我想社会的支持体制也是我们所要考虑的课题吧？

佐佐木：展览陈列也好、教育活动也罢，同赞助企业和大学以及其他馆的通力合作非常重要。这并不单单指人力或者财力上的支持合作，而是在各种相关的事务中的全方位合作。这样不仅本馆能从中受益，参与合作的其他各方也能与我们共同创造出新的价值。由各方不同的人员通力合作，展示就能从综合的、多角度的层面以新的视角呈现，传递的信息从而也变得翔实丰富，这样一来各方就会更为积极的推动这种协同合作的关系吧。

在现在的财政改革实施过程中，博物馆正在不断地裁员。从这个角度出发如果要更好地开展博物馆的活动使其贴近公众、丰富公众的生活，并且强化其作为思想交流平台的作用，志愿者的重要性就不断地凸显出来了。我馆从1986年起就在全国率先引入了志愿者服务制度，经过不断的完善，至今已经成熟。在这点上我们也影响了全国各地博物馆的志愿者服务活动。如今，不断地有大批"团块世代"[3]迎来了他们退休的日子，他们之中很大一部分都希望我们能有志愿者来为他们提供服务，与此同时为了吸引如今的年轻一代，让他们积极、主动地投身于我们的志愿者活动，作为馆方的我们也要努力营造适合志愿者活动的良好环境。

博物馆承担着推进社会文化、维持和提升全民知识涵养的重要社会责任。因而，与此息息相关的志愿者团队，也要在他们一生之中不断地学习充实自己，以此来应对社会各方不同的需求，不断地组织活动。这是我对志愿者的期许。

---

① 佐佐木正峰（Masamine SASAKI）：国立科学博物馆馆长。1941年生于琦玉县，1968年进入文部省（现文部科学省）工作，1994年担任文部省高等教育局私学部长，1996年出任体育局长，1997年专任高等教育局长，并在2000年就任文化厅长官。于2002年起担任现职。

② 前田克彦（Katsuhiko MAEDA）：国立科学博物馆展示・学习部长。1956年生于鹿儿岛县，在经任文部省・文部科学省初等中等教育局的工作后，于2003年起在国立科学博物馆就职。

③ 团块世代（日语：団塊の世代）：日本战后出生的第一代。狭义指1947年至1949年间日本战后婴儿潮出生的人群（约800万人），广义指昭和二十年代

(即1946年至1954年)出生的人群。词源出自堺屋太一1976年的小说《团块的世代》。用"团块"来比喻这个世代,是指这个世代的人们为了改善生活而默默地辛勤劳动,紧密地聚在一起,支撑着日本社会和经济。——译者注

(原载于:[日]Cultivate 第31号 Winter Issue 文化环境研究所 2008年2月8日)

博物馆报告 02
博物馆：思想碰撞的圣地

一、国立民族学博物馆

松园万龟雄[①]　馆长
吉田宪司[②]　文化资源研究中心主任、教授
采访/高桥信裕　文化环境研究所所长
翻译/叶睿隽　复旦大学文物与博物馆学系 2014 级硕士研究生

  自 1974 年创建以来，作为日本唯一的文化人类学相关学科的研究中心，国立民族学博物馆通过对不同文化的比较，不断地推动着人类文化的研究。2004 年，其成为大学共同利用机关法人人类文化研究机构的一员，因而借此次组织变更的契机，成立了新的"文化资源研究中心"。以下第 1 部由松园馆长介绍今后民博展示方式的发展方向，而第 2 部则由文化资源研究中心主任吉田宪司先生来介绍具体的发展规划。

第 1 部

应对世界的变化

要做好国立民族学博物馆（民博）的展示，就必须强调展示学理

论体系这一概念的必要性。虽然过去我们认为科学研究与展示的构成是毫无关系的，但对于民博来说，以文化人类学独有的展示方法呈现给观众，才是民博的特长之所在。首先我想请教一下松园馆长，关于民博的展示方式，今后发展的大方向是怎样的呢？

松园：民博藏有日本人类学者从战前就开始收集的资料，也有为了大阪世博会而收集、以及民博独自收集的各类藏品。这个展示反映了开馆当年即1977年的世界观。可是，现在距开馆已经过了30年，这个世界无论文化还是社会都经历了巨大的改变：远离都市的地区也开始对整个世界情势产生影响，发达国家对于发展中国家的资助也已经遍及世界的各个角落。

加之国际社会法则的影响，例如，日本传统社会残留下的男尊女卑倾向在慢慢受到"男女平等"这样国际大趋势的冲击，使日本社会在这30年里产生了深刻的变化。为了应对世界如此的变化，我们意识到已经不能仅仅局限在原有的限定范围内来做研究了，这也就是民博要改革自身体制的原因。

同时，我们也在重新审视我们的展陈方式。因为展示是呈现民博研究成果的重要手段，所以根据世界不同地区划分来展示的这种开馆时的陈列观念，在现在看来也急需改变了。在这30年间，我们编制内的馆员人数也增加了，而当初根据每个地区分配工作任务的模式也于1998年进行了改组，变成了根据大的综合性主题进行研究的组织形式。后又经过了2004年的再改组，就诞生了如今的集关于博物馆活动的研究、开发以及企划调整于一身的组织——"文化资源研究中心"。

去年4月，为了应对时代的变化，由文化资源研究中心牵头，我们制定了民博新型展示的基本构想。现在我们正在按照这个构想逐步改进我们的展示方式，打算要以从开馆当时一直延续至今的常设展馆为中心，进行大幅度的变更。虽然现在还残留有地区划分这样的概念，但我们计划去更好地揭示各个地区之间的历史联系，并把现代化的观点融入整个展览中去。

本来民博的设置目的是作为与大学并列的教育机构,供师生使用,今后打算要逐渐转型,使其在研究和展示这两个领域里共同推进,做到两手抓,两手都要硬。馆外的研究者变成了民博研究的代表学者,这样的案例现在屡见不鲜。所谓的和大学合作,指的是将民博的馆藏资料、人才等所有资源与大学共享,因此我们正在讨论在展示层面也要共同合作打造一个公共使用的空间来作为双方展示陈列的平台。在这个时候,因为民博拥有关于展示的一些经验与技术,我们能提供思路、设计展览来让馆外研究者们的专业知识得以更好地发挥作用。不仅在国内,国外的大学与博物馆之间的合作也正在蓬勃兴起,我认为今后这样的机会会不断增多。

那关于展示的技巧又有哪些呢?
松园: 今后的地区展示虽然也是聚焦于某一个特定的区域内,但现在人们的活动一直处于一个流动化的状态,因此人们使用的工具型材料也不断地在世界范围内产生了趋同化。所以仅仅聚焦在生活用品的展示方面,是无法说明地区文化多样性的。正因为此,再加之引进了现代化的观念,我认为今后影像化技术的使用会大幅增加。

现今,我们按照某个想法设计的展览,一经展示就万年不变。但今后针对我们的常设陈列,我也希望要常换常新,不断注入新的元素。

第 2 部
智慧交流的展示

**我想请教一下关于展示的具体计划。民博自开馆以来,就提倡"结构性展示"这样的新型展示理念,并在硬件方面形成了网格状的陈列场地。

吉田：结构性展示会设计不同的主题，然后以一个系统性的结构赋予主题，以此来展示某一地区。但这其实是在缺乏可以呈现某个特定文化全体风貌的材料时，用来补救的权宜之计。因此最终我们还是要回归顺着农业、狩猎、畜牧这样一个逻辑顺序来介绍某一地区。然而现在要从人类学的意义上区分游牧民族和农耕民族，变得越发困难了。但我们也不断收集到了资料，所以现在面临的改革是要在最大限度上利用起这些资料，通过这些资料把过去人们的生存方式挖掘出来使其能具体而系统地浮现在我们眼前。

当年黑川纪章先生对我馆的建筑理念，是以几乎不设窗户、完全用原木构造仓库以及列柱和架高的地板等闻名的，也就是所谓的"昭和时代的正仓院"。可是经过开馆以来的30年，现在的博物馆已经逐渐转变，如何向外界、向社会开放成了越来越重要的课题。在博物馆与外界合作开展活动时，我们的网格不能成为制约。为了灵活地使用一切可利用空间，在10年前的改建时，我们通过把地板由黑色改成白色等方法，使我们的空间稍稍有了点变化。

在世界日新月异的当下，民博所收藏的资料对于整个世界显得愈发重要，从资料保存这方面来看，我们也期待能够改变原先在黑暗的空间中使用强光来照明的传统展示方式。民博自身也下决心要开始进行巨大的"变革"，首先就在去年以序厅部分的改造打响了我们变革的第一枪。而明年，我们计划开始整修那些自开馆以来就未曾改变过的场馆，从非洲和西亚地区展示馆开始着手。

而且，作为与大学的共用机构，我们也要加深与大学研究者之间的合作，在营造一个能让各个大学的研究成果得以充分展示的场所的同时，完善与此相对应的软件层面的流程与系统，也是我们这次革新的重要核心。我们也非常期望通过更新展示的内容与模式，能够更灵活地实现与高校的"共同利用"。

构造展示这样的概念又是怎样形成的呢？

吉田：在新的展示中，我们没有特别提及"构造展示"这样的词汇。虽然我们明白大洋洲与非洲等各地区间差异，但并不意味着我们将以一个各自独立封闭的方式来展示各地区的文化，相反，我们要将各地区与世界外界的联系、各地区与日本的联系展现出来，而且想要通过历史以现代化的手段通俗易懂地呈现给大家。如果称我们原来的展示为"本土化"（local）的展示的话，那可以说今后的展示将是兼顾"全球化"（global）与"本土化"的一种新型"全球本土化"（glocal）的展示模式。作为这种模式的支柱，我们要实现所谓的"简单易懂的人类生活样态展示"。此时，"智慧交流的展示"这一概念就显得非常重要了。这是把包括从展览的制作流程到展示场馆本身，都视为一种论坛型交流的理念，我希望这也能成为包括研究者和参观者在内的民博所有使用者都能达成共识的一点。

关于展览更新的流程，我们希望将明年非洲地区展示馆的更新作为一个典型模板，把方法总结成经验，适用到往后的场馆更新中。现在我们已经以"日本学术振兴会亚非学术基础构筑事业"的名义与非洲的六所大学和博物馆签订了合作协议，将构建起一个坚实的基础，以提供给日非双方共同进行关于非洲文化遗产形成的合作研究。作为惯例，我们也邀请到了非洲各研究机构的研究者们来为我们非洲地区展示馆的更新做顾问。在预定于今年3月举行的研究峰会上，首先由我们向他们展示了我们设计的展览故事路线，在得到他们评价和建议的基础上，我们希望呈现一个能够反映他们声音的展览。进而在之后计划具体落实到展示中的阶段，我们也希望让那些被昵称为"国立民族学博物馆的小伙伴们"的志愿者以及学校的老师们也一同参与进来献计献策。

关于解说词，我们准备委托初三和高一的同学们来为我们校对。以前我们也组织过初中学生现场教学，并让同学们针对大洋洲展示馆的解说词进行讨论并指正，这让我们受益良多。例如，许多研究者会在解说词中不假思索地使用类似"原住民权"这样的词汇，但对普通观众而言，这个词过于晦涩，有些丈二和尚摸不着头。对于我们的解说词要更换掉这些高冷的学术用词，使其表达更平民化，这非常重要。因为这些设计制作陈列的过程本身，也就是"作为智慧交流的博物馆"的首要构成要素。

引入 IT 技术等工作，对于具体展示手法的改变又带来哪些影响呢？

吉田：因为如今的设备都在不断趋于小型化，但容量又在不断地增加，所以研究者们采集而来的大量影像资料、音频资料等都能很好地被积累保存起来。我们想尽可能地把这些多媒体资料结合、融入我们的展示中去。去年，我们刚刚更新了原来的电子导览，让其变得更为小型轻盈，但这也只是一种过渡性的打算，我们已经开始着手更大的技术改进从而研发面向我们下一代的电子导览了。像这样的新型设备的开发是非常重要的，但另一方面我们也不得不避免设备升级而带来的操作复杂化，为了不形成这种"技术性骚扰"，我们就必须反复探讨形成对策。能操作拥有最尖端技术的设备进行实验虽然很吸引人，但也不意味着参观者就一定能学会使用并用得惯，所以我们是基于"让观众用起来顺手"的评价标准来推进我们的技术改良的。

在重新调整这次展示的时候，我们征询了学校的老师们和社会各方的意见。因此也发现了很多问题，例如"现在的展品虽然依次整齐排列，但无法体现当时的拥有者是如何使用它们的"；又如"结合影像资料的导览系统完全抢走了实物展示的风头，参观者只盯着视频而不去看展品了"等问题都浮现了出来。因此电子导览的解说词，就有必要多增加类似"请参看右侧的展品"这样的语句，通过这样的潜移默化来引导参观者关注实物展品的工作和努力不容忽视。因为我们一直秉承在展示中，"物"是第一位的理念，这是全体达成的共识，所以我们认为影像技术只不过是去帮助参观者理解"物"的内涵和其背后道理的桥梁，不能让它反而成为展示中阻隔在人与物之间的一道屏障。

二、开放博物馆

我们又是如何合理地进行空间利用最大化的呢？

吉田：现在很多项目正在筹划中。例如，作为今年开馆30周年庆的特别企划，我们提供了一个名为"民博周末沙龙"的活动机会，让研究者在我们的展厅现场与参观者进行相互交流，我们也准备将这样的活动作为往后的常设活动。另外，我们也在尝试开展诸如结合教科书的知识内容，开展书本进博物馆的活动、让民博的博物馆之友们与研究者一起组织适合视障人群参与的参观活动等项目。

让研究者参与从主题研究一直到展览呈现的每个环节，是民博的基本立场，所以要让熟悉各个地区历史文化的专家们与志愿者、参观者一起合作来完成一个个企划。在民博，我们没有专门的教育部门。因为民博的展示姿态是要寻求世界各地各民族发自内心的认同感，所以参与教育工作的人才对于民族的概念不能浮于表面，有时甚至要求他们要有人类学的学术素养。虽然这样的选拔条件对于应聘者颇有挑战，但我们依然正在考虑今后能登记录用那些兼备教育工作才能的人才，并把教育机构作为文化资源研究中心的一个从属机构。

民博既然作为一家博物馆，所以开放对象不仅仅限于研究者，而是更广泛的公众。对于这一点，您是怎么看待的呢？

吉田：作为全日本唯一一家国立的民族学博物馆，如果只将目标观众设定为类似孩子或者老年人这样一个特殊群体，就有些不合理了。实际情况中，有很多本地社区的中小学会组织前来进行团体参观。而且，如今各来馆参观的观众形形色色，不论什么年龄、来自什么国家，或是说着哪种语言都会有。所以我们认为一定要努力将展示设计好，这样才能满足各式各样来馆参观者的口味。

通过这次展览的更新，我们将把多年来一直未实现的日英双语解说引入我们的解说展板。因为要把各种语言的解说词都集中在展板上很困难，也不必要，所以展板上我们会用英语翻译最基本的解说信息，其他的语言解说则考虑用各种辅助工具来实现。

关于展示内容，我们将以最早进行更新的"非洲地区文明展"作为模板，在以后常设展览的更新变化时以其为标杆和向导来指导工作。往后的特展和常规陈列都会尽可能地让那些生活在被展示地区的民族派出代表，一同参与进来。而那些曾经作为我们展览顾问的非洲各国的研究者们，已经与我们相熟，我们也会继续保持长期合作，他们每次来馆我方都会安排与他们进行座谈会。在之前，2003年做"西非故事村落"特展的时候，喀麦隆方的代表就一直在展览现场不断地和我们磋商，不断地和我们探讨着关于展厅的结构以及如何营造一个适合交流的广场型的空间等问题。

过去在做特展的时候，我们习惯把春季的特展称为"企划展"而把秋季的称为"特别展"；现在我们更改了名称，把在特别展厅举办的展览都叫做"特别展"，而把在常规展厅举办的称为"企划展"。所谓的特别展就是有特定展览主题、规模较大，但为期较短的展览；而企划展则通常是为期较长的小型展。今后我们将会与各所大学展开合作，多增加一些比较容易把研究者们组织到一起来研究的企划展。企划展会有较多的文化对比的内容展示，并会横跨常设展厅中不同的地区文化展示部分，我认为既然是针对特别地区的特别企划，那就应该在常设陈列厅内的相应的地区展示区域内开展特展。

三、与社会公众接轨的最前沿

因为民博也作为一家研究机构，要如何将研究成果通俗易懂地展示给公众，这也是一个重要的课题吧？

吉田：大英博物馆从开馆至今已逾250年，我认为现在对于大英已经迎来了史上最重要的转型期。或者说实际上是地球文明自身是以数百年为单位,每隔一个周期就会迎来一个大的转型期,以至学术界和博物馆也会以同样的周期表现出来吧。在如今,信息传递由单向化变为了双向化,原本处于中心位置者单方面支配边缘位置者的固有关系也在不断改变。在博物馆展示中,以馆方作为中心单方面向公众进行阐述的格局也随之动摇,原本被认为是次要、客体的"人"们开始掌握自己的话语权,并有意识地构筑起自己的历史与文化。

2000年,史密森学会的国立自然历史博物馆和大英博物馆等欧美主要的博物馆、美术馆开展了针对非欧美地区文化展厅的全面修整和升级换代,就是这个转型的一个重要标志。这些欧美主要国家都是把博物馆的改建作为国家级的项目进行投入,而其中一个重要的特征就是大幅提高非洲地区文明展示的比重。在欧美社会中,由于奴隶贸易和殖民政策等的原因,拥有大量非洲裔移民,现在越来越多将非洲大地视为自己故乡的黑人移民开始掌握发言权,非洲文明展示的重视也就是对此的一种回应。这反映了博物馆需要不断地响应社会的需求。

像这样双向化的趋势,不仅在人文学科,同样也影响到了自然科学的领域。虽然研究者们一味地强调他们"在做着最尖端的科研工作",但如果得不到社会公众的支持,再宏大的科学研究项目也寸步难行,这种现象已经初露端倪。在自然科学的领域中,之所以一夜之间开始强调"科学与交流"这个概念,原因也是如此。当然,我们应该看到由研究者与社会间互动而开展的尖端科学研究,反而更能让研究得到社会的考验、锤炼和检验。这在我们人文学科领域也一样。展览作为一种媒体其最大的特征就是能得到前来参观的人们从各种角度思考后所给予我们的意想之外的反馈,这些反馈也能让我们研究者自身得到一个提升和进步。如果让研究者自己闷头写解说词,翻来覆去终究会陷入个人的程式化而显得僵硬。正如先前所说,如果能和中小学生一同讨论解说的内容和形式,就能写出一个更为简单易懂的解说文,作为结果,研究者本身也会对研究内容有一个更为深入的理解,使得他自身的研究也得到了升华。

在设计我们的"论坛式展厅"时方法要有弹性,必须广开言路,边听取各方意见边改进我们的展览陈列。虽然从国立博物馆的制度层面看,实行起来有很大难度,但我们会考虑好在日常运营的预算中增加所需经费等各方面对策。总之,我们的信条就是一旦发现问题,立马纠正。

在民博,我们业绩的考量标准包括从研究到展示的各个阶段。在企划展的目录中,原则上会标注作为编著者的研究员的个人姓名,这也会作为研究业绩的评价标准之一。同时这也可以明确企划展的责任认定,便于往后追溯。我原本就认为博物馆是作为一个学术机构,是承担与社会连接最前沿的场所。但这绝不意味着说展示只承担了博物馆功能的小部分,难度也并不大。随着这种认识得到了更广泛的认同,博物馆、美术馆在社会中的定位也会不断的有所变化吧。

我们是如何将批评转化为动力的呢?另外,研究者自身对于信息的双向传递来说也起着重要作用吧?

吉田:在民博,从去年以来,作为让全馆56个研究员共同参与的第一次尝试,我们举办了名为"收集整个世界——研究者精选民博珍藏精品展"的企划展。我们让所有研究员每人基于自己研究的视角,从民博的藏品中甄选一件或一组结合信息版和相关图片等资料做一个展示。通过这个企划展,随着接触了解每个研究者的研究和实地工作,我们能从一个个侧面拼凑起世界现貌的一部分,从而了解它。在展览过程中,我们不断看到来自各方的参观者针对每个研究者的展示内容与他们进行交流和探讨,并且这个现象不断在增加,这让我们非常激动!而且这个企划展是我们将研究成果与公众对话的一种新尝试,也是我们"作为思想碰撞圣地的博物馆"理念的一个全新尝试。通过各种各样的创新和试验,我非常期待今后我们与参观者之间信息双向性的交流互动,我觉得这样博物馆才真正意义上活了起来!

---

① 松园万龟雄(Makio MATSUZONO):国立民族学博物馆馆长。1968年于东京都立大学研究生院社会科学研究科(社会人类学专业)取得博士课程学分,学习期满后退学。历经1966年担任天理大学附属亲里研究所助理,1973年担任天理大学通识教育部副教授,1974年担任武藏大学人文学部教授,1976年担任横滨国立大学教育学部副教授,1979年担任横滨国立大学研究生院教育研究科兼职副教授,1988年担任东京都立大学人文学部教授,2001年担任县立长崎西博尔德大学国际情报学部教授等职务后。于2003年起担任现职。主要著作有:《文化人类学——文化的实践学习与探索》(合著,日本放送出版协会出版)、《性的文脉》(编辑代表,雄山阁出版)、《基西——肯尼亚农民的生活与理论》(弘文堂出版)等。

② 吉田宪司(Kenji YOSHIDA):国立民族学博物馆文化资源研究中心主任、教授。1980年毕业于京都大学文学部哲学科美学美术史专业。1983年于大阪大学研究生院文学研究科艺术学专业修完博士前期课程(文学硕士)。1987年取得同专业后期课程的学分后学习期满后退学,并于大阪大学担任助理。1988年担任国立民族学博物馆助理。1992年担任国立民族学博物馆副教授。1993年兼任综合研究生院大学文化科学研究科副教授。2000年担任国立民族学博物馆教授并兼任综合研究生院大学文化科学研究科教授。2006年起任现职。主要著作有:《文化的"发现"》(岩波书店出版,获得第22届三得利学艺奖,第一届木村重信艺术学会奖)、《假面的森林——非洲切瓦社会中的假面结社、凭灵与邪术》(讲谈社出版,荣获第5届日本非洲协会研究奖励奖)、《柳宗悦与民艺运动》(合著,思文阁出版)等。

(原载于:[日]Cultivate 第31号 Winter Issue 文化环境研究所 2008年2月8日)

图书在版编目(CIP)数据

文化遗产研究集刊.8/复旦大学博物馆,复旦大学文物与博物馆学系编.—上海:复旦大学出版社,2017.12
ISBN 978-7-309-13027-0

Ⅰ.文… Ⅱ.①复…②复… Ⅲ.①博物馆学-丛刊②考古学-丛刊 Ⅳ.①G260-55②K85-55

中国版本图书馆 CIP 数据核字(2017)第 146835 号

文化遗产研究集刊.8
复旦大学博物馆 复旦大学文物与博物馆学系 编
责任编辑/方尚芩
复旦大学出版社有限公司出版发行
上海市国权路 579 号 邮编:200433
网址:fupnet@fudanpress.com　http://www.fudanpress.com
门市零售:86-21-65642857　团体订购:86-21-65118853
外埠邮购:86-21-65109143　出版部电话:86-21-65642845
江苏凤凰数码印务有限公司

开本 850×1168　1/32　印张 14　字数 357 千
2017 年 12 月第 1 版第 1 次印刷

ISBN 978-7-309-13027-0/G·1732
定价:48.00 元

如有印装质量问题,请向复旦大学出版社有限公司出版部调换。
版权所有　侵权必究